Beurkundungen im Kindschaftsrecht

Eine Darstellung für die Praxis
der Jugendämter, Notare,
Gerichte und Standesämter

begründet von
Dr. iur. Dieter Brüggemann †, Ministerialrat a.D.

fortgeführt von
Dr. iur. Bernhard Knittel
Richter am Bayer. Obersten Landesgericht
Vorsitzender eines Zivilsenats am
Oberlandesgericht München
Lehrbeauftragter für Zivilrecht an der
Technischen Universität München

Bibliografische Information Der Deutschen Bibliothek
Die Deutsche Bibliothek verzeichnet diese Publikation in der Deutschen Nationalbibliografie; detaillierte bibliografische Daten sind im Internet über <http://dnb.ddb.de> abrufbar.

ISBN 3-8981-442-5
© 2005 Bundesanzeiger Verlagsges.mbH., Köln
Alle Rechte vorbehalten. Das Werk einschließlich seiner Teile ist urheberrechtlich geschützt. Jede Verwertung außerhalb der Grenzen des Urheberrechtsgesetzes bedarf der vorherigen Zustimmung des Verlags. Dies gilt auch für die fotomechanische Vervielfältigung (Fotokopie/Mikrokopie) und die Einspeicherung und Verarbeitung in elektronischen Systemen.

Lektorat: Uschi Schmitz-Justen
Herstellung: Günter Fabritius
Satz: starke+partner, Willich
Druck und buchbinderische Verarbeitung: Media Print, Paderborn

Printed in Germany

Vorwort zur 6. Auflage

Auch nach dem In-Kraft-Treten der Reform des Kindschaftsrechts zum 1. Juli 1998 haben Beurkundungen in Kinder betreffenden Rechtsangelegenheiten eine herausragende Bedeutung behalten. Nach wie vor wird die ganz überwiegende Zahl der Vaterschaften nicht gerichtlich festgestellt, sondern die Anerkennung beurkundet. Auch der Kindesunterhalt wird in den meisten Fällen nicht durch das Familiengericht festgelegt; vielmehr ist die freiwillige Verpflichtungserklärung die Regel. Dies ist auch nach der Ersetzung der Amtspflegschaft durch eine freiwillige Beistandschaft so geblieben. Mit der Erweiterung der gesetzlichen Vertretung durch das Jugendamt auf Antrag auch auf „eheliche" Kinder – und dies nunmehr auch bei gemeinsamer Sorge – hat der Anteil beurkundeter Unterhaltstitel sogar noch deutlich zugenommen.

Aber auch durch andere Regelungen hat der Gesetzgeber sogar noch die Möglichkeiten von Beurkundungen in Kindschaftssachen ausgeweitet, nämlich durch die „qualifizierte" Vaterschaftsanerkennung nach Anhängigkeit eines Scheidungsverfahrens, durch die öffentlich zu beurkundende Sorgeerklärung der nicht miteinander verheirateten Eltern sowie durch die Verpflichtungserklärung des Elternteils, der im vereinfachten Verfahren auf Unterhalt in Anspruch genommen wird. All diese und weitere Erklärungen kann neben dem allzuständigen Notar auch das Jugendamt nach § 59 Abs. 1 Satz 1 SGB VIII beurkunden. Daneben bestehen in beschränktem Umfang auch Zuständigkeiten des Amtsgerichts zur Beurkundung sowie der Standesämter zur Beurkundung und Beglaubigung, insbesondere auch in namensrechtlichen Angelegenheiten. Im Ausland nimmt der zuständige deutsche Konsulatsbeamte insoweit die Funktion des Notars wahr.

Die Urkundstätigkeit in Kindschaftssachen – im weiteren Sinne – hatte durch die zum 1. Juli 1998 in Kraft getretenen Reformgesetze auch grundlegende inhaltliche Änderungen erfahren. Dies gilt im besonderen Maße für ihre Kernbereiche, das Abstammungs- und Unterhaltsrecht. Daneben stellen die erwähnten Sorgeerklärungen einen wichtigen neuen Zweig der Beurkundungstätigkeit dar. Diese und weitere Rechtsänderungen waren in der im Jahr 2000 erschienenen fünften Auflage berücksichtigt worden. Seitdem sind zwar nur wenige gesetzliche Änderungen – insbesondere durch das Kinderrechteverbesserungsgesetz vom 9. April 2003 – für die Beurkundungstätigkeit unmittelbar relevant geworden. Jedoch haben vielfältige Erfahrungen der Praxis mit dem neuen Recht die umfangreiche Überprüfung und Ergänzung der Erläuterungen notwendig gemacht. Der Verfasser dankt hier besonders dem Deutschen Institut für Jugendhilfe und Familienrecht e.V., das ihm durch Einblick in viele einschlägige Anfragen und auch unveröffentlichte Stellungnahmen eine wichtige Grundlage hierfür gegeben hat.

Beibehalten wurde der bewährte Aufbau des Buches, das der unvergessene Dieter Brüggemann – über Jahrzehnte hinweg ein meisterlicher Ratgeber der Praxis in Vorträgen, wissenschaftlichen Aufsätzen und Gutachten – in den ersten vier Auflagen zu einem Standardwerk für Jugendämter, Gerichte, Standesämter und Notare ausgebaut hat. Die Fortführung soll auch weiterhin in seinem Geist den Blick für das Notwendige mit Klarheit und Verständlichkeit der Argumentation sowie mit Aufgeschlossenheit für die Belange der Praxis verbinden.

Als Begleiter der Kindschaftsrechtsreform aus der Warte des Bundesrats und als seinerzeit für das Familien- und auch das Beurkundungsrecht zuständiger Referatsleiter im Bayer. Staatsministerium der Justiz hatte sich der Verfasser gern der Aufgabe gestellt, die Neubearbeitung der fünften Auflage zu übernehmen, nachdem Dieter Brüggemann nicht mehr vergönnt war, dies selbst in die Hand zu nehmen. Auch in richterlicher Funktion und universitärer Lehrtätigkeit hat der Verfasser die weitere Entwicklung der Beurkundung in Kindschaftssachen aufmerksam verfolgt.

Möge das Werk den Lesern den gleichen Nutzen bringen, den der Verfasser selbst seinerzeit aus den Vorauflagen aufgrund der verdienstvollen Leistung ihres damaligen Gestalters ziehen konnte.

München, im April 2005 *Bernhard Knittel*

Inhaltsverzeichnis

Vorwort zur 6. Auflage	5
Schrifttum	11
Abkürzungen	13
Einleitung	17
Erster Titel: Beurkundungen im Jugendamt	19

- A. **Allgemeiner Teil** ... 19
  - I. Der verfahrensrechtliche Rahmen: Beurkundungsgesetz als Verfahrensgesetz ... 19
  - II. Der gegenständliche Rahmen: Abschließende Aufzählung der Urkundsermächtigungen ... 19
  - III. Der organisatorische Rahmen: Erteilung der Urkundsermächtigung und die Stellung der Urkundsperson ... 22
  - IV. Die Praxis der Urkundstätigkeit: Allgemeine Grundsätze ... 33
    1. Zuständigkeit der Urkundsperson ... 33
       - a) Örtliche, sachliche, funktionelle ... 33
       - b) Rechtsfolgen der Verletzung der Zuständigkei ... 34
    2. Beurkundung und Beglaubigung als Erscheinungsformen der „öffentlichen Urkunde" (§§ 415, 418 ZPO). Beweiskraft. Bedeutung des Ausdrucks „öffentlich" ... 35
    3. Öffentliche Beurkundung und öffentliche Beglaubigung: Abgrenzungen; allgemeine Formerfordernisse des Urkundsakts; geschäftliche Behandlung .. 36
       - a) Öffentliche Beurkundung ... 36
       - b) Öffentliche Beglaubigung ... 40
       - c) Fortsetzung: Unterschiede in der Behandlung der erstellten Urkunde .. 42
       - d) Die Ausfertigung ... 43
       - e) Exkurs: Ersetzung zerstörter oder abhanden gekommener Urschriften ... 48
       - f) Die vollstreckbare Ausfertigung ... 50
       - g) Die beglaubigte Abschrift ... 50
       - h) Arten der Siegelung. Sonstige Anforderungen an die Herstellung der Urkunden ... 52
    4. Urkundstätigkeit in Sonderfällen ... 54
       - a) Sprachunkundige ... 54
         - aa) *Beurkundung von Erklärungen* ... *54*
         - bb) *Öffentliche Beglaubigungen* ... *55*
       - b) Schreibunfähige, Taube, Blinde, Stumme ... 56
    5. Kostenfreiheit ... 57
  - V. Prüfungspflichten und Belehrungspflichten ... 58
    1. Identität der am Urkundsakt Beteiligten ... 58
    2. Geschäftsfähigkeit ... 61
    3. Legitimation ... 65
       - a) Bevollmächtigung ... 65
       - b) Gesetzliche Vertretung ... 67
    4. Andere Wirksamkeitsvoraussetzungen und Wirksamkeitshindernisse aus materiellem Recht ... 68
    5. Ausländisches Recht ... 69
    6. Belehrungspflicht: Allgemeine Grundsätze ... 72

VI.	Aufbewahrungsfristen	74
VII.	Rechtsmittel gegen die Ablehnung der Urkundstätigkeit	77
VIII.	Konkurrierende Urkundszuständigkeiten	77

B. Besonderer Teil ... 81

I. Erklärungen über die Anerkennung der Vaterschaft, § 59 Abs. 1 Satz 1 Nr. 1 SGB VIII ... 81
    1. Beurkundung der Vaterschaftsanerkennung, §§ 1594, 1597 BGB ... 81
        a) Rechtsnatur, Folgerungen ... 81
        b) Der Normalfall. Die vorgeburtliche Anerkennung. Mehrlingsgeburten. Anerkennung volljähriger Kinder ... 84
        c) Bedingungsfeindlich. Die Anerkennung während eines Verfahrens zur Vaterschaftsanfechtung ... 87
        d) Sonstige sachliche Einschränkungen (Anerkennung mit Beschränkung auf die Rechtswirkungen nach deutschem Recht? Inkognito-Anerkennung?) ... 91
        e) Was der Anerkennung nicht entgegensteht (anderweite, noch nicht wirksam gewordene Feststellung der Vaterschaft eines Dritten, Adoption) ... 91
        f) Die Vaterschaftsanerkennung durch den Nicht-Vater ... 93
        g) Anerkennung durch beschränkt Geschäftsfähige und Geschäftsunfähige ... 94
        h) Fälle mit Auslandsberührung ... 95
        i) Belehrungen ... 102
        j) Geschäftliche Behandlung des Urkundsvorgangs ... 103
    2. Beurkundung der Zustimmung der Mutter, § 1595 Abs. 1, § 1597 BGB ... 105
        a) Neuregelung durch das KindRG; fehlende Ersetzbarkeit der Zustimmung; Geschäftsfähigkeit ... 105
        b) Zeitpunkt (vorgeburtliche Zustimmung; Zustimmung zu der während der Anfechtung der Vaterschaft erklärten Anerkennung) ... 106
        c) Adressatlosigkeit und fehlende Fristgebundenheit der Zustimmung ... 107
        d) Belehrungen ... 107
        e) Zustimmung der Mutter zu einer unter fremdem Recht erklärten Anerkennung der Vaterschaft ... 108
    3. Beurkundung der Zustimmung des Kindes, § 1595 Abs. 2, § 1597 BGB ... 108
        a) Notwendigkeit der Zustimmung des Kindes ... 108
        b) Beurkundungsbefugnis des Jugendamts ... 109
        c) Zustimmung des geschäftsunfähigen und des in der Geschäftsfähigkeit beschränkten Kindes ... 109
        d) Legitimierter gesetzlicher Vertreter ... 109
        e) Adressatlosigkeit und Unwiderruflichkeit der Zustimmung ... 110
    4. Die öffentlich zu beurkundenden Zustimmungen des gesetzlichen Vertreters ... 110
        a) Die gesetzlichen Fälle. Gemeinsames ... 110
        b) Belehrungen ... 111

II. Beurkundung von Unterhaltsverpflichtungen, § 59 Abs. 1 Satz 1 Nr. 3 SGB VIII ... 111
    1. Allgemeines ... 111
        a) Rechtlicher Gehalt der Verpflichtungserklärung ... 111
        b) Reichweite der Beurkundungsermächtigung ... 114

	c)	Unterhalt als Festbetrag oder dynamisiert anhand der Regelbeträge	118
		aa) Festsetzung des Unterhalts anhand des Regelbetrages	119
		bb) Die Inbezugnahme der Regelbeträge	120
	d)	Anrechnung kindbezogener Leistungen	121
	e)	Zulässige Dynamisierung auch des anzurechnenden Kindergeldes	122
	f)	Formulierungsvorschlag einer Verpflichtungserklärung auf dynamisierten Unterhalt nach dem jeweiligen Regelbetrag	124
	g)	Sonderfälle von Beurkundungswünschen	126
	h)	Fälligkeit, Rückstände und Sonderbedarf	127
	i)	Verpflichtungserklärungen im Falle beschränkter Geschäftsfähigkeit und Geschäftsunfähigkeit des sich Verpflichtenden	129
	j)	Die Frage nach der Notwendigkeit vormundschaftsgerichtlicher Genehmigung	130
		aa) § 1822 Nr. 5, § 1643 Abs. 1 BGB?	131
		bb) § 1822 Nr. 12 BGB?	131
	k)	Abänderungsbeurkundungen	132
	l)	Prüfung der Angemessenheit des vom Verpflichtungswilligen zugestandenen Unterhalts?	134
	m)	Fälle mit Auslandsberührung	135
		aa) Allgemeines	135
		bb) Anrechnung von Kindergeld bei im Ausland lebenden Elternteilen	136
	n)	Zur Frage der Beurkundung einer Abfindungsverpflichtung	138
2.	Die Unterwerfung unter die sofortige Zwangsvollstreckung, § 60 SGB VIII ...		138
	a)	Rechtsnatur, Anwendungsfälle	138
	b)	Erfordernisse nach § 60 Satz 1 SGB VIII. Simultanangebot für Verpflichtung und Unterwerfung?	139
	c)	Die über § 794 Abs. 1 Nr. 5 ZPO maßgebenden Bestimmungen des zivilprozessualen Vollstreckungsrechts. Die Wartefrist des § 798 ZPO insbesondere	140
	d)	Belehrungen	141
	e)	Die Unterwerfung unter die sofortige Zwangsvollstreckung im Falle der beschränkten Geschäftsfähigkeit und der Geschäftsunfähigkeit des sich Verpflichtenden. Genehmigung des Vormundschaftsgerichts?	141
	f)	Die Vollstreckungsklausel und ihre Erteilung	142
	g)	Die Erteilung der Vollstreckungsklausel gegen den Vater in der Abhängigkeit vom Wirksamwerden seiner Vaterschaftsfeststellung (Vaterschaftsanerkennung)	144
	h)	Die Erteilung der Vollstreckungsklausel als antragsgebundener Akt. Antragsberechtigungen	146
	i)	Mehrere vollstreckbare Ausfertigungen	149
	j)	Die Zustellung der vollstreckbaren Unterhaltsverpflichtung	150
	k)	Klauselerteilung in Fällen von Rechtsnachfolge: Allgemeines und Gemeinsames	152
	l)	Fortsetzung: Die Klauselerteilung bei Rechtsnachfolge auf der Gläubigerseite	155
		aa) bei Vollübergang der Forderung	155
		bb) bei Teilübergang der Forderung	169
		cc) Mehrere Rechtsnachfolge-Prätendenten	174

		m)	Fortsetzung: Rechtsnachfolge auf der Schuldnerseite	174
		n)	Beurkundung „freitragender" Unterhaltsverpflichtungen von Seiten des nicht festgestellten Kindesvaters?	175
	3.		Vollstreckung aus Verpflichtungsurkunden der ehemaligen DDR-Jugendhilfereferate	176
III.	Sonstige Urkundsgeschäfte im Jugendamt, § 59 Abs. 1 Nr. 2, 4, 6–9 SGB VIII			177
	1.		Beurkundung der Verpflichtung zur Erfüllung von Ansprüchen zwischen den Eltern nach § 1615l BGB (§ 59 Abs. 1 Nr. 4 SGB VIII)	177
		a)	„Nichtehelicher" Vater als Schuldner des Anspruchs. Voraussetzungen der Erteilung der Vollstreckungsklausel bei Unterwerfung unter die sofortige Zwangsvollstreckung	177
		b)	Die Verpflichtungserklärung des beschränkt Geschäftsfähigen und des Geschäftsunfähigen	178
		c)	Die Vererblichkeit des Anspruchs und die Verpflichtungserklärung des Erben	178
		d)	Fälle mit Auslandsberührung	178
	2.		Beurkundung der Anerkennung der Mutterschaft, § 59 Abs. 1 Satz 1 Nr. 2 SGB VIII	179
	3.		Beurkundung des Widerrufs der Einwilligung in die Adoption durch das Kind im Falle des § 1746 Abs. 2 BGB (§ 59 Abs. 1 Satz 1 Nr. 6 SGB VIII)	180
	4.		Beurkundung des Verzichts des „nichtehelichen" Vaters im Adoptionsverfahren auf die Übertragung der Sorge, § 1747 Abs. 3 Nr. 3 BGB (§ 59 Abs. 1 Satz 1 Nr. 7 SGB VIII)	180
	5.		Beurkundung der Sorgeerklärungen der nicht miteinander verheirateten Eltern, § 1626a Abs. 1 Nr. 1 BGB (§ 59 Abs. 1 Satz 1 Nr. 8 SGB VIII)	181
	6.		Beurkundung einer Erklärung des auf Unterhalt in Anspruch genommenen Elternteils nach § 648 ZPO (§ 59 Abs. 1 Satz 1 Nr. 9 SGB VIII)	190

Zweiter Titel: Beurkundungen anderer Stellen 193

1. Abschnitt: Notare, Konsuln 193
2. Abschnitt: Gerichte (Amtsgericht, Prozessgericht der Vaterschaftsklage) 201
3. Abschnitt: Standesämter 204

Anhang I: Gesetzestexte 207

Sozialgesetzbuch Achtes Buch (SGB VIII) 207

Kinder- und Jugendhilfe 207
Beurkundungsgesetz (BeurkG) 209
Konsulargesetz 229
Personenstandsgesetz 230

Anhang II: Protokollierungshilfen für Sonderfälle 235

Sachregister 239

Schrifttum

Die Schrifttumszitate im Text – soweit nicht vereinzelt und unter vollem Titel angeführt – beziehen sich auf folgende Werke:

Amborst u.a.	Bundessozialhilfegesetz, Lehr- und Praxiskommentar 6. Aufl. 2003, (zit. *Bearbeiter* in: LPK-BSHG)
Baumbach/Lauterbach/ Albers/Hartmann	Zivilprozessordnung, 63. Aufl. 2005 (zit. *Bearbeiter* in: Baumbach/Lauterbach)
Gernhuber/ Coester-Waltjen	Lehrbuch des Familienrechts, 4. Aufl. 1994
Erman	Bürgerliches Gesetzbuch, 11. Aufl. 2004 (zit., *Bearbeiter* in: Erman)
Hepting/Gaaz	Kommentar zum Personenstandsgesetz, 1987 ff.
Höfer/Huhn	Allgemeines Urkundsrecht, 1968
Hoffmann	Konsularrecht, Loseblattsammlung
Huhn/v. Schuckmann	Beurkundungsgesetz und Dienstverordnung für Notare, Kommentar, 4. Aufl. 2003 (zit. *Bearbeiter* in: Huhn/von Schuckmann)
Jans/Happe	Kommentar zum Jugendwohlfahrtsgesetz, 1971
Jansen	Kommentar zum Gesetz über die Angelegenheiten der freiwilligen Gerichtsbarkeit, Bd. III: Beurkundungsgesetz, 2. Aufl. 1971
Jansen/Knöpfel	Das neue Nichtehelichengesetz, 1967
Kersten/Bühling	Formularbuch und Praxis der freiwilligen Gerichtsbarkeit, 2.1. Aufl. 2001
Klinkhardt	Kinder- und Jugendhilfe, SGB VIII, Kommentar, 1994
Krug/Grüner/Dalichau	Kinder- und Jugendhilfe, Sozialgesetzbuch (SGB) Achtes Buch, Loseblattsammlung, Stand 1.1.2005
Kunkel	Kinder- und Jugendhilfe, Lehr- und Praxiskommentar, 1998 (zit. *Bearbeiter* in: LPK-SGB VIII)
Kurtze	Die Beurkundung im Jugendamt, 1971
Lipp/Wagenitz	Das neue Kindschaftsrecht, Kommentar, 1999
Luthin	Handbuch des Unterhaltsrechts, 10. Aufl. 2004 (zit. *Bearbeiter* in: Luthin)
Mecke/Lerch	Beurkundungsgesetz, 2. Aufl. 1991

Mrozynski	Kinder- und Jugendhilfegesetz (SGB VIII), Textausgabe mit Erläuterungen, 3. Aufl. 1998
MünchKommBGB	Münchener Kommentar zum Bürgerlichen Gesetzbuch, Bd. 1 (Allgemeiner Teil), 3. Aufl. 1993; Bd. 8 (Familienrecht II), 4. Aufl. 2002 (zit. *Bearbeiter* in: MünchKommBGB)
MünchKommZPO	Münchener Kommentar zur Zivilprozessordnung, 2. Aufl. 2000 (zit. *Bearbeiter* in: Münder LPK-BSHG
Musielak	Zivilprozessordnung, 4. Aufl. 2005 (zit. *Bearbeiter* in: Musielak)
Odersky	Nichtehelichengesetz, 4. Aufl. 1978
Palandt	Bürgerliches Gesetzbuch, 64. Aufl. 2005 (zit. *Bearbeiter* in: Palandt)
Potrykus	Jugendwohlfahrtsgesetz, 2. Aufl. 1972
Riedel/Feil	Beurkundungsgesetz, Handkommentar für die Praxis, 1970
Rohs/Heinemann	Die Geschäftsführung der Notare, 11. Aufl. 2002
Rühl/Greßmann	Kindesunterhaltsgesetz, Eine einführende Darstellung für die Praxis, 1998
Soergel	Bürgerliches Gesetzbuch, 12. Aufl. 1978 ff., 13. Aufl. 2000 ff. (zit. *Bearbeiter* in: Soergel)
Staudinger	Bürgerliches Gesetzbuch, §§ 1589 bis 1600e, Neubearb. 2004; §§ 1601–1615o, Neubearb. 2000 (zit. *Bearbeiter* in: Staudinger)
Stein/Jonas	Zivilprozessordnung, 22. Aufl. 2003 ff. (zit. *Bearbeiter* in: Stein/Jonas).
Thomas/Putzo	Zivilprozessordnung, 26. Aufl. 2004
Wendl/Staudigl	Das Unterhaltsrecht in der familienrichterlichen Praxis, 6. Aufl. 2004 (zit. *Bearbeiter* in: Wendl/Staudigl)
Wieczorek/Schütze	Zivilprozessordnung und Nebengesetze, 3 Aufl. 1994 ff. (zit. *Bearbeiter* in: Wieczorek/Schütze)
Wiesner/Mörsberger/ Oberloskamp/Struck,	SGB VIII/Kinder- und Jugendhilfe, 2. Aufl. 2000 (zit. *Bearbeiter* in: Wiesner u.a.)
Winkler	Beurkundungsgesetz, 15. Aufl. 2003
Zimmermann	Zivilprozessordnung, 5. Aufl. 1998
Zöller	Zivilprozessordnung, 25. Aufl. 2005 (zit. *Bearbeiter* in: Zöller)

Abkürzungen

AdVerm.G	Gesetz über die Vermittlung der Annahme als Kind und über das Verbot der Vermittlung von Ersatzmüttern vom 20. Juli 1976
a.E.	am Ende
AG	Amtsgericht
Alt.	Alternative
Art.	Artikel
BAföG	Bundesausbildungsförderungsgesetz vom 6. Juni 1983
betr.	betreffend
BeurkG	Beurkundungsgesetz
BGBl.	Bundesgesetzblatt (Jahrgang, Teil, Seite)
BGHZ	Entscheidungen des Bundesgerichtshofs in Zivilsachen, Amtliche Sammlung (Band, Seite)
BNotO	Bundesnotarordnung
BSHG	Bundessozialhilfegesetz
BTDr	Verhandlungen des Deutschen Bundestags – Drucksachen – (Legislaturperiode/Nr. der Drucksache)
DA	Dienstanweisung für die Standesbeamten
DAVorm	Der Amtsvormund (Jahrgang, Spalte)
d.h.	das heißt
DNotZ	Deutsche Notar-Zeitschrift (Band, Seite)
DONot	Dienstordnung für Notare
E	Entwurf (Regierungsvorlage zu dem bezeichneten Gesetz)
EGBGB	Einführungsgesetz zum Bürgerlichen Gesetzbuch
ff.	... und folgende (in Zitaten)
FamRZ	Zeitschrift für das gesamte Familienrecht (Jahrgang, Seite)
FGG	Gesetz über die Angelegenheiten der freiwilligen Gerichtsbarkeit
GBl.	Gesetzblatt (der DDR)
GMBl.	Gemeinsames Ministerialblatt – des Auswärtigen Amtes – (Jahrgang, Seite)
h.M.	herrschende Meinung
HRR	Höchstrichterliche Rechtsprechung (Jahrgang, Nr.)
Hs.	Halbsatz
i.d.F.	in der Fassung

i.d.R.	in der Regel
i.S.v.	im Sinne von
i.V.m.	in Verbindung mit
JWG	Gesetz für Jugendwohlfahrt, vom 11. August 1961, in der Fassung der Bekanntmachung vom 25. April 1977
KG	Kammergericht
KGJ	Jahrbuch für Entscheidungen des Kammergerichts in Sachen der freiwilligen Gerichtsbarkeit (Band, Seite)
KJHG	Kinder und Jugendhilfegesetz vom 26. Juni 1990
KostO	Kostenordnung
LG	Landgericht
MBl.	Ministerialblatt
NÄG	Gesetz über die Änderung von Familiennamen und Vornamen vom 5. Januar 1938
NEG	Gesetz über die rechtliche Stellung der nichtehelichen Kinder vom 19. August 1969
NJW	Neue Juristische Wochenschrift – RR: Beilage Rechtsprechungsreport – (Jahrgang, Seite)
NotBZ	Zeitschrift für die notarielle Beratungs- und Beurkundungspraxis
OLG	Oberlandesgericht
OLGZ	Entscheidungen der Oberlandesgerichte in Zivilsachen (Jahrgang, Seite)
PStG	Personenstandsgesetz
RabelsZ	Zeitschrift für ausländisches und internationales Privatrecht (Band und Seite)
RdJB	Recht der Jugend und des Bildungswesens Zeitschrift für Schule, Berufsbildung und Jugenderziehung
RGZ	Entscheidungen des Reichsgerichts in Zivilsachen, Amtliche Sammlung (Band, Seite)
RJWG	Reichsjugendwohlfahrtsgesetz vom 9. Juli 1922
Rn.	Randnummer
RPfleger	Der deutsche Rechtspfleger (Jahrgang, Seite)
RpflG	Rechtspflegergesetz
RuStAngG	Reichs- und Staatsangehörigkeitsgesetz
s.	siehe
s.o.	siehe oben

S.	Seite
SGB	Sozialgesetzbuch
StAG	Staatsangehörigkeitsgesetz
StAZ	Das Standesamt (Jahrgang, Seite)
StPO	Strafprozessordnung
UÄG	Gesetz zur Änderung unterhaltsrechtlicher, verfahrensrechtlicher und anderer Vorschriften, vom 20. Februar 1986
UVG	Unterhaltsvorschussgesetz
u.U.	unter Umständen
vgl.	vergleiche
z.B.	zum Beispiel
ZBlJR	Zentralblatt für Jugendrecht und Jugendwohlfahrt (Jahrgang, Seite); seit 1984: Zentralblatt für Jugendrecht (ZfJ)
ZPO	Zivilprozessordnung

Einleitung

Beurkundungen in Kindschaftsangelegenheiten werden **in fünf verschiedenen Institutionen** vorgenommen: in den Jugendämtern, den Standesämtern, den Amtsgerichten, den Notariaten sowie den konsularischen Auslandsvertretungen. Allerdings gelten jeweils unterschiedliche Abstufungen der Zuständigkeit; lediglich Notare und Konsulate sind umfassend zu Beurkundungen in allen einschlägigen Materien befugt. Auch sind **die verfahrensrechtlichen Grundlagen** (des Beurkundungsgesetzes, der ZPO, der Bundesnotarordnung, des Personenstandsgesetzes, des FGG, des SGB VIII und des Konsulargesetzes) nicht für alle Beurkundungen einheitlich. Nur die Vorschriften des BGB über die zu beurkundenden Erklärungen bilden einen einheitlichen Rahmen für das Recht der Beurkundung in Kindschaftsangelegenheiten – als materielles Recht und vereinzelt auch als Verfahrensrecht.

Der Ausdruck **„Kindschaftsangelegenheiten"** ist hier bewusst gewählt. Was im Folgenden der Darstellung zugrunde gelegt wird, deckt sich nicht mit den Kindschaftssachen im Sinne des § 640 Abs. 2 ZPO. Es bezeichnet vielmehr sämtliche einer Beurkundung zugänglichen und durch urkundliche Rechtsakte zu gestaltenden Rechtsbeziehungen der Kindschaft als solcher. Dazu gehören Erklärungen zur Herstellung oder Änderung des Abstammungsverhältnisses einschließlich der namensrechtlichen Folgen; ferner, als wichtiges Geschäft der vorsorgenden Rechtspflege, die vollstreckbaren Unterhaltsverpflichtungen. Als vom Gesetz selbst einbezogenes Randgebiet wird auch die Aufnahme einer Leistungsverpflichtung bezüglich der Ansprüche einer „nichtehelichen" Mutter gegen den Erzeuger im Text behandelt. Von erheblicher praktischer Bedeutung sind schließlich die Sorgeerklärungen, mit denen nicht miteinander verheiratete Eltern die gemeinsame Sorge für ein Kind begründen können.

Die **Allzuständigkeit** für die Beurkundungstätigkeit in Kindschaftsangelegenheiten liegt beim **Notar.** Er hat sie nicht nur dort, wo das Gesetz die Beurkundung gerade als notarielle vorschreibt, z.B. in § 1750 Abs. 1 Satz 2, § 1762 Abs. 3 BGB: dort ist seine Zuständigkeit ausschließlich (wobei ihm der **Konsularbeamte** an deutschen Auslandsvertretungen **gleichgestellt** ist). Beide sind darüber hinaus zur Beurkundung berufen, wo immer die Form der „öffentlichen Beurkundung" vorgeschrieben ist (etwa in § 1626 Abs. 1 Satz 1, § 1746 Abs. 2 Satz 2 BGB), hier freilich in Konkurrenz mit anderen Stellen. Diejenige, die unter ihnen das breiteste Spektrum zuständiger Beurkundungstätigkeit aufzuweisen hat, ist das **Jugendamt.** Es hat das **Amtsgericht,** dem ursprünglich – neben dem Notariat – die Zuständigkeit für die öffentliche Beurkundung allgemein zukam, in einer 70-jährigen schrittweisen Entwicklung bis auf einen bescheidenen Rest verdrängt (dieser umfasst allerdings nach wie vor wichtige kindbezogene Gegenstände, nämlich die Vaterschaftsanerkennung und die vollstreckbare Unterhaltsverpflichtung, neben einer rudimentären Beurkundungsbefugnis im Erbrecht nach § 1945 Abs. 1 BGB). Diese von der Gesetzgebung vorgezeichnete Entwicklung hat die Praxis mit vollzogen. Ganz **überwiegend** werden **Kind-**

schaftsangelegenheiten im Jugendamt beurkundet, und zwar durch eigene Urkundspersonen. Die Beurkundung im Jugendamt soll deshalb im Folgenden als Modell dienen zugleich für die anderen Sparten.

Erster Titel: Beurkundungen im Jugendamt

A. Allgemeiner Teil

I. Der verfahrensrechtliche Rahmen: Beurkundungsgesetz als Verfahrensgesetz

Die Urkundstätigkeit im Jugendamt, als Vollzug sozialstaatlicher Verwaltung, hat ihren formalen Rahmen im Beurkundungsgesetz vom 28. August 1969. Dort ist das **Verfahren bei öffentlichen Beurkundungen jeder Art** geregelt; sein Adressat ist der allzuständige Notar (§ 1 Abs. 1). In § 1 Abs. 2 erstreckt es die Geltung seiner Bestimmungen auf „andere Urkundspersonen oder sonstige Stellen", soweit sie für die öffentliche Beurkundung zuständig sind. Zu jenen anderen Personen gehört die Urkundsperson im Jugendamt kraft des SGB VIII (§ 59 Abs. 1 Satz 1). Nicht alle Inhalte des Beurkundungsgesetzes sind für die Urkundstätigkeit im Jugendamt einschlägig; so z.B. nicht die Bestimmungen, die die Beurkundung von Verfügungen von Todes wegen, freiwilligen Versteigerungen, eidesstattlichen Versicherungen oder die Beglaubigung firmenrechtlicher Zeichnungsbefugnisse zum Gegenstand haben. Doch alles was im **I. und II. Abschnitt** (Allgemeine Vorschriften und Beurkundung von Willenserklärungen: §§ 1 bis 26 – ausgenommen § 13a Abs. 4, §§ 14, 15 –), sowie im **IV. Abschnitt** – Behandlungen von Urkunden (§§ 44–54, ausgenommen §§ 50, 53) – gesagt wird, ist **für die Urkundsperson im Jugendamt gleichermaßen verbindlich.** Das Beurkundungsgesetz ist insoweit ihr Verfahrensgesetz. Wo es vom „Notar" spricht, ist dieser über § 1 Abs. 2 auf die Urkundsperson im Jugendamt umzudenken, so in den §§ 22, 25 betreffend die in bestimmten Fällen erforderliche Zuziehung eines zweiten Notars.

II. Der gegenständliche Rahmen: Abschließende Aufzählung der Urkundsermächtigungen

Die Gegenstände möglicher Beurkundungen im Jugendamt legt der **Katalog des § 59 Abs. 1 Satz 1 SGB VIII abschließend** fest. Er hat – freilich unter allmählicher schrittweiser Erweiterung – sein Vorbild im Reichsjugendwohlfahrtgesetz (RJWG) von 1922.

> Da jugendamtliche Urkunden aus früheren Perioden gelegentlich noch aktuell werden können, soll der nachfolgende Längsschnitt als Orientierung dienen. Denn Gültigkeit und Reichweite der Beurkundung beurteilen sich ausschließlich nach der Gesetzeslage im Zeitpunkt ihrer Vornahme, nicht nach einer späteren, unter der sie gültig hätten vorgenommen werden können, soweit nicht Überleitungsregelungen etwas anderes bestimmen (unten Rn. 7 a.E.).
>
> 1. Die Vorschrift des **§ 43 Abs. 2 RJWG** kannte zunächst erst die Beurkundung der **Anerkennung der Vaterschaft** damaligen Rechts, d.h. mit der bescheidenen Reichweite eines Ausschlusses der exceptio

plurium im Alimentenprozess und mit dem Effekt der Beiwohnungsvermutung, wenn es nun um die Legitimationswirkung nach Eheschließung mit der Kindesmutter ging (§§ 1718, 1720 Abs. 2 a.F. BGB); daneben die **Beglaubigung der Erklärung über die Einbenennung** (§ 1706 Abs. 2 Satz 2 2 a.F. BGB). Eine Zuständigkeit zur Aufnahme **vollstreckbarer Unterhaltsverpflichtungen** bestand reichsrechtlich nicht. Sie konnte auf Grund der Ermächtigung in § 801 ZPO **nur landesrechtlich** geschaffen werden, wovon einige Länder, so Preußen und Sachsen, nicht aber z.B. Bayern, in der Folge Gebrauch gemacht haben. Was dagegen die neu geschaffene Urkundszuständigkeit von Anfang an kennzeichnete – und bis zur Reform von 1990 gekennzeichnet hat –, war ihre **Ausübung durch dazu eigens vom** *Landesjugendamt ermächtigte Beamte des Jugendamts.* Diese besondere Qualifizierung erschien damals als eine gesetzgeberische Konsequenz der Amtsvormundschaft des Jugendamts, die gleichzeitig ins Leben trat und die es verbot, die gesetzliche Vertretung des Amtsmündels und die Beurkundungszuständigkeit mit der für diese gebotenen Neutralität bei „dem" Jugendamt als solchem zu vereinigen. Denn schon damals gab es den mit der Ausübung der vormundschaftlichen Obliegenheiten betrauten Amtsvormund. Diesem sollte ein Beamter seines Jugendamts selbstständig gegenüberstehen, dem die Beurkundungsbefugnis verliehen worden war, und zwar durch rechtsförmlichen Akt der übergeordneten Stelle, nicht durch einfache innerdienstliche Organisationsmaßnahme.

Beurkundete Anerkennungen der Vaterschaft aus damaliger Zeit blieben mit dem vorerwähnten Wirkungsgrad bis zum In-Kraft-Treten des NEG von 1970 in Kraft, um dann nach Art. 12 § 3 Satz 1 NEG in Anerkennungen neuen Rechts übergeführt zu werden.

8 2. Die bundesrechtliche **Novellierung des Jugendwohlfahrtsrechts von 1961** übernahm die Zuständigkeit zur **Aufnahme vollstreckbarer Urkunden** in das Bundesrecht (§ 49 JWG 1961). Im Zuge der Neuregelung des Nichtehelichenrechts wurde das **Änderungs- und Ergänzungsgesetz** vom **27. Juni 1970** (BGBl. I S. 920) erforderlich. Es passte die bisherigen Beurkundungs- und Beglaubigungszuständigkeiten, namentlich in der Anerkennung der Vaterschaft, dem neuen Statusrecht des nichtehelichen Kindes an. Gleichzeitig erweiterte es aber die Möglichkeit, vollstreckbare Unterhaltsverpflichtungen zu beurkunden, auf alle Kinder, also auch die ehelichen, sowie auf die Ansprüche der nichtehelichen Mutter gegen den Erzeuger. Schließlich bereinigte es eine alte Streitfrage, indem es die Urkundszuständigkeit einem jeden Jugendamt unabhängig von seiner sonst gegebenen örtlichen Zuständigkeit beilegte. Der **Katalog der Urkundsbefugnisse**, und eine äußerlich davon getrennte Regelung, Unterhalts- und unterhaltsähnliche Verpflichtungen durch Unterwerfung unter die sofortige Zwangsvollstreckung titulierbar zu machen, erhielt **im Kern seine heutige Gestalt**. Er ist während der Geltung des JWG 1961 nur noch in Randfragen erweitert worden. So zunächst durch das **Adoptions-**

gesetz von 1976** in einigen Punkten, nämlich Beurkundungsbefugnisse für Erklärungen nach § 1746 Abs. 2 und § 1747 Abs. 2 Satz 3 BGB; ferner durch das UÄG von 1986 mit der Möglichkeit der Zustellung vollstreckbarer Zahlungs-, insbesondere Unterhaltsverpflichtungen an den Schuldner durch Aushändigung im Jugendamt. Eine versteckte Erweiterung hatte im Übrigen das Nichtehelichengesetz vom 19. August 1969 auf dem Wege der gleichzeitigen Novellierung des Personenstandsgesetzes gebracht; es schuf in § 29b PStG das Institut der Anerkennung der Mutterschaft und bestimmte in Abs. 3 dieser Vorschrift, dass für deren Beurkundung einschließlich der etwa erforderlichen Zustimmung des gesetzlichen Vertreters der Mutter diejenigen Stellen zuständig seien, vor denen die Anerkennung der Vaterschaft erklärt werden kann.

3. Das Kinder- und Jugendhilfegesetz **(KJHG) von 1990**, als VIII. Buch des SGB in Kraft seit 1. Januar 1991, hat das JWG von 1961 abgelöst und auch das bestehende Urkundswesen im Jugendamt formal **dem System des Sozialgesetzbuchs eingefügt**. Der Katalog der Beurkundungsermächtigung blieb im jetzigen § 59 weitgehend erhalten. Neu aufgenommen wurde unter Nr. 1 die Zuständigkeit zur Beurkundung einer Einwilligung der Mutter in die Anerkennung der Vaterschaft, welche die Mutter fallweise aus einem (ausländischen) Heimatrecht des Kindes abzugeben veranlasst ist. Damit wurde einer sich aus Art. 23 EGBGB ergebenden Notwendigkeit Rechnung getragen. Zuvor war diese Zuständigkeit zweifelhaft, vom OLG Stuttgart StAZ 1990, 50 bejaht, im Gutachten des Deutschen Instituts für Vormundschaftswesen DAVorm 1990, 441 verneint worden.

Dass die Anerkennung der Mutterschaft im Katalog unter Nr. 2 (neu) nun auch ihre ausdrückliche Aufnahme fand, dient lediglich der Klarstellung. Neu ist seither, dass das SGB VIII im Katalog des § 59 den **Begriff „Kind"** nicht mehr einheitlich verwendet: Nr. 1 (Zustimmung zur Vaterschaftsanerkennung) nimmt durch die Koppelung mit dem „Jugendlichen" auf die Legaldefinition des § 7 Abs. 1 Nr. 1, 2 Bezug; Nr. 5 und 7 diejenige des § 7 Abs. 3; Nr. 6 diejenige in § 7 Abs. 4. Im Ergebnis ist damit jedoch, abweichend von dem nur generationsmäßig verstandenen „Kind"-Begriff des BGB in den Beurkundungsmaterien der §§ 1746 Abs. 2, § 1747 Abs. 2 Satz 3 jetzt durchgehend auf das *minderjährige* Kind, sonst auf den generationsmäßigen Begriff „Abkömmling" (in § 59 Abs. 1 Satz 1 Nr. 3 SGB VIII) abgestellt.

4. Wichtige Neuerungen hat die **KJHG-Novelle vom 16. Februar 1993** (BGBl. I S. 239) gebracht. § 59 Abs. 1 Satz 1 Nr. 3 des Gesetzes in seiner seitherigen Fassung stellt den Rechtszustand wieder her, wie er unter dem JWG 1961 bis zum KJHG bestanden hatte, von diesem aber zunächst abgeschafft worden war: dass der Unterhalt des minderjährigen Kindes auch mit Wirkung in die Volljährigkeit beurkundet werden konnte – und jetzt wieder kann –, sofern der Urkundsakt noch während der Minderjährigkeit vorgenommen wird. Die nunmehrige Neuerung geht sogar noch einen Schritt weiter: indem sie auch

die Verpflichtung auf einen Unterhalt für junge Volljährige der Beurkundung im Jugendamt öffnet.

11 Durch das **Kindschaftsrechtsreformgesetz** (BGBl. 1997 I S. 2942) wurde ab dem **1. Juli 1998** die Vorschrift des § 59 Abs. 1 Satz 1 SGB VIII in mehreren Punkten geändert: Durch Neufassung der Nr. 1 wurde den Änderungen des Abstammungsrechts Rechnung getragen (insbesondere der Zustimmungsbefugnis der Mutter sowie der „qualifizierten" Vaterschaftsanerkennung nach § 1599 Abs. 2 BGB). In Nr. 7 wurde anstelle der entfallenen Verzichtserklärung des Vaters auf die Ehelicherklärung bzw. auf die Adoption seines leiblichen Kindes die Beurkundung des Verzichts auf die Übertragung der Sorge vorgesehen. In Nr. 8 wurde die Zuständigkeit für die Beurkundung von Sorgeerklärungen nach § 1626a Abs. 1 Nr. 1 BGB geregelt. Eine weitere Änderung beruht auf dem Kindesunterhaltsgesetz (BGBl. 1998 I S. 666). In Nr. 9 wurde das Jugendamt befugt, eine Erklärung des im vereinfachten Verfahren auf Unterhalt in Anspruch genommenen Elternteils nach § 648 ZPO aufzunehmen. Aufgehoben wurde demgegenüber die früher in Nr. 5 enthaltene Bestimmung über die Beglaubigung der Erklärungen zum Familiennamen und zur Einbenennung des nichtehelichen Kindes.

12 Mit dem **Kinderrechteverbesserungsgesetz** vom 9. April 2002 (BGBl. I S. 1239) hat der Gesetzgeber zum einen das Abstammungsrecht ergänzt: Der neu eingefügte § 1600 Abs. 2 BGB schließt, wenn das Kind mit Einwilligung des Mannes und der Mutter durch künstliche Befruchtung mittels Samenspende eines Dritten gezeugt wurde, die Anfechtung der Vaterschaft durch den Mann oder die Mutter aus. Weiterhin wurde durch eine Ergänzung des § 1596 Abs. 1 Satz 4 BGB die Zustimmung der geschäftsunfähigen Mutter zur Vaterschaftsanerkennung ermöglicht. Durch Änderung des § 59 Abs. 1 Satz 1 Nr. 1 SGB VIII wurde auch die Beurkundung des Widerrufs der Vaterschaftsanerkennung durch die Urkundsperson im Jugendamt zugelassen. Schließlich wurde auch ein gesetzgeberisches Versehen der Kindschaftsrechtsreform korrigiert: der Urkundsperson beim Jugendamt wurde in § 59 Abs. 1 Satz 1 Nr. 8 SGB VIII ausdrücklich die Befugnis zur Beurkundung der Zustimmung des gesetzlichen Vertreters zu einer Sorgeerklärung zugewiesen.

III. Der organisatorische Rahmen: Erteilung der Urkundsermächtigung und die Stellung der Urkundsperson

13 1. a) In all seinen Phasen hatte das (R)JWG daran festgehalten, dass die Ermächtigung dem übergeordneten **Landesjugendamt** vorbehalten sei. Nachdem erstmals das Zuständigkeits-Lockerungsgesetz vom 10. März 1975 (BGBl. I S. 685) den Ländern die Möglichkeit eröffnete, die Beurkundungsermächtigung auch anderen Behörden zu übertragen, hatte das Landesrecht im steigenden Maße hiervon Gebrauch gemacht und jene **Befugnis auf die Jugendämter** delegiert. Die Regelzuständigkeit des Landesjugendamts war also bereits weitgehend durchlöchert; Bayern allerdings hatte sich darauf

beschränkt, an die Stelle des Landesjugendamts die Bezirksregierung treten zu lassen. Nunmehr hat der Bundesgesetzgeber in § 59 SGB VIII generell, und entgegen den von verschiedener Seite gegen die sich ausbreitende Tendenz erhobenen grundsätzlichen Bedenken (statt vieler: *Brüggemann* in: FamRZ 1986, 1064), die Ermächtigung zur Beurkundung zur hauseigenen der Jugendämter herabgestuft. Die Ermächtigung erteilt an seine eigenen Bediensteten – Beamte und Angestellte – jedes Jugendamt selbst. Dafür ist die Bestellung jetzt **Pflichtaufgabe** des Jugendamts (§ 59 Abs. 3 Satz 1 SGB VIII). Sie wird vom Leiter der Trägerkörperschaft oder in seinem Auftrag vom Leiter der Verwaltung des Jugendamts (§ 70 Abs. 2 SGB VIII) ausgesprochen. Der Jugendhilfeausschuss des Jugendamts (§ 70 Abs. 1 SGB VIII) ist hiermit nicht befasst; es handelt sich um eine *Angelegenheit der laufenden Verwaltung (Krug/Grüner/Dalichau* Anm. VII zu § 59, S. 20; vgl. auch DIV-Gutachten in DAVorm 1994, 624 und 1995, 221). Wo es in kleineren Jugendämtern an geeigneten Fachkräften für die Urkundstätigkeit fehlt, können mehrere Jugendämter auch eine gemeinsame Urkundsperson bestellen (§ 69 Abs. 4 SGB VIII).

b) Die KJHG-Novelle von 1993 (oben Rn. 10) hat eine Unebenheit beseitigt, die das Gesetz im Jahre 1991 geschaffen hatte. § 59 Abs. 1 hatte in der damaligen Fassung die **Qualifikation für die Urkundstätigkeit** im Jugendamt dahin bestimmt, dass die Befähigung zum höheren oder gehobenen Verwaltungsdienst Voraussetzung sei. Das hatte in Ermangelung einer eindeutigen Übergangsregelung schon in den alten Bundesländern zu Verunsicherung geführt, ob daraufhin das Urkundspersonal nicht ausgewechselt werden müsse; in den neuen Bundesländern waren die so bestimmten Erfordernisse ohnehin nicht zu erfüllen. Nunmehr verfügt § 59 Abs. 3 Satz 2: „Die Länder können Näheres hinsichtlich der fachlichen Anforderungen an diese Personen regeln". Die Bestimmung gibt nach ihrer Fassung den Ländern einen weiten Spielraum: nicht nur, ob sie das Anforderungsprofil überhaupt zentral regeln wollen und, wenn ja, ob dies durch Rechtsnorm oder durch Verwaltungsanweisung erfolgen soll.

14

> Gesetzlich geregelt wurde die Frage erstmals im **Saarland** (§ 37 des AGKJHG vom 9. Juli 1993 – Amtsbl. 807 –: Befähigung zum gehobenen Sozial- oder Verwaltungsdienst, oder Angestellte mit vergleichbarer Befähigung). **Bayern** hat im BayKJHG vom 18. Juni 1993 (GVBl. 392) die Staatsregierung ermächtigt, die an die Urkundspersonen zu stellenden Anforderungen durch Rechtsverordnung zu regeln. Eine solche ist bisher nicht ergangen; durch Rundschreiben der Obersten Landesjugendbehörde ist angeordnet, dass die bisherigen Urkundsbeamten, sofern sie dem mittleren Dienst angehören, ihre Tätigkeit weiter ausüben dürfen, und dass im Übrigen das Ermessen der Kommunen entscheide. **Hamburg** hat im § 21 des Ausführungsgesetzes zum SGB VIII vom 25. Juni 1997 (GVBl. S. 273) abgestellt auf a) die Befähigung zum höheren oder gehobenen Verwaltungsdienst, und, alternativ, b) auf die Befähigung zum gehobenen Sozialdienst oder die Eingruppierung als staatlich anerkannter Sozialpädagoge/in bzw. Sozialarbeiter/in oder dieser Stufe entsprechende[r] Angestellte). In **Berlin**

wurde durch Ausführungsvorschriften für die Tätigkeit der Urkundspersonen des Jugendamtes vom 27. November 1998 (DienstBl. des Senats IV Nr. 1 S. 13) bestimmt: „Zur Urkundsperson soll nur bestellt werden, wer an dem Vormundschafts- und Beurkundungslehrgang der Senatsverwaltung teilgenommen hat und im Übrigen persönlich und fachlich geeignet ist. Als geeignet werden Beamte und Angestellte angesehen, die nach ihrer Persönlichkeit, beruflichen Kenntnissen und Erfahrungen die Gewähr für eine ordnungsgemäße Beurkundung bieten. Nach Mitteilung der Senatsverwaltung ist damit zu rechnen, dass in einer 2005 zu erwartenden Neufassung nach „teilgenommen hat" eingefügt wird: „oder einen gleichwertigen Qualifizierungsnachweis anderer Bildungsträger erbringen kann."

Noch immer gültig sind die in **Mecklenburg-Vorpommern** herausgegebenen vorläufigen Empfehlungen: erfolgreicher Abschluss des 1. und – demnächst – des 2. Angestelltenlehrgangs; oder abgeschlossene Ausbildung als Sozialarbeiter einschließlich eines in der DDR erlangten Befähigungsnachweises (für bisher langjährig tätig gewesene Urkundspersonen genügt die absolvierte 1. Angestelltenprüfung und regelmäßige Teilnahme an Fortbildungsmaßnahmen des Landes).

In **Sachsen-Anhalt** gilt noch immer ein Erlass des Sozialministeriums vom 31. Mai 1991 (MBl. S. 158). Danach verpfichtet die widerruflich erteilte Ermächtigung den Mitarbeiter des Jugendamtes „zum Erwerb der Qualifikation des höheren oder gehobenen Verwaltungsdienstes".

Die übrigen Länder haben landeseinheitliche Regelungen nicht oder noch nicht geschaffen Das Land **Thüringen** verweist auf Ziff. 4 der vom Landesjugendamt verabschiedeten „Arbeitsorientierungen zu den Aufgabenbereichen: Beistandschaften, Amtsvormundschaften, Amtspflegschaften und Unterhaltsvorschuss (Stand 1.1.2003), wo ausgeführt ist: Bei einem durch das Jugendamt zur Beurkundung ermächtigten Bediensteten wird vorausgesetzt, dass er neben den persönlichen Eigenschaften wie besondere Gewissenhaftigkeit und Zuverlässigkeit eine Berufserfahrung im öffentlichen Dienst von mindestens einem Jahr und die zur Beurkundung notwendigen rechtlichen und formellen Kenntnisse durch den Besuch von Fortbildungsveranstaltungen erworben hat." In **Brandenburg** hat das Landesjugendamt in 1996 „Hinweise zu Aufgabenstrukturen und Verfahrensweisen auf dem Gebiet des Vormundschaftswesens gegeben, in denen einige grundlegende (Qualitäts-)Anforderungen dargelegt sind."

Erwähnung verdient, dass in einzelnen der Länderkonkretisierungen (Hamburg, Berlin, Mecklenburg-Vorpommern) die Notwendigkeit einer Kenntnis nicht nur des Beurkundungs-, sondern auch des Familien-, teilweise – Hamburg – sogar des Internationalen Privatrechts betont wird.

15 Durch Art. 5 der KJHG-Novelle (Rn. 10) ist bundesgesetzlich **übergangsweise** bestimmt, dass **Beurkundungen aus der Zwischenzeit** bis zu ihrem In-Kraft-Treten – 1. April 1993 – nicht deshalb unwirksam sein sollen, weil der Urkundsperson die Befähigung zum höheren oder gehobenen Verwaltungsdienst fehlte.

c) Ob der ermächtigte Beamte oder Angestellte ein solcher seines Jugendamts sein muss, ist aus § 59 Abs.1 SGB VIII allein nicht eindeutig zu beantworten. Der Wortlaut scheint das nicht zu fordern; es erschiene nicht unzweckmäßig, etwa den Leiter des Rechtsamts oder seinen rechtskundigen Mitarbeiter mit der Urkundsfunktion zu betrauen. Indessen spricht § 60 SGB VIII wiederum von den Verpflichtungsurkunden, die von einem Beamten oder Angestellten „des Jugendamts" innerhalb der Grenzen seiner Amtsbefugnisse aufgenommen worden sind. Das dürfte zu dem Schluss zwingen, dass auch im Gesamtbereich des § 59 SGB VIII **nur ein Beamter oder Angestellter, der dem Jugendamt angehört,** ermächtigt werden kann. Eine Aufspaltung der Bestellung für Urkundstätigkeit ohne Verpflichtungserklärungen und solche mit dem Einschluss von Verpflichtungserklärungen kann nicht der Sinn des Gesetzes gewesen sein. Wie hier: *Krug/Grüner/Dalichau* Anm. VII zu § 59 S. 18.

16

In einem der zunehmend eingerichteten **„Bürgerservicebüros"** von Landratsämtern und Stadtverwaltungen können deshalb wirksame Beurkundungen nur vorgenommen werden, wenn die Urkundsperson organisatorisch dem Jugendamt zugeordnet bleibt.

2. Jedenfalls bleibt festzuhalten: **Inhaber der Urkundsbefugnis** ist, ungeachtet der Erteilung der Ermächtigung, **nicht das Jugendamt selbst.** Insoweit besteht ein Gegensatz zur Urkundszuständigkeit „des Amtsgerichts"; man vergleiche die Eingangsformeln in § 59 SGB VIII einerseits und in § 62 BeurkG andererseits. Nicht „das Jugendamt" beurkundet durch seinen „damit betrauten" Beamten oder Angestellten, wie es der Entwurf des SGB VIII (BT-Drs. 9/5948 S. 93) nach dem Vorbild der Amtsvormundschaft/Amtspflegschaft vorgesehen hatte, sondern der zur Beurkundung Ermächtigte *im* Jugendamt. Darin ist die Bundesregierung im Gesetzgebungsverfahren den dezidierten Gegenvorstellungen des Bundesrats gefolgt. Insofern jedenfalls ist das Prinzip einer Eigenständigkeit der Beurkundung ebenso gewahrt wie die oben (Rn. 7) angesprochene Unvereinbarkeit von substantieller Trägerschaft der Amtsvormundschaft/Amtsbeischaft – die beim Jugendamt liegt – und der substantiellen Innehabung der Beurkundungsbefugnis, die überwiegend den Angelegenheiten „nichtehelicher" Kinder dient.

17

3. Damit wird der ermächtigte Beamte/Angestellte die alleinige organschaftliche Verkörperung der Urkundstätigkeit im Jugendamt. Im Wesen seines Amtes liegt es, dass er **weisungsfrei** ist hinsichtlich seiner Entschließung, ob eine Beurkundung vorgenommen oder abgelehnt werden soll, und mit welchem Inhalt und Wortlaut sie gegebenenfalls aufzunehmen ist. Es ist eine vergleichbare Weisungsfreiheit, wie sie der **Rechtspfleger beim Amtsgericht** genießt, dem die Urkundsgeschäfte im Rahmen der Geschäftsverteilung übertragen worden sind (§ 3 Nr. 1 Buchst. f; § 9 RpflG). Auch hat die Urkundsperson im Jugendamt die volle Urkundsbefugnis im Funktionskreis des § 59 SGB VIII. Sie gründet sich auf das Gesetz und ist

18

daher nicht mit Außenwirkung einschränkbar. Auf die Person des Urkundsorgans sind die Gründe für den Ausschluss von der Urkundstätigkeit in §§ 6, 7 BeurkG (unten Rn. 30) abgestellt. Auch die Notwendigkeit der Beiziehung einer zweiten Urkundsperson, wie sonst beim Notar (oben Rn. 4), ist eine person-bezogene. Nur auf Grund der abgesicherten Eigenständigkeit seiner Funktion ist es unbedenklich, dass er eine vollstreckbare Ausfertigung der von ihm (seinem Vertreter, seinem Amtsvorgänger) aufgenommenen Unterhaltsverpflichtung *um*schreibt auf sein eigenes Jugendamt, Abt. Wirtschaftliche Jugendhilfe, und insofern auf dessen Trägerkörperschaft als Rechtsnachfolger in den Unterhaltsanspruch aus gewährter Jugendhilfe, nach eigenverantwortlicher Prüfung der hierfür gegebenen gesetzlichen Voraussetzungen *(Krug/Grüner/Dalichau* Anm. V zu § 59 S. 17).

19 Zwar führt er kein eigenes, auf die personale Funktion bezogenes **Siegel** wie der Notar, der Gerichtsvollzieher, der Standesbeamte, sondern das seines Jugendamts. Doch mag das hingenommen werden, obwohl eine andere (übrigens vom Gesetz weder untersagte noch gebotene) Handhabung systemgerechter wäre.

20 4. Die **dienstrechtliche Stellung der Urkundsperson** im Jugendamt wird durch ihre Eigenständigkeit in der sachlichen Erledigung der einzelnen Urkundsakte im Übrigen nicht berührt. Ihre **Bestellung** sollte durch einen formalisierten Akt, mindestens aber durch den Geschäftsplan der Behörde bewirkt werden, um die Außenwirksamkeit der vorgenommenen Urkundsakte beweiskräftig sicherzustellen. Abgesehen hiervon steht die Bestellung, die erforderte Qualifikation vorausgesetzt, und auch ihre Rücknahme, in der freien Entscheidung des hierzu Berufenen (oben Rn. 13); doch wird eine von der Verwaltungsspitze der Trägerkörperschaft ausgesprochene Bestellung nicht einseitig vom Leiter des Jugendamts zurückgenommen werden dürfen.

21 5. Der juristische Rang der Urkundstätigkeit beruft den hierzu Ermächtigten in eine **herausragende Verantwortung**. Er urkundet auf der gleichen Ebene wie der Notar: eine Person „öffentlichen Glaubens" (§ 415 ZPO, unten Rn. 45). Was er erstellt, sind öffentliche Urkunden i.S. der §§ 415, 418 ZPO mit der diesen zukommenden erhöhten Beweiskraft vor Gericht und im außergerichtlichen Rechtsverkehr. Ihrer Sicherung dient die Strafvorschrift gegen Falschbeurkundung im Amt (§ 348 StGB): Ein aufgenommenes Protokoll über Erklärungen der Beteiligten darf nicht in der geringsten Einzelheit abweichen von dem, was der Ermächtigte mit seiner Unterschrift als im Hergang so, wie protokolliert, geschehen bestätigt. Vor allem ist der Ermächtigte allen am Urkundsakt Beteiligten zur **strikten Neutralität** verpflichtet. Das sind nicht nur diejenigen, welche Erklärungen zu Protokoll geben, sondern auch die, welche es nach dem Inhalt des Urkundsaktes unmittelbar „betrifft". Eben dieser Neutralität dient seine Freiheit von fachlichen Weisungen: Den Beteiligten, und nur ihnen allen gleichmäßig, hat er die sachgemäße Wahrnehmung seines Urkundsamtes zu verantworten. Wirksamster Ausdruck dieser seiner Pflicht zur Unparteilichkeit ist die **unparteiliche Belehrung**, die er den Beteiligten schuldet (§ 17 Abs. 1 und 2 BeurkG). Am wenigsten wäre er der verlängerte Arm des Amtsvormunds

(Amtsbeistands) seines eigenen oder eines fremden Jugendamts, wenn dieser um Aufnahme einer Vaterschaftsanerkennung oder einer Unterhaltsverpflichtung zugunsten des Kindes ersucht. Es ist nicht seine Aufgabe, vorrangig die Interessen betroffener Kinder im Blick zu behalten und zu wahren. Diese amtsbezogene Neutralität mag vor allem für Urkundspersonen, die zuvor oder neben dieser Tätigkeit die Aufgaben des Vormunds/Beistands im Jugendamt wahrzunehmen hatten bzw. haben, mental eingewöhnungsbedürftig sein. Sie ist aber ein fundamentaler Teil des notwendigen Amtsverständnisses.

22 Die Urkundsperson muss sich namentlich vor Augen halten, dass sie (neben wenigen anderen Stellen) Inhaber eines staatlichen Monopols ist, öffentliche Urkunden in der vom Gesetz geforderten Form beweiskräftig zu errichten. In dieser Monopolstellung ist sie gehalten, die bei ihr nachgesuchte Beurkundung – kostenfrei – vorzunehmen, **wenn und solange sie ihrer Art nach gemäß dem Katalog des § 59 SGB VIII zulässig ist**. Ob die ihr als Grundlage der Beurkundung mitgeteilten Angaben den tatsächlichen Verhältnissen entsprechen oder nicht – der Anerkennungswillige wirklich der Vater ist, der Verpflichtungswillige sein Einkommen zutreffend angibt –, hat sie grundsätzlich nicht zu prüfen, geschweige denn von ihrer Prüfung die Beurkundung abhängig zu machen. Das abschließende Urteil über die Stichhaltigkeit vorgebrachten Tatsachenmaterials hat die Urkundsperson denjenigen Stellen zu überlassen, vor denen von der Urkunde zur Wahrung, Begründung oder Veränderung von Rechten Gebrauch gemacht werden soll, und die über die Möglichkeit beweiskräftiger Nachprüfung verfügen. Allenfalls hat sie über ihre Zweifel und die etwaigen Folgen, falls die der Beurkundung zugrunde gelegten Tatsachen nicht stimmen sollten, zu belehren. Ablehnen darf (und muss) sie eine Urkundstätigkeit nur, wenn mit ihr **erkennbar (!) unerlaubte oder unredliche Zwecke** verfolgt werden (§ 1 Abs. 2, § 4 BeurkG) oder aber die ihr angesonnene Beurkundung **von vornherein und ersichtlich unwirksam** bleiben müsste. Das kann auf Gründen des materiellen Rechts beruhen, etwa auf Handlungsdefiziten des Erklärenden (bei Volltrunkenheit, geistiger Verwirrung) oder inhaltlicher Nichtigkeit der gewünschten Erklärung (Anerkennung der Vaterschaft oder Sorgeerklärung unter einer Bedingung). Es trifft aber auch auf Erklärungen zu, die gegen die Grenzen der Beurkundungsermächtigung verstoßen würden (z.B. eine Vaterschaftsanerkennung „in geheimer Urkunde").

23 Hingegen genügt nicht der Verdacht, dass die **Vaterschaft** zu einem Kind von einem Mann anerkannt werde, der vermutlich **nicht der Erzeuger** des Kindes ist (vgl. unten Rn. 207). Es entspricht wohl ganz überwiegender Auffassung, dass eine Urkundsperson die Beurkundung einer Vaterschaftsanerkennung nicht allein deshalb ablehnen darf, weil ihr bekannt ist oder sie aufgrund triftiger Anhaltspunkte vermuten muss, dass das Kind nicht von dem Anerkennungswilligen abstammt (a.A. aber *von Schuckmann/Preuß* in: Huhn/von Schuckmann § 4 BeurkG Rn. 28; dazu unten Rn. 24) Denn es ist nicht ihre Aufgabe, die biologische Richtigkeit der mit der Anerkennung und der diesbezüglichen Zustimmung der Mutter bezeugten Abstammung zu überprüfen (vgl. hierzu eingehend DIV-Gutachten in DAVorm 2000, 467).

Der Gesetzgeber hat es bei der Reform des Nichtehelichenrechts im Jahr 1970 ausdrücklich zugelassen – und mit der Übernahme der früheren Regelungskonzeption im KindRG von 1998 insoweit stillschweigend hingenommen –, dass **auch bewusste Scheinvaterschaften beurkundet** werden können. Eine der maßgebenden Überlegungen hierbei dürfte gewesen sein, dass hierdurch ein Kind immerhin die Chance zu einer sozialen Vaterschaft erhält und Missbräuche seinerzeit nicht in breitem Umfang absehbar waren (vgl. DIV-Gutachten a.a.O.). Daher ist auch die bewusst wahrheitswidrige Anerkennung der Vaterschaft wirksam (OLG Köln FamRZ 2002, 629 [630]; *Diederichsen* in: Palandt § 1598 BGB Rn. 2; *Wellenhofer-Klein* in: MünchKommBGB § 1594 Rn. 4 und § 1598 Rn.26). Auch eine Nichtigkeit wegen § 138 BGB, § 134 BGB i.V.m. § 169 StGB oder § 5 Abs. 4 AdVermiG kommt nicht in Betracht (*Wellenhofer-Klein* a.a.O. § 1598 Rn. 26; vgl. auch BGH FamRZ 1985, 271).

24 Deshalb ist die Herstellung einer rechtlichen Vater-Kind-Beziehung für sich genommen kein unerlaubter Zweck, im Gegenteil sogar von der Rechtsordnung grundsätzlich gewünscht. Dem kann auch nicht entgegengehalten werden, dass vor dem 1.7.1998 durch das Erfordernis der Zustimmung des Kindes im Regelfall eine – im neuen Recht mit der jetzt grundsätzlich ausreichenden Zustimmung der Mutter entfallene – Richtigkeitskontrolle bestanden und zumeist gewährleistet habe, dass dem Kind kein anderer Mann als Vater „untergeschoben" oder eine formgerechte Adoption umgangen worden sei (so aber *Schuckmann/Preuß* in: Huhn/von Schuckmann § 4 BeurkG Rn. 2). Die hieraus abgeleitete Ansicht, das Beurkundungsorgan dürfe nicht tätig werden, wenn erkennbar ist, dass eine Anerkennung der Vaterschaft bewusst wahrheitswidrig abgegeben wird, kann in dieser Allgemeinheit bei weitem nicht geteilt werden. Zum einen wird sich die Frage der „Erkennbarkeit" häufig auf mehr oder weniger klare Indizien stützen und nur selten von dem oder den Beteiligten offen gelegt werden, dass eine biologisch unzutreffende Vaterschaft anerkannt werden soll. Zum anderen muss aber das sog. „Unterschieben" oder das Umgehen einer Adoption nicht stets von vornherein einem unredlichen Zweck dienen, wenn es, wie angesprochen, die Herstellung einer sozialen Vaterschaft bezwecken soll. Jedenfalls kann allein aus der erkannten oder vermuteten unrichtigen Erzeugerschaft noch nicht auf die Unredlichkeit der Anerkennung als solcher geschlossen werden.

24a Das gilt auch dann, wenn die Annahme nahe liegt, dass mit der Anerkennung dem Mann bzw. der Mutter und dem Kind **ausländerrechtliche Vorteile**, nämlich ein gesicherter Aufenthalt in Deutschland, verschafft werden sollen. Schließlich ist letzteres – über den Erwerb der deutschen Staatsangehörigkeit des Kindes oder über eine Duldung des ausländischen Vaters zur Aufrechterhaltung der Kontakte – die häufige Folge der rechtlichen Begründung einer Vaterschaft, welche die Rechtsordnung an keine inhaltlichen Voraussetzungen bindet. Den offenbar nunmehr – insbesondere seit Abschaffung der Amtspflegschaft und Einführung der grundsätzlich alleinigen Zustimmungsbefugnis der Mutter zu Vaterschaftsanerkennungen zum 1. Juli 1998 – vermehrt entdeckten bzw. vermuteten Missbräuchen insbesondere mit dem Ziel, ausländerrechtliche Vorteile zu erlangen kann nicht auf dem Feld des Beurkundungsrechts begegnet werden. Zu Recht diskutiert werden die Einführung eines zeitlich befristeten Anfechtungsrechts einer öffentlichen Stelle nach Schweizer Vorbild, aber auch strengere Kriterien für den Nachweis einer sozialen Familie als Voraussetzung von Bleiberechten im Ausländerrecht.

Gleichwohl kann es insoweit eine äußerste Grenze geben, über die hinaus der von § 4 BeurkG vorausgesetzte Ablehnungsgrund der Unredlichkeit anzunehmen ist. Das könnte der Fall sein, wenn der Zweck des Erschleichens ausländerrechtlicher Vorteile für die Mutter bzw. den Scheinvater eindeutig im Vordergrund steht und die **familienrechtlichen Wirkungen einer Vaterschaftsanerkennung von den Beteiligten erkennbar nicht gewollt** sind.

So hatten in einem in der Beratungspraxis des DIJuF e.V. bekannt gewordenen Fall die Mutter und der **Mann bereits erfolglos eine Eheschließung versucht.** Der Standesbeamte hatte seine Mitwirkung **verweigert**, weil nach seiner Überzeugung beide Ehegatten sich bei der Eheschließung darüber einig waren, dass sie keine Verpflichtung zur ehelichen Lebensgemeinschaft eingehen wollten (§ 1310 Abs. 1 Satz 2 Hs. 2 i.V.m. § 1314 Abs. 2 Nr. 5 BGB). Dies war zumindest ein Indiz dafür, dass die Anerkennung der Scheinvaterschaft von den Beteiligten als „Hilfslösung" zur Verschaffung eines Aufenthaltsrechts gedacht und nicht wirklich der Herstellung einer Vater-Kind-Beziehung dienen sollte. Auch das vorgerückte Lebensalter des Mannes und die räumliche Entfernung zwischen seinem Wohnort und dem derzeitigen Lebensmittelpunkt der Mutter sprachen dafür, dass eine **soziale Vaterschaft hier höchst unwahrscheinlich und nicht das Ziel der Anerkennung** war. Eine Gesamtwertung aller erkennbaren Umstände ließ es somit als zumindest vertretbar erscheinen, dass die Urkundsperson ihre Mitwirkung mit der Begründung ablehnte, durch die wahrheitswidrige Anerkennung der Vaterschaft werde der unredliche Zweck verfolgt, der Mutter ein sonst nicht erreichbares Aufenthaltsrecht in Deutschland zu sichern (ob die Ausländerbehörde bei fehlender Lebensgemeinschaft zwischen Kind und Vater im Ergebnis ein Aufenthaltsrecht für Mutter und Kind bejahen würde, kann im Allgemeinen dahinstehen und muss jedenfalls nicht von der Urkundsperson geprüft werden).

25

Allerdings bewegt sich eine entsprechende Handhabung der Vorschrift auf **rechtlich weitgehend ungesichertem Gelände.** Eine vergleichbare Fallgestaltung wurde bisher in der veröffentlichten Rechtsprechung noch nicht entschieden. Auch im Übrigen gibt es nur verhältnismäßig wenige gerichtliche Entscheidungen, welche sich mit dem Merkmal „unredlich" i.S.v. § 4 BeurkG befassen. So hat einmal der BGH (DNotZ 1998, 621 [624]) die Meinung vertreten, dass hierunter Geschäfte fallen, die nach der Überzeugung des Notars einem der Beteiligten Vorteile verschaffen, die ihm rechtlich nicht zustehen. Allerdings bezog sich dies auf die zivilrechtlichen Beziehungen mehrerer Personen in Zusammenhang mit einem Grundstücksgeschäft. Diese Wertung kann nicht ohne weiteres auf die Rechtsfolgen einer Vaterschaftsanerkennung übertragen werden, weil die Rechtsordnung Scheinva-

26

terschaften auch dann hinnimmt, wenn einem der Beteiligten hierdurch ein ihm sonst nicht zustehender ausländerrechtlicher Vorteil erwächst.

27 Weiter ist zu berücksichtigen, dass die geschilderten Umstände (Offenbarung der Nichtabstammung durch die Beteiligten, missglückter Versuch einer Scheinehe, erheblicher räumlicher und altersmäßiger Abstand zwischen Mann und Kind) nicht immer so klar zu Tage treten. Ob sich die Ablehnung halten ließe, wenn z.B. die Verweigerung der Eheschließung seitens des Standesbeamten der Urkundsperson *nicht* bekannt geworden wäre und überdies ein weniger krasser Altersunterschied des Mannes zu dem Kind bestünde, erscheint zweifelhaft. Dies mag verdeutlichen, dass eine auf § 4 BeurkG gestützte Versagung der Mitwirkung bei einer Vaterschaftsanerkennung **auf eher seltene Ausnahmefälle beschränkt** ist, bei denen das Ziel eines Aufenthaltsstatus für einen der Beteiligten unter Zurücktreten sonstiger für eine soziale Vaterschaft sprechender Umstände eindeutig aufgezeigt werden kann. Ein solcher Ausnahmefall wird selbstverständlich auch dann zu bejahen sein, wenn einer der Beteiligten einräumt, für die biologisch unrichtige **Anerkennung finanzielle Zuwendungen gezahlt oder erhalten** zu haben.

Zur Ablehnung einer Beurkundung, mit der eine rechtskräftig abgelehnte Adoption umgangen werden soll, vgl. unten Rn. 209.

28 Ist ein Kind in einer von der Rechtsordnung missbilligten Weise gezeugt worden, nämlich durch nach § 173 Abs. 2 Satz 2 StGB mit Strafe bedrohten Beischlaf zwischen leiblichen Geschwistern **(„Inzest")**, ist gleichwohl der Bruder der Mutter auch als **rechtlicher Vater festzustellen.** Die Rechtsordnung geht nicht soweit, aus dem rechtswidrigen Verhalten der Eltern auch die Folge abzuleiten, dass die so entstandene Erzeugerschaft rechtlich nicht anerkannt werde. Schließlich ist ggf. auch der Erzeuger eines mittels einer Vergewaltigung erzeugten Kindes als rechtlicher Vater festzustellen. Das Bekenntnis zu einem durch eine Straftat gezeugten Kind ist kein unerlaubter oder unredlicher Zweck i.S.v. § 4 BeurkG, der zur Ablehnung der Beurkundung führen müsste. Diese Erwägungen gelten gleichermaßen für die Anerkennung wie für gewünschte Sorgeerklärungen.

29 Im Übrigen kann auch in sonstigen Fällen eine gewünschte Beurkundung einer **Sorgeerklärung** durch einen Kindesvater nicht allein mit der Begründung abgelehnt werden, dieser wolle offenbar hierdurch dem **Wehrdienst entgehen** oder seinen **Aufenthalt in Deutschland verlängern.** Selbst wenn dieses Motiv aufgrund von Erklärungen der Eltern eindeutig im Vordergrund stünde, ergibt sich hieraus nicht, dass mit der Beurkundung ein unredlicher oder unerlaubter Zweck verbunden werde. Wenn Wehr- bzw. Ausländerämter allein aus wirksam abgegebenen Sorgeerklärungen mit dem Ergebnis einer gemeinsamen Sorge entsprechende Schlussfolgerungen ziehen, ohne zusätzliche Anforderungen an die Ernstlichkeit der Sorgeausübung durch einen Elternteil zu stellen, darf die Urkundsperson nicht päpstlicher sein als der Papst. Es ist vom Gesetzgeber nicht beabsichtigt gewesen, vor Abgabe von Sorgeerklärungen den Beteiligten eine Gewissenserforschung abzuverlangen, um die Ernsthaftigkeit des Willens zur

gemeinsamen Sorge zu überprüfen. Dann darf aber die Urkundsperson nicht eigene Spekulationen – selbst wenn diese auf recht handfesten Indizien beruhen sollten – an die Stelle eines vom Gesetz nicht vorgesehenen Prüfungsmechanismus setzen.

Die Beurkundungsfähigkeit einer Sorgeerklärung kann auch nicht mit der Erwägung in Frage gestellt werden, sie werde **nur zum Schein** abgegeben. Abgesehen davon, dass ein geheimer Vorbehalt bei Willenserklärungen schon grundsätzlich unbeachtlich ist (§ 116 Satz 1 BGB) und die Sorgeerklärung keine empfangsbedürftige Willenserklärung im Sinne von § 116 Satz 2, § 117 Abs. 1 BGB ist, beschränkt die Vorschrift des § 1626e BGB die Unwirksamkeit von Sorgeerklärungen auf die Fälle, in denen es an einem der Erfordernisse der §§ 1626b–1626d BGB mangelt. Bei gegebenem Anlass sollte die Urkundsperson allerdings den oder die Beteiligten ausdrücklich hierüber belehren.

6. Der Sicherung der Unparteilichkeit dienen schließlich Bestimmungen über die **Ausschließung vom Amt** (§§ 6, 7 BeurkG: eigene Beteiligung, Beteiligung der Ehefrau oder in gerader Linie Verwandter, bei Meidung der Unwirksamkeit der Beurkundung). Dasselbe gilt für die in § 3 BeurkG als Sollvorschrift formulierten Verbote einer Vornahme von Beurkundungen in Fällen von **Interessenkollision** oder **Befangenheit** der dort genannten Erscheinungsformen. Einen Sonderfall der letzteren Art nennt § 59 Abs. 2 SGB VIII. Danach soll die Urkundsperson eine Beurkundung nicht vornehmen, wenn ihr in der betreffenden Angelegenheit die **gesetzliche Vertretung eines Beteiligten** obliegt; das bezieht sich in erster Linie auf Beurkundungen einer Vaterschaftsanerkennung und/oder Unterhaltsverpflichtung in Sachen des eigenen Amtsmündels bzw. vom Beistand gesetzlich vertretenen Kindes. Doch bleibt die Verletzung hier wie auch sonst bei Sollvorschriften ohne Wirkung auf die Gültigkeit der Beurkundung. Das ist praktisch geworden bei Außenstellen eines Jugendamts in der Besetzung mit nur einem Beamten/Angestellten, der Amtsvormundschaften/Amtsbeistandschaften führt und zugleich zur Beurkundung ermächtigt ist. Die Verletzung eines Sollgebots hätte allenfalls dienstrechtliche, unter Umständen schadensersatzrechtliche, Folgen (vgl. hierzu näher *DIJuF-Rechtsgutachten* vom 27. Januar 2004, CD-ROM, GutA Nr. 1).

30

Ist die Urkundsperson Beamter, würde sich das Gesagte bereits aus seinen allgemeinen Dienstpflichten ergeben. Das gilt nicht zuletzt für die **Verschwiegenheitspflicht,** die als Aspekt der unparteilichen Amtsführung alle Urkundspersonen betrifft.

Das Beurkundungsgesetz selbst enthält keine Regelungen über die Verschwiegenheitspflicht. Die für Notare geltende Vorschrift des § 18 BNotO ist für die Urkundsperson beim Jugendamt auch nicht entsprechend anwendbar.

31

Diese unterliegt aber zunächst der **allgemeinen Amtsverschwiegenheit** für Behördenbedienstete nach den jeweils maßgebenden beamtenrechtlichen Vorschriften (vgl. hierzu § 61 Abs. 1 Satz 1 BBG und zur Reichweite des Grundsatzes der Amtsverschwiegenheit BVerwG NJW 1983, 2343).

Darüber hinaus hat die Urkundsperson gem. § 61 Abs. 1 Satz 2 SGB VIII als „Stelle des Trägers der öffentlichen Jugendhilfe, soweit sie Aufgaben nach diesem Buch wahrnimmt", die Vorschriften über den **Schutz von Sozialdaten,** insbesondere § 64 SGB VIII, §§ 67 bis 85a SGB X zu beachten. Danach ist die Übermittlung von Sozialdaten u.a. zulässig, soweit dies erforderlich ist für die Durchführung eines mit der gesetzlichen Aufgabe der übermittelnden Stelle zusammenhängenden gerichtlichen Verfahrens einschließlich eines Strafverfahrens (§ 69 Abs. 1 Nr. 2 SGB X). Hiermit sind vor allem Missbrauchsfälle beim Bezug von Sozialleistungen angesprochen.

32 Jedoch ist die Urkundsperson nicht befugt, in anderem Zusammenhang Erkenntnisse aus einer Beurkundung weiterzugeben (z.B. über einen **Inzest,** durch den ein Kind gezeugt wurde, zu dem die Vaterschaft vor ihr anerkannt wird.) Denn ein etwaiges Strafverfahren, das Erkenntnisse aus einer solchen Beurkundung verwerten würde, hängt nicht allein deshalb mit der Aufgabenerfüllung durch die Urkundsperson zusammen. Auch der Katalog des § 71 SGB X, der die Übermittlung für die Erfüllung besonderer gesetzlicher Pflichten und Mitteilungsbefugnisse vorsieht, enthält keine Befugnisnorm für eine Mitteilung der Urkundsperson an Polizei oder Staatsanwaltschaft. Deshalb kann erst recht **keine Verpflichtung zu einer entsprechenden Strafanzeige** bejaht werden.

Zur Frage, ob die **Urkundsperson in ausländerrechtliche Mitteilungspflichten** eingebunden ist, vgl. DIJuF-Rechtsgutachten vom 2. Juli 2002, CD-ROM, GutA Nr. 2.

33 Das **in § 3 Abs. 1 Nr. 7 BeurkG** aufgenommene **Mitwirkungsverbot** für die Beurkundungstätigkeit der Notare hat verschiedentlich Zweifel aufgeworfen, inwieweit es entsprechend auch auf Jugendämter anwendbar ist. Die Vorschrift sieht vor, dass der Notar an einer Beurkundung nicht mitwirken soll, wenn es sich handelt um „Angelegenheiten einer Person, für die der Notar außerhalb seiner Amtstätigkeit oder eine Person im Sinne der Nr. 4... (Personen, mit denen der Notar sich zur gemeinsamen Berufsausübung verbunden hat) ... außerhalb ihrer Amtstätigkeit in derselben Angelegenheit bereits tätig war oder ist, es sei denn diese Tätigkeit wurde im Auftrag aller Personen ausgeübt, die an der Beurkundung beteiligt sein sollen" (vgl. *hierzu Mihm* DNotZ 1998, 8). Ist dieses neue Beurkundungsverbot zu beachten, wenn die **Urkundsperson des Jugendamtes in derselben Angelegenheit bereits als Vormund, Pfleger bzw. Beistand tätig** war oder ist? Das würde vor allem die Arbeitsfähigkeit kleinerer Jugendämter beeinträchtigen, in denen Beurkundungs- und Sachbearbeitungstätigkeit von ein und denselben Mitarbeitern ausgeübt werden müssen.

34 Zu einer derartigen Auslegung zwingt aber die gesetzliche Regelung nicht. Vielmehr ist **§ 3 BeurkG auf den Urkundsbeamten beim Jugendamt nicht uneingeschränkt anwendbar,** sondern wird zumindest in Teilbereichen durch § 59 Abs. 2 SGB VIII als speziellere Vorschrift verdrängt (vgl. auch BT-Drs. VI/674 S. 13). Dementsprechend hat etwa die Rechtsprechung § 3 Abs. 1 Nr. 8 (früher Nr. 5) BeurkG – Angelegenheiten einer Person, zu der der Beurkundende in einem ständigen Dienst- oder ähnlichen ständigen

Geschäftsverhältnis steht – auf den Urkundsbeamten des Jugendamtes nicht angewendet; vielmehr wurde die Beurkundung eines Geschäfts zugunsten seiner Anstellungsbehörde zugelassen (Kammergericht OLGZ 1973, 112 [116]; ebenso *Krug/Grüner/Dalichau* § 59 SGB VIII Anm. V S. 17). Deshalb ist § 59 Abs. 2 SGB VIII auch gegenüber § 3 Abs. 1 Nr. 7 BeurkG als Spezialnorm anzusehen, so dass dieser für den Mitarbeiter des Jugendamtes nicht gilt.

Unabhängig hiervon trifft aber auch der **Normzweck** des § 3 Abs. 1 Nr. 7 BeurkG auf Mitarbeiter des Jugendamtes nicht zu. Zielrichtung dieses Mitwirkungsverbotes war die Sicherung einer unabhängigen und unparteiischen Amtsausübung des Notars, wenn dieser zur gemeinsamen Berufsausübung mit anderen Personen verbunden ist, insbesondere bei Anwaltsnotaren. Eine derartige berufliche Konstellation besteht bei den Mitarbeitern der Jugendämter aber gerade nicht. Deshalb greift das **Mitwirkungsverbot generell** dann **nicht** ein, wenn die Urkundsperson (oder ein sonstiger Mitarbeiter des Jugendamts) in der Eigenschaft als **Mitarbeiter des Jugendamtes mit einer Angelegenheit vorbefasst ist oder war** (ebenso *Bundesministerium der Justiz* in einem unveröffentlichten Schreiben vom 18. Februar 1999, Gz. RA 5 – 3830/7/11 1684/98).

35

IV. Die Praxis der Urkundstätigkeit: Allgemeine Grundsätze

1. Zuständigkeit der Urkundsperson

a)   Örtliche, sachliche, funktionelle

Der Katalog des § 59 Abs. 1 Satz 1 SGB VIII umreißt das, wozu die Urkundsperson im Jugendamt ermächtigt ist. Er beschreibt damit ihre **sachliche** Zuständigkeit.

36

Was die **örtliche** Zuständigkeit anlangt, wollte der Gesetzgeber die Inanspruchnahme der Beurkundung beim Jugendamt nach Möglichkeit fördern. Sie bietet den Anreiz zur streitlosen Erledigung unter der Gewähr sachkundiger und zugleich neutraler Beratung; auch ist sie kostenfrei (unten Rn. 107). Daraus erklärt sich die Bestimmung des § 87e SGB VIII. Für die Urkundstätigkeit **ist jedes (beliebige) Jugendamt zuständig.** Die Beteiligten sollen für die Beurkundung das nächstgelegene Jugendamt aufsuchen dürfen, ohne sich unter Zuständigkeitsbedenken hin und herschicken lassen zu müssen. Der Mann, der seine Vaterschaft anerkennen will, soll sich nicht erst zu dem vielleicht entfernten Jugendamt, bei welchem die Beistandschaft geführt wird, bemühen müssen. Überdies kann er auch ein legitimes Interesse daran haben, seine Vaterschaft vor einem Jugendamt anzuerkennen, bei dem er nicht persönlich bekannt ist. Die Zuständigkeit eines jeden Jugendamts gilt nicht nur für Beurkundungen in Angelegenheiten des Kindes, sondern auch für Ansprüche der Kindesmutter nach § 1615l BGB.

37

Ein Jugendamt kann deshalb bei Vornahme einer Beurkundung auch **nicht in Amtshilfe** für ein anderes Jugendamt handeln, selbst wenn es von jenem ersucht wurde, einem Beteiligten einen Termin etwa zur Beurkun-

38

dung der Vaterschaft anzubieten. Denn Amtshilfe ist ausgeschlossen, soweit die Hilfeleistung der ersuchten Behörde in eigener Zuständigkeit obliegt (§ 3 Abs. 2 SGB X). Zu einem – negativen – **Zuständigkeitsstreit** eines Jugendamtes, in dessen Bereich eine JVA liegt, mit dem **Rechtspfleger** des Amtsgerichts vgl. *DIJuF-Rechtsgutachten* vom 27. Juni 2002, CD-ROM, GutA Nr. 3.

39 § 87e SGB VIII besagt andererseits nicht, dass die Urkundsperson überall im Gebiet der Bundesrepublik urkunden dürfe, beispielsweise im Zusammenhang mit einer Dienstreise. Auch soweit sie in einer „auswärtigen" Sache in Anspruch genommen wird, bleibt ihre Ermächtigung doch stets auf ein **Tätigwerden innerhalb ihres Amtsbezirks** gebunden. Eine Überschreitung dieser Schranke soll allerdings nach der ausdrücklichen Bestimmung des § 2 BeurkG auf die Gültigkeit des Urkundsaktes keinen Einfluss haben. Dass sie innerhalb ihres Amtsbezirks bei Gefahr im Verzuge oder im Falle zwingender Verhinderung des Erscheinens eines Beteiligten an Amtsstelle auch außerhalb des Dienst*sitzes* Urkundstätigkeit ausüben darf, bleibt hiervon unberührt. Das entspricht auch nur einem allgemeinem Grundsatz des Beurkundungsrechts.

40 Die sog. **funktionelle** Zuständigkeit ergibt sich aus der erteilten Ermächtigung. Sie gilt dem gesamten Tätigkeitsbereich; deshalb können in ein und derselben Beurkungungsangelegenheit auch mehrere der so Ermächtigten unabhängig voneinander, insbesondere nacheinander, tätig werden.

Für die Beurkundung der Unterwerfung unter die sofortige Zwangsvollstreckung in den Fällen der Verpflichtungserklärungen nach § 59 Abs. 1 Satz 1 Nr. 3 oder 4 SGB VIII hat § 60 die Möglichkeit und das Erfordernis einer Ermächtigung nicht nochmals wiederholt. Beides ist vom Gesetz offenbar vorausgesetzt. Denn § 60 Satz 1 SGB VIII geht davon aus, dass der Schuldner sich „in der Urkunde", durch die er sich verpflichtet und die von einem Beamten oder Angestellten des Jugendamts „innerhalb der Grenzen seiner Amtsbefugnisse aufgenommen worden ist", der sofortigen Zwangsvollstreckung unterworfen hat. Mit der **für die Beurkundung nach § 59 SGB VIII erteilten Ermächtigung** ist deshalb auch diejenige für Beurkundungen **nach § 60 SGB VIII** – Unterwerfung unter die sofortige Zwangsvollstreckung – hinreichend **abgedeckt** (ebenso *Kurtze* S. 43); aus ihr wiederum folgt die Zuständigkeit zur Erteilung der vollstreckbaren Ausfertigung solcher Unterwerfungsurkunden nach § 60 Satz 3 SGB VIII.

b)   Rechtsfolgen der Verletzung der Zuständigkei

41 **Fehlt es an der Ermächtigung** für denjenigen, der „als Urkundsperson" tätig geworden ist (etwa weil er annahm, als der allgemeine innerdienstliche Vertreter des ermächtigten Behördenbediensteten in dessen sonstigen Funktionen im Jugendamt dürfe er ohne weiteres auch dessen Urkundsfunktion wahrnehmen), so begründen seine Akte nur den **unbeachtlichen Schein einer Beurkundung**. Ob die von ihm aufgenommenen Protokolle, wenn von einem Beteiligten unterschrieben, als Privaturkunde (Unterhaltsverpflichtung als Leibrentenversprechen, §§ 759, 761 BGB) aufrechterhalten oder als Beweisindiz für eine Vaterschaft im Vaterschaftsprozess

Verwendung finden können, ist eine andere Frage. Sie ist hier nicht zu vertiefen.

Die **Überschreitung der sachlichen Zuständigkeit**, d.h. die Vornahme einer vom Katalog des SGB VIII nicht gedeckten Beurkundung, macht diese als solche **unwirksam**. So kann die Urkundsperson z.B. keine Einwilligungen in die Adoption nach den §§ 1746, 1747 BGB wirksam beurkunden. Diese Beurkundung ist dem Notar vorbehalten. 42

2. Beurkundung und Beglaubigung als Erscheinungsformen der „öffentlichen Urkunde" (§§ 415, 418 ZPO). Beweiskraft. Bedeutung des Ausdrucks „öffentlich"

Der Katalog des § 59 SGB VIII spricht von „beurkunden". Gemeint ist die „öffentliche" Beurkundung, die in den maßgebenden Sachrechtsvorschriften verlangt wird (z.B. § 1597 Abs. 1, § 1626d Abs. 1 BGB). Der Begriff der „öffentlichen Urkunde" ist in § 415 ZPO definiert: Erstellung der Urkunde durch eine öffentliche Behörde innerhalb ihrer Amtsbefugnisse oder durch eine mit öffentlichem Glauben versehene Person (Rn. 21) innerhalb ihres Geschäftskreises in der „vorgeschriebenen", d.h. einer für Beurkundungszwecke eigens vorgesehenen, die erhöhte Beweiskraft sichernden Form. 43

Die **öffentliche Beurkundung** ist, wie § 415 ZPO näher erläutert, der wichtigste Fall einer öffentlichen Urkunde. Sie ist die amtliche Feststellung einer vor der urkundenden Stelle (Behörde oder Urkundsperson) abgegebenen *Erklärung;* die vorgeschriebene Form ist die förmliche, nach den Regeln des Beurkundungsgesetzes (§§ 8 ff.) aufgenommene *Niederschrift*.

Die **öffentliche Beglaubigung** ist eine Erscheinungsform der öffentlichen Urkunde sonstigen Inhalts. Ihr gesetzlicher Ort ist § 418 ZPO; ihre vorgeschriebene Form regelt § 129 BGB, ergänzt durch §§ 39, 40 BeurkG.

Der Zusatz **„öffentlich"** zu der Vokabel Beurkundung und Beglaubigung besagt nicht, dass diese Tätigkeit vor der Öffentlichkeit i.S. der Wahrnehmbarkeit durch einen beliebigen Personenkreis ausgeübt werde. Das Gegenteil ist ja der Fall. Er ist lediglich entlehnt aus der Funktion der „öffentlichen" Behörde bzw. der mit „öffentlichem" Glauben versehenen Urkundsperson. Bei der Behörde wäre eine solche Kennzeichnung entbehrlich. Bei der Urkundsperson ist sie konstitutiv; sie kennzeichnet den Rang ihrer Tätigkeit, insofern ihre Urkunden die erhöhte Beweiskraft von § 415 Abs. 2, § 418 Abs. 2 ZPO genießen. Wer sie bezweifelt, ist zum Gegenbeweis genötigt. 44

Personen öffentlichen Glaubens bilden einen begrenzten Kreis besonders vertrauenswürdiger und auf Grund dieses besonderen Vertrauens in das Urkundsamt berufener Amtsträger. Zu ihnen gehört die Urkundsperson im Jugendamt. Sie führen ein **Dienstsiegel**. Denn auch die Verwendung des Dienstsiegels gehört zu der die öffentliche Urkunde konstituierenden Form (§§ 39, 44 i.V.m. § 47, § 49 Abs. 2 Satz 2 BeurkG). Das Dienstsiegel der Urkundspersonen bei den Jugendämtern ist das ihrer Behörde (oben Rn. 19). 45

3. **Öffentliche Beurkundung und öffentliche Beglaubigung: Abgrenzungen; allgemeine Formerfordernisse des Urkundsakts; geschäftliche Behandlung**

a) Öffentliche Beurkundung

46 Sie ist als Wirksamkeitserfordernis vorgeschrieben im hier einschlägigen **materiellen Recht des BGB**

- für die Anerkennung der Vaterschaft (§ 1597 Abs. 1)
- für die Zustimmung der Mutter bzw. gegebenenfalls des Kindes oder ihrer gesetzlichen Vertreter zur Anerkennung der Vaterschaft, ferner der Zustimmung des Mannes, der im Zeitpunkt der Geburt mit der Mutter verheiratet ist, zur Anerkennung (§ 1597 Abs. 1)
- für den Widerruf der Einwilligung des Kindes in die Adoption (§ 1746 Abs. 2 Satz 2)
- für den Verzicht des „nichtehelichen" Vaters auf seine Vorgriffsrechte gegenüber einer Fremdadoption nach § 1747 Abs. 3 Nr. 3;
- für die Sorgeerklärungen der nicht miteinander verheirateten Eltern eines Kindes nach § 1626a Abs. 1 Nr. 1

sowie im **Recht der Zwangsvollstreckung** als Mittel der Tituliierung von Beträgen auf freiwilliger Grundlage durch Unterwerfung unter die sofortige Zwangsvollstreckung; so hier

- für die Verpflichtung zur Erfüllung von Unterhaltsansprüchen eines Abkömmlings
- für die Verpflichtung zur Erfüllung von Ansprüchen des anderen Elternteils nach § 1615l BGB.
- für eine Erklärung des im vereinfachten Verfahren auf Unterhalt in Anspruch genommenen Elternteils nach § 648 ZPO.

Nicht vorgeschrieben, aber auch nicht ausgeschlossen ist sie schließlich als Form einer der vorgenannten **Verpflichtungserklärungen,** wenn sie **ohne Unterwerfung unter die sofortige Zwangsvollstecktung** abgegeben werden soll.

Zu allen diesen Beurkundungen ist die Urkundsperson nach § 59 Abs.1 Satz 1 Nrn. 1–4, 6–9 SGB VIII ermächtigt.

47 Die erforderliche **Form** der öffentlichen Beurkundung ist in den §§ 8–13a BeurkG geregelt. Sie vollzieht sich in der Gestalt der **Aufnahme einer Verhandlung**. § 9 Abs. 1 und § 13 Abs. 1 Satz 1, Abs. 3 Satz 1 enthalten die zwingenden Anforderungen *(Mussvorschriften),* deren Außerachtlassung die Verhandlung nichtig macht. Danach muss die Niederschrift

a) die **Bezeichnung der Urkundsperson und der Beteiligten** enthalten. Die Urkundsperson muss mit dieser ihrer Funktion in der Niederschrift kenntlich gemacht sein. Zweckmäßig geschieht das unter Angabe ihrer Ermächtigung und der sie aussprechender Stelle. Sie wird dadurch abgehoben von der Anführung der „Beteiligten"; das sind die mit eigenen Erklärungen (§ 9 Abs. 1 Nr. 2 BeurkG) am Urkundsakt Mitwirkenden. Sie müssen mit mindestens ihrem Familiennamen aufgeführt werden; jedoch genügt zur Erfüllung der Mussvorschrift ein Pseudonym, etwa ein Künstlername. Tritt ein Beteiligter im Namen eines anderen auf, so muss dieser ersichtlich sein, wenn der Urkundsakt für und gegen den Vertretenen wirken soll;

b) die **Erklärungen der Beteiligten wiedergeben**, zweckmäßig in direkter Rede;

c) nach (!) Fertigstellung in Gegenwart der Urkundsperson (nicht notwendig von ihr persönlich; sie kann total heiser sein, bliebe aber für die korrekte Handhabung durch eine Hilfsperson gleichwohl verantwortlich) mit vollständigem Wortlaut **vorgelesen,** von dem oder den Beteiligten **genehmigt** – wörtlich, durch Gesten – und von ihnen eigenhändig **unterschrieben** werden. „Eigenhändig" schließt aus, dass dem Unterschreibenden die Hand geführt worden ist; solche „Hilfen" würden die Beurkundung unwirksam machen. Bei Schreibunfähigkeit greifen andere Vorschriften ein (s. Rn. 105, 106). Vorlage der Niederschrift zur Durchsicht ersetzt die Verlesung nicht; sie kann höchstens zusätzlich vor Erteilung der Genehmigung von dem oder den Beteiligten verlangt werden. Noch weniger genügt es, die Niederschrift in deren Gegenwart einer Schreibkraft laut zu diktieren. „Verlesen" bedeutet: im Zusammenhang zu Gehör bringen, setzt also voraus, dass der Text schriftlich fixiert vorliegt

d) Deshalb ist es auch **unzulässig**, wenn die Urkundsperson die Beurkundung **„am Bildschirm"** vornimmt, also nicht den Papierausdruck der Urkunde, sondern den am Bildschirm erscheinenden Text vorliest und erst nach dem „Verlesen" den Text ausdruckt. Vorgelesen werden muss vom Papier, und zwar die Niederschrift selbst (OLG Frankfurt DNotZ 2000, 513; *Renner* in: Huhn/von Schuckmann § 29 DNotO Rn.9).

Fertigstellung der Niederschrift in Abschnitten ist zulässig, wenn die an dem jeweiligen Abschnitt Beteiligten nach Verlesung und Genehmigung gesondert unterschreiben. So etwa zunächst die Anerkennung der Vaterschaft und sodann, nachdem der Anerkennende sich entfernt hat, die Zustimmung des Kindes; das Gesamtprotokoll braucht dessen ungeachtet von der Urkundsperson nur einmal, am Schluss, abgeschlossen zu werden (s. unten unter e);

e) mit der eigenhändigen **Unterschrift der Urkundsperson abgeschlossen** sein. Gegenwart des oder der Beteiligten ist hierbei nicht mehr erforderlich. Die Urkundsperson kann ihre Unterschrift vollziehen, auch wenn jene sich nach Verlesung, Genehmigung und Unterschriftsleistung entfernt haben; sogar dann, wenn sie nach ihrem letzten Federstrich verstorben sind oder das Bewusstsein verloren haben sollten (die Unterschrift der Urkundsperson bezeugt nur, dass die Erklärungen der Beteiligten formgerecht abgegeben sind); s. auch § 130 Abs. 2 BGB. Zur Frage der Nachholung einer versehentlich unterbliebenen Unterschrift vgl. DIV-Gutachten vom 14. Juli 1997 (DAVorm 1997, 852).

Bei der **Unterschrift** muss es sich um einen individuell gestalteten (nicht notwendig „leserlichen") Schriftzug handeln. Eine Abkürzung (Paraphe) genügt nicht. Unterschreiben mehrere Beteiligte mit gleichem Familiennamen, aber ohne unterscheidende Zusätze, so ist dadurch noch kein Wirksamkeitserfordernis verletzt (wer die jeweilige Unterschrift geleistet hat, lässt sich nachträglich durch Unterschriftproben feststellen). Doch erstreckt die Sollvorschrift (unten Rn. 48 unter b) bezüglich des Gebots unterscheidender Kennzeichnung im Eingang des Protokolls sich auch auf die entsprechende Unterschriftsleistung.

Wird die Unterschrift in einer **Ausfertigung** wiedergegeben, welche nicht durch Fotokopieren, sondern als Ausdruck einer gespeicherten Textverarbeitungsdatei erstellt wird, ist es zulässig und üblich, **hinter der Kurzbezeichnung „gez." den ausgeschriebenen Vor- und Nachnamen** des Beteiligten zu setzen, also etwa „gez. Hubert Mayer" (vgl. *Winkler* § 42 Rn. 9). Entscheidend ist der Beglaubigungsvermerk des Notars bzw. der Urkundsperson: Mit ihm wird die Übereinstimmung der Abschrift mit dem Vorbild bescheinigt; gleichgültig ist, mit welchem technischen Verfahren oder mit welcher Kombination technischer Verfahren die Abschrift hergestellt wurde.

Vermieden werden sollte auch bei nur einem Beteiligten die Wiedergabe in folgender Form: „gez. Unterschrift des Vaters" o.Ä. Obwohl die Ansicht vertretbar wäre, dass der anschließende Beglaubigungsvermerk in diesem Fall auch die Tatsache der Unterzeichnung durch den Vater zum Ausdruck bringt, kann diese Art der Wiedergabe der Unterschrift irritieren. Denn sie vermag bei flüchtigem Hinsehen den Eindruck zu erwecken, die Urschrift sei zur Unterzeichnung vorbereitet gewesen aber tatsächlich nicht unterschrieben worden. Das gilt vor allem dann, wenn daneben der Name der Urkundsperson über deren Dienstbezeichnung ausgeschrieben wird. Es bedeutet vermeidbare Mehrarbeit, wenn die Urkundsperson auf Nachfragen die tatsächliche Unterzeichnung durch den Beteiligten erläutern muss.

48 Zahlreicher sind die Vorschriften, die die Urkundsperson als so genannte *Soll-Bestimmungen* bei der Protokollierung zwar ebenso zu beachten hat, deren Vernachlässigung aber die Urkunde nicht unwirksam macht (§ 9 Abs. 2, § 10, § 13 Abs. 1 Satz 2 und 4, Abs. 3 Satz 2 BeurkG). Danach soll die Niederschrift

    f) **Ort und Tag der Verhandlung** angeben. Geschieht die Beurkundung nicht an Amtsstelle, so sollte die Örtlichkeit (Krankenhaus, Wohnung eines nicht transportfähigen Beteiligten) näher bezeichnet werden. Für die Angabe des Tages der Verhandlung ist zwar der Vorschrift genügt, wenn das Kalenderdatum eindeutig fixierbar („Ostermontag"; „Am Tage nach Fronleichnam") ist und die Jahreszahl hinzugefügt wird; jedoch sollte grundsätzlich die herkömmliche Schreibweise des Datums verwendet werden;

g) die **Beteiligten so genau bezeichnen**, dass Zweifel und Verwechslungen ausgeschlossen sind (Näheres Rn. 111). § 10 Abs. 1 BeurkG gebraucht in diesem Zusammenhang einen weiter gefassten Beteiligtenbegriff als § 9 Abs. 1 Nr. 1 (oben Rn. 47 unter a) für den Kreis der zur Beurkundung Erschienenen, insofern er die materiell Beteiligten einbezieht: daher gilt das Gebot der zweifelsfreien Kennzeichnung auch für diejenigen, die durch die Beurkundung sachlich betroffen werden, insbesondere Rechte erwerben sollen, wie das Kind, der andere Elternteil in den Fällen des § 1615l BGB, oder die Adoptionsbewerber im Fall von § 1746 BGB;

h) angeben, ob die **Urkundsperson die Beteiligten kennt,** oder wie sie sich Gewissheit über ihre Person verschafft hat (s. darüber Rn. 111 ff.);

i) den Beteiligten, wenn sie es verlangen, **vor der Genehmigung zur Durchsicht vorgelegt** werden. Eine Belehrung über dieses Recht ist allerdings nicht vorgeschrieben, wie der Gegenschluss aus § 16 Abs. 2 Satz 3 BeurkG ergibt;

j) die **Verlesung, Genehmigung und eigenhändige Unterschriftsleistung durch die Beteiligten feststellen.** „V.g.u" ist nicht ordnungsgemäß (*Winkler* § 13 Rn. 71), korrekt ist nur der vollständige Wortlaut, also „vorgelesen, genehmigt und unterschrieben". Die Beifügung „eigenhändig" ist überflüssig. Auch die auf Verlangen gewährte Vorlage zur Durchsicht sollte, obwohl das Gesetz dies nicht vorschreibt, in der Niederschrift festgestellt werden;

k) die **amtliche Bezeichnung der Urkundsperson** zu ihrer Unterschrift enthalten. Gemeint ist nicht die Dienst-, sondern die Funktionsbezeichnung („als Urkundsperson des Jugendamts X").

Die eingeführten Formulare sind zumeist an den vorstehenden Erfordernissen ausgerichtet. Wenn nötig, etwa hinsichtlich des Verlangens der Vorlage zur Durchsicht und der Feststellung, dass dies geschehen sei, wäre das Formular von Hand zu ergänzen.

Soweit **ausländische Eigennamen oder Ortsbezeichnungen** mit sogenannten diakritischen **Zusatzzeichen** (Häkchen, Akzenten, kleinen Kreisen über Vokalen wie bei dänischen oder schwedischen Umlauten, Tilden wie in den iberischen Sprachen) geschrieben werden, müssen diese auch für die Beurkundung im Jugendamt verwendet werden. Denn in dieser Gestalt ist die Schreibweise zugleich ein Teil der Identität der Person und ihrer Nachprüfbarkeit (unten Rn. 111). § 49 Abs. 1 Satz 3 der Allgemeinen Verwaltungsanweisung zum Personenstandsgesetz (DA) ist insoweit nur Ausfluss eines allgemeinen Rechtsgedankens. Schwierigkeiten wird dieses Erfordernis dann nicht bereiten, wenn der betreffende Eigen- oder Ortsname lateinisch (nicht: in deutscher Schrift) geschrieben wird. Bei maschinenschriftlicher Erstellung der Urkunde würden solche vervollständigenden Zeichen von Hand hinzugefügt werden müssen. Unterbliebe das, so wäre die Urkunde dadurch allein noch nicht in ihrer Gültigkeit beeinträchtigt. Nötigenfalls müsste ein später geltend gemachter Zweifel wegen der Identität in dem dann anstehenden (gerichtlichen oder Verwaltungs-)Verfahren geklärt werden.

49

50 Stammen die Eigen- oder Ortsnamen aus einer Region, in welcher die Amtssprache sich **anderer als lateinischer Schriftzeichen** bedient – Griechenland; Länder des kyrillischen Duktus wie Russland und andere Nachfolgestaaten der UdSSR, Serbien, Bulgarien; Gebiete islamischer Staatsreligion; Ferner Osten –, so werden sie in den Beurkundungstext nach den amtlichen Regeln der Transliteration (§ 49 Abs. 2 Satz 2 DA), sonst im Wege phonetischer Umschrift in lateinischer Schreibweise übernommen werden müssen. Bei Ortsnamen ist allerdings zu beachten, dass eine allgemein übliche deutsche Schreibweise eines ausländischen Ortes zu verwenden ist (z.B. „Moskau" statt „Moskwa"). Das Problem erübrigt sich, wenn Personalpapiere vorgelegt werden, aus denen sich bereits eine Schreibweise in lateinischer Schrift ergibt. Denn auch der Beurkundungstext hat den Betreffenden so aufzuführen, wie er durch eben diese Papiere sich ausgewiesen hat. Können Legitimationsnachweise, hilfsweise inländische Interimsbescheinigungen oder -bescheide, in lateinischer Schrift nicht vorgelegt werden, wird häufig ohnehin zur Verständigung die Zuziehung eines Dolmetschers notwendig sein (unten Rn. 99). Daraufhin müsste die phonetische Umschrift mit Hilfe des Dolmetschers ermittelt und angewandt werden. Denn dann ist dessen Zuziehung ebenfalls ein Element der Prüfung der Identität; die Zuverlässigkeit der phonetischen Umschrift wäre durch den Dolmetschereid sichergestellt.

Zur international-privatrechtlichen Anknüpfung der Schreibweise: BGH ZfJ 1993, 410.

b)   Öffentliche Beglaubigung

51 Der Katalog des § 59 Abs. 1 Satz 1 SGB VIII enthält seit 1. Juli 1998 keine Zuständigkeiten zur Beglaubigung mehr. Gleichwohl werden im Folgenden kurz die Grundzüge der öffentlichen Beglaubigung dargestellt. Zum einen empfiehlt sich dies in Abgrenzung zur öffentlichen Beurkundung, zum anderen aber auch im Hinblick auf die insbesondere dem Notar und dem Standesbeamten verbliebenen Beglaubigungsbefugnisse, vor allem im Namensrecht.

Die öffentliche Beglaubigung unterscheidet sich von der öffentlichen Beurkundung dadurch, dass sie sich auf die **Bezeugung der Echtheit der Unterschrift** unter einem darüber stehenden, von wem auch immer aufgesetzten, schriftlichen Text beschränkt. Bezeugt wird entweder eine die Echtheit garantierende *Tatsache* (und insoweit nicht, wie bei der Beurkundung, eine Erklärung): dass derjenige, dessen Unterschrift beglaubigt wird, diese vor der Urkundsperson vollzogen habe. Er kann den Text aber auch schon unterschriftlich vollzogen mitbringen: dann tritt an die Stelle des Leistens der Unterschrift ihre Anerkennung, d.h. die Erklärung, dass die Unterschrift von dem, der sie damit anerkennt, herrühre (§ 40 Abs. 1 BeurkG), und die Beglaubigung bezieht sich hier auf diese Erklärung, die eine unnütze Schreibübung erübrigt.

52 Auch die Anerkennung der Unterschrift hat **vor der Urkundsperson, d.h. in deren Gegenwart** zu erfolgen. Zwar ist das nur eine Sollvorschrift; auch sie aber macht die Einholung der Anerkennung auf schriftlichem oder telefonischem Wege unstatthaft. Die Unterschrift muss in gleicher Weise wie bei der Unterzeichnung der Niederschrift in der öffentlichen Beurkundung (s.o. Rn. 47 unter c) *eigenhändig* geleistet werden, und ebenso hat die Anerkennung einer Unterschrift sich auf ihr *eigenhändiges* Geleistetsein zu beziehen. Das ist für die öffentliche Beglaubigung zwar nicht nochmals aus der Materie der Beurkundung (§ 13 Abs. 1 Satz 1 BeurkG) wiederholt, ergibt sich hier aber aus den allgemeinen Anforderungen an jede Art gesetzlich gebotener Schriftlichkeit in § 126 BGB. Eine Schreibhilfe durch Führen der Hand des Schreibenden würde auch hier die so zustande gekommene Unterschrift ungültig machen.

Streng genommen müsste die Erklärung des Anerkennens der Unterschrift wiederum eine Niederschrift erfordern. Das Gesetz ignoriert diesen Unterschied; es unterstellt beide Formen dem schlichten Beglaubigungsvermerk der Urkundsperson: **53**

> „Vorstehende, von mir heute – vollzogene – anerkannte – Unterschrift des (der) . . ., – ausgewiesen durch . . . – persönlich bekannt – wird hiermit beglaubigt"
>
> (folgen: Ort, Datum, Unterschrift der Urkundsperson mit Amtsbezeichnung und Funktionsbezeichnung [„durch Verfügung des . . . vom . . . zur Urkundstätigkeit ermächtigt"] und Dienstsiegel; § 39, § 40 Abs. 3 BeurkG).

Der Beglaubigung steht nicht entgegen, dass die Unterschrift nicht in lateinischen Buchstaben geleistet wird, sondern in der **Schrift eines anderen Kulturkreises**, dem der Unterzeichner angehört (kyrillisch, japanisch, hebräisch usw.). Entscheidend ist, dass der Beteiligte die Signatur als seine Unterschrift anerkennt (*von Schuckmann/Preuß* in: Huhn/von Schuckmann § 40 Rn. 8 m.w.Nachw.; ebenso *Winkler* § 40 Rn. 24 m. Nachw. zur früher h.L.). Handelt es sich nach dem Erscheinungsbild der Signatur um eine – wenn auch in fremden Schriftzeichen abgefasste und daher für den Notar unlesbare – Unterschrift, kann sie auch als solche beglaubigt werden. **54**

Handzeichen werden in der gleichen Form wie eigentliche Unterschriften beglaubigt. Allerdings hätte der Beglaubigungsvermerk das, was beglaubigt werden soll, als „Handzeichen" zu benennen. Nach einer Bemerkung bei *Winkler* (§ 40 Rn. 76) und *Riedel/Feil* (§ 40 Anm. 48) sollen zur Beglaubigung von Handzeichen ausschließlich Notare und Konsularbeamte, nicht aber andere Urkundsorgane zuständig sein. Doch wäre das in dieser Zuspitzung mindestens missverständlich. Die Begründung hierfür wird bei *Riedel/Feil* (auf die sich *Winkler* bezieht) aus § 126 Abs. 1, § 129 Abs. 1 Satz 2 BGB hergeleitet. Jene Bestimmungen sprechen zwar von dem Erfordernis des „notariell beglaubigten Handzeichens". Doch ist das in keinem anderen Sinne gemeint, als wenn § 126 Abs. 3 BGB von der „notariellen Beurkundung" und § 129 Abs. 1 Satz 1 BGB von der Beglaubigung „durch den Notar" spricht: Es ist die primäre Zuständigkeit des Notars, welche die bis zum Beurkundungsgesetz geltende konkurrierende Beurkundungszuständigkeit der Amtsgerichte – seinerzeit in den genannten Vorschriften des BGB niedergelegt – ablösen und ersetzen sollte.

55 Der **über der Unterschrift stehende Text** ist **nicht Gegenstand der öffentlichen Beglaubigung** und daher auch nicht Verantwortungsbereich der Urkundsperson. Seine Formulierung bleibt stets in der Verantwortlichkeit dessen, der die Urkunde unterschreibt. Nur, dass er sie unterschrieben hat und der Text deshalb von ihm stammt oder gebilligt ist (die Urkunde insgesamt nicht gefälscht ist), wird durch die öffentliche Beglaubigung gedeckt. In § 40 Abs. 2 BeurkG ist der Notar ausdrücklich von der Verpflichtung entbunden, den Text der Urkunde inhaltlich auf korrekte Abfassung zu prüfen; er braucht ihn nur daraufhin zu prüfen, ob Gründe bestehen, die Amtstätigkeit zu versagen. Für ihn gälte das im Blick auf §§ 3, 4 BeurkG.

56 Natürlich könnte das, was der die Beglaubigung der Unterschrift Wünschende in dem darüber stehenden Text erklärt hat, auch zum Gegenstand einer öffentlichen Beurkundung, d.h. mit voller Niederschrift, gemacht werden. Nach § 129 Abs. 2 BGB würde dem Erfordernis der öffentlichen Beglaubigung auch auf diesem Wege genügt; die Beurkundung ist ja die stärkere Urkundsform. So darf insbesondere der Notar verfahren.

57 Zweierlei ist noch zu bemerken: Die öffentliche Beglaubigung (einer Unterschrift) ist nicht gleichbedeutend mit der sog. **amtlichen Unterschriftsbeglaubigung**. Diese holt man sich – soweit Landesrecht das vorsieht – auf dem Bürgermeisteramt oder dem Ordnungsamt. Sie ist durch § 65 BeurkG zugelassen, hat aber nicht die Kraft der öffentlichen Beglaubigung in denjenigen Fällen, in denen diese vom Gesetz gefordert wird, weil sie von einer Person öffentlichen Glaubens vorgenommen sein muss.

58 Das andere: **Erklärungen des Amtsbeistands/Amtsvormunds**, die dieser in Angelegenheiten des von ihm vertretenen Kindes unter Beidruck des Dienstsiegels seines Jugendamts abgibt, bedürfen keiner Beglaubigung, da **sie bereits öffentliche Urkunden** darstellen (BGHZ 45, 362 [365] = DAVorm 1966, 301; *Winkler* § 40 Rn. 5). Für die Echtheit einer behördlichen Unterschrift bürgt bereits die Führung und Verwendung des Dienstsiegels. Eine Behörde hat es nicht nötig, die Authentizität ihrer gesiegelten Erklärungen durch einen Notar bescheinigen zu lassen. Das betrifft z.B. die Ausschlagung einer Erbschaft (§ 1945 BGB) – so auch LG Braunschweig DAVorm 1987, 824 und LG Berlin DAVorm 1993, 1128 (dort auch wegen der Notwendigkeit des Siegelbeidrucks) – oder Erklärungen im Rechtsverkehr über Grundstücke (§ 29 GBO), soweit der Amtsvormund/Amtspfleger im Namen des von ihm vertretenen Kindes tätig wird. Wohlgemerkt: Dieses „Privileg der öffentlichen Urkunde" für seine gesiegelte Erklärung genießt der Amtsbeistand/Amtsvormund nur in der Freistellung von der öffentlichen Beglaubigung, nicht dagegen für die öffentliche Beurkundung. Dort muss er sich dem Beurkundungszwang genauso stellen wie jeder andere gesetzliche Vertreter.

c) *Fortsetzung: Unterschiede in der Behandlung der erstellten Urkunde*

59 Öffentliche Beurkundung und öffentliche Beglaubigung unterscheiden sich noch in einem anderen Punkt. Die öffentlich beglaubigte Urkunde wird dem, der um die öffentliche Beglaubigung nachgesucht hat, wieder ausgehändigt (§ 45 Abs. 2, § 39 BeurkG). Die bei der öffentlichen Beurkundung aufge-

nommene **Niederschrift dagegen verbleibt bei der beurkundenden Stelle.** In welcher Art und Weise das beim Jugendamt geschieht – Sammelakten des Urkundsbeamten, Aufbewahrungsfristen, Archiv –, ist Sache der Verwaltungsanweisung. Der Verbleib der Urschrift an zentraler Stelle ist aus mehreren Gründen geboten. Einmal herausgegeben, wäre sie der Gefahr des Verlustes beim Empfänger ausgesetzt, und die bloße Zurückbehaltung etwa einer beglaubigten Abschrift würde dem Beweischarakter für die Zukunft nicht mehr voll gerecht. Zum anderen muss die Niederschrift je nach ihrem Inhalt u.U. an mehreren Stellen oder durch mehrere Personen Verwendung finden können. Man braucht nur an den Fall zu denken, dass der Vater sich in derselben Urkunde zur Zahlung des Kindesunterhalts und zum Unterhalt bzw. Ersatz von Kosten an die Kindesmutter nach § 1615l BGB verpflichtet hat. Gleiches gilt, wenn das Kind von ein und derselben vollstreckbaren Unterhaltsverpflichtung mehrere vollstreckbare Ausfertigungen zum Zwecke der gleichzeitigen Zwangsvollstreckung an verschiedenen Orten – Lohnpfändung, Sachpfändung – benötigt. Ferner kann eine einheitlich aufgenommene Vaterschaftsanerkennung und Unterhaltsverpflichtung sich auf Zwillingskinder beziehen. Deshalb bestimmt § 48 BeurkG, dass „die Ausfertigung diejenige Stelle erteilt, die die Urschrift verwahrt".

Damit ist angesprochen, in welche Gestalt die Urschrift transformiert sein muss, um im Außenbereich Verwendung finden zu können: es ist die der Ausfertigung.

d)   Die Ausfertigung

Die Ausfertigung **vertritt die Urschrift im Rechtsverkehr** (§ 47 BeurkG). Nur da, wo in Fällen mit Auslandsberührung der fremde Staat die Ausfertigung als solche nicht anerkennt, sondern nur die Urschrift gelten lässt, darf diese ausnahmsweise und unter den weiteren Kautelen des § 45 BeurkG ausgehändigt werden; alsdann wird eine Ausfertigung zurückbehalten. Gerade bei Vaterschaftsanerkennungen durch Ausländer kann das praktisch werden. Sonst aber ist die Ausfertigung dasjenige Instrument, mit dem die Urschrift der Beurkundung sozusagen verwendbar gemacht wird. Sie kann nach Bedarf von der Urschrift deshalb **auch mehrfach erteilt** werden (Erste, Zweite usw. Ausfertigung).

60

Die Ausfertigung ist der Sache nach eine **Abschrift des Originals** (der Urschrift) mit dem Ausfertigungsvermerk, der zugleich die Übereinstimmung mit dem Original bescheinigt:

„Vorstehende (Erste, Zweite, Dritte ...) Ausfertigung, die mit der Urschrift übereinstimmt, wird hiermit dem . . . erteilt"

(folgen: Ort, Datum usw. wie bei der öffentlichen Beglaubigung – Rn. 51 –: § 49 BeurkG).

Bereits an ihrem Kopf ist die Ausfertigung als eine solche (Erste, Zweite ...) zu bezeichnen (§ 49 Abs. 1 Satz 2 BeurkG).

Erteilt wird die Ausfertigung **von derjenigen Stelle, die die Urschrift verwahrt** (§ 48 Satz 1 BeurkG). Zuständig beim Jugendamt ist jeder mit der Urkundsbefugnis ausgestattete Behördenbedienstete. Es muss nicht

61

derjenige sein, der die Niederschrift aufgenommen hat (oben Rn. 40). Denn die Notwendigkeit der Erteilung einer Ausfertigung kann zu einem beliebigen späteren Zeitpunkt auftreten. Das Gleiche gilt deshalb auch für die Sonderform der vollstreckbaren Ausfertigung (unten Rn. 86, 350 ff.) und folgt hier aus § 60 Satz 3 Nr. 1 SGB VIII, wo die Zuständigkeit zur Erteilung vollstreckbarer Ausfertigungen geregelt ist. Wenn es dort heißt, erteilt würden solche „von den Beamten oder Angestellten des Jugendamts, denen die Beurkundung der Verpflichtungserklärung übertragen ist", so ist damit auf die generelle Zuständigkeit verwiesen (s.o. Rn. 40), nicht auf die im konkreten Falle ausgeübte.

Auf der Urschrift ist zu vermerken, wann und wem eine Ausfertigung erteilt worden ist (§ 49 Abs. 4 BeurkG). Weil die Ausfertigung die Urschrift im Rechtsverkehr vertritt, soll diese nicht ohne Nachweis und Kontrolle beliebig vervielfacht werden können.

62 Ein **Recht auf Erteilung der Ausfertigung** hat nach § 51 Nr. 1 BeurkG derjenige, der die Erklärung im eigenen Namen hat beurkunden lassen oder in dessen Namen sie abgegeben worden ist. Letzteres kann bei beurkundeten Zahlungsverpflichtungen praktisch werden (§ 59 Abs. 1 Satz 1 Nr. 3, 4 SGB VIII; unten Rn. 139). Ebenso hat ein Recht auf die Ausfertigung sein Rechtsnachfolger. Es kann auch eine Teilausfertigung erteilt werden. Der Berechtigte kann bestimmen, dass weiteren Personen eine Ausfertigung erteilt werden darf oder soll. Der hiernach berechtigte Personenkreis kann auch Einsichtnahme in die Urschrift sowie die Erteilung einer einfachen oder einer beglaubigten Abschrift verlangen (§ 51 Abs. 2 und 3 BeurkG).

63 Unklarheit herrscht vielfach darüber, wie weit die Ausfertigung Gelegenheit gibt, **Schreibfehler, Rechenfehler** und ähnliche offenbare Unrichtigkeiten der Urschrift zu berichtigen. Hierfür gibt die Vorschrift des § 44a Abs. 2 BeurkG gesetzliche Vorgaben: Danach darf die Urkundsperson **„offensichtliche Unrichtigkeiten"** auch nach Abschluss der Niederschrift durch einen von ihr zu unterschreibenden Nachtragsvermerk richtigstellen. Der Nachtragsvermerk ist am Schluss nach den Unterschriften oder auf einem besonderen, mit der Urkunde zu verbindenden Blatt niederzulegen und mit dem Datum der Richtigstellung zu versehen. Ergibt sich im Übrigen, d.h. aus anderen Gründen, nach Abschluss der Niederschrift die Notwendigkeit einer Änderung oder Berichtigung, so hat die Urkundsperson hierüber – gegebenenfalls unter Zuziehung der Beteiligten eine besondere Niederschrift aufzunehmen (§ 44 Abs. 2 Satz 3 BeurkG).

Es kommt für eine zulässige Berichtigung oder Ergänzung nicht darauf an, ob bereits Ausfertigungen von der Urkunde erteilt worden sind oder nicht (*Bergermann* DNotZ 2002, 557 [568]; *Kanzleiter* DNotZ 1990, 478 [481 f.]). Die falsche Ausfertigung und hiervon erstellte beglaubigte Abschriften können dem Notar bzw. der Urkundsperson wieder ausgehändigt und gegen eine richtige Ausfertigung bzw. beglaubigte Abschrift ausgetauscht werden (*von Schuckmann/Preuß* in: Huhn/von Schuckmann § 44a Rn. 6 m.w.Nachw.).

64 Offensichtliche Unrichtigkeiten, zu deren Korrektur die Urkundsperson ermächtigt ist, sind jedenfalls solche Fehler, die die Erklärung der Beteiligten nicht verändern. Hierzu gehört etwa die **von Ortsnamen** (Heinburg statt Hainburg). Aber auch eine Änderung von „Frankfurt a.M." in „Frankfurt/O." wäre nach der Regelung wohl zulässig, wenn es sich um einen offensichtlichen Fehler handelt. Dass die Unrichtigkeit offensichtlich ist, muss sich nicht aus der Urkunde selbst ergeben; „offensichtlich" ist ein Fehler auch dann, wenn sich dieser aus anderen Umständen für jeden ergibt, der diese Umstände kennt; es genügt also, wenn die Unrichtigkeit für die Urkundsperson offensichtlich ist (*Winkler* § 44a Rn. 19).

65 Die Vorschrift des § 44a Abs. 2 BeurkG dürfte auch eine Rechtsgrundlage für die Berichtigung von **„Rechenfehlern"** sein, jedenfalls wenn der Ausrechnungsgang aus der Niederschrift ersichtlich ist und der unterlaufene Fehler hieraus klar zutage liegt. So wie der Notar eine offenkundige Unrichtigkeit, die ihm bei der Umformung der Erklärung eines Beteiligten von Volkssprache in Rechtssprache unterlaufen ist, berichtigen kann (vgl. *Reithmann* DNotZ 1999, 27 [32]), muss dies auch der Urkundsperson gestattet sein, wenn ihr etwa bei der Aufnahme einer Unterhaltsverpflichtung ein offensichtlicher Rechenfehler unterlaufen ist. Berichtigungsfähig ist auch die Angabe einer **falschen Jahreszahl**, z.B. für das Aufrücken eines Kindes in eine höhere Altersstufe des Unterhalts, wenn dieses Versehen offensichtlich ist.

66 Auch die unrichtige **Angabe gesetzlicher Vorschriften** in der Niederschrift kann auf diesem Wege berichtigt werden (vgl. zum allerdings etwas übergenauen Verlangen nach Berichtigung der angegebenen Bestimmung über die Zustellung durch Aushändigung an Amtsstelle *DIJuF-Rechtsgutachten* vom 28. November 2002, CD-ROM, GutA Nr. 4.

Erklärungen eines Beteiligten können nur berichtigt werden, soweit es sich um einen **„Verlautbarungsmangel"** handelt. Das Verfahren der Berichtigung nach § 44a BeurkG darf nicht dazu benutzt werden, eine Erklärung nachzuholen, die der Beteiligte nicht abgegeben hat (*von Schuckmann/Preuß* in: Huhn/von Schuckmann § 44a unter Hinweis auf BayObLG DNotZ 2001,558 [559]). Ist beispielsweise unklar geblieben, ob der Schuldner eine dynamische Unterhaltsverpflichtung aufnehmen lassen wollte, weil die Formulierung der Urkunde in undeutlicher Zuordnung auch Festbeträge nennt (vgl. hierzu unten Rn. 296), kann die Urkundsperson dies nicht nachträglich „berichtigen".

67 Der über die Berichtigung offensichtlicher Unrichtigkeiten aufzunehmende **Nachtragsvermerk** ist nicht Teil der Niederschrift, sondern eine selbstständige Zeugnisurkunde und hat als solche – wenn in der vorgeschriebenen Form der **Vermerkurkunde nach § 39 BeurkG** errichtet – ebenfalls die volle Beweiskraft des § 415 ZPO für sich. Als Formerfordernisse sind Unterschrift und Siegel erforderlich. Ferner soll nach § 39 BeurkG der Ort der Ausstellung angegeben werden. Die Angabe des Tages der Ausstellung ist in § 44 a Abs. 2 BeurkG ausdrücklich vorgeschrieben.

68 Die Gewährung von **rechtlichem Gehör** wird in § 44 a Abs. 2 BeurkG nicht verlangt. Eine Anhörung der am Beurkundungsverfahren Beteiligten ist nur dann angebracht, wenn sie noch anwesend sind.

69 Anders wird dies sein, wenn die Urkundsperson nachträglich feststellt, dass eine bestimmte **Erklärung eines Beteiligten** in der Niederschrift **ausgelassen** wurde. In solchen Fällen wird man auf das rechtliche Gehör der Beteiligten nicht verzichten können. Es handelt sich dann nicht mehr um eine „offensichtliche" Unrichtigkeit, die durch einen Nachtragsvermerk richtiggestellt werden kann. In diesen Fällen wird eine **Neubeurkundung** notwendig sein. Dies schließt aber nicht aus, dass die Urkundsperson sofort durch einen (negativen) Richtigstellungsvermerk von sich aus feststellt, dass die Niederschrift, so wie sie vorliegt, jedenfalls nicht in allen Punkten richtig ist (*Reithmann* a.a.O. S. 34).

70 Was hingegen ohne weiteres berichtigt werden kann, sind diejenigen Teile des Protokolls, die nicht Erklärungen der Beteiligten, sondern **Feststellungen der Urkundsperson** zum Gegenstand haben. Das kann eine versehentlich unrichtige Datierung der Niederschrift, oder eine unrichtige Wiedergabe des Errichtungsorts (falsche Hausnummer bei Aufnahme der Erklärung am Krankenbett) betreffen. Vor allem aber gehören hierzu eine **falsche Schreibweise des Namens** des oder der zur Beurkundung Erschienenen (denkbar in Fällen des § 10 Abs. 2 Satz 2 BeurkG). Alsdann ist eine Berichtigung dort geboten, wo ein solcher Fehler die Identität des Namensträgers verundeutlichen kann und dadurch die Verwendbarkeit der Urkunde gefährden würde. Daraufhin ist eine Klarstellung in der Ausfertigung zulässig auf Grund eines der Urschrift anzufügenden dienstlichen Vermerks, wonach der Urkundsperson durch Vorlage amtlicher Papiere die richtige Schreibweise des Namens nachgewiesen worden ist. Ähnlich auch, wenn ein Vorname unrichtig oder unvollständig angegeben worden war. Denn bei der Anführung der Erklärenden im Protokoll mit ihrem Namen handelt es sich um amtliche, die Identität berührende Feststellungen der Urkundsperson (vgl. § 10 BeurkG), die sie selbst deshalb berichtigen kann. Vorausgesetzt ist im Falle der (behaupteten) unrichtigen Schreibweise des Namens allerdings, dass sich die Urkundsperson, die die Verhandlung aufgenommen hatte und die nunmehr den Vermerk fertigt, persönlich an die Identität des Betroffenen erinnern kann. Auch Datierung und Ortsangabe kann nur derjenige berichtigen, der das Protokoll aufgenommen hat.

71 Daraufhin hätte die Ausfertigungsformel ergänzt zu lauten (vgl. LG Saarbrücken DAVorm 1987, 538):

> „Ausgefertigt mit dem Bemerken, dass die in der Niederschrift mit dem Namen
>
> . . . .
>
> bezeichnete Person, die unter diesem Namen Erklärungen abgegeben hat, in richtiger Schreibweise:
>
> . . . .
>
> zu lauten hat. Dies ist nachträglich durch Vorlage des Bundespersonalausweises Nr. . . ., ausgestellt am . . . von . . ., nachgewiesen";

oder:

> „Ausgefertigt mit dem Bemerken, dass die Niederschrift nicht, wie irrtümlich angegeben, am . . ., sondern am . . . von dem Unterzeichneten aufgenommen worden ist"

Anders liegt es in den Fällen einer **nachträglichen Änderung des korrekt protokollierten Namens** z.B. durch Eheschließung, Adoption, oder Zuteilung eines neuen Namens nach dem NÄG. Hier wird die Identität durch die Abgleichung des Protokolls mit der die Namensänderung ausweisenden Urkunde nachgewiesen, weshalb der Zusatz in der Ausfertigung nicht notwendig auf die persönliche Erinnerung der bei der Beurkundung tätig gewordenen Urkundsperson abgestellt zu sein braucht. Die Formulierung lautet hier: **72**

> „Ausgefertigt mit den Bemerken, dass die in der Niederschrift mit ihrem Familiennamen
>
> . . . .
>
> angegebene Person, die unter diesem Namen Erklärungen abgegeben hat, infolge Eheschließung jetzt den Familiennamen
>
> . . . .
>
> führt. Nachgewiesen durch Heiratsurkunde vom . . . Reg. Nr. . . . des Heiratsbuchs des Standesamts . . ."

Zusätze der vorbezeichneten Art setzen voraus einen zuvorigen **dienstlichen Vermerk zur Urschrift** als das Zeugnis der Urkundsperson über den Inhalt des vorgelegten Nachweises (§ 39 BeurkG, *Winkler* § 8 Rn. 17; *von Schuckmann/Preuß* in: Huhn/von Schuckmann § 44a Rn. 12). Deshalb ist auch der Vermerk hierüber (Rn. 70) zu datieren und zu unterschreiben. **73**

Die Fassung der Ausfertigungsformel erspart dann die Notwendigkeit, beim Gebrauchmachen von der Ausfertigung jedesmal zusätzlich den urkundlichen Nachweis des Protokollfehlers oder der Namensänderung führen zu müssen. Das kann namentlich in der Zwangsvollstreckung aufgrund einer vollstreckbaren Ausfertigung hilfreich sein: Die Prüfung eines solchen Nachweises, die dort dem Vollstreckungsorgan (Gerichtsvollzieher, Rechtspfleger in der Lohnpfändung) obläge, wird ihm ab- und vorweggenommen durch die auf gleicher Stufe stehende Urkundsperson im Zuge der Erteilung der Ausfertigung. Erforderlichenfalls kann zu diesem Zwecke eine Zweite vollstreckbare Ausfertigung, unter Rückgabe der Ersten, beantragt werden. **74**

Ist dagegen eine **an der Verhandlung mit eigenen Erklärungen nicht beteiligte Person** unter unrichtigem Namen, Vornamen, mit falscher Schreibweise oder unzutreffenden Daten angegeben (Kind, Kindesmutter bei der Vaterschaftsanerkennung), so wird zu unterscheiden sein: Ist das Kind in der Niederschrift mit einer Nummer des Geburtenbuchs vermerkt, so steht seine Identität mit dieser Registernummer fest. Damit ist eine falsche Schreibweise des Namens, ein unrichtig angegebener Vorname, ein unzutreffendes Geburtsdatum in der Niederschrift unschädlich. Allerdings könnte auch dann die „verunglückte" Wiedergabe – so, wie sie der Erklärende zu Protokoll gegeben hat, und damit das Protokoll selbst – nicht kur- **75** zerhand durch eine „Berichtigung" von Seiten der Urkundsperson korrigiert werden. Die Urkundsperson kann lediglich auf die Unstimmigkeit durch Bezugnahme auf eine nachträglich vorgelegte Geburtsurkunde hinweisen. Sie ermöglicht dadurch derjenigen Stelle, die demnächst mit der Niederschrift befasst wird, die Anwendung der Rechtsregel „falsa demonstratio non nocet" (eine bloß fehlgehende Bezeichnung schadet als solche im Rechtsleben nicht). Der Vermerk hätte dann etwa zu lauten:

> „Ausgefertigt mit dem Bemerken, dass das mit der Nummer des Geburtenbuchs . . . bezeichnete Kind lt. nachträglich vorgelegter Geburtsurkunde dieser Registernummer den Vornamen . . . führt (. . . am . . . – von einer Frau mit Namen . . . geboren ist)".

76 Hat sich ein korrekt protokollierter Kindsname durch Rechtsvorgänge (Einbenennung, Adoption) geändert, kann dem durch einen Zusatz zum Ausfertigungsvermerk – insbesondere bei einer vollstreckbaren Ausfertigung nützlich! – Rechnung tragen. Formulierung beispielsweise:

> „Ausgefertigt mit dem Bemerken, dass der Name/Familienname des in der Niederschrift bezeichneten Kindes sich durch Einbenennung geändert hat. Das Kind führt jetzt den Namen . . . . Nachgewiesen durch Randvermerk zur Geburtsurkunde – Geburtenbuch des Standesamts . . . Nr. . . ., vom . . ."

Zur Verfahrensweise, wenn sich nachträglich die Unrichtigkeit eines bei der Beurkundung angebenen Namens herausstellt – etwa bei der Vaterschaftsanerkennung durch einen Ausländer – vgl. unten Rn. 225 ff.)

77 Zusammenfassend: Im *originalen Urkundentext* darf nach Abschluss des Urkundsvorgangs **nichts geändert, verbessert oder getilgt** werden. Berichtigte Schreibfehler erscheinen in der Ausfertigung oder beglaubigten Abschrift so, wie sie in der Urschrift durch Nachtragsvermerk berichtigt worden sind.

78 Wird eine **Berichtigungsverhandlung** aufgenommen, so ist deren Ausfertigung mit der Ausfertigung der ursprünglichen Verhandlung – die von den Beteiligten einzufordern wäre – durch Schnur und Siegel zu verbinden (§ 44 Satz 1 BeurkG).

    e)   *Exkurs: Ersetzung zerstörter oder abhanden gekommener Urschriften*

79 Ist die Urschrift einer Urkunde ganz oder teilweise zerstört worden (z.B. durch Brand oder Überschwemmung) oder abhanden gekommen, richtet sich das **Verfahren der Ersetzung nach § 46 BeurkG.** Zuständig hierfür ist nach Abs. 2 der Vorschrift die Stelle, die für die Erteilung einer Ausfertigung zuständig ist (oben Rn. 61). Es bedarf keines förmlichen Antrags, die Ersetzung kann auch von Amts wegen geboten sein. Voraussetzung ist, dass die Urschrift völlig zerstört oder abhanden gekommen ist. Eine **teilweise** zerstörte Urkunde steht der vollständig zerstörten Urkunde gleich, wenn sie soweit beeinträchtigt ist, dass von ihr eine vollständige Ausfertigung nicht mehr erteilt werden kann. Auch eine versehentlich zerrissene Urschrift ist zerstört; die einzelnen Stücke dürfen nicht etwa wieder zusammengeklebt und mit einer Bescheinigung über den Vorgang verbunden werden, sondern es ist nach § 46 BeurkG zu verfahren (*von Schuckmann/ Preuß* in: Huhn/von Schuckmann § 46 Rn. 4).

80 Eine Ersetzung ist nur bei einem gegebenen Anlass hierfür zulässig. Es muss ein **Rechtsschutzinteresse** für die Ersetzung der Urkunde bestehen *(Winkler* § 46 Rn. 5; *von Schuckmann/Preuß* in: Huhn/von Schuckmann § 46 Rn. 5), z.B. bei einer beantragten Rechtsnachfolgeklausel für eine vollstreckbare Ausfertigung oder bei Erteilung einer weiteren vollstreckbaren Ausfertigung entsprechend § 733 ZPO (hierzu unten Rn. 369).

81 Die Ersetzung der Urkunde ist – wie sich aus § 46 Abs. 1 BeurkG ergibt – nur möglich, wenn **noch eine Ausfertigung, eine beglaubigte Abschrift oder eine beglaubigte Abschrift von einer solchen vorhanden** ist, aus der sich der Inhalt der Urkunde sicher ermitteln lässt. Eine einfache Abschrift genügt auch dann nicht, wenn sie zusätzlich durch andere Beweismittel, zum Beispiel eine eidesstattliche Versicherung, bekräftigt werden kann (*von Schuckmann/Preuß* in: Huhn/von Schuckmann § 46 Rn. 6).

Ohne entsprechende Grundlage muss der durch die Urkunde begünstigt gewesene Beteiligte notfalls Klärung im streitigen Verfahren suchen (BT-Drs. V 3282 S. 39).

82 Legt der Beteiligte, der z.B. eine Rechtsnachfolgeklausel begehrt, eine (vollstreckbare) Ausfertigung der nicht mehr vorhandenen Urschrift vor, ist die Ersetzung unproblematisch. Hat hingegen der Beteiligte ebenfalls keine Ausfertigung mehr im Besitz und verweist auf einen Dritten, z.B. den Schuldner, stehen der Urkundsperson **keine Zwangsmittel** zur Verfügung, um eine Herausgabe zu erwirken. Gegebenenfalls muss derjenige, der die Ersetzung der Urschrift erreichen will, den Einsichtsanspruch **nach § 810 BGB einklagen** (*Mecke/Lerch* § 46 Rn. 8). Nach § 811 Abs. 1 Satz 2 BGB kann auf die Vorlage bei der zur Ersetzung zuständigen Urkundsperson geklagt werden. Befindet sich hingegen die als Ersatzurkunde geeignete Ausfertigung oder beglaubigte Abschrift **in Gerichts- oder Behördenakten,** so kann die zur Ersetzung zuständige Urkundsperson nach den dafür bestehenden Vorschriften Akteneinsicht oder Erteilung einer beglaubigten Abschrift verlangen (*Mecke/Lerch* a.a.O.).

83 **Angehört** werden muss der **Schuldner**, wenn er sich in der nicht mehr vorhandenen Urkunde der **Zwangsvollstreckung unterworfen** hat (§ 46 Abs. 3 Satz 1 BeurkG). Die Anhörungsfrist muss so bemessen sein, dass er gegebenenfalls Einwendungen gegen die Ersetzung vorbringen kann. Ist sein Aufenthalt dauernd unbekannt, kann die Anhörung gemäß § 55b Abs. 1 Satz 2 FGG unterbleiben (*von Schuckmann/Preuß* in: Huhn/von Schuckmann § 46 Rn. 8).

84 Ersetzt wird die nicht mehr vorhandene Urkunde, indem die Urkundsperson auf einer ihr vorliegenden Ausfertigung oder beglaubigten Abschrift oder einer davon gefertigten beglaubigten Abschrift **vermerkt, dass diese an die Stelle der Urschrift tritt.** Der Vermerk kann mit dem Beglaubigungsvermerk verbunden werden. Er soll Ort und Zeit der Ausstellung angeben und muss unterschrieben werden. Die Anbringung eines Siegels ist nicht erforderlich, weil der Ersetzungsvermerk kein Vermerk im Sinne von § 39

BeurkG ist, sondern eine Ersatzurkunde für die ebenfalls nicht zu siegelnde Niederschrift schafft (*von Schuckmann/Preuß* in: Huhn/von Schuckmann § 46 Rn. 9).

85 Die Ersetzung der Urschrift soll den Personen, die eine Ausfertigung verlangen können, **mitgeteilt** werden, soweit sich diese ohne erhebliche Schwierigkeiten ermitteln lassen (§ 46 Abs. 3 Satz 2 BeurkG). Eine Verletzung der Mitteilungspflicht beeinträchtigt die Wirkung der Ersatzurkunde nicht. Die Ersatzurkunde tritt **vollwertig an die Stelle der Urschrift.** Sie ist also wie diese in Verwahrung zu nehmen. Ausfertigungen und beglaubigte Abschriften können von ihr wie von der Urschrift erteilt werden. Wird die Urschrift **später aufgefunden**, ist der Ersetzungsvermerk von der Urkundsperson entsprechend § 18 Abs. 1 Hs. 1 FGG von Amts wegen aufzuheben (*Winkler* § 46 Rn. 22).

f)   Die vollstreckbare Ausfertigung

86 Eine Sonderform der Ausfertigung ist die vollstreckbare Ausfertigung. Sie ist zusätzlich mit der Vollstreckungsklausel versehen. Hierzu und über die Berechtigung, die vollstreckbare Ausfertigung zu verlangen, vgl. näher Rn. 357 f.

g)   Die beglaubigte Abschrift

87 Nicht zu verwechseln mit der Ausfertigung ist, trotz gewisser äußerer Ähnlichkeiten, die beglaubigte Abschrift. Sie ist nicht, wie die Ausfertigung (oben Rn. 60), für den Rechtsverkehr bestimmt, d.h. zur Verwendung dort, wo mit dem Gebrauchmachen von einer Urkunde bestimmte Rechtslagen erzeugt oder verändert werden sollen. Sie **dient Beweis- oder Benachrichtigungszwecken.** Den Beweis erbringt die beglaubigte Abschrift dafür, dass im Zeitpunkt der Beglaubigung eine Urkunde des beglaubigten Inhalts vorhanden gewesen ist. Der Benachrichtigungszweck ist etwa angesprochen in § 1597 Abs. 2 BGB, § 29 Abs. 2 Satz 1 PStG: Das anerkannte Kind soll verbindliche Kenntnis davon erhalten, dass und von wem es anerkannt worden ist; es soll nach erteilter Zustimmung eine Unterlage über die genauen Personalien des Anerkennenden besitzen; ebenso die Mutter, weil die Anerkennung ihrer Zustimmung bedarf (§ 1595 Abs. 1 BGB) und schließlich der Standesbeamte, damit er bei hinzukommender Zustimmung der Mutter bzw. nötigenfalls auch des Kindes eine Grundlage für die Beischreibung im Geburtsregister hat. Über einen weiteren Fall, in dem der Standesbeamte durch Übersendung der beglaubigten Abschrift eines personenstandsrechtlichen Vorgangs für Zwecke seiner Eintragung zu benachrichtigen ist, s. § 30 Abs. 2 PStG

Die beglaubigte Abschrift dient – wie gesagt – nicht dem Rechtsverkehr im oben beschriebenen Sinne. Sie kann deshalb nicht anstelle der Ausfertigung und mit gleicher Wirkung wie diese verwendet werden. Siehe hierzu OLG Hamm DAVorm 1983, 26: Die Erklärung der elterlichen Zustimmung zur Adoption eines Kindes, die gegenüber dem Vormundschaftsgericht gemäß § 1750 Abs. 1 Satz 1 BGB abzugeben ist und mit Einreichung bei diesem wirksam wird (§ 1750 Abs. 1 Satz 3 BGB), muss in Gestalt einer

Ausfertigung der notariellen Einwilligungsverhandlung (§ 1747, § 1750 Abs. 1 Satz 2 BGB) eingereicht werden; sie kann nicht schon durch Einreichung einer beglaubigten Abschrift der Einwilligungsverhandlung wirksam werden. Das Gleiche wird deshalb für den von der Urkundsperson beurkundeten Verzicht des Vaters im Adoptionsverfahren nach § 1747 Abs. 3 Nr. 3 BGB (vgl. § 59 Abs. 1 Satz 1 Nr. 7 SGB VIII) zu gelten haben. Auch hier genügt es nicht, wenn derjenige, der die Erklärung beurkunden lässt, sich lediglich eine beglaubigte Abschrift erteilen lässt, um hiervon Gebrauch zu machen. Der Urkundsbeamte würde ihn entsprechend zu belehren haben (s. auch Rn. 256).

Die **Zuständigkeit zur Erteilung einer beglaubigten Abschrift** ist im Gesetz nicht besonders geregelt. Man wird aber anzunehmen haben, dass derjenige, der die Ausfertigung erteilt, auch die dem Grade nach schwächere beglaubigte Abschrift erteilen darf (so auch *Jansen* § 42 Rn. 3 und *Kurtze* S. 128). Insoweit ist daher auch die Zuständigkeit der Urkundsperson beim Jugendamt ohne weiteres gegeben. Wieweit daneben das Jugendamt als solches, d.h. durch andere Bedienstete, Abschriften der in §§ 59, 60 SGB VIII genannten Urkunden beglaubigen darf, bestimmt sich nach § 33 Abs. 1 des Verwaltungsverfahrensgesetzes. Denn eine Bestimmung nach § 1 Abs. 1 Satz 2 SGB X, die den § 29 SGB X anwendbar machen würde, ist (noch) nicht ergangen. Von Eil- und Notfällen (wenn eine Urkundsperson aus irgendeinem Grunde nicht zur Verfügung steht) abgesehen, sollte davon kein Gebrauch gemacht werden. Auch sollte der Amtsvormund/Amtsbeistand Urkunden in Angelegenheiten des von ihm vertretenen Kindes nicht unter der „Firma" und mit dem Dienstsiegel seines Jugendamts beglaubigen; er ist insoweit nicht in erster Linie Behörde, sondern gesetzlicher Vertreter des Beteiligten. Doch könnte die Beglaubigung einer Abschrift von der Urkundsperson auch eines jeden anderen Jugendamts vorgenommen werden (*Winkler* § 42 Rn. 2).

88

Ein Vermerk auf der Urschrift über die Erteilung der beglaubigten Abschrift ist in keinem Falle erforderlich. Der Vorgang muss allerdings aus Begleitverfügungen ersichtlich sein.

89

Der Begriff der „Abschrift" wird in § 39 BeurkG näher umschrieben: Nach der dort enthaltenen Legaldefinition ist er der Oberbegriff für „Abschriften, Abdrucke, Ablichtungen und dergleichen". Die beglaubigte Abschrift kann **in jeder geeigneten Weise erstellt** werden (Abschrift von Hand, Durchschlag, Pause, Ablichtung, Ausdruck eines elektronisch gespeicherten Dokuments). Sie muss mit dem Original wörtlich übereinstimmen, Entscheidend ist die **inhaltliche Übereinstimmung** der Abschrift mit der Niederschrift. Sie muss aber **nicht deren optisches Abbild** sein (vgl. *Winkler* § 42 Rn. 8a; *Reithmann*, Notarpraxis, C, Rn. 193). So wäre beispielsweise auch zulässig, dass der Notar eine in deutscher Schrift geschriebene Urkunde in lateinische Schrift überträgt und diese „Abschrift" gem. § 42 BeurkG beglaubigt (*Winkler* Rn. 8b). Ergibt aus technischen Gründen, zum Beispiel Druckerwechsel, der Ausdruck eines gespeicherten Dokuments ein anderes optisches Bild als das Original der Urschrift, steht dies also seiner Eignung für eine beglaubigte Abschrift nicht entgegen.

90

Die beglaubigte Abschrift muss die **Urkundenstufe des Originals** (ob Urschrift, Ausfertigung, einfache oder beglaubigte Abschrift) **angeben, als beglaubigte Abschrift bezeichnet sein** und den **Beglaubigungsvermerk** – dahin, dass die Abschrift mit dem vorgelegten Original übereinstimmt – tragen; der Beglaubigungsvermerk muss unter Angabe von Ort und Datum der Beglaubigung und unter Beidruck des Dienstsiegels von dem beglaubigenden Behördenbediensteten, ggf. mit dem Zusatz seiner Funktion (als Urkundsperson des Jugendamts) unterschrieben werden (§ 33 Abs. 2 des Verwaltungsverfahrensgesetzes, § 42 Abs. 1 BeurkG). Auch auszugsweise beglaubigte Abschriften sind möglich (Näheres: § 42 Abs. 3 BeurkG), ebenso beglaubigte Abschriften von beglaubigten Abschriften (s.o.); doch werden solche in der Beurkundungspraxis des Jugendamts kaum vorkommen.

h)   Arten der Siegelung. Sonstige Anforderungen an die Herstellung der Urkunden

91 Wo im Vorstehenden von der Verwendung des Dienstsiegels gesprochen ist, genügt der **Beidruck des Farbsiegels (Dienststempel)**. Das gilt demgemäß für die Ausfertigung, die Erstellung der beglaubigten Abschrift, den Beglaubigungsvermerk bei der Unterschriftsbeglaubigung und die Vollstreckungsklausel. Ein **Prägesiegel** muss nur verwendet werden, wenn dies gesetzlich besonders vorgeschrieben ist. Aus dem Beurkundungsgesetz kommt für den Funktionsbereich des Urkundsbeamten beim Jugendamt nur der Fall des § 44 Satz 1 BeurkG in Betracht, wenn ein Urkundsvorgang aus mehreren Blättern oder aus Erstbeurkundung und Nachtragsbeurkundung (Rn. 67) besteht und die Einzelstücke zur Sicherung der Urkundenidentität durch Schnur und (Präge)Siegel miteinander verbunden werden müssen. In diesem Falle tritt dann das Prägesiegel an die Stelle des Dienststempels. Die Fälle des § 44 Satz 2 BeurkG sind hier ohne Interesse.

92 Besteht eine **Urkunde aus mehreren Blättern**, so sollen diese **mit Schnur und Prägesiegel verbunden** werden (§ 44 S. 1 BeurkG). Mit dieser gesetzlichen Vorgabe soll einem Verlust einzelner Blätter vorgebeugt werden. Bei der Heftung ist der Heftfaden anzusiegeln. Nach Auffassung des Gesetzgebers haben sich andere Arten der Verbindung als nicht ausreichend erwiesen (BT-Drucks. V 3282 S. 38). Das betrifft die vielfach anzutreffende Art des Zusammenklammerns oder -klebens der mehreren Blätter, deren Verbindungsstelle mit dem Dienststempel überdeckt wird. Ein solches Verfahren ist anscheinend zurückzuführen auf die Empfehlung des Bundesministeriums des Innern vom 8. Dezember 1976 – GMBl 684 –, die derartiges für die Beglaubigung von Abschriften im Bereich der Verwaltung vorsieht. Sie ist hier nicht anwendbar.

Diese Vorschrift des § 44 Satz 1 BeurkG gilt für Urkunden aller Art. Zu heften sind Urschriften, Ausfertigungen und beglaubigte Abschriften, die mehr als einen Bogen oder ein Blatt umfassen (*Winkler* § 44 Rn. 3).

93 Bei der **Gestaltung des Prägesiegels** sind **landesrechtliche Vorgaben** über dessen Durchmesser und inhaltliche Gestaltung (z.B. Führung des Stadt- oder Landkreiswappens) zu beachten. Für die Schnur schreibt die für

Notare geltende Vorschrift des § 30 Abs. 1 Satz 2 DONot vor, dass der Heftfaden in den Landesfarben gehalten werden soll. Einer Stadt oder einem Landkreis muss es folgerichtig freigestellt sein, einen **Heftfaden in den Stadt- bzw. Landkreisfarben** zu verwenden.

Wie die **Heftung** im Einzelnen geschieht, ist gleichgültig; es muss nur sichergestellt sein, dass nicht einzelne Blätter verloren gehen. So ist für den Notariatsbereich entschieden worden, dass die Verbindung mehrerer Bogen durch Klebestreifen nicht genügt und vom Grundbuchamt zurückgewiesen werden kann (OLG Schleswig DNotZ 1972, 566). Der Faden braucht nicht mit der Nadel angebracht zu werden, sondern kann auch durch maschinell eingestanzte Metallringe gezogen werden, und zwar auch durch nur eine Öse (*Winkler* § 44 Rn. 3).

§ 44 Satz 1 BeurkG ist eine Soll-Vorschrift. Verstöße haben auf die **Wirksamkeit** der Urkunde keinen Einfluss (vgl. BGHZ 136, 357 [366]), können aber ihren **Beweiswert** beeinträchtigen (OLG Schleswig a.a.O.) und insoweit den Notar bzw. die Urkundsperson haftpflichtig machen (*Winkler* § 44 Rn. 11). Das Fehlen der erforderlichen festen Verbindung ist ein Mangel im Sinne von § 419 ZPO, so dass der Urkunde keine formelle Beweiskraft mehr zukommt, sondern ihr Beweiswert der freien Beweiswürdigung unterliegt (*von Schuckmann/Preuß* in: Huhn/von Schuckmann § 44 Rn. 6 m.w.Nachw.). Stellt die Urkundsperson fest, dass eine Urkunde falsch geheftet ist, muss sie zur Beseitigung des Mangels die richtige Heftung nachholen (*Winkler* § 44 Rn. 11).

94

Im Übrigen sind **auch Soll-Vorschriften grundsätzlich** von den Rechtsanwendern **zu beachten.** Ein Notar, der regelmäßig mehrseitige Urkunden auf eine von § 44 Satz 1 BeurkG abweichende Art verbinden würde, müsste spätestens anlässlich einer Geschäftsprüfung mit einer Beanstandung durch den Landgerichtspräsidenten rechnen.

Es erscheint deshalb nicht hinnehmbar, dass eine klare gesetzliche Vorgabe, die über § 1 Abs. 2 BeurkG auch die Urkundsperson beim Jugendamt bindet, von dieser deshalb missachtet werden soll, weil – wie schon in der Praxis vorgekommen – die zuständige Verwaltungsstelle sich aus Kostengründen weigert, die notwendigen Materialien zur Verfügung zu stellen. Allein der Umstand, dass es sich bei § 44 Satz 1 BeurkG um eine Soll-Vorschrift handelt und die Verwaltung – wie in einem konkreten Fall verlautbart – „das Risiko eines Amtshaftungsanspruchs ... als gering und verantwortbar" einschätzt, kann nicht dazu legitimieren, die gesetzliche Vorgabe dauerhaft zu ignorieren. Angesichts der allgemeinen Formstrenge des Beurkundungsrechts und der hoheitlichen Bedeutung der Urkundstätigkeit erscheint es geboten, auch **Vorschriften über die äußere Gestaltung von Urkunden unbedingt einzuhalten,** selbst wenn ein Verstoß nicht die Unwirksamkeit der Beurkundung nach sich zieht bzw. Haftungsansprüche nicht gehäuft auftreten werden.

Die unter öffentlichem Glauben erstellte Urkunde muss nach Möglichkeit auch **vor Verfälschung gesichert** sein. Dass Rasuren und Tilgungen im Text des Originals unzulässig sind, wurde bereits erwähnt (Rn. 77). Hinsicht-

95

lich der Anforderungen an die technische Beschaffenheit des bei der Herstellung der Urkunde verwendeten Materials sollte auch für die Urkundstätigkeit im Jugendamt maßgebend sein, was den Notaren durch ihre Dienstordnung (DONot) in § 29 vorgeschrieben ist:

Es ist festes holzfreies weißes oder gelbliches Papier zu verwenden. Formblätter sind zulässig, wenn sie in den in § 29 DNotO genannten Druck- oder Kopierverfahren hergestellt sind. Das Farbband der Schreibmaschine muss schwarz oder blau und lichtbeständig sein (was bei den handelsüblichen Markenfabrikaten vorausgesetzt werden darf). Unzulässig ist die Verwendung eines zweifarbigen Bandes etwa zur Hervorhebung einzelner Stellen der Urkunde in roter Farbe. Ob ein **PC-Drucker fälschungssicher** ist, richtet sich nach der Temperatur, mit welcher der Toner beim Druckvorgang auf das Papier aufgebracht wird. Auskünfte zu einzelnen Gerätetypen können bei der Papiertechnischen Stiftung, Heßstraße 137, 80797 München (Internetportal www.ptspaper.de) erholt werden. Für **Schriftzüge** hat blaue oder schwarze Tinte Verwendung zu finden; daneben sind Kugelschreiber mit schwarzer Farbmine, die mindestens den Anforderungen der DIN 16 554 oder ISO 12757-2 entspricht, zugelassen; nicht dagegen Filzstifte, Bleistifte oder Kopierstifte. Dies bezieht sich nicht nur auf Beurkundungen, sondern **auch auf Beglaubigungen**: Eine Unterschrift in Kopierstift oder Filzschreiber dürfte die Urkundsperson nicht beglaubigen (*Winkler* § 40 Rn. 26). Erforderlichenfalls wäre die Unterschrift mit zugelassenem Schreibmaterial in Gegenwart der Urkundsperson zu wiederholen.

4. Urkundstätigkeit in Sonderfällen

a) Sprachunkundige

96 Nicht selten werden Urkundsakte unter Beteiligung von Ausländern vorgenommen werden müssen.

aa) Beurkundung von Erklärungen

97 Niederschriften in einer fremden Sprache darf die Urkundsperson, selbst wenn sie die dazu nötigen Kenntnisse hätte, im Gegensatz zum Notar nicht aufnehmen (§ 1 Abs. 2 i.V.m. § 5 Abs. 2 BeurkG). Sie darf **nur in deutscher Sprache** urkunden. Dann aber muss derjenige, der die Erklärung zu Protokoll gibt, sie in deutscher Sprache auch verstanden haben; anderenfalls könnte er sie später wegen Irrtums anfechten. Hierüber muss die Urkundsperson sich vergewissern. Es kommt deshalb vorab auf die **Feststellung** an, ob der betreffende **Ausländer der deutschen Sprache hinreichend mächtig** ist.

98 Die Feststellung der Fähigkeit, den deutschen Text der aufzunehmenden Urkunde zu verstehen, kann sich selbstverständlich nicht auf ein mehr oder weniger kurzes, in deutscher Sprache geführtes Gespräch über die hiesigen Lebensumstände des Betreffenden beschränken. Er soll ja gerade gedanklich nachvollziehen können, was es heißt, eine Vaterschaft anzuerkennen (samt allen in die Belehrung – unten Rn. 163, 231 – aufzunehmenden Konsequenzen!), eine Unterhaltsverpflichtung, womöglich mit Unterwerfung unter die sofortige Zwangsvollstreckung zu übernehmen, auf die vorgreifliche Rechtsposition des „nichtehelichen" Vaters aus § 1747 Abs. 3 Nr. 3 BGB zu verzichten usw. Erst wenn er das voll versteht – nur hierauf, auf das **„passive Sprachverständnis"** kommt es an; die Fähigkeit, sich in der ihm fremden Sprache aktiv ausdrücken zu können, ist nicht entscheidend (*Winkler* § 16 Rn. 7) – kann das Protokoll ohne Zuziehung eines Dolmetschers aufgenommen werden. Die **hierüber getroffenen Feststellungen** sollten zur eigenen Sicherheit der Urkundsperson unbedingt **im Protokoll** vermerkt werden. Außerdem zweckmäßig die **Staatsangehörigkeit** des Betreffenden (bei Vaterschaftsanerkennungen schon durch Art. 4 Satz 1 Halbs. 2 des Übereinkommens über die Erweiterung der Zuständigkeit der Behörden, vor denen nichteheliche Kinder anerkannt werden können, vom 14. September 1961 [unten Rn. 160 unter a)], vorgeschrieben).

Anderenfalls wird die **Zuziehung eines Dolmetschers** unumgänglich. Die näheren, sehr detaillierten, aber peinlich genau zu beachtenden Bestimmungen enthält § 16 BeurkG. Auf sie sei hier verwiesen; der Veranschaulichung diene der Protokollierungsvorschlag Nr. 3 im Anhang II. Zur Ergänzung nur dies: Ist der **zuzuziehende Dolmetscher nicht allgemein vereidigt,** so kommt die Möglichkeit einer Vereidigung ad hoc, wie sie dem Notar zusteht, für die Urkundsperson nicht in Betracht (so zutreffend Kurtze S. 63; allerdings ist das str.). Denn auch der Rechtspfleger in gleicher Lage (§ 62 BeurkG, § 3 Abs. 1 Buchst. f RPflG) dürfte nicht beeidigen. Die Abnahme von Eiden steht nur dem Richter zu (so § 4 Abs. 2 Nr. 1 RPflG), allenfalls einer zum Richteramt befähigten Person wie dem Notar (§ 5 BNotO). Es bleibt dann nur der Weg, dass alle Beteiligten **auf die Beeidigung verzichten** (§ 16 Abs. 3 BeurkG). Die Eignung des nicht vereidigten Dolmetschers zu beurteilen bleibt Sache der Urkundsperson, deren Gehilfe er ist.

99

In keinem Falle darf die **Kindesmutter als Dolmetscherin** zugezogen werden. Das ergibt sich aus § 6 Abs. 3 Satz 2 i.V.m. § 7 Nr. 3 BeurkG.

In der jugendamtlichen Praxis ist gelegentlich erwogen worden, die Zuziehung des Dolmetschers durch Ausarbeitung eines **zweisprachigen Formulars** zu erübrigen. Das ist unzulässig. Der fremdsprachige Textteil wäre unbeachtlich, weil seine Aufnahme der Urkundsperson nicht gestattet ist, und den deutschen Textteil dürfte sie, selbst wenn sie es sich zutraute, mit beurkundungsrechtlicher Wirkung auch nicht etwa – statt des Verlesens der Urkunde – in der einen oder anderen Wiedergabe übersetzen (§ 16 Abs. 2 Satz 1, Abs. 3 Satz 1 BeurkG): Wem das Gesetz die schriftliche Fixierung verbietet, dem kann es nicht die mündliche gestatten. Damit aber ist nach der Muss-Vorschrift des § 16 Abs. 3 BeurkG die obligatorische Beiziehung des Dolmetschers geboten. Allenfalls könnte eine Standardübersetzung im Rahmen des § 16 Abs. 2 Satz 2 BeurkG nützlich sein; nach dieser Vorschrift kann ein Beteiligter eine schriftliche Übersetzung der Urkunde verlangen

100

bb) *Öffentliche Beglaubigungen*

Wie ist in den vorgenannten Beziehungen bei der öffentlichen Beglaubigung zu verfahren? Das Beurkundungsgesetz schweigt. Geschieht sie nach Vollziehung der Unterschrift vor der Urkundsperson, so scheinen sich keine

101

Probleme zu ergeben. Beglaubigt wird ja lediglich die Tatsache der Unterschriftsleistung. Nur: Kann die Urkundsperson immer sicher sein, dass das mehr oder weniger unleserliche Schriftzeichen, welches der Erschienene, vielleicht kaum des Schreibens fähig, unter den ihm vorgelegten Text setzt, wirklich als eine rechtsverbindliche Unterschrift erfasst worden ist? Oder vielleicht nur als eine religiöse Beteuerung („Allah ist allwissend" o.ä.)? Nur das, was eine Unterschrift sein soll, darf sie als eine solche beglaubigen (vgl. oben Rn. 50). Wenn nicht mindestens über diesen Punkt, den **Unterschriftscharakter des Schriftzuges,** eine Verständigung zwischen dem Erschienenen und der Urkundsperson möglich ist oder notfalls ein Vergleich mit der **Unterschrift auf dem vorzulegenden Reisepass** weiterhilft, wird deshalb auch hier die Einschaltung eines Dolmetschers erforderlich.

102 Vollends ist Vorsicht geboten, wenn ein **bereits unterschriebener Text vorgelegt** wird und die Beglaubigung nach Anerkennung der Unterschrift erfolgen soll. Hier bliebe offen, ob der betreffende Ausländer überhaupt versteht, was „Anerkennung der Unterschrift", die er zu erklären hätte, bedeutet – noch dazu als einer „eigenhändig geleisteten" (Rechtsbegriff! Rn. 47 unter c). Durch bloße Gesten, an die man denken könnte, ist so etwas nicht gerichtsfest zu überbrücken. Schon bei Zweifeln wäre deshalb nahegelegt, die Unterschrift kurzerhand unter dem Text in Gegenwart der Urkundsperson wiederholen zu lassen und die Unterschriftsleistung daraufhin zu beglaubigen.

103 Damit wären freilich im einen wie im anderen Falle noch nicht die Zweifel behoben, wieweit der betreffende Ausländer, insbesondere wenn er schon den Begriff „Anerkennung der Unterschrift" nicht verstanden hat, eigentlich den **Text selbst begreift, den er unterschreibt**. Denn auch dies sicherzustellen, gehört zu dem recht verstandenen, erweiterten Aufgabenkreis der Urkundsperson (so wenig sie im allgemeinen für den Text über der zu beglaubigenden Unterschrift Verantwortung trägt; s.o. Rn. 55). Ferner können mit der Vornahme der Beglaubigung u.U. Belehrungspflichten verbunden sein. Gelingt eine sprachliche Verständigung hierüber nicht, müsste abermals ein Dolmetscher zugezogen werden.

104 Die Zuziehung des Dolmetschers wäre ggf. in einem **Aktenvermerk** niederzulegen. Ein solcher gehört dann zu den Nachweisen über vorgenommene Beglaubigungen (Rn. 53).

b)   Schreibunfähige, Taube, Blinde, Stumme

105 Die Beurkundung von Erklärungen Schreibunfähiger, Tauber, Blinder, Stummer ist in §§ 22–26 BeurkG näher geregelt.

Zunächst ist als **Grundsatz** zu beachten: Vermag ein Beteiligter nach seinen Angaben oder nach der Überzeugung des Notars – Entsprechendes gilt nach § 1 Abs. 2 BeurkG für die Urkundsperson beim Jugendamt – **nicht hinreichend zu hören, zu sprechen** oder zu **sehen**, so soll zu der Beurkundung ein **Zeuge** oder ein **zweiter Notar** hinzugezogen werden, **es sei denn**, dass alle Beteiligten darauf **verzichten**. Diese Tatsachen sollen in der Niederschrift festgestellt werden (§ 22 Abs. 1 BeurkG). Die Niederschrift soll auch von dem Zeugen oder dem zweiten Notar unterschrieben werden (§ 22 Abs. 2 BeurkG). An die Stelle des „zweiten Notars" tritt eine **weitere Urkundsperson,** nicht notwendig desselben Jugendamtes (*Jansen* § 22 Rn. 7 und oben Rn. 4).

Ist mit einem stummen oder tauben Beteiligten auch **keine schriftliche Verständigung** möglich, muss eine **Vertrauensperson** hinzugezogen werden, die sich mit dem behinderten Beteiligten zu verständigen vermag. Die Niederschrift soll auch von der Vertrauensperson unterschrieben werden (§ 24 Abs. 1 BeurkG). Allerdings ist die Beurkundung von Willenserklärungen insoweit unwirksam, als diese darauf gerichtet sind, der Vertrauensperson einen **rechtlichen Vorteil zu verschaffen** (§ 24 Abs. 2 BeurkG). Dies kann in Sonderfällen problematisch sein, etwa wenn es um die Anerkennung der Vaterschaft geht: Eine taubstumme und zur Überzeugung der Urkundsperson schreibunkundige Mutter ist zwecks Zustimmung zur Vaterschaftsanerkennung mit erschienen; ihre einzige Vertrauensperson ist der Mann, mit dem sie sich über eine nur ihnen beiden geläufige Zeichensprache verständigen kann (zu einem derartigen Fall vgl. unv. *DIJuF-Rechtsgutachten* vom 27. Juni 2003 CD-ROM, GutA Nr. 5).

Ein Zeuge bzw. eine zweite Urkundsperson muss auch beim Verlesen und Genehmigen der Erklärung eines **Schreibunfähigen** hinzugezogen werden (§ 25 BUrkG). Schreibunfähig ist auch, wer infolge augenblicklicher körperlicher Behinderung (Verletzung der Schreibhand) oder Schwäche seinen Namen nicht zu schreiben vermag. Auch in diesem Falle muss nach § 25 BeurkG verfahren werden; ein Führen der Hand ist, wie schon oben Rn. 47 unter c) bemerkt, nicht zulässig, weil das keine „eigenhändige" Unterschrift (§ 13 Abs. 1 Satz 1 BeurkG) mehr darstellt. Das kann praktisch werden bei Anerkennung einer Vaterschaft durch einen Schwerkranken, der sein Ableben fürchtet und postmortale Feststellungen (§ 1600e Abs. 2 BGB) nicht wünscht. Für öffentliche Beglaubigungen würde in solchen Fällen ein Handzeichen genügen (§ 129 Abs. 1 Satz 2 BGB, § 40 Abs. 6 BeurkG; dazu s. Rn. 54).

106

5. Kostenfreiheit

Beurkundungen durch die Urkundsperson des Jugendamts sind **kostenfrei.** Kostenfrei ist auch die Erteilung von Ausfertigungen und beglaubigten Abschriften. Die Kostenfreiheit ergibt sich jetzt aus § 64 Abs. 1 SGB X. Wenn dort von dem „Verfahren bei den Behörden nach diesem Gesetzbuch" – nämlich dem SGB – die Rede ist, so ist darin auch das Beurkundungsverfahren als eine „sonstige Aufgabe der Jugendhilfe" (§ 2 Abs. 3 Nr. 12 SGB VIII) inbegriffen. Der die Kostenbestimmungen enthaltende VI. Abschnitt des Ersten Kapitels des SGB X steht im Übrigen gesetzestechnisch auf der gleichen Ebene wie der I. Abschnitt. Dieser setzt die Vorschriften des Ersten Kapitels: „Verwaltungsverfahren" für die öffentlich-rechtliche Verwaltungstätigkeit der Behörden in Geltung. Diese Kennzeichnung trifft für die Urkundstätigkeit im Jugendamt ohne Zweifel zu. Deshalb steht die im II. Abschnitt des Ersten Kapitels (§ 8), offenbar in einem abweichend

107

spezifischen Sinne verwendete, engere Definition des Verwaltungsverfahrens nicht entgegen.

108 Von der Kostenfreiheit nicht begünstigt sind aber die **Übersetzungen ausländischer Urkunden,** die die Beteiligten zuvor beschaffen müssen, um sie für den Urkundsakt verwenden zu können, namentlich fremdsprachlicher Geburtsurkunden oder Heiratsurkunden. Allerdings ist die Gestellung des nach § 16 BeurkG erforderlichen Dolmetschers nicht ihre Sache. Die **Kosten der Beiziehung des Dolmetschers**, als eines Gehilfen der Urkundsperson, fallen dem Träger des Jugendamts zur Last. Es ist insoweit unerheblich, ob die Beurkundung auf eine eigene Initiative des Erklärungswilligen zurückgeht oder ob er hierzu von dem Jugendamt als Beistand aufgefordert wurde.

Dem Jugendamt als Träger der Beurkundungsfunktion bleibt es überlassen, mit Dolmetschern häufiger benötigter Fremdsprachen geeignete **Honorierungsabreden** nach Art von § 19 Abs. 2 Satz 5 Hs. 2 SGB X zu treffen (vgl. *DIV-Gutachten* vom 19. November 1985 – ZfJ 1986, 59 [60]).

Da bei der Urkundtätigkeit des Jugendamtes keine „Amtshilfe" in Betracht kommt (vgl. oben Rn. 38), können die entsprechenden Kosten auch dann nicht einem anderen Jugendamt als Erstattungsforderung in Rechnung gestellt werden, wenn die Beurkundung auf Ersuchen jenes Jugendamtes zustande kam.

V. Prüfungspflichten und Belehrungspflichten

109 Die Urkundsperson ist weder bloße Schreibhilfe noch bloßer Garant der Innehaltung äußerlicher Urkundsformen. Im Rahmen ihrer Funktion hat sie dafür zu sorgen, dass der Urkundsakt auch materiell nach Möglichkeit gegen Anzweifelungen seiner Bestandskraft gesichert ist. Das bedingt eine Reihe von Prüfungs- und Belehrungspflichten, die ihr im Interesse der materiell Beteiligten – das sind hier wie in Rn. 48 unter b) nicht nur die zur Vornahme des Urkundsaktes Erschienenen – obliegen. Die Verletzung dieser Pflichten kann ihre Trägerkörperschaft daher gegenüber den Beteiligten **amtshaftungspflichtig** machen. Einer Abgrenzung bedarf es jedoch, was ihr hier „im Rahmen ihrer Funktion" obliegt: gerade darüber bestehen mancherlei Unklarheiten.

1. Identität der am Urkundsakt Beteiligten

110 Zweifelsfrei ist zunächst, dass die Urkundsperson die Identität des oder der zwecks Beurkundung Erschienenen zu prüfen hat. Das ergibt sich aus dem Gesetz (§ 10 Abs. 2 Satz 1 BeurkG). Denn das Ergebnis der Prüfung ist in der Niederschrift festzuhalten.

111 Die Urkundsperson kann diesen Punkt nicht ernst genug nehmen. Für die Beurkundung schärft § 10 Abs. 1 BeurkG es ihr ausdrücklich ein: Die **Person des Erklärenden** soll in der Niederschrift so genau bezeichnet werden, dass Zweifel und Verwechslungen ausgeschlossen sind. Deshalb sollte bei Verheirateten der Geburtsname vermerkt, im Falle mehrerer Vornamen der Rufname unterstrichen werden. Außerdem sollten Stand oder Beruf,

Geburtstag sowie die Wohnanschrift angegeben werden. Häufig ist auch die Angabe der Staatsangehörigkeit zweckmäßig, jedenfalls wenn eine Auslandsberührung des Falles in Betracht kommt. Bei einer Vaterschaftsanerkennung sollte stets eine ausländische Staatsangehörigkeit vermerkt werden (zu einem Fall der fehlerhaften Bezeichnung „albanisch" statt „jugoslawisch" vgl. *DIV-Gutachten* in DAVorm 1995, 982).

112 Sofern der Erschienene der Urkundsperson nicht von Person bekannt ist, wird er sich durch **Pass, Passersatzpapier** (eines deutschen Konsulats, einer deutschen Grenzdienststelle) oder amtlichen **Personalausweis** auszuweisen haben. **Andere amtliche Ausweise** wie Führerschein, Dienstausweis, Schwerbehindertenausweis sind zum Nachweis der Identität nur geeignet, wenn sie mit **Lichtbild** versehen sind und ebenso wie Pass und Personalausweis die **Unterschrift des Inhabers** tragen, weil diese mit der Unterschrift in dem aufzunehmenden Protokoll in Zweifelsfällen verglichen werden können muss (Lichtbild und charakteristischer Duktus der Unterschrift pflegen über längere Zeiträume „unstimmig" zu werden). Ein solches Dokument muss in dem Sinne **„gültig"** sein, dass es nicht gefälscht ist (bei anderen Dokumenten als Reisepässen oder Personalausweisen ist insbesondere darauf zu achten, dass das Lichtbild nicht problemlos ausgewechselt werden kann). Insoweit trifft die Urkundsperson auch eine Prüfungspflicht, wobei von ihr keine Expertenkenntnisse erwartet werden können.

113 Ein gültiger Ausweis kann aber auch dann vorliegen, wenn er **„abgelaufen"** ist (*Renner* in: Huhn/vonSchuckmann § 26 DONot Rn. 7 m.w.N.). Entscheidend ist, dass die Urkundsperson sich aufgrund des amtlichen Dokuments von der Identität der Person überzeugen kann, das heißt aufgrund des Lichtbildes gegebenenfalls in Verbindung mit der Unterschriftsleistung, keine Zweifel hierüber hat (*Mecke/Lerch* § 10 Rn. 5). Das ist insbesondere bei älteren Führerscheinen oft nicht der Fall.

114 Wegen der besonderen Fälschungsrisiken kann die **Vorlage von Kopien** grundsätzlich nicht genügen (*Renner* in: Huhn/vonSchuckmann § 26 DONot Rn. 5).

115 Auch **ausländische Personalausweise oder Reisepässe** reichen regelmäßig zu Identifizierung aus. Vorsicht ist gegenüber sonstigen ausländischen Personaldokumenten, z.B. einem Führerschein, angebracht, weil regelmäßig schwer zu beurteilen ist, ob es sich nicht um eine Fälschung handelt. In diesem Fall empfiehlt es sich, das vorgelegte Dokument genau zu benennen (*Renner* in: Huhn/vonSchuckmann § 26 DONot Rn. 8). Ungeeignet als Identitätsnachweis ist z.B. eine **Aufenthaltsgestattung** der Kreisverwaltungsbehörde (vgl. den dem *DIV-Gutachten* in DAVorm 1995, 982 zugrunde liegenden Fall).

Das gilt allerdings nicht für ein mit Lichtbild und gegebenenfalls Fingerabdrücken versehenes Dokument des Ausländeramtes über die Aufenthaltsgestattung für einen Asylbwerber, dem durchaus Ausweisqualität zukommen kann (*DIJuF-Rechtsgutachten* vom 28.Juli 2003, CD-ROM, GutA Nr. 6).

116 In der Niederschrift muss das **Dokument nicht genau bezeichnet** werden, durch das die Urkundsperson Gewissheit über die Identität des Beteiligen erlangt hat. Ausreichend ist die auch in der notariellen Praxis vielfach verwendete Feststellung: „Der Erschienene wies sich aus durch amtlichen Lichtbildausweis". Das gilt jedenfalls dann, wenn es sich um deutsche Personalausweise oder Reisepässe handelt. Stammt der Ausweis nicht von einer deutschen Behörde oder handelt es sich um selten vorgelegte Ausweise, z.B. einen Dienstausweis, empfiehlt es sich hingegen, das Dokument in der Urkunde zu benennen und auch nähere Angaben über Ausstellungsdatum, -behörde, Dokumentennummer zu machen (vgl. *Rohs/Heinemann* Rn. 151).

117 Der Familienname und Vornamen sind stets so in der Niederschrift aufzuführen, wie sie in diesem amtlichen Papier lauten; etwa hiervon abweichende, von Ausländern vorgelegte, Geburtsurkunden sind nicht maßgeblich.

118 Die **Vorstellung durch eine andere**, dem Urkundsbeamten als vertrauenswürdig bekannte **Person** als „Erkennungszeugen" kann genügen (*Renner* in: *Huhn/v. Schuckmann* § 26 DNotO Rn. 12). Nicht aber genügt die Vorstellung durch materiell Beteiligte, ausgenommen allenfalls den Amtsvormund/Amtsbeistand (*Winkler* § 10 Rn. 21-23), geschweige denn die sonst übliche Formel: „Ausgewiesen durch Ladung und Sachkenntnis"; am allerwenigsten die Vorstellung durch die mit erschienene Kindesmutter, denn sie ist sozusagen Partei. In der Niederschrift hat die Urkundsperson festzustellen, ob sie die erschienenen Beteiligten kennt oder wie sie sich anderenfalls Gewissheit über ihre Persönlichkeit verschafft hat.

119 Kann die Urkundsperson sich diese Gewissheit nicht verschaffen (Beurkundung im Krankenhaus; Asylbewerber), so hat sie dies unter Angabe „des Sachverhalts", d.h. der zur Identifizierbarkeit getroffenen Feststellungen, **in der Niederschrift zu vermerken**, falls die Beurkundung, etwa wegen Eilbedürftigkeit, gleichwohl verlangt wird; auch dieses Verlangen ist in die Niederschrift aufzunehmen (§ 10 Abs. 2 Satz 2 BeurkG).

120 Die **Nachprüfung der Identität des Erklärenden** muss alsdann von derjenigen **Stelle nachgeholt** werden, **für deren Entscheidung oder Maßnahme die Rechtswirksamkeit der Beurkundung Voraussetzung ist;** beispielsweise vom Standesbeamten im Beischreibungsverfahren, aber auch schon bei der Entscheidung über die Erteilung der Vollstreckungsklausel zu einer vollstreckbar aufgenommenen Unterhaltsverpflichtung (Rn. 345) oder vom Gericht im Prozess um die Feststellung der Wirksamkeit oder Unwirksamkeit der Vaterschaftsanerkennung (§ 640 Abs. 2 Nr. 1 ZPO).

121 Doch kann die Urkundsperson, wenn ihr **nachträglich der Identitätsnachweis erbracht** wird, hierüber einen datierten und unterschriebenen Vermerk zur Urschrift aufnehmen; insbesondere kann eine dahingehende Bezeugung in die Ausfertigungsformel übernommen werden (Rn. 74; § 39 BeurkG u. *Winkler* § 10 Rn. 32). Allerdings setzt dieses Verfahren auch hier voraus, dass der Nachweis vor derjenigen Urkundsperson erbracht wird, die

die Urkunde aufgenomen hat, und diese sich zuverlässig an die Person erinnert. Wortlaut der Ausfertigungsformel etwa:

„Ausgefertigt mit dem Bemerken, dass der mit seinen Erklärungen an der Verhandlung beteiligte . . . (folgt der Name) seine Identität nachträglich durch Vorlage des/der . . ., ausgestellt am . . . von . . ., nachgewiesen hat".

Nochmals: Die **Aufnahme einer verlangten Beurkundung**, insbesondere einer Vaterschaftsanerkennung, darf also entgegen in der Praxis verbreiteten Vorstellungen **nicht allein mit der Begründung abgelehnt** werden, die **Identität des Erklärenden sei ungewiss**; außer eigenen Angaben des Mannes existierten keine gesicherten Nachweise zu den Personalien. Die Urkundsperson muss den Sachverhalt allerdings in der Niederschrift insoweit deutlich kennzeichnen.

122

Sie kann sich auch nicht darauf berufen, es liege der Fall einer Beurkundung vor, die zu keinem rechtlichen Erfolg führen könne (vgl. oben Rn. 22), weil das Standesamt bei dieser Sachlage die Beischreibung verweigern werde. Nach einem Beschluss des BayObLG vom 16. November 2004 (NJW-RR 2005, 303 = FGPrax 2005, 19; CD-ROM, Rspr. Nr. 1) hat der Standesbeamte die Eintragung, ebenfalls mit einem Hinweis auf den ungesicherten Erkenntnisstand, vorzunehmen, wobei eine spätere Berichtigungsmöglichkeit des Geburtsregisters bei Nachweis einer anderen Identität in Rechnung zu stellen ist.

Die gleichen Anforderungen gelten für die Prüfung und Feststellung der **Identität bei der Vornahme einer Unterschriftsbeglaubigung**. § 10 BeurkG ist über § 40 Abs. 4 BeurkG entsprechend anwendbar. Eine Beglaubigung bei Zweifeln über die Identität (insbesondere bei fehlendem oder unvollständigem Nachweis) und mit diesem Vorbehalt, wie bei Beurkundungen, ist jedoch nicht statthaft – § 10 Abs. 2 Satz 2 ist in § 40 Abs. 4 BeurkG nicht in Bezug genomen –; das widerspräche ihrem Wesen (*Jansen* § 40 Rn. 28).

123

Schließlich sind diejenigen, auf die die zur Niederschrift gegebenen Erklärungen sich beziehen (die **im materiellen Sinne „Beteiligten"**) von dem/den zur Beurkundung Erschienenen so eindeutig wie möglich zu bezeichnen (oben Rn. 48 unter b). In den Formularen ist das entsprechend vorgesehen. Für ein Kind, welches noch keinen Vornamen erhalten hat, hätte die Formulierung etwa zu lauten: „das am . . . von der Frau . . . geborene Kind (Geburtenbuch des Standesamts . . . Nr. . . .) – Vorname noch nicht erteilt –". Über unterlaufene Kennzeichnungsfehler s. oben Rn. 75.

124

2. Geschäftsfähigkeit

§ 11 Abs. 1 Satz 1 BeurkG bestimmt: „Fehlt einem Beteiligten nach der Überzeugung des Notars die erforderliche Geschäftsfähigkeit, so soll die Beurkundung abgelehnt werden". Hierbei ist „erforderlich" zunächst bezogen auf die allgemeine Fähigkeit, Rechtshandlungen überhaupt vornehmen zu können, und sodann auf die spezifisch geistige Befähigung zur Vornahme von Erklärungsakten der anstehenden Art.

125

126 Das materielle Recht unterscheidet **drei Stufen bei der Geschäftsfähigkeit:** volle Geschäftsfähigkeit, beschränkte Geschäftsfähigkeit (§ 106 BGB – diese Gruppe stellen nach Fortfall der Entmündigung nur noch die Minderjährigen nach vollendetem 7. bis zum vollendeten 18. Lebensjahr) – und Geschäftsunfähigkeit (§ 104 BGB).

127 **Geschäftsunfähigkeit** liegt stets vor bei einem Minderjährigen bis zum vollendeten 7. Lebensjahr (§ 104 Nr. 1 BGB). Sie kann aber auch gegeben sein im Zustand dauernder, die freie Willensbestimmung ausschließender, krankhafter Störung der Geistestätigkeit (§ 104 Nr. 2 BGB). Das gilt sowohl für einen Volljährigen als auch einen Minderjährigen zwischen dem vollendeten 7. und dem vollendeten 18. Lebensjahr, der anderenfalls nach § 106 BGB beschränkt geschäftsfähig wäre.

128 **Erklärungen Geschäftsunfähiger** sind **von der Beurkundung ausgeschlossen**. Ihren Willenserklärungen fehlt – außerhalb des Bereichs der Rechtsgeschäfte des täglichen Lebens, § 105a BGB – jede rechtliche Wirkung. Sie sind nach § 105 Abs. 1 BGB nichtig und deshalb nicht beurkundungsfähig (vgl. aber den Sonderfall der Sorgeerklärung, Rn. 461 f.).

129 Für Geschäftsunfähige werden Erklärungen ausschließlich durch einen gesetzlichen Vertreter abgegeben und beurkundet. Bei einem volljährigen Geschäftsunfähigen, für den eine rechtliche Betreuung nach §§ 1896 ff. BGB besteht, ist das der **Betreuer** (§ 1902 BGB). Ist hingegen kein gesetzlicher Vertreter vorhanden, kann für ihn rechtsgeschäftlich nicht gehandelt werden. Dies wäre allenfalls möglich durch einen Stellvertreter aufgrund einer vor Eintritt der Geschäftsunfähigkeit ausgestellten Vollmacht, soweit bevollmächtigtes Handeln im Bereich des § 59 Abs. 1 Satz 1 SGB VIII überhaupt zugelassen ist (Rn. 139).

130 Rechtlich wirkungslos bleibt ferner die zu beurkundende Erklärung eines **beschränkt Geschäftsfähigen**, wenn hierfür die **vorherige Zustimmung**, in § 183 BGB „Einwilligung" genannt, von Seiten **des gesetzlichen Vertreters** fehlt und diese Einwilligung bis zum Abschluss des Beurkundungsvorgangs nicht eingeholt worden ist. Ist das offenkundig der Fall und ist nicht auch der gesetzliche Vertreter zur Abgabe und Protokollierung seiner Einwilligung mit erschienen, so ist die Erklärung des beschränkt Geschäftsfähigen gleichermaßen **nicht beurkundungsfähig.** Denn die zu Protokoll zu gebende Erklärung ist in allen Sparten des § 59 Abs. 1 Satz 1 SGB VIII eine einseitig verlautbarte; ihre Unwirksamkeit ergibt sich aus § 111 BGB. Sie wird auch nicht etwa mit heilbarer Wirkung (§ 111 Satz 2 BGB) „gegenüber" der Urkundsperson abgegeben, sondern *vor* ihr, da die Urkundsperson nicht Adressat der Willenserklärung im Rechtssinne ist, sondern sie durch ihre Mitwirkung an dem Vorgang der Protokollierung erst entstehen läßt (vgl. unten Rn. 186). Die Beurkundung wäre abzulehnen. Eine **behauptete Einwilligung** würde zwar die verlangte Beurkundung – gegen Protokollvermerk – zuzulassen zwingen (oben Rn. 22). Sie gäbe aber zu der **Belehrung** Anlass, dass der Erschienene das Risiko ihrer Unwirksamkeit trägt, wenn die behauptete Einwilligung sich später nicht belegen lasse.

131 Aus dem Bereich des § 59 Abs. 1 Satz 1 SGB VIII betrifft dies namentlich die Abgabe von **Unterhaltsverpflichtungserklärungen**. Abweichend hiervon ist jedoch in der großen Zahl der **Statusbeurkundungen, d.h. der Anerkennung der Vaterschaft und der Zustimmung hierzu** die Erklärung eines beschränkt Geschäftsfähigen zwar an eine Zustimmung des gesetzlichen Vertreters geknüpft, die jedoch auch in Gestalt der *nachträglichen* **Genehmigung** (§ 184 BGB) beigebracht werden kann. Das folgt aus § 1596 Abs. 1 Satz 2 BGB. Mit einer dahingehenden Belehrung (wenn nicht auch hier der gesetzliche Vertreter genehmigend mit erschienen ist) wäre deshalb der beschränkt Geschäftsfähige **zur Beurkundung zuzulassen**. Dass stattdessen an seiner Stelle sein gesetzlicher Vertreter selbst die beabsichtigte Erklärung zu Protokoll geben könnte, bleibt hiervon unberührt. Überwiegend in seinen Statusangelegenheiten aber muss der beschränkt Geschäftsfähige seine Erklärungen, vorbehaltlich der Genehmigung des gesetzlichen Vertreters, **persönlich** abgeben, teils generell (§ 1596 Abs. 1 Satz 1 BGB), teils nach Erreichen des 14. Lebensjahres (§ 1596 Abs. 2 Satz 2 Hs. 1 BGB). In den Fällen der Einwilligung in die Adoption nach § 1746 Abs. 2 BGB ist das 14 Jahre alt gewordene Kind sogar unbeschränkt handlungsfähig gleich einem Volljährigen.

132 Die **volle Geschäftsfähigkeit** bedarf **keiner besonderen Feststellung** im Protokoll. Die in den gängigen Formularen häufig vorgesehene Rubrik hierfür ist überflüssig, ihre Ausfüllung unschädlich. Der Hervorhebung bedarf, dass ein Volljähriger, für den ein **Betreuer bestellt** ist, hierdurch allein in seiner – im Einzelfall tatsächlich gegebenen – Geschäftsfähigkeit noch nicht beschränkt wird. Jedoch kann die Wirksamkeit seiner Willenserklärungen durch einen vom Vormundschaftsgericht nach § 1903 BGB angeordneten **Einwilligungsvorbehalt** ganz oder teilweise an die Zustimmung des Betreuers gebunden werden. Dann gilt das vorstehend unter Rn. 130 über die Beurkundungsfähigkeit einwilligungsbedürftiger Willenserklärungen von beschränkt Geschäftsfähigen Gesagte entsprechend. Ungeachtet dessen kann der **Betreuer auch selbst in Vertretung** des Betreuten (§ 1902 BGB) tätig werden und Erklärungen zur Niederschrift abgeben, soweit das für die Beurkundungsfälle des § 59 Abs. 1 Satz 1 SGB VIII zugelassen ist (Rn. 139). Andererseits kann ein **Betreuter** – was praktisch häufig der Fall ist – **tatsächlich geschäftsunfähig** sein. Dann treffen auf ihn die Ausführungen unter Rn. 126, 135 zu.

133 Ob ein zur Beurkundung Erschienener schon **volljährig oder noch minderjährig** ist, kann nach den äußeren Umständen und in Ermangelung eines amtlichen Ausweises mit Geburtsdatum unter Umständen zweifelhaft sein und ungeklärt bleiben. Setzt eine Willenserklärung – wie die Unterhaltsverpflichtung – die **vorherige Zustimmung** des gesetzlichen Vertreters voraus und wird diese nicht behauptet, ist die **Beurkundung abzulehnen**, weil sie nicht wirksam werden kann (Rn. 130). In den anderen Fällen ist der Erklärungswillige darüber zu **belehren,** dass und gegebenenfalls bis wann die Genehmigung des gesetzlichen Vertreters (oben Rn. 131) beizubringen sei. Die Urkundsperson hat daraufhin die **Beurkun-**

dung zwar **vorzunehmen**, aber die nicht behobenen **Zweifel im Protokoll** festzustellen (§ 11 Abs. 1 Satz 2 BeurkG).

134 Die Zweifel können sich bei einem Volljährigen auch darauf beziehen, ob für ihn (durch die Umstände nahe gelegt) möglicherweise ein **Betreuer bestellt** und ein Einwilligungsvorbehalt angeordnet worden ist. Etwa fernmündliche Erkundigungen beim Vormundschaftsgericht einzuholen ist nicht Sache der Urkundsperson. Wird eine diesbezügliche Frage von dem Erschienenen verneint, nimmt die Urkundsperson die Beurkundung vor und belehrt – zu Protokoll – über das Risiko einer Unwirksamkeit der beurkundeten Erklärung, falls ein Einwilligungsvorbehalt sich bewahrheiten sollte.

135 Bedarf der gesetzliche Vertreter für die von ihm beurkundet abzugebenden Erklärungen einer **Zustimmung des Vormundschaftsgerichts,** muss diese wegen des einseitigen Charakters des Erklärungsaktes **zuvor erteilt** sein (§ 1643 Abs. 3, § 1831 BGB). Denn ein einseitiges Rechtsgeschäft ohne Genehmigung des Vormundschaftsgerichts ist unwirksam; eine später erteilte Genehmigung wirkt nicht zurück (Kammergericht JW 1928, 1405; *Diederichsen* in: Palandt § 1831 BGB Rn. 3). Das oben in Rn. 130 Ausgeführte gilt entsprechend.

136 Auch ein voll Geschäftsfähiger kann durch **vorübergehende Umstände** (Fieberzustände, massiven Alkoholeinfluss) in seiner Geistestätigkeit und der darauf beruhenden Freiheit der Willensbestimmung zu einem Grade gestört sein, dass in diesem Zustand abgegebenen **Willenserklärungen** in gleichem Maße **nichtig** sind (§ 105 Abs. 2 BGB). Hierfür kann zweifelhaft sein, ob schon die Grenze überschritten ist, jenseits derer es nicht verantwortbar wäre, Erklärungen eines in seiner Wahrnehmungs-, Urteils- und Artikulierfähigkeit sichtlich stark Eingeschränkten diesem noch mit Rechtswirkung zuzurechnen. Auch für diese Fälle gilt das Gebot, die Beurkundung zwar nicht abzulehnen, aber die **Zweifel in der Niederschrift festzuhalten**. Es empfiehlt sich, sie durch die getroffenen Feststellungen im Protokoll zu belegen. Aus der gleichen Zweckrichtung bestimmt das Gesetz, in vorbildlicher Vorsorge diese Fallgruppe erweiternd, für *alle* Beurkundungen von **Erklärungen eines Schwerkranken**, dass die Urkundsperson ihr Augenmerk auf das Vorhandensein der erforderlichen Orientiertheit (klares Bewußtsein, Veständnis der Belehrung, Erfassen der abgegebenen Erklärungen) zu richten und – wie es §§ 11 Abs. 2 BeurkG sagt – die hierüber getroffenen Feststellungen in der Niederschrift zu vermerken hat.

137 Ist eine Beurkundung wegen der vorstehend erörternden Zweifel mit einem **Protokollvorbehalt** versehen worden, muss die **Wirksamkeit** von derjenigen **Stelle geprüft** werden, vor der **von der Beurkundung Gebrauch** gemacht wird. Das kann schon der Standesbeamte bei der Beischreibung sein; er hätte die erforderlich werdenden tatsächlichen Erhebungen dem gerichtlichen Verfahren nach § 45 Abs. 2 PStG zu überlassen.

138 In der **öffentlichen Beglaubigung** geht es nur um die Echtheit der Unterschrift als solcher. Es **genügt** eine **beschränkte Geschäftsfähigkeit** dessen, der die Unterschrift in Person vor dem Urkundsbeamten leistet oder sie als von ihm herrührend anerkennt; soviel Verständnis ist auch beim

beschränkt Geschäftsfähigen vorauszusetzen. Nur die Beglaubigung der Unterschriftsleistung oder Unterschriftsanerkennung eines offenbar Geschäftsunfähigen darf der Urkundsbeamte ablehnen (*Jansen* § 40 Rn. 28).

3. Legitimation

a) Bevollmächtigung

Ein Handeln durch Bevollmächtigte ist im Funktionsbereich der Urkundsperson selten. Statusrechtliche Erklärungen sind durchweg höchstpersönlich abzugeben. Denkbar bleibt die **Abgabe einer Unterhaltsverpflichtung durch Bevollmächtigte des Unterhaltspflichtigen**. Denn die Erklärung, mit der ein Schuldner in einer Urkunde i.S.v. § 794 Abs. 1 S. 1 Nr. 5 ZPO eine Unterhaltsverpflichtung auf sich nimmt und sich hierzu der sofortigen Zwangsvollstreckung unterwirft, kann nach allgemeiner Auffassung auch durch einen Bevollmächtigten abgegeben werden (vgl. *Stöber* in: Zöller § 794 ZPO Rn. 29a). Daneben käme allenfalls noch die Beurkundung der Übernahme von Zahlungsverpflichtungen nach § 1615l BGB durch die Erben des inzwischen verstorbenen Kindesvaters in Betracht; hier könnten etwa die mehreren Erben sich durch einen Bevollmächtigten vertreten lassen. Auch wäre daran zu denken, dass die Erben einen beim Tode des Kindesvaters untituliert gebliebenen Unterhaltsrückstand durch einen gemeinsamen Bevollmächtigten vollstreckbar anerkennen wollen, um der angedrohten Klage zuvorzukommen (Rn. 271).

139

Das Beurkundungsgesetz schreibt vor, dass **vorgelegte Vollmachten der Niederschrift** in Urschrift oder beglaubigter Abschrift **beizufügen** seien (§ 12 Satz 1).

140

> Zweckmäßige Formulierung (*Winkler* § 12 Rn. 16):
>
> „Die Vollmacht lag in Urschrift vor und ist in beglaubigter Abschrift dieser Niederschrift beigefügt".

Einer **Form** bedarf die Vollmacht für die Abgabe einer Verpflichtungserklärung als solcher nicht (§ 167 Abs. 2 BGB); die Vollmacht kann gültig auch mündlich erteilt sein. Eine andere Beurteilung ergibt sich auch nicht etwa daraus, dass eine **Vollmacht zur Unterwerfung unter die sofortige Zwangsvollstreckung** ermächtigt (vgl. BGH WM 2004, 27 = ZIP 2004, 159; CD-ROM Rspr. Nr. 2). Die Erklärung über die Vollstreckungsunterwerfung ist keine privatrechtliche, sondern eine ausschließlich auf das Zustandekommen eines Vollstreckungstitels gerichtete einseitige prozessuale Willenserklärung; sie untersteht rein prozessualen Grundsätzen. Die auf Abgabe einer solchen Erklärung gerichtete Vollmacht unterfällt allein den Vorschriften der **§§ 80 ff. ZPO** und nicht denen der §§ 164 ff. BGB. Die ZPO enthält insbesondere in § 80 und § 89 Abs. 2 eigene Regelungen, die eine notarielle Beurkundung der Prozessvollmacht nicht vorsehen. Die **Prozessvollmacht** kann danach **formlos** – sogar durch schlüssiges Verhalten (vgl. § 89 Abs. 2 ZPO) – erteilt werden (BGH a.a.O.)

141

142 Es ist deshalb nicht in die Hand der Urkundsperson gelegt, ob sie die Vorlage einer schriftlichen Vollmacht verlangen und, wenn sie nicht vorgelegt wird, die Beurkundung ablehnen dürfte, weil eine wirksame Erklärung nicht zustande käme.

Die Urkundsperson hat vielmehr die Einlassung des vor ihr auftretenden Vertreters, **bevollmächtigt** zu sein, **als wahr zu unterstellen** und nicht weiter nachzuprüfen. Sie darf die Beurkundung nicht davon abhängig machen, dass ihr die Vollmacht vorgelegt wird; sie wird höchstens die Nachreichung des Bevollmächtigungsnachweises anheim geben. Wird die **Vollmacht nachgereicht**, ist unter Aufnahme eines Vermerks hierüber (oben Rn. 70, 71 – Ausfertigungsvermerk analog dem dortigen Beispiel – und § 39 BeurkG) nach § 12 Satz 1 BeurkG zu verfahren.

143 Sonst aber wird das **Vorliegen der Bevollmächtigung** durch diejenige **Stelle geprüft**, für deren Entscheidung die **Beurkundung die Rechtsgrundlage** bildet. Dies kann etwa das Gericht in dem über die Zahlung aus der Verpflichtungserklärung geführten Prozess sein. Eine Prüfung kann aber auch der Urkundsperson demnächst selbst obliegen, wenn die Verpflichtungserklärung mit einer Unterwerfung unter die sofortige Zwangsvollstreckung verbunden war und die Vollstreckungsklausel erteilt werden soll; hierüber und über die erforderliche Form des Nachweises s. Rn. 362, 394 ff. Auf dieses Risiko hin wird die Beurkundung vorgenommen. Die Urkundsperson hat **den als Vertreter Auftretenden,** der keine Vollmacht vorzulegen vermag, hierüber **zu belehren** und damit ihrer Pflicht Genüge getan. Stellt sich dann heraus, dass eine Vollmacht nicht, auch nicht nur mündlich, und zwar *vor* der Beurkundung erteilt worden war, bleibt die beurkundete Erklärung ohne Rechtswirkung (§ 180 Satz 1 BGB). Folge: Die Urkundsperson darf und muss die **Beurkundung ablehnen**, wenn der vor ihr als **Vertreter Auftretende** offen erklärt, überhaupt nicht bevollmächtigt zu sein, aber **die Vollmacht „nachreichen"**, d.h. nachträglich erwirken zu wollen. Denn zur Beurkundung einer Erklärung, die unwirksam wäre und notwendig unwirksam bliebe, braucht die Urkundsperson nicht tätig zu werden (oben Rn. 22).

144 Man beachte, dass die Vorlage einer **beglaubigten Abschrift der Vollmacht wertlos** wäre. Die beglaubigte Abschrift beweist nur, dass eine Vollmachtsurkunde im Zeitpunkt der Beglaubigung bestanden hat. Die Vollmacht selbst kann aber durch den Vollmachtgeber längst widerrufen und die Vollmachtsurkunde deshalb zurückgegeben worden sein.

145 War die **Vollmacht bereits in einer früheren Verhandlung** vor der Urkundsperson vorgelegt worden (etwa: Die Erben des verstorbenen Kindesvaters haben zunächst sich zur Zahlung eines Unterhaltsrückstandes vollstreckbar verpflichtet und das Gleiche in einer späteren Verhandlung für Ansprüche der Kindesmutter nach § 1615l Abs. 1 und 2 BGB wiederholt), so genügt in der späteren Verhandlung die **Bezugnahme** auf die Vorlage der Vollmacht in der früheren.

b)   Gesetzliche Vertretung

146 Für die gesetzliche Vertretung gilt Entsprechendes, wenn im Namen des gesetzlich Vertretenen Erklärungen, und hier besonders in Statusangelegenheiten, abgegeben werden sollen. Von vorgelegten Bestallungsurkunden – eines Vormunds, eines Betreuers (§ 69b Abs. 2 FGG), in den oben Rn. 139 genannten „Erben"-Fällen auch eines Nachlassverwalters oder Nachlasspflegers, ggf. von einem Testamentsvollstreckerzeugnis – wird die Urkundsperson nach § 12 Satz 1 BeurkG eine beglaubigte Abschrift zum Beurkundungsvorgang zu nehmen haben. Sie kann aber die **Beurkundung nicht vom Nachweis der gesetzlichen Vertretungsmacht abhängig** machen (das dürfte sie übrigens nicht einmal bei einseitigen Rechtsgeschäften und insoweit abweichend von § 174 Satz 1 BGB, vgl. RGZ 74, 263 [265]).

147 Selbstverständlich könnte sie auch nicht etwa von dem Elternteil, der als Inhaber der elterlichen Sorge für sein Kind auftritt, den **Nachweis des Bestehens eben dieser elterlichen Sorge verlangen.** Zwar wird das Kind in allen Fällen, in denen die Urkundsperson zum Tätigwerden berufen ist, bei gemeinsamer Sorge von beiden Eltern vertreten sein müssen. Da es sich stets um aus dem Rahmen des Alltags fallende Rechtsgeschäfte handelt, hilft die von der Praxis geduldete Überbrückungsmöglichkeit, dass der eine, allein auftretende Elternteil als durch den anderen mit bevollmächtigt angesehen werden dürfe, hier nicht weiter (vgl. auch § 1687 Abs. 1 BGB zur gemeinsamen Sorge getrennt lebender Eltern). Aber nicht einmal die Gleichzeitigkeit der Erklärungen der beiden Elternteile wäre zu fordern. Die Urkundsperson hat deshalb, wenn zunächst nur der Vater oder nur die Mutter erscheint und Erklärungen abgibt, diese Erklärungen zu beurkunden und darauf aufmerksam zu machen, dass zur Rechtswirksamkeit auch der andere Elternteil demnächst (vor ihr, vor der Urkundsperson eines beliebigen anderen Jugendamts, vor einem Notar, in geeigneten Fällen auch vor dem Rechtspfleger eines beliebigen Amtsgerichts oder vor dem Standesbeamten) der jetzt beurkundeten Erklärung beitreten müsse.

148 Erklärt der eine erschienene Elternteil, er sei Inhaber der alleinigen elterlichen Sorge, z.B. weil er verwitwet, oder nicht mit dem anderen Elternteil verheiratet sei oder die Sorge ihm nach Scheidung der Ehe übertragen oder das Ruhen der elterlichen Sorge des anderen Elternteils (§ 1674 Abs. 1, § 1675, § 1678 Abs. 1 Satz 1 BGB) festgestellt worden sei, so gilt Folgendes: Die Urkundsperson wird den Verwitwetenstand, solange ihr nichts Gegenteiliges bekannt ist, als wahr unterstellen dürfen. Für das behauptete Sorgerecht kraft Übertragung nach der Scheidung oder Ruhensbeschlusses sowie mangels Eheschließung mit dem anderen Elternteil oder mangels Abgabe von Sorgeerklärungen wird sie den urkundlichen Nachweis zu erbitten oder die Nachreichung anheim zu geben haben (was natürlich entfällt, wenn die Verhältnisse amtsbekannt sind): **von einem Nachweis abhängig machen darf sie die Beurkundung auch hier nicht.** Nachzuholen ist der Nachweis, dass die gesetzliche Vertretungsmacht im Zeitpunkt der Beurkundung bestanden habe, soweit nicht bereits gegenüber der Urkundsperson nachgereicht und von ihr vermerkt (Rn. 142), vor derjenigen Stelle, die demnächst über die Wirksamkeit der beurkundeten Erklärung zu befinden hat. Über die Nachweisbedürftigkeit der gesetzlichen Vertretung in der Zahlungsverpflichtung mit Unterwerfung unter die sofortige Zwangsvollstreckung s. Rn. 344.

4. Andere Wirksamkeitsvoraussetzungen und Wirksamkeitshindernisse aus materiellem Recht

149 Mit der Frage nach der Identität, der Geschäftsfähigkeit und der Legitimation sind die möglichen Gesichtspunkte noch nicht erschöpft, die Zweifel an der Wirksamkeit der zu beurkundenden Erklärung aus materiellem Recht nahelegen könnten. Wie hat die Urkundsperson sich gegenüber solchen – anderen – Zweifeln zu verhalten? Beispiele:

150 • Der **Betreuer** eines i. S. des § 104 Nr. 2 BGB Geschäftsunfähigen will dessen **Vaterschaft zu einem Kinde anerkennen** (die Sachlage ist klar, das Kind droht mit einer Vaterschaftsklage). Hierzu ist der Betreuer legitimiert (§ 1902 BGB), bedürfte aber der Zustimmung des Vormundschaftsgerichts nach § 1596 Abs. 1 Satz 3 BGB. Diese Zustimmung muss **im Voraus** erteilt sein, also bei der Beurkundung vorliegen; andernfalls ist die Anerkennung unwirksam. Das verlangt jedenfalls die h.M. in Anwendung des § 1831 (oben Rn. 135).

151 • Doch ist dies bestritten; die Gegenmeinung lässt auch eine nachträgliche Genehmigung mit heilender Kraft zu und stützt sich hierbei auf den Wortlaut des Gesetzes („Genehmigung", was nach § 183 BGB an sich die nachträgliche Zustimmung meint). Die besseren Gründe sprechen jedoch für die h.M.

152 • Besonders zahlreich können Rechtslagen in **Fällen mit Auslandsberührung sein,** in denen das deutsche internationale Privatrecht noch Fragen offen lässt oder ein der Beurkundung zugrunde zu legendes ausländisches Recht der Urkundsperson nicht bekannt ist und auch nicht bekannt sein kann. Näheres hierzu unten unter Rn. 157, 220 ff. und 244.

153 In allen solchen Fällen, wie überhaupt überall da, wo die Urkundsperson aus ihrer Kenntnis des materiellen Rechts Zweifel an der Bestandskraft der gewünschten Erklärung im Hinblick auf rechtliche oder tatsächliche Zusammenhänge hat, ist das Grundmodell der §§ 10, 11 BeurkG hilfreich. Aufgabe der Urkundsperson ist es, Erklärungen entgegenzunehmen und zu beurkunden, die ihrem Gegenstand nach durch den Katalog des § 59 SGB VIII zur Beurkundung im Jugendamt zugelassen sind (Rn. 22). Ob die beurkundete Erklärung unter den Anforderungen des materiellen Rechts auch wirksam wäre, hat die Urkundsperson zwar in den Blick zu nehmen und, wenn die Rechtslage zweifelhaft ist, die Beteiligten hierüber zu belehren (§ 17 Abs. 2 Satz 2 BeurkG). Es ist aber **nicht ihre Aufgabe, solche Zweifel selbst zu entscheiden** und je nach dem Ergebnis die Beurkundung hiervon abhängig zu machen. Das Risiko, dass die Erklärungen im Hinblick auf die Zweifelhaftigkeit der Rechtslage unwirksam bleiben könnten, hat sie den Beteiligten zu überlassen. Denn die Chance, mit der für sie günstigeren Sicht der Sach- und Rechtslage Erfolg zu haben, darf den Betei-

ligten nicht durch Vorenthaltung der Beurkundung abgeschnitten werden. Die Urkundsperson hat den oder die Erschienenen deshalb auch über das Risiko zu belehren, daraufhin zu fragen, ob gleichwohl die Beurkundung gewünscht werde – beides hat sie in der Niederschrift festzuhalten – und ist, wenn es zur Beurkundung kommen soll und kommt, von der eigenen Verantwortung frei. Die maßgebende Entscheidung über die Wirksamkeit des Urkundsaktes fällt dann, wie immer, diejenige Stelle, vor der von der beurkundeten Erklärung Gebrauch gemacht werden soll.

Erst recht darf die Urkundsperson die **Beurkundung von Erklärungen** nicht ablehnen, die nicht einmal nichtig, sondern **allenfalls anfechtbar** wären. So wenn die besorgten Eltern eines Anerkennungswilligen der Urkundsperson zu verstehen geben, ihr volljähriger Sohn werde demnächst die Vaterschaft anerkennen, weil er von der Kindesmutter erpresst sei oder weil er sich gutgläubig, aber irrtümlich aufgrund falscher Vorspiegelungen für den Vater halte. Sie muss die Erklärung beurkunden und es dem Erklärenden überlassen, sie ggf. mit den gesetzlichen Mitteln aus der Welt zu schaffen, bei der Anerkennung der Vaterschaft etwa durch Klage nach §§ 1600 ff. BGB. **Vor der Beurkundung den Staatsanwalt zu spielen, ist nicht Sache der Urkundsperson.** Nur wenn erkennbar unerlaubte oder unredliche Zwecke mit der Beurkundung verfolgt werden – von dem die Beurkundung Wünschenden verfolgt werden! – darf sie sie ablehnen, § 4 BeurkG. Siehe dazu das Beispiel zur Anerkennung durch den Nichtvater Rn. 207.

154

5. Ausländisches Recht

Nicht selten treten Probleme der Anwendbarkeit ausländischen Rechts an die Urkundsperson im Jugendamt heran, namentlich wenn ausländische Mitbürger oder auch Asylbewerber (vgl. aber unten Rn. 161) beteiligt sind. Das beginnt schon bei der Frage, ob überhaupt beurkundet werden dürfe; Beispiele unten in Rn. 159. Sodann aber: Wenn eine Zustimmung des ausländischen Kindes zur Anerkennung der Vaterschaft beurkundet werden soll: nach welchem Recht bestimmt sich deren Notwendigkeit – oder die einer Zustimmung, die die Kindesmutter aus eigenem Recht zu erteilen hätte? Welches ausländische Recht macht die Verwendung einer im Inland erfolgten öffentlichen Beurkundung von der Vorlage der Urschrift abhängig (§ 45 Abs. 1 BeurkG)? Vor allem: Wieweit gehen bei der den Beteiligten geschuldeten Belehrung (Rn. 233) die Anforderungen an die Kenntnis eines ausländischen Rechts? Alle diese Fragen hängen an der Vorfrage, ob ausländisches Recht Anwendung zu finden hat und deshalb vom Urkundsbeamten zu berücksichtigen ist, oder ob der Fall trotz seiner „Auslandsberührung" gleichwohl dem deutschen Recht untersteht.

155

Über die Maßgeblichkeit des heimischen oder aber des ausländischen Rechts in Fällen mit Auslandsberührung bestimmt vorab aus der Sicht des Landes, dessen Behörden mit dem Falle befasst sind, die Rechtsordnung eben dieses Landes. Auf privatrechtlichem Gebiet ist dies eine Materie des **Internationalen Privatrechts**. Das *deutsche* Internationale Privatrecht ist in den Art. 3 ff. EGBGB geregelt. Es ist eine Handlungsanweisung des deut-

156

schen Gesetzgebers an die deutschen Stellen, welches Recht sie bei der Behandlung des anstehenden Falles, der einen Bezug zum Ausland aufweist, zugrunde zu legen haben. Das „internationale" Privatrecht ist kein inter- oder gar übernationales Recht, sondern deutsches Recht zur Lösung grenzüberschreitender Rechtsfälle: Mit seiner Hilfe kann das auf den Fall letztlich anwendbare Sachrecht ermittelt werden, wenn z.B. unter dem Blickwinkel der Staatsangehörigkeit oder des gewöhnlichen Aufenthalts mehrere konkurrierende Rechtsordnungen in Betracht kommen.

157 Die Urkundsperson im Jugendamt muss deshalb **das deutsche Internationale Privatrecht kennen**, namentlich die Art. 3–6, 7, 10, 11, 14, 18–24 EGBGB. Nur so kann sie beurteilen, ob und inwieweit der anstehenden Beurkundung ungeachtet der Auslandsberührung des Falles deutsches Recht zugrunde gelegt werden kann. Müsste dagegen ein ausländisches Recht angewandt werden, so ist die Grenze dessen erreicht, was die Urkundsperson zu beherrschen und an Kenntnisstand einzusetzen hätte. Anders zwar *Krug/Grüner/Dalichau* Anm. VII S. 19 zu § 59, die der Urkundsperson im Jugendamt auch die Bewandertheit mit ausländischem Recht abverlangen wollen. Doch **zur Kenntnis ausländischen Rechts** ist auch der Notar **nicht verpflichtet**, wie sich aus § 17 Abs. 3 Satz 2 BeurkG ergibt. Immerhin ist der Kreis der Fälle, in denen dies akut werden kann, verhältnismäßig klein. Wie dann jeweils zu verfahren ist, wird in den je einschlägigen Abschnitten des Besonderen Teils behandelt. Schon an dieser Stelle sei bemerkt, dass für das im Inland ansässige ausländische Kind der Unterhaltsanspruch ohnehin dem hiesigen Recht untersteht. Auch die Anerkennung der Vaterschaft kann weitgehend unter deutschem Recht beurkundet werden; im Einzelnen siehe darüber unten Rn. 216 ff., 328 ff.

158 Generell gilt im Übrigen: Stünde die zu beurkundende Erklärung unter ausländischem Recht oder wird sie als eine solche unter ausländischem Recht stehende gewünscht, so mag die Urkundsperson die entsprechende Erklärung nach dem Willen der Parteien kommentarlos aufnehmen. Verfügt sie – möglicherweise aus vergleichbaren Beurkundungsvorgängen in der Vergangenheit – über entsprechende Vorkenntnisse, kann sie vielleicht den zur Beurkundung Erschienenen die insoweit nötigen auslandsrechtlichen Aufschlüsse geben: Dann wäre nach Maßgabe dessen die Formulierung der Niederschrift auszuwählen, evtl. das deutsche Formular abgewandelt anzupassen.

In jedem Falle hätte die **Urkundsperson – zu Protokoll! – darauf hinzuweisen,** dass sie selbst über das ausländische Recht nicht so zuverlässig im Bilde sei, um die Verantwortung für die Rechtswirksamkeit der Beurkundung übernehmen zu können, falls diese (vgl. § 17 Abs. 3 Satz 1 BeurkG; siehe schon oben Rn. 153) gleichwohl gewünscht werde. Äußerstenfalls wäre an die Hand zu geben, die Beurkundung aufschieben zu lassen, bis seitens der Urkundsperson die notwendigen Erkundigungen über die ausländische Rechtslage eingeholt worden sind.

159 Von vornherein ausgeklammert werden können Rechtsakte, die im Katalog des § 59 SGB VIII nicht aufgeführt und die schon *ihrer Art nach dem*

deutschen Recht unbekannt sind. Sie zu beurkunden ist die Urkundsperson überhaupt nicht berechtigt. Beispiel: Die Zustimmung des Kindesvaters zu einer vorausgegangenen Anerkennung der Mutterschaft (italienisches Recht); oder die Anerkennung der Vaterschaft durch den Großvater väterlicherseits, wenn der Kindsvater verstorben ist (griechisches Recht). Was die letztere Fallgruppe anlangt, so spricht § 59 Abs. 1 Nr. 1 SGB VIII zwar von „Anerkennung der Vaterschaft" schlechthin, ohne Beschränkung auf den Anerkennenden als Vater. Nur: Die vom Großvater ausgesprochene ist dann eben keine Anerkennung der „Vaterschaft", sondern eine die Aufnahme in die Sippe bezweckende statusrechtliche Erklärung eigener Art. Hier überall wären die Erklärungswilligen an einen Notar oder an ihre hiesige Auslandsvertretung zu verweisen, der (zumeist) die Urkundsbefugnis nach ihrem eigenen Recht zukommt.

160

Wiederum gehören zum notwendigen Kenntnisstand der Urkundsperson diejenigen **zwischenstaatlichen Abkommen**, an denen Deutschland beteiligt ist und die durch das jeweilige deutsche Zustimmungsgesetz innerstaatliches Recht geworden sind, soweit sie sich auf die Beurkundungstätigkeit im Jugendamt auswirken können. In Betracht kommen namentlich:

l) Multilaterale:
- das Haager Übereinkommen über das auf Unterhaltsverpflichtungen gegenüber Kindern anzuwendende Recht vom 24. Oktober 1956 (BGBl. 1961 II S. 1013) – es gilt noch im Verhältnis zu Belgien, Österreich und Lichtenstein. Österreich und Deutschland (BGBl. 1972 II S. 589) haben Erklärungen gemäß Art. 2 abgegeben –;
- das Haager Übereinkommen über das auf Unterhaltspflichten anzuwendende Recht vom 2. Oktober 1973 (BGBl. 1986 II S. 837) – die dortige kollisionsrechtliche Regelung deckt sich praktisch mit derjenigen in Art. 18 EGBGB –;
- das Haager Übereinkommen über die Zuständigkeit der Behörden und das anzuwendende Recht auf dem Gebiet des Schutzes von Minderjährigen (Minderjährigenschutzabkommen – MSA –) vom 5. Oktober 1961 (Beitritt der Bundesrepublik Deutschland: BGBl. 1971 II S. 217);
- das Übereinkommen über die Zuständigkeit der Behörden, vor denen nichteheliche Kinder anerkannt werden können, vom 14. September 1961 (Beitritt der Bundesrepublik Deutschland: BGBl. 1965 II S. 19);
- das Übereinkommen über die Feststellung der mütterlichen Abstammung nichtehelicher Kinder vom 12. September 1962 (Beitritt der Bundesrepublik Deutschland: BGBl. 1965 II S. 23);

m) Bilaterale:
- das deutsch-österreichische Vormundschaftsabkommen vom 5. Februar 1927 (wieder in Kraft laut Bekanntmachung vom 21. Oktober 1959 – BGBl. II S. 1250 –);

– das deutsch-iranische Niederlassungsabkommen vom 17. Februar 1929 (wieder in Kraft laut Bekanntmachung BGBl 1955 II S. 829 m. Wirkung vom 4. November 1954), nach welchem Iraner im Inland den familienrechtlichen Bestimmungen ihres Heimatrechts mit Vorrang vor denen des MSA (s. dessen Art. 18 Abs. 2) unterstellt bleiben.

161 **Keine Auslandsberührung** schließlich begründet die Eigenschaft von Beteiligten als **Flüchtling mit Wohnsitz im Inland** nach der **Genfer** Flüchtlingskonvention vom 28. Juli 1951 (Beitritt der Bundesrepublik Deutschland: BGBl. 1953 II S. 559) Art. 12, oder als **anerkannter Asylberechtigter** nach § 3 Abs. 2 des Asylverfahrensgesetzes. Dieser Personenkreis hat das **Personalstatut von Inländern**. Ganz allgemein ist auf **Staatenlose** nach Art. 5 Abs. 2 EGBGB das Recht des Staates anzuwenden, in welchem sie ihren gewöhnlichen Aufenthalt oder, mangels eines solchen, ihren Aufenthalt haben; bei hiesigem Aufenthalt also das deutsche Recht.

162 Im Verhältnis zu den **neuen Bundesländern** gelten noch **Überleitungsvorschriften** aus Art. 234 EGBGB in der Fassung des *Einigungsvertrages*. Für die Beurkundung im Jugendamt können relevant sein:

§ 7 Abs. 1 (Fortgeltung von Abstammungsurteilen aus der DDR-Zeit);

§§ 8, 9 (Unterhaltsanpassung nach § 1612a BGB a.F., Regelunterhalt des nichtehelichen Kindes – wegen der Probleme ihrer Anwendung bei Wohnsitzverschiedenheit von unterhaltsberechtigtem Kind und unterhaltspflichtigem Vater in den neuen Bundesländern einerseits und im Altbundesgebiet andererseits siehe unten unter Rn. 280 f. –);

§ 11 (elterliche Sorge);

§ 14 (Überleitung von Vormundschaften);

§ 15 (Überleitung von Pflegschaften).

6. Belehrungspflicht: Allgemeine Grundsätze

163 Schon in den Darlegungen unter A V 1–5 ist wiederholt die Notwendigkeit von Belehrungen über Zweifel der Urkundsperson zur Sprache gekommen. Solche Belehrungen können dienen zur **Absicherung der Urkundsperson,** wenn sie trotzdem die Beurkundung nicht verweigern darf. Anderen, ähnlichen Fällen werden wir noch begegnen. Daneben aber und in jedem Falle haben Belehrungen der **Vergewisserung der Beteiligten über die Rechtslage,** insbesondere über die rechtlichen Folgen einer beurkundeten Erklärung, zu dienen. Die Urkundsperson ist hierzu nach § 17 Abs. 1 BeurkG verpflichtet; der Inhalt der zu erteilenden Belehrung im Einzelfall richtet sich nach dem Inhalt der Beurkundung und ist deshalb im besonderen Teil je an der einschlägigen Stelle zu erörtern. Unter Umständen können auch mit der Vornahme öffentlicher **Beglaubigung Belehrungspflichten** verbunden sein. So, wenn die Urkundsperson die zu beglaubigende Erklärung für den rechtlich ungewandten Beteiligten entwirft (sonst nicht: *Winkler* § 40 Rn. 49; *Jansen* § 40 Rn. 30; OLG Celle DNotZ 1959, 666), oder wenn es sich darum handelt, wie mit der beglaubigten Erklärung, die dem Betreffenden wieder ausgehändigt wird, zu verfahren sei.

164 Allen diesen **Belehrungen** ist gemeinsam, dass sie **urkundlich festgestellt** werden müssen. Bei der Beurkundung ist sie zum Inhalt der Niederschrift zu machen. Belehrungen über die rechtlichen Folgen einer Erklärung sind allerdings **nur ihrer Art nach, nicht in allen Einzelheiten** festzustellen. Die Aushändigung eines Merkblatts kann ausreichen, wenn es um Einzelheiten von Rechtsfolgen der Erklärung geht, beispielsweise in erbrechtlichen Fragen oder in Fragen der Staatsangehörigkeit; doch sollte die Belehrung als solche jedenfalls in großen Zügen vorausgegangen sein, damit sichergestellt ist, dass der Merkblattempfänger wenigstens die Zusammenhänge als solche begriffen hat. Für Belehrung über Zweifel und Bedenken der Urkundsperson ist die Kenntlichmachung in der Niederschrift vorgeschrieben durch § 17 Abs. 2 BeurkG. Dasselbe gilt für die Erklärungen, die die Beteiligten dazu abgegeben haben, insbesondere aber für das Verlangen der Beteiligten, dass die Beurkundung gleichwohl vorgenommen werden solle.

Belehrungen aus Anlass einer Beglaubigung erfordern einen **Aktenvermerk**.

165 Zu unterscheiden ist die Belehrung von der **Beratung** im Jugendamt nach § 18 SGB VIII. Die Beratung wird einem bestimmten, begrenzten Personenkreis geschuldet, nämlich Müttern und Vätern als Alleinerziehenden. Sie ist Unterstützung bei der Ausübung der Personensorge einschließlich der Geltendmachung von Unterhalts- und Unterhaltsersatzansprüchen. Daneben hat ein junger Volljähriger bis zum vollendeten 21. Lebensjahr Anspruch auf Beratung bei der Geltendmachung seines Unterhalts- und Unterhaltsersatzanspruchs.

Der Kreis der Beratungspartner ist also enger als der der Urkundstätigkeit. Andererseits ist der Kreis der Beratungsgegenstände weiter gezogen (Unterhaltsersatzansprüche wie diejenigen nach § 844 BGB; der Verpflichtete kann sie nicht im Jugendamt beurkunden lassen). Vor allem aber ist die **Zweckrichtung verschieden**. Die Beratung gibt Ratschläge, was zu unternehmen oder zu veranlassen sei. Sie dient dem Interesse des Kindes bzw. des jungen Volljährigen. Vergleichbar der Anwaltstätigkeit, ist sie vielfach eingebunden in die Parteikonstellation gegenüber demjenigen, gegen den Rechte des Kindes durchgesetzt werden müssen.

Die Beratung wird zum Beispiel darin bestehen, welcher Unterhalt, welche Raten einer Rückstandstilgung verlangt werden sollen oder ob dem Kindesvater ein Entgegenkommen gegenüber einem Herabsetzungsverlangen zu gewähren sei. **Beratung in diesem Sinne ist nicht „neutral"** (obwohl das Jugendamt als Behörde sich nicht blind „vor den Karren der Kindesmutter" spannen lassen darf, sondern auf maßvolle, sachangemessene Rechtsdurchsetzung, nicht zuletzt im Interesse des Kindes auf längere Sicht, bedacht sein sollte).

166 Die **Belehrung steht im Zeichen der Neutralität der Urkundsperson.** Sie hat im Grundsatz nur den Zweck, dem zur Beurkundung Erschienenen die Rechtslage darzustellen, so dass er sich in Freiwilligkeit entscheiden kann, ob und wie er es beurkunden lassen will. Dazu wird nicht selten das

Aufzeigen der rechtlichen Alternative einer vom Erschienenen zu treffenden Entschließung samt deren Folgen gehören.

Die Belehrung ist **sachlich,** gerade weil sie in der Pflicht gegenüber allen, auch mit gegensätzlichen Interessen Beteiligten steht. Ein Beispiel: Der Vater ist bereit, seine Unterhaltspflicht gegenüber dem Kind vollstreckbar beurkunden zu lassen. Er zeigt aber Unkenntnis über deren Höhe. Dann kann er die Urkundsperson bitten, ihn anhand der Angaben über sein Einkommen und seine sonstigen wirtschaftlichen Verhältnisse darüber zu belehren, was er bei einer familiengerichtlichen Entscheidung voraussichtlich zu erwarten hätte; die Belehrung soll sich auch darauf erstrecken, ob der Schuldner aufgrund seiner geschilderten besonderen Umstände mit einer Herabsetzung oder in den Fällen des § 1613 Abs. 3 BGB mit Stundung, Ratenzahlung oder gar Erlass rechnen könnte. Die Entscheidung, was daraufhin beurkundet werden soll, muss die Urkundsperson jedoch strikt dem Erschienenen überlassen. In seinem Interesse ihn hierüber beraten (= Vorschläge machen) zu wollen, sollte sie sich durchaus zurückhalten (so etwas dürfte nicht einmal der mit der Beratungstätigkeit betraute Bedienstete des Jugendamtes, an den etwa ein Unterhaltspflichtiger sich wendet; erforderlichenfalls wäre auf die Möglichkeiten nach dem Beratungshilfegesetz zu verweisen[1]). Aus diesem Grunde sollte die Beratung nach § 18 SGB VIII auch organisatorisch im Jugendamt nach Möglichkeit von der Beurkundungsfunktion getrennt sein.

167 Auch die Beratung, die nach § 24 Abs. 1 BNotO dem Notar obliegt, lässt sich nicht über § 1 Abs. 2 BeurkG auf die Urkundsperson im Jugendamt ausdehnen. Sie zielt ohnehin auf andere Gegebenheiten als diejenigen, die eine Urkundstätigkeit nach § 59 SGB VIII veranlassen, nämlich komplexe Sachverhalte, deren rechtliche Ausgestaltung und Formgebung unter Erörterung mit den Beteiligten erarbeitet, und von denen die günstigste (namentlich unter steuerlichen Gesichtspunkten) empfohlen werden soll (Testamente, Erbverträge, Gesellschaftsverträge, Auseinandersetzungen). Das gelegentlich gebrauchte Bild von der Urkundsperson als dem „Notar des Jugendamts" sollte nicht in diesem Sinne missverstanden werden.

VI. Aufbewahrungsfristen

168 Die zunehmende Raumnot in Landratsämtern und Rathäusern lässt immer wieder die Frage dringlich werden, wie lange Urkunden und die mit ihnen zusammenhängenden Unterlagen aufzubewahren seien. Das Beurkundungsgesetz enthält hierzu keine Vorgaben. Auch sonstige bindende Rechtsvorschriften, etwa Verwaltungsanweisungen, existieren im Hinblick auf die Kommunalhoheit hierfür nicht.

Auf den ersten Blick könnte nahe liegen, die für Notare geltende Vorschrift des § 5 Abs. 4 DONot heranzuziehen. Danach sind u.a. Urkundenrolle, Namensverzeichnis zur Urkundenrolle und Urkundensammlung **dauernd**

---

[1] Etwas anderes ist es, wenn der unterhaltspflichtige Elternteil sich mit dem Amtsbeistand in Verbindung setzt, um die streitlose Erledigung der Unterhaltsfrage und deren Möglichkeiten zu erörtern. Der Amtsbeistand ist nicht der Ansprechpartner des § 18 SGB VIII in der Beratungs- und Unterstützungspflicht „des Jugendamts".

aufzubewahren; für **Nebenakten gilt eine siebenjährige Aufbewahrungsfrist,** die aber der Notar bei der letzten inhaltlichen Bearbeitung durch schriftliche Bestimmung verlängern kann. Die Aufbewahrungsfrist beginnt mit dem ersten Tag des auf die letzte inhaltliche Bearbeitung folgenden Kalenderjahres. Nach Ablauf der Aufbewahrungsfrist sind die Unterlagen zu vernichten, sofern nicht im Einzelfall ihre weitere Aufbewahrung erforderlich ist.

Es ist nicht zu verkennen, dass die Urkundsperson mit einer **dauernden Aufbewahrung der Urkunden auf der sicheren Seite** ist, weil damit jedem Bedürfnis nach einem späteren Zugriff auf die Niederschrift Rechnung getragen werden kann. Soweit es die räumlichen Verhältnisse erlauben, sollte diese Maßgabe deshalb befolgt werden. Besteht aber bei sehr **beschränkter räumlicher Kapazität** ein unabweisbares Bedürfnis dafür, nicht nur Nebenakten sondern auch Urkunden auszusondern, ist dies jedenfalls nicht allein deshalb untersagt, weil die für Notare geltende dauernde Aufbewahrungsfrist zwingend auch für Urkundspersonen im Jugendamt entsprechend heranzuziehen wäre.

169

Zu bedenken ist vor allem, dass die für Notare geltende dauernde Aufbewahrungsfrist uneingeschränkt für sämtliche notariellen Urkunden vorgeschrieben ist und dies bei einem Teil der Urkunden auch sinnvoll ist, weil diese auch nach vielen Jahrzehnten noch zur Rekonstruktion von strittig gewordenen Rechtsverhältnissen (im Erbrecht, im Grundstücksrecht) benötigt werden können. Die **Beurkundungstätigkeiten im Jugendamt sind hingegen schon grundsätzlich von zeitlich begrenzter Wirkung.** Mit jedem Jahr nach Erreichen der Volljährigkeit des Kindes, auf welches sich die Beurkundung bezog, nimmt tendenziell die Wahrscheinlichkeit ab, dass nochmals die Urschrift einer Urkunde benötigt wird, wobei dies in Unterhaltssachen namentlich deshalb in Frage kommen kann, weil eine zweite vollstreckbare Ausfertigung oder eine Teilausfertigung eines Titels für eine Rechtsnachfolgeklausel benötigt wird. Zumindest im letztgenannten Fall könnte dann, wenn die Originalniederschrift bei der Urkundsperson nicht mehr vorhanden ist, immerhin mit Hilfe der eingereichten vollstreckbaren Ausfertigung nach § 46 BeurkG eine „Ersatzurschrift" rekonstruiert werden (vgl. oben Rn. 79). Der mögliche Schaden, dem durch die Länge der Aufbewahrungsfrist vorzubeugen ist, lässt sich damit auf die Fälle eingrenzen, in welchen auch der Gläubiger nicht mehr über die ihm erteilte vollstreckbare Ausfertigung des Titels verfügt und somit entsprechend § 733 ZPO i.V.m. § 60 Abs. 3 Nr. 2 SGB VIII eine weitere vollstreckbare Ausfertigung beantragt.

Bei der Festlegung von derartigen Höchstfristen könnte man zwar zugrunde legen, wie lange die Urschrift einer Urkunde in Unterhaltsangelegenheiten äußerstenfalls unter Ausschöpfung aller theoretisch in Betracht kommenden Fristen benötigt werden kann. Jedoch erscheint es als praxisgerechtes Vorgehen, hierbei auch in Erwägung zu ziehen**, wie wahrscheinlich** es sein kann, dass ein urkundlicher Unterhaltstitel tatsächlich noch nach einem derart langen Zeitraum für die Erteilung vollstreckbarer Ausfertigungen **benötigt** wird.

170 Das beginnt schon mit der Überlegung, dass auch nach der Neuregelung des Unterhaltsrechts zum 1. Juli 1998 kaum einmal ein zeitnah zur Geburt des Kindes errichteter Unterhaltstitel unverändert den gesamten Zeitraum, für welchen Unterhalt verlangt wird, hindurch Geltung beanspruchen kann. Es wird häufig vorkommen, dass infolge einer Veränderung der Verhältnisse der Titel ersetzt wird, sei es durch freiwillige Neubeurkundung, Abänderungsentscheidung gem. § 323 ZPO oder auch einen Beschluss nach § 655 ZPO.

Soweit die Unterhaltsverpflichtung auch Rückstände betrifft, die zur Zeit der Beurkundung bereits bestanden, gilt zwar hierfür – abweichend vom praktischen Regelfall der dreijährigen Verjährung – die 30-jährige Verjährungsfrist nach § 197 Abs. 1 Nr. 2 i.V.m. Abs. 2 BGB. Andererseits sollte nicht übersehen werden, dass nach der gesetzlichen Tilgungsreihenfolge des § 366 Abs. 2 BGB in allen Fällen, in denen nicht ausdrücklich eine wirksame Tilgungsbestimmung des Schuldners vorliegt, d.h. vor allem auch im Fall der Zwangsvollstreckung, eingehende Zahlungen zunächst auf die Rückstände anzurechnen sind, sodass diese als erste getilgt werden. Die Wahrscheinlichkeit dafür, dass – sofern beim Schuldner überhaupt etwas zu holen ist – nach Jahrzehnten noch Rückstände offen sind, die bereits bei Titelerrichtung bestanden, dürfte deshalb verhältnismäßig gering sein.

171 Ferner kommt hinzu, dass nicht allein die Verjährung die äußerste Grenze der Vollstreckbarkeit eines Unterhaltsanspruches darstellt, sondern auch die **Verwirkung** als Fall einer illoyal verspäteten Rechtsausübung i.S.v. § 242 BGB von Amts wegen zu beachten ist. Auch titulierte Unterhaltsansprüche können verwirkt sein, wenn sie der Gläubiger über mehrere Jahre hinweg nicht geltend gemacht hat und der Schuldner hieraus das berechtigte Vertrauen ableiten durfte, er werde insoweit nicht mehr in Anspruch genommen (BGH DAVorm 1999, 711 = FamRZ 1999, 1422).

Deshalb müssten derart viele Umstände zusammentreffen, die einen Gläubiger von Kindesunterhalt dazu veranlassen könnten, sich auch noch mehrere Jahrzehnte nach der Volljährigkeit an die Urkundsperson mit dem Verlangen nach einer vollstreckbaren Ausfertigung zu wenden, dass ein solcher Fall als wenig wahrscheinlich betrachtet werden muss.

172 Das **DIJuF e.V.** hat in einem Rechtsgutachten vom 5. April 2004 (JAmt 2004 238 [239 f.], CD-ROM, GutA Nr. 7) **Empfehlungen** gegeben, welche im Wesentlichen auf folgende Aufbewahrungsfristen hinauslaufen:

Bei Urkunden über

- Kindesunterhalt **30 Jahre** nach Errichtung des Titels
- Betreuungsunterhalt nach § 1615l BGB **10 Jahre** nach Errichtung des Titels
- Vaterschaftsanerkennungen **50 Jahre** nach der Erklärung
- Sorgeerklärungen **20 Jahre** nach der Niederschrift.

Diese Empfehlungen erscheinen grundsätzlich ausgewogen und können einen Anhaltspunkt für Jugendämter liefern, welche aus zwingenden Gründen der Raumnot auch ihre Urkundensammlung nicht zeitlich unbegrenzt aufbewahren können. Dass ein Jugendamt bei einer dauernden Aufbewahrung, wie sie für Notare vorgeschrieben ist, jeglichen Einwänden und allen auch noch so fern liegenden Eventualitäten vorbeugen kann und diese deshalb nach Möglichkeit einhalten sollte, sei nochmals betont.

VII. Rechtsmittel gegen die Ablehnung der Urkundstätigkeit

Die Frage, ob und welche Rechtsbehelfe gegeben sind, wenn die Urkundsperson eine Urkundstätigkeit aus welchen Gründen immer ablehnt, ist im Gesetz nicht ausdrücklich geregelt. *Kurtze* (S. 57) nimmt im Wege der **Rechtsanalogie** (§ 15 BNotO, § 45 PStG, §§ 11 ff. RpflG) eine gerichtliche Beschwerdezuständigkeit an; nach seiner Auffassung soll das **Landgericht zuständig** sein. Man wird dem zustimmen müssen (ebenso *von Schuckmann/Preuß* § 4 BeurkG Rn. 35 und *Renner* § 54 BeurkG Rn. 7, jeweils in: Huhn/von Schuckmann). § 62 SGB X ist nicht anwendbar; eine Bestimmung gemäß § 1 Abs. 1 Satz 2 SGB X ist im SGB VIII nicht getroffen. Hier greift deshalb die **Auffangzuständigkeit der ordentlichen Gerichtsbarkeit** aus Art. 19 Abs. 4 Satz 2 GG ein: Dem Beurkundungsmonopol der Personen öffentlichen Glaubens entspricht der (öffentlich-rechtliche) Anspruch auf Vornahme der Urkundstätigkeit, deren Gewährung gerichtlich nachprüfbar sein muss. Größere praktische Bedeutung wird das Problem ohnehin kaum gewinnen. Für das Gros der Fälle bliebe das Ausweichen auf die Beurkundung durch die Urkundsperson eines anderen Jugendamtes oder durch den Rechtspfleger (§ 62 BeurkG), bei dem ebenfalls Kostenfreiheit besteht (§ 55a KostO), und gegen dessen Weigerung das Rechtsmittel der Beschwerde gemäß § 11 Abs. 1 RPflG gegeben ist, über die das Landgericht entscheidet, wenn der Rechtspfleger der Beschwerde nicht abhilft.

173

Lehnt der Urkundsbeamte es ab, die Vollstreckungsklausel (§ 60 Satz 3 Nr. 1 SGB VIII) zu erteilen, so gibt § 54 BeurkG das besondere Rechtsmittel der Beschwerde. Sie geht an die Zivilkammer des Landgerichts, in dessen Bezirk das Jugendamt, bei dem der Urkundsbeamte tätig geworden ist, seinen Sitz hat; das Verfahren auf die Beschwerde richtet sich nach den §§ 21 ff. FGG. Auch im Falle des Unterliegens können der Urkundsperson keine Kosten auferlegt werden (*Renner* in: *Huhn/v. Schuckmann* § 54 Rn. 9; BayOLG DNotZ 1972, 372). Für die Einlegung der weiteren Beschwerde hat die Urkundsperson das Behördenprivileg des § 29 Abs. 1 Satz 3 FGG (Kammergericht DAVorm 1974, 137).

174

VIII. Konkurrierende Urkundszuständigkeiten

Die Beurkundungsfunktion im Jugendamt steht in der Konkurrenz mit derjenigen **anderer Urkundsorgane**. Die Konkurrenz ist durch § 59 Abs. 1 Satz 2 SGB VIII ausdrücklich bestätigt. Ihre Dichte ist unterschiedlich. Am umfassendsten ist sie beim **Notar**: In seiner Allzuständigkeit nach dem Beurkundungsgesetz kann er auf allen denjenigen Gebieten tätig werden, die die Ermächtigung nach §§ 59, 60 SGB VIII umfasst. Dem Notar ist hierin gleichgestellt der **deutsche Konsularbeamte** im Ausland nach § 10 Abs. 2 des Konsulargesetzes vom 11. September 1974; auch er beurkundet in gleichem Umfang und mit gleicher Wirkung wie der Urkundsbeamte im

175

Jugendamt. Vollstreckbare Ausfertigungen von Verpflichtungsverhandlungen kann er allerdings nicht erteilen, hierüber sowie einige sonstige Besonderheiten vgl. den Abdruck von § 10 KonsG im Anhang I. Der **Standesbeamte** konkurriert wiederum nur für die Beurkundung in Statussachen (sämtliche Erklärungen im Zuge der Anerkennung der Vaterschaft und der Mutterschaft; § 29a, § 29b Abs. 3). Das **Prozessgericht** (jeder Instanz) **im Vaterschaftsprozess** konkurriert für Erklärungen im Zuge der Anerkennung der Vaterschaft; sie können zum Sitzungsprotokoll abgegeben werden (§ 641c ZPO; Rn. 516 f.). Das Amtsgericht der freiwilligen Gerichtsbarkeit – in der Person des **Rechtspflegers**, § 3 Nr. 1 Buchst. f RpflG – beurkundet die Anerkennung des „nichtehelichen" Kindes in dem gleichen Umfange wie das Prozessgericht (§ 62 Abs. 1 Nr. 1 BeurkG), darüber hinaus auch die Anerkennung der Mutterschaft (§ 29b Abs. 3 PStG). Daneben hat es die weitere Zuständigkeit zur Beurkundung von Zahlungsverpflichtungen auf den Kindesunterhalt und der Ansprüche nach § 1615l BGB (§ 62 Abs. 1 Nrn. 2, 3 BeurkG). Auch kann es für diese Ansprüche die Unterwerfung unter die sofortige Zwangsvollstreckung beurkunden (§ 794 Abs. 1 Nr. 5 ZPO). Hingegen ist es nicht zuständig für die der Urkundsperson des Jugendamts gestatteten Beurkundungen im **Adoptionsrecht** (§ 59 Abs. 1 Satz 1 Nrn. 6, 7 SGB VIII); diese Urkundsbefugnisse teilt die Urkundsperson des Jugendamts allein mit dem Notar und dem Konsularbeamten.

176 Soweit die Beurkundungen sich in Stufen vollziehen oder miteinander kombiniert werden können, sind die vorgenannten **Zuständigkeiten austauschbar.** Es könnte, um einen Extremfall zu bilden, die Vaterschaft vorgeburtlich vor dem Standesbeamten – einem beliebigen (*Hepting/Gaaz* § 29a PStG Rn. 4) – anerkannt, das Anerkenntnis nach der Geburt wegen eines bei der Beurkundung unterlaufenen Formfehlers mit Erfolgsaussicht angefochten, im Prozess jedoch die Vaterschaft erneut zur Sitzungsniederschrift anerkannt, daraufhin die Verpflichtung zur Unterhaltszahlung vor einem Notar abgegeben, theoretisch die Unterwerfung unter die sofortige Zwangsvollstreckung vor der Urkundsperson des Jugendamts erklärt werden. Die Urkundsperson des Jugendamts sollte sich in derartigen Fällen je die **Ausfertigung oder beglaubigte Abschrift der bei anderen Stellen vorausgegangenen Beurkundung(en) vorlegen lassen**, um eine geeignete Grundlage für ihren eigenen Beurkundungsvorgang zu haben. In dieser hätte sie dann auf die früheren Protokolle Bezug zu nehmen.

177 Entsprechendes gilt auch für den Fall, dass ein **anderes Jugendamt** als das bisher tätig gewordene mit der Beurkundung des nachfolgenden Vorgangs **befasst** wird (§ 87e SGB VIII), beispielsweise für die Zustimmung zur Vaterschaftsanerkennung nach § 1595 BGB. Der zugrunde liegende, bei dem früheren Jugendamt beurkundete Ausgangstatbestand sollte in der nunmehrigen Urkunde so genau wie möglich bezeichnet werden. Eine Ausfertigung oder eine beglaubigte Abschrift desselben wäre zu diesem Zwecke vorzulegen, es sei denn, die jetzige Beurkundung sei eilbedürftig wie z.B. zur Wahrung der Frist nach § 1597 Abs. 3 Satz 1 BGB.

178 Verzichten ließe sich auf die spezifizierte Verknüpfung mit einem vorausgegangenen Vorgang dann, wenn ein **Rechtsakt beurkundet** werden soll, der aus sich heraus Bestand hat. Das betrifft z.B. die isolierte Unterhaltsverpflichtung, die zwar eine festgestellte Vaterschaft zur Grundlage haben muss, aber ihres Nachweises nicht bedarf, um protokolliert werden zu können (Rn. 360), oder den Verzicht des Kindesvaters nach § 1747 Abs. 3 Nr. 3 BGB, der aus Anlass eines laufenden Adoptionsverfahrens abgegeben wird. Hier beschränkt sich die Bezugnahme im Protokoll auf die Angaben des Erschienenen unter Ergänzung durch etwa vorgelegte Urkunden.

Sind die vorausgegangenen **Urkundsakte von einer ausländischen Stelle** vorgenommen worden, so können sie nicht ohne weiteres einer Anschlussbeurkundung im Jugendamt zugrunde gelegt werden. Zu bejahen ist dies für Urkunden aus dem Bereich des **Übereinkommens über die Zuständigkeit der Behörden, vor denen nichteheliche Kinder anerkannt werden können, vom 14. September 1961** (Rn. 160). Nach Art. 4 desselben nehmen die Standesbeamten und die sonst nach dem Ortsrecht dafür zuständigen Behörden jedes Vertragsstaates eine Anerkennung der Vaterschaft in öffentlicher Urkunde mit gleicher Wirkung wie die zuständigen deutschen Stellen entgegen. Vertragsstaaten sind z.Zt. (2005) außer der Bundesrepublik Deutschland: Belgien, Frankreich, Griechenland, die Niederlande, die Schweiz, Spanien, Portugal und die Türkei. Auch solche in einem Vertragsstaat aufgenommenen Vaterschaftsanerkennungen können deshalb für die deutschen Urkundsperson als Grundlage für weitere Beurkundungen (Zustimmung der Mutter, Unterhaltsverpflichtungen) in Betracht kommen. Nach Art. 5 des Übereinkommens bedürfen die betreffenden ausländischen Vaterschaftsanerkennungen **keiner Legalisation**. Doch wird die Urkundsperson, sofern sie nicht über hinreichende einschlägige Sprachkenntnisse verfügt, die Vorlage einer von einem vereidigten Übersetzer gefertigten **Übersetzung** verlangen dürfen; eine solche zu beschaffen ist nicht ihre Sache.

179

Sonst aber sind Beurkundungen ausländischer Stellen für eine Verwendung im Inland den inländischen gleichgestellt nur unter der Voraussetzung, dass sie als **den deutschen öffentlichen Urkunden gleichwertig** erachtet werden können. Das ist der Fall, wenn

180

- eine dem deutschen Notar nach Vorbildung, Verantwortlichkeit (nicht zuletzt für den Urkundeninhalt, die Belehrung der Beteiligten) und standesrechtlicher Überwachung vergleichbare Urkundsperson (völlig herrschenden Meinung; statt vieler: *Firsching* in: Staudinger 12. Aufl., Art. 11 EGBGB Rn. 25; s. auch BGHZ 37, 79 ff. [86]) oder

- ein ausländisches, behördliches Standesamt im Rahmen seiner Zuständigkeit die Beurkundung vorgenommen hat.

Für den Bereich des sog. **lateinischen Notariats trifft das zu**. Es sind dies alle Länder des romanischen Rechtskreises; ebenso aber auch Österreich, die Schweiz, die frühere DDR für ihre Staatlichen Notariate, auch England (sofern der englische notary nicht nur die Erklärung beglaubigt, sondern beurkundet hat).

181

Nicht dagegen trifft es zu für den *notary public in den USA*. Dieser wird für eine bestimmte Zeitdauer aus der Mitte der Bürger bestellt; rechtskun-

182

dig vorgebildet auf gleichem Niveau wie in der Bundesrepublik braucht er nicht zu sein. Die (nicht seltenen) „Anerkennungen der Vaterschaft" vor einem solchen notary public sind zudem nicht in der Art einer Beurkundung, d.h. einer Niederschrift über einen die Abgabe von Erklärungen umfassenden Hergang abgefasst. Vielmehr sind sie der Sache nach nur eine **Beglaubigung der Unterschrift** des Anerkennenden unter Zuziehung und Mitunterschrift von Beglaubigungszeugen, so dass der gelegentlich eingewandte Hinweis auf die Zulänglichkeit der sog. Ortsform (Art. 11 EGBGB) nicht verfangen würde. Werden also Vaterschaftsanerkennungen solchen Ursprungs vorgelegt mit dem Ziel, eine Feststellung der Vaterschaft unter deutschem Recht herbeizuführen, könnte eine Beurkundung der Zustimmung der Mutter hierzu eine Feststellung der Vaterschaft im Inland nicht bewirken. Die Beurkundung der Anerkennung der Vaterschaft müsste dann beispielsweise durch ein deutsches Konsulat im Aufenthaltsland des Anerkennungswilligen wiederholt werden.

183 Allerdings kann die **Anknüpfung an das Heimatrecht des Vaters** (falls dieser US-amerikanischer Staatsbürger ist) bei Hinzutreten der Zustimmung der Mutter aus Art. 23 Satz 1 EGBGB eine Feststellung der Vaterschaft für ein deutsches Kind mit inländischer Wirkung begründen. Sofern das Recht des maßgeblichen Bundesstaates, nach dem sich die Anerkennung richtet, eine solche Erklärung vor einem „notary public" für ausreichend erklären würde – was allerdings im jeweiligen Einzelfall nachzuprüfen wäre, vgl. hierzu die Darstellungen bei *Bergmann/Ferid* Internationales Ehe- und Kindschaftsrecht, USA –, wäre hierdurch die nach Art. 11 Abs. 1 EGBGB zu beachtende Art der Form gewahrt.

B. Besonderer Teil

I. Erklärungen über die Anerkennung der Vaterschaft, § 59 Abs. 1 Satz 1 Nr. 1 SGB VIII

Zur Verdeutlichung der auf den ersten Augenblick verwirrenden Regelung der §§ 1594–1599 BGB sei die schematische Übersicht von S. 80 vorangestellt. Eingerahmt dargestellt sind jeweils diejenigen Personengruppen, die die erforderlichen Erklärungen rechtsgültig abzugeben haben. Die Übersicht beantwortet zugleich die Frage nach der jeweils erforderlichen Geschäftsfähigkeit.

184

1. Beurkundung der Vaterschaftsanerkennung, §§ 1594, 1597 BGB

a) Rechtsnatur, Folgerungen

Anerkennung der Vaterschaft ist die Erklärung, „Vater des (mit Geburtsdatum, Geburtsort und Kindesmutter näher bezeichneten) Kindes zu sein". Sie ist **persönlich** zu erklären; Stellvertretung durch Bevollmächtigte ist ausgeschlossen (§ 1596 Abs. 4 BGB). Ihre **Rechtsnatur** – ob Willenserklärung nach den §§ 116 ff. BGB oder bloße Wissenserklärung – **ist strittig**. Für die Sicht als **Willenserklärung** könnte die Anführung der §§ 119 Abs. 1, 121, 123, 124, 144 BGB in § 1600h Abs. 2 BGB a.F. sprechen; mindestens wäre die Anerkennungserklärung des Nichtvaters (unten Rn. 207) nicht mehr als bloße Wissenserklärung zu deuten. Die Kontroverse ist für den Auftrag der Urkundsperson ohne praktische Bedeutung. Vielmehr muss die Urkundsperson im Hinblick auf ihre Belehrungspflichten und die Erteilung der Vollstreckungsklausel zu einer vollstreckbaren Unterhaltsverpflichtung (unten Rn. 353, 354) einige andere, aus dem Wesen der Vaterschaftsanerkennung zu ziehende, Folgerungen kennen.

185

Ein wichtiger Punkt vorab:

Nach der bis zum In-Kraft-Treten des KindRRG geltenden Fassung des § 1600c BGB war zur Wirksamkeit der Vaterschaftsanerkennung die Zustimmung des Kindes erforderlich. Nach dessen Tod konnte daher die Vaterschaft nicht freiwillig anerkannt werden; vielmehr kam in diesem Fall nur noch die gerichtliche Feststellung gemäß § 1600n Abs. 2 BGB a.F. in Betracht (vgl. *Diederichsen* in: Palandt BGB 57. Aufl. § 1600a Rn. 4; *Hepting/Gaaz* § 29 PStG Rn. 29). Seit der Neuregelung zum 1.7.1998 kann auch die **Vaterschaft zu einem verstorbenen Kind anerkannt** werden, weil bei dessen Minderjährigkeit grundsätzlich die Zustimmung der Mutter ausreicht (BayObLG JAmt 2001, 253 = StAZ 2000, 369; FamRZ 2001, 1543 jeweils mit näherer Begründung). Allerdings ist in diesem Fall eine Neubestimmung des Kindesnamens nach dem Vaternamen nicht mehr möglich (BayObLG FamRZ 2001, 1543). Hiervon zu unterscheiden ist die Anerkennung der Vaterschaft zu einer **Totgeburt,** die dem Geburtseintrag für das tot geborene Kind beizuschreiben ist. Diese Vaterschaftsanerkennung hat lediglich registerrechtliche Bedeutung und entfaltet keinerlei rechtliche Außenwirkung (AG Münster StAZ 2003, 273).

185a

Erster Titel – B: Besonderer Teil

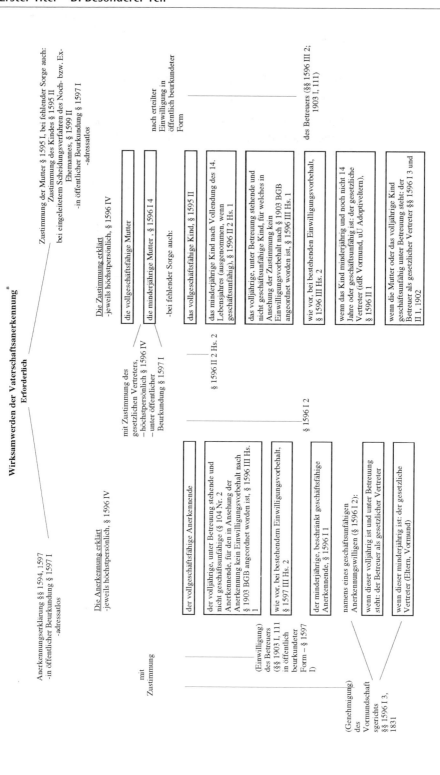

* Paragraphenzusätze beziehen sich auf das BGB.

Zunächst ist die **Erklärung „adressatlos"**. Sie äußert, einmal zu Protokoll gegeben, ihre Wirkung aus sich heraus dahin, so dass sie im Regelfall nur noch der Zustimmung der Mutter bedarf, um die Vaterschaft festzustellen. Sie ist nicht im Sinne der Terminologie des BGB „einem anderen gegenüber" abzugeben und deshalb nur wirksam, wenn sie diesem auch zugeht. Insbesondere wird die Anerkennung der Vaterschaft weder der Urkundsperson noch dem Kinde, noch der Kindesmutter noch dem Standesbeamten *gegenüber* erklärt.

186

„Gegenüber" der **Urkundsperson** nicht: sie wird „vor" ihr abgegeben (oben Rn. 130), hat ihn nicht zum Adressaten, sondern zum Mitwirkenden am Zustandekommen der Erklärung. Denn existent wird die Erklärung erst mit dem Abschluss des Protokolls durch die Urkundsperson. Auch „gegenüber" der **Mutter** oder dem **Kind** wird die Anerkennung nicht erklärt, und dies selbst dann nicht, wenn die Mutter, das Kind bzw. sein gesetzlicher Vertreter bei der Vaterschaftsanerkennung zugegen sind (Anerkennung der Vaterschaft und Zustimmung der Mutter bzw. – in den Fällen des § 1595 Abs. 2 BGB – des Kindes werden im Rechtssinne nicht gegeneinander ausgetauscht).

Denn ob Mutter bzw. Kind anwesend ist oder nicht: Die Vaterschaftsanerkennung bedarf, um abgegeben zu sein, überhaupt nicht eines Zugangs bei der Mutter oder dem Kinde als Adressaten. Vielmehr gilt, dass sie **mit der Protokollierung** auch bei Abwesenheit der Mutter oder des Kindes **abgegeben** ist – und zwar endgültig abgegeben ist, sozusagen „steht": weder braucht der Mutter oder dem Kinde in diesem Falle eine Ausfertigung des Protokolls zuzugehen (was anderenfalls für einen Zugang im Rechtssinne unumgänglich wäre –; vielmehr erhalten diese nach § 1597 Abs. 2 BGB nur eine beglaubigte Abschrift nachrichtlich zur Kenntnisnahme), noch wäre es auch sonst erforderlich, dass Mutter oder Kind im Nachhinein mit einem Zugang der Vaterschaftsanerkennung an dem Erklärungsvorgang beteiligt sind (sie können ihre Zustimmung im Voraus erklärt haben – unten Rn. 241 –; auch hier erhalten sie die beglaubigte Abschrift lediglich zur Kenntnisnahme nachrichtlich).

Erst recht erhält der **Standesbeamte** die beglaubigte Abschrift der Vaterschaftsanerkennung nur zur Benachrichtigung, nicht als rechtsförmlicher Adressat. Bei der Anerkennung der Vaterschaft wäre solcher Zusatz eines „Adressaten" nicht nur verfehlt, sondern auch gefährlich, weil er als Bedingung des Wirksamwerdens der Erklärung (durch Zugang) aufgefasst werden könnte, was nach § 1594 Abs. 3 BGB deren Unwirksamkeit zur Folge hätte.

Weiterhin gilt: Weil die Anerkennung der Vaterschaft keine Adressaten hat, ist sie auch nicht widerrufbar, im Gegensatz zur Widerrufbarkeit zugangsbedürftiger Willenserklärungen bis zu deren Zugang beim Empfänger (§ 130 Abs. 1 Satz 2 BGB). Die Erklärung der Anerkennung der Vaterschaft ist mit dem Abschluß der Niederschrift **unwiderruflich** geworden. Sie ist konstituierender Akt im stufenweisen Vollzug der außergerichtlichen Feststellung der Vaterschaft. Deren Unterschied zur gerichtlichen Feststellung

187

besteht gerade darin, dass sie „zweiaktig" ist, sich aus Anerkennung der Vaterschaft und Zustimmung der Mutter, u.U. des Kindes, zusammensetzt. Die Anerkennung der Vaterschaft kann sich nur noch durch die Zustimmung der Mutter bzw. ggf. zusätzlich des Kindes vollenden. Bis dahin kann der Anerkennende nicht mehr zurück, es sei denn um den Preis der Erhebung einer Anfechtungsklage nach den §§ 1600 BGB ff., für die seine Beweislast erheblich erschwert ist (§ 1600c Abs. 1 BGB). Sind allerdings binnen eines Jahres nach Beurkundung die notwendigen Zustimmungen nicht erteilt, gibt § 1597 Abs. 3 BGB ein Widerrufsrecht (hierzu Rn. 201).

b) *Der Normalfall. Die vorgeburtliche Anerkennung. Mehrlingsgeburten. Anerkennung volljähriger Kinder*

188 Die Anerkennung der Vaterschaft ist schon vor der Geburt des Kindes möglich (§ 1594 Abs. 4 BGB). Sie kann allerdings **grundsätzlich nicht vor einer Zeugung** erklärt werden. Dem steht im Regelfall § 1594 Abs. 3 BGB entgegen, wonach die Erklärung nicht unter eine Bedingung gestellt werden darf. Insoweit läge aber die stillschweigende Bedingung vor, dass es zu einer Zeugung kommt (*Wellenhofer-Klein* in: MünchKommBGB § 1594 Rn. 41 m.w.Nachw.). Die Anerkennung muss daher, um Wirksamkeit zu erlangen, nach der Zeugung wiederholt werden.

189 Allerdings wird in der Literatur zu Recht befürwortet, für den Spezialfall der Zustimmung zu einer **heterologen Insemination** (Fremdsamenspende) die Anerkennung bereits vor der Zeugung zuzulassen (*Wellenhofer-Klein* a.a.O.; *Holzhauer* in: Erman § 1594 Rn. 8; *Spickhoff* AcP 197 (1997), 398 [426]). In diesem Fall erscheint es wegen des engen sachlichen Zusammenhangs in der Tat sinnvoll, die Zustimmung zur Insemination und die Anerkennung der Vaterschaft zum selben Zeitpunkt zu erklären.

Dann ist aber folgerichtig, diesen Grundsatz auch dann anzunehmen, wenn ein Mann förmlich die Zustimmung zu einer *homologen* Insemination, also zur künstlichen Befruchtung der Frau mit seinem eigenen Samen, erklärt.

Formulierungsbeispiel:

„Ich erkenne an, der Vater des aus der Schwangerschaft der Frau ... durch eine von uns beantragte IVF-Behandlung gezeugten Kindes bzw. Kinder zu sein."

In einem Fall ist die Frage praktisch geworden, ob eine so formulierte Anerkennung – und eine entsprechende Sorgeerklärung! – nach der Geburt eines Kindes auch für weitere auf gleichem Wege gezeugte Kinder desselben Paares gilt. Die Auslegung des objektiven Erklärungsinhalts aus der Sicht eines verständigen Betrachters gem. §§ 133, 157 BGB ergibt, dass sich diese Erklärungen auf das Kind bzw. die Kinder beziehen, die aus der Schwangerschaft hervorgehen sollten, welche die Mutter und der Mann seinerzeit mit einer künstlichen Befruchtung herbeizuführen hofften. Nachdem hieraus ein Kind hervorgegangen war, waren Vaterschaftsanerkennung und Sorgeerklärung „verbraucht". Sollten die Eltern beabsichtigen, künftig nochmals ein Kind auf diesem Wege zu zeugen, bedürfte es einer erneuten Anerkennung und Sorgeerklärung.

Bei der Vaterschaftsanerkennung zu einem mit Einwilligung des Mannes und der Mutter durch künstliche Befruchtung gezeugten Kind besteht besonderer Anlass, darüber zu **belehren**, dass die Anfechtung der Vaterschaft durch den Mann – wie auch durch die Mutter – nunmehr durch § 1600 Abs. 2 BGB ausgeschlossen ist. In diesem Fall ist **allein das Kind zur Vaterschaftsanfechtung berechtigt**. Solange es minderjährig ist, kann sein gesetzlicher Vertreter die Vaterschaft nur anfechten, wenn dies dem Wohl des Kindes dient (§ 1600a Abs. 4 BGB). Diese Voraussetzung dürfte aber wohl dann zu verneinen sein, wenn die Möglichkeit zur anschließenden Feststellung des wirklichen Erzeugers, des Samenspenders, infolge der Verschwiegenheit der an dem Vorgang beteiligten Ärzte bzw. medizinischen Einrichtungen praktisch aussichtslos erscheint (vgl. *Knittel* JAmt 2002, 50 [52]; *Wanitzek* FamRZ 2003, 730 [734], dort auch grundlegend zum Begriff und der Zulässigkeit der künstlichen Befruchtung).

Für den Normalfall geben die eingeführten Formulare den Gang der Beurkundung und die an sie im Einzelnen zu stellenden Anforderungen dem Gesetz entsprechend wieder. Die Variante der **vorgeburtlichen Anerkennung** (§ 1594 Abs. 4 BGB) berücksichtigen sie im allgemeinen nicht. Hier wird die Möglichkeit von **Mehrlingsgeburten** nicht außer Betracht gelassen werden dürfen. *Kurtze* (S. 11) ist der Meinung, dass die Anerkennungserklärung sich nur auf *ein* (erwartetes) Kind beziehen könne, und dass bei einer Mehrlingsgeburt deshalb die Anerkennung wiederholt werden müsse. Doch hat sich diese Ansicht nicht durchgesetzt; das übrige Schrifttum (*Jansen/Knöpfel* S. 113, *Mutschler* in: MünchKommBGB 3. Aufl. u. § 1600b a.F. Rn. 3., *Odersky* Anm. III 1 zu § 1600b a.F.) nimmt übereinstimmend an, dass die vorgeburtliche Anerkennung, wenn es zu einer Mehrlingsgeburt gekommen sei, sich auf alle geborenen Kinder erstrecke. Zu empfehlen ist aber vorsorglich eine Fassung, die die Anerkennung

„des oder der aus der gegenwärtigen Schwangerschaft der Frau . . . zu erwartenden Kindes (Kinder) . . ."

zum Gegenstand der Erklärung macht. Nach der Geburt ist von Amts wegen ein Zusatzvermerk zur Urschrift zu setzen, betreffend den (oder die) Vornamen und Familiennamen des Kindes (der Kinder), der dann in die Formel einer etwaigen späteren Ausfertigung zu übernehmen wäre.

189a

Die Anerkennung **lebender Mehrlingsgeburten** in ein und derselben Urkunde zu erklären, ist unbedenklich. Auch eine damit verbundene vollstreckbare Unterhaltsverpflichtung kann zugunsten der Mehrlingskinder in dieser Urkunde sammelweise übernommen werden (freilich nur so, dass die einzelnen Unterhaltsansprüche getrennt ausgeworfen und nicht etwa in einer Summe zusammengefasst werden); die vollstreckbaren Ausfertigungen werden daraufhin je für das einzelne Kind aus dem ihm geltenden Teil der Verpflichtungsurkunde erteilt.

190

Auch das **volljährig gewordene Kind** kann anerkannt werden. Für diese Beurkundung ist der Urkundsbeamte des Jugendamts unverändert zuständig – nicht nur desjenigen Jugendamts, bei dem die Amtspflegschaft bzw. -beistandschaft oder Amtsvormundschaft zuletzt geführt wurde, sondern

191

(§ 87e KJHG) auch hier eines jeden Jugendamts. § 59 Abs. 1 Satz 1 Nr. 1 SGB VIII enthält für die Anerkennung der Vaterschaft keinen auf das Kind bezüglichen Alterszusatz, so dass eine Beschränkung auf das minderjährige Kind (anders aber für dessen etwa erforderliche Zustimmung, vgl. Rn. 248) hier nicht besteht. Zwar könnte man daran denken, eine Altersgrenze des Kindes, zu dem die Vaterschaft anerkannt werden soll, bei **27 Jahren** zu ziehen. Denn die Beurkundung im Jugendamt ist eine „andere Aufgabe" im Sinne von § 2 Abs. 3 Nr. 12 SGB VIII, die „zugunsten junger Menschen und Familien" erbracht wird (§ 2 Abs. 1 SGB VIII). Als **„junger Mensch"** im Sinne des Gesetzes gilt, wer noch nicht 27 Jahre alt ist (§ 7 Abs. 1 Nr. 4 SGB VIII). Die Beurkundung einer Anerkennung der Vaterschaft zu einem Abkömmling jenseits dieser Altersgrenze käme somit nicht mehr einem „jungen Menschen" zugute . Man könnte sie aber auch als Aufgabenerfüllung **„zugunsten von Familien"** verstehen, weil auf diese Weise eine familiale rechtliche Bindung zwischen Vater und volljährigem Kind – wenigstens im ersten Teilschritt – geschaffen wird. Gleichwohl erscheint es ungewöhnlich, wenn in seltenen Ausnahmefällen ein Mann die Vaterschaft etwa zu einem 35-jährigen „Kind" vor dem Jugendamt beurkunden lassen möchte. Im Hinblick darauf, dass die Zustimmungserklärung ohnehin nur vor Standesbeamten bzw. Notar protokolliert werden könnte, sollte auch der Vater dorthin verwiesen werden, um die Anerkennung außerhalb jedes Zweifels zu stellen (veröffentlichte Rechtsprechung hierzu ist allerdings nicht bekannt). Besteht der Mann jedoch auf der Beurkundung vor dem Jugendamt, ist dem nach entsprechender Belehrung nachzukommen und die Entscheidung über die Wirksamkeit des Beurkundungsaktes dem zuständigen Standesamt bei der Beischreibung der Vaterschaft zu überlassen.

192 Im Einzelfall kann die **Bezeichnung des Kindes** problematisch sein, wenn die Eltern wünschen, nach Vaterschaftsanerkennung und Sorgeerklärung dem Kind den **Namen des Vaters** zu erteilen und das Kind bereits **unter diesem Namen bei der Geburt registrieren** zu lassen. Es wäre jedenfalls unzulässig, die Anerkennung der Vaterschaft und Sorgeerklärungen zu beurkunden, wenn hierbei die Namensbezeichnung des Kindes gänzlich unterbleiben soll. Zwar wäre es theoretisch denkbar, wenigstens bei der Beurkundung der Anerkennung das Kind ohne Angabe des Nachnamens zu umschreiben, wenn hierdurch eine Präjudizierung des Geburtsnamens vermieden werden soll. Vor einer Namensbestimmung gegenüber dem Standesbeamten durch nicht miteinander verheiratete Eltern nach § 1617a Abs. 1 BGB führt das Kind den Namen der Mutter; deshalb kann die Urkundsperson des Jugendamts nicht nach dem Wunsch der Eltern bereits den Namen des Vaters eintragen. Jedoch spätestens bei der Beurkundung der Sorgeerklärung wäre eine derartige Umschreibung – etwa „das am ... geborene Kind der Frau ... mit dem Vornamen ..." – fragwürdig, weil dies nur zu Unklarheiten im Rechtsverkehr führen kann.

Dem Wunsch der Eltern kann vielmehr auf andere Weise unkompliziert entsprochen werden: Wird die Anerkennung der Vaterschaft und die Zustimmungserklärung der Mutter gem. § 29a Abs. 1 PStG von dem Standesbeamten beurkundet, kann dieser in demselben Beurkundungstermin auch

Namenserklärungen nach § 31a PStG aufnehmen. Hierbei könnte er zwar nicht eine Namensbestimmung nach § 1617 Abs. 1 BGB beurkunden oder beglaubigen, weil dies die gemeinsame Sorge voraussetzt, welche nicht miteinander verheiratete Eltern wiederum durch eine vor dem Jugendamt zu beurkundende Sorgeerklärung erlangen können. Jedoch kann die allein sorgeberechtigte **Mutter gem. § 1617a Abs. 2 BGB** dem Kind durch Erklärung gegenüber dem Standesbeamten **den Namen des Vaters erteilen,** wenn dieser einwilligt. Nun setzen zwar die entsprechenden Erklärungen eine logische Abfolge voraus, wonach die Anerkennung der Vaterschaft der Einwilligung in die Namenserteilung vorangehen muss. Jedoch wird wohl niemand den formalistischen Standpunkt vertreten, dass bei zeitlich unmittelbar aufeinander folgenden Erklärungen innerhalb eines Beurkundungstermins die Anerkennung der Vaterschaft zunächst den Namen der Mutter als Geburtsnamen des Kindes ausweisen müsse, wenn gleich danach das Kind durch Erklärung der Mutter mit Zustimmung des „frisch gebackenen" Vaters dessen Namen erhält.

Selbst wenn ein Standesbeamter dies entgegen praktischer Vernunft anders sehen sollte, kann jedenfalls in einem dritten Schritt die Geburt des Kindes bereits mit dem Namen des Vaters als Geburtsnamen beurkundet werden. Wenn dieses Ergebnis erreicht wird, dürfte es den Eltern gleichgültig sein, ob die Namensbestimmung auf der Rechtsgrundlage des § 1617 Abs. 1 oder § 1617a Abs. 2 BGB getroffen wurde.

Anschließend können die Eltern beim Jugendamt Sorgeerklärungen unter Bezeichnung des Kindes mit seinem endgültigen und tatsächlich gewünschten Namen beurkunden lassen. Dieses Vorgehen erscheint einfach und rechtlich praktikabel. Die Eltern müssen ohnehin zwei Beurkundungstermine – nämlich einen beim Jugendamt für die Sorgeerklärung und einen beim Standesamt für die Beurkundung der Geburt und die Namensbestimmung – wahrnehmen.

c) *Bedingungsfeindlich. Die Anerkennung während eines Verfahrens zur Vaterschaftsanfechtung*

Die Anerkennung der Vaterschaft kann nicht unter einer Bedingung oder Zeitbestimmung erklärt werden (§ 1594 Abs. 3 BGB). Keine Bedingung im Rechtssinne ist es, wenn der Erzeuger des Kindes seine Vaterschaft anerkennen will, **während noch ein Prozess um die Anfechtung der bisherigen Vaterschaft anhängt,** und er hierbei den Vorbehalt macht „für den Fall, dass die bisher bestehende Vaterschaft erfolgreich angefochten wird" o.ä. Der BGH (BGHZ 99, 236 = DAVorm 1987, 355) hat zum früheren Recht einen derartigen Vorbehalt ausdrücklich zugelassen. Allerdings kann die Vaterschaft am Rande des Geburtseintrags erst vermerkt werden, wenn der Anfechtung gegen die zuvor bestandene Vaterschaft rechtskräftig stattgegeben wurde.

193

Hiermit hatte die Rechtsprechung zugleich eine weitere Klippe der **Unwirksamkeit im früheren Recht** umsteuert: Denn war gegenüber einem nichtehelichen Kind die Vaterschaft anerkannt oder rechtskräftig festgestellt worden, blieb eine weitere Anerkennung unwirksam, d.h. unheilbar

194

nichtig (vgl. § 1600b Abs. 3 BGB a.F.). Die Regelung bezog sich zwar nach ihrem Wortlaut nicht ausdrücklich auf scheineheliche Kinder. Jedoch konnte insoweit nichts anderes gelten, zumal § 1593 BGB a.F. „die Geltendmachung der Nichtehelichkeit" eines ehelich geborenen Kindes nur nach rechtskräftiger erfolgreicher Anfechtung der Ehelichkeit zuließ.

195 Der BGH ließ aber eine unter der **Rechtsbedingung einer künftigen erfolgreichen Anfechtung** der Ehelichkeit erklärte Anerkennung zu mit zwei Konsequenzen: Zum einen verstieß diese Anerkennung nicht gegen den Grundsatz des § 1600b Abs. 1 BGB a.F., wonach unter einer Bedingung erklärte Anfechtungen unwirksam waren. Denn es handelte sich insoweit nicht um eine echte Bedingung, sondern eben um eine Rechtsbedingung. Zum anderen konnten derartige Anerkennungen folgerichtig nicht allein deshalb als unwirksam behandelt werden, weil bereits die Vaterschaft eines anderen Mannes bestand. Um aber den zuvor dargelegten Grundsatz nicht völlig aufzugeben, wurde zusätzlich verlangt, dass die **Anfechtung bereits** in nach außen erkennbarer Weise von einem hierzu Berechtigten **in Gang gesetzt** worden war, und sei es auch nur durch Antrag auf Bestellung eines Ergänzungspflegers für das Kind (BGH a.a.O.; vgl auch Kammergericht DAVorm 1977, 606). Ohne diese Voraussetzung blieb eine Anerkennung der Vaterschaft für das Kind sozusagen im Voraus, für den Fall, dass (irgendwann einmal) die bisher bestehende Vaterschaft erfolgreich angefochten werden sollte, unwirksam und die Beurkundung deshalb unzulässig (*Gaul* in: Soergel 12. Aufl § 1600b BGB a.F. Rn. 6; LG Dortmund NJW-RR 1990, 12).

196 Diese Grundsätze können nicht mehr für das geltende Recht herangezogen werden: Der Gesetzgeber hat die Regelung des § 1600b Abs. 3 BGB a.F. nunmehr erweiternd auf alle „Vaterschaften" ausgedehnt, jedoch mit einer nur kleinen und gleichwohl nicht unwesentlichen Änderung. Statt „unwirksam" soll die Anerkennung nunmehr „nicht wirksam" sein, „solange die Vaterschaft eines anderen Mannes besteht" (§ 1594 Abs. 2 BGB n.F.). Hieraus wird gefolgert, dass der Gesetzgeber derartige Anerkennungen nicht für nichtig, sondern für **schwebend unwirksam** hält (so z.B. *Lipp/Wagenitz* § 1594 Rn. 6 unter Hinweis auf BT-Drucks. 13/4899 S. 84 re. Sp.; *Diederichsen* in: Palandt § 1594 Rn. 6).

197 Das erscheint auch deshalb konsequent, weil sog. qualifizierte Anerkennungserklärungen, welche unter den Voraussetzungen des § 1599 Abs. 2 BGB vor Rechtskraft der Scheidung abgegeben werden schon der Natur der Sache nach nicht nichtig sein können und es nicht sinnvoll ist, insoweit sonstige Anerkennungserklärungen unterschiedlich zu behandeln.

Denn eine Änderung der Vaterschaftszuordnung durch bloße **Anerkennung ohne vorherige Anfechtung** ist nunmehr in § 1599 Abs. 2 BGB geregelt. Für diesen Vaterschaftswechsel gelten **vier Voraussetzungen:** Die Ehe der Mutter mit dem nach § 1592 Nr. 1, § 1593 BGB vermuteten Vater muss **rechtskräftig geschieden** worden sein. Das Kind wurde während der Ehe, aber **nach Einreichung des Scheidungsantrages** geboren. Ein anderer Mann hat **die Vaterschaft anerkannt,** und zwar spätestens bis zum Ablauf eines Jahres nach Rechtskraft des Scheidungsurteils. Der (ehemalige) Ehemann der Mutter und gesetzlich vermutete Vater des Kindes hat der Anerkennung des Dritten formgerecht **zugestimmt.**

Liegen diese Voraussetzungen vor, tritt die Vaterschaftsvermutung der § 1592 Nr. 1, § 1593 BGB automatisch außer Kraft. Die neue Vaterschaft durch Anerkennung wird wirksam, ohne dass die zuvor bestehende im Wege der Anfechtung beseitigt werden muss. Die Vorschrift des § 1594 Abs. 2 gilt in diesem Falle nicht (vgl. § 1599 Abs. 2 Satz 1 Hs. 2 BGB). Diese Regelung soll **Anfechtungsprozesse vermeiden**, wenn die im Wege der Regelvermutung des § 1592 Nr. 1 BGB getroffene rechtliche Zuordnung des Kindes zu dem Ehemann der Mutter im Zeitpunkt der Geburt mit großer Wahrscheinlichkeit der wirklichen Lage nicht entspricht, nämlich infolge der Trennungs- und Scheidungssituation zwischen den Eheleuten, und ferner ein dritter Mann die Vaterschaft für das Kind übernommen hat, wodurch sein Personenstatus gesichert wird (vgl. BT-Drs. 13/4899 S. 53; *Lipp/Wagenitz* § 1599 Rn. 4; zu unterhaltsrechtlichen Folgen des „scheidungsakzessorischen Statuswechsels" *Wagner* FamRZ 1999, 7; zur Eintragung in das Familienbuch StAZ 1999, 81).

198 Diese „qualifizierte" Vaterschaftsanerkennung ist **schon vor der Geburt** des Kindes möglich (a.A. *Kemper* DAVorm 1999, 191). Dies folgt aus der entsprechenden Anwendbarkeit des § 1594 Abs. 4 BGB auf die Zustimmung des Scheinvaters (vgl. § 1599 Abs. 2 Satz 2, Hs. 2). Diese ergibt nur Sinn, wenn auch – wie im Regelfall – die vorgeburtliche Anerkennung zulässig ist. Im Übrigen ist für die Anerkennung selbst nur § 1594 Abs. 2 BGB ausgeschlossen, nicht aber Abs. 4 dieser Vorschrift. Für eine pränatale Anerkennung besteht auch durchaus ein Bedürfnis, z.B. bei Geburt des Kindes kurz vor Rechtskraft des Scheidungsurteils sowie im Hinblick auf den allgemeinen Wunsch vieler Eltern, den Status des Kindes schon bei der Geburt geklärt zu haben.

Zuweilen ist bei der gewünschten vorgeburtlichen Beurkundung der Anerkennung der Vaterschaft **zweifelhaf**t, ob später die Voraussetzung des § 1599 Abs. 2 BGB erfüllt sein kann, dass das **Kind erst nach der Anhängigkeit eines Scheidungsantrags geboren wird**. Das gilt namentlich dann, wenn voraussichtlich zum Zeitpunkt der Geburt das Trennungsjahr gem. § 1565 Abs. 1 BGB noch nicht abgelaufen sein wird. Gleichwohl darf die Urkundsperson auch in diesem Fall die Beurkundung nicht wegen absehbarer Wirkungslosigkeit ablehnen, zumal in Ausnahmefällen bei besonderer Härte eine Scheidung auch vor Ablauf des Trennungsjahres beantragt werden kann (vgl. § 1565 Abs. 2 BGB). Es ist jedenfalls nicht Sache der Urkundsperson, dies abschließend zu beurteilen. Sie muss allerdings die Beteiligten über die Problematik belehren. Im Übrigen wäre die gewünschte Erklärung schließlich in keinem Falle nichtig, sondern allenfalls schwebend unwirksam (vgl oben Rn. 196) und könnte nach erfolgreicher Anfechtung der Vaterschaft Wirksamkeit erlangen.

199 Ebenfalls kann im Zeitpunkt der Beurkundung **zweifelhaft** sein, ob das **Kind** tatsächlich **noch vor** der **Rechtskraft des die Scheidung ausspre-**

chenden Urteils geboren wird. Es kann sich dann zur Klarstellung empfehlen, für die Zustimmung des mit erschienenen Ehemannes einen Vorbehalt dahin gehend aufzunehmen, dass sie für den Fall einer Geburt vor rechtskräftigem Abschluss des Scheidungsverfahrens erklärt werde. Darin läge eine zulässige Rechtsbedingung. Erforderlich ist ein solcher Vorbehalt allerdings nicht. Liegt der Geburtstermin, wie sich später herausstellt, erst danach, bedarf es im Ergebnis keiner Zustimmung des früheren Ehemannes der Mutter, weil dieser rechtlich nicht mehr als Vater des Kindes gilt. Eine gleichwohl vorsorglich beurkundete Zustimmung des Mannes geht dann ins Leere, sie ist rechtlich unerheblich. Wird der Urkundsperson das Scheidungsurteil mit Rechtskraftvermerk vorgelegt, ist insoweit keine „Berichtigung" der Niederschrift über die qualifizierte Vaterschaftsanerkennung gemäß § 1599 Abs. 2 BGB geboten. Allenfalls kann in einem Nachtragsvermerk festgehalten und den Beteiligten zur Kenntnis gebracht werden, dass mit der Rechtskraft der Scheidungurteils und der danach liegenden Geburt die vorsorglich erklärte Zustimmung des früheren Ehemannes gegenstandslos geworden ist und rechtlich bedeutsam allein die Anerkennung des leiblichen Vaters sowie die Zustimmung der Mutter sind.

200 Die **Zustimmungserklärung des „Scheinvaters"** ist bedingungs- und befristungsfrei zu erklären sowie öffentlich zu beurkunden (§ 1599 Abs. 2 Hs. 2 i.V.m. § 1594 Abs. 3 und 4, § 1597 Abs. 1). Die Beurkundung ist auch vor dem Jugendamt gemäß § 59 Abs. 1 Satz 1 Nr. 1 SGB VIII möglich. Beglaubigte Abschriften der Zustimmung sind dem Vater, der Mutter und dem Kind sowie dem Standesbeamten in entsprechender Anwendung des § 1597 Abs. 2 BGB zu übersenden.

201 Auch die Zustimmung des Scheinvaters ist nicht fristgebunden. Deshalb kann der **Anerkennende seine Erklärung widerrufen**, wenn sie ein Jahr nach der Beurkundung noch nicht wirksam geworden ist (§ 1597 Abs. 3 Satz 1 BGB). Dass diese Vorschrift in § 1599 Abs. 2 Satz 2 Hs. 2 BGB ausdrücklich ausgenommen ist, spricht nicht dagegen. Denn die dort genannten entsprechend anwendbaren Vorschriften betreffen nur die Zustimmungserklärung des Scheinvaters. Der Ausschluss des § 1597 Abs. 3 BGB aus der Verweisungskette besagt somit nur, dass der *zur Zeit der Geburt mit der Mutter verheiratete Mann* kein Widerrufsrecht hat.

Der **Widerruf** des Anerkennenden muss **öffentlich beurkundet** werden. (§ 1597 Abs. 3 Satz 2 i.V.m. Abs. 1 BGB). Diese Beurkundung ist nunmehr auch **vor dem Jugendamt** möglich, nachdem der Gesetzgeber mit dem Kinderrechteverbesserungsgesetz vom 9. Dezember 2002 (oben Rn. 12) den Katalog der Zuständigkeiten in § 59 Abs. 1 Satz 1 Nr. SGB VIII um den Widerruf der Anerkennung erweitert hat. Der zum Widerruf entschlossene Mann muss nicht mehr an den Standesbeamten (§ 29a Abs. 1 Satz 2 PStG) oder einen Notar (vgl. § 20 BNotO) verwiesen werden.

202 Ist die Anerkennung wirksam geworden, kann der Mann die Vaterschaft nach §§ 1600 ff. BGB **anfechten**. Mit wirksamer Anfechtung wird der Ehemann in entsprechender Anwendung des § 1593 Satz 4 BGB wieder zum Vater (hierzu *Veit* FamRZ 1999, 902).

d) *Sonstige sachliche Einschränkungen (Anerkennung mit Beschränkung auf die Rechtswirkungen nach deutschem Recht? Inkognito-Anerkennung?)*

In der Nähe von Bedingung und Zeitbestimmung stehen sachliche Einschränkungen, mit denen die Vaterschaftsanerkennung verbunden werden soll. Auch sie sind unzulässig. Hauptfall ist die Einschränkung, wonach in Fällen mit Auslandsberührung die Vaterschaftsanerkennung **nur für diejenigen Wirkungen** ausgesprochen werden solle, die sich **aus deutschem Recht** ergeben, etwa für das Kind, um einen Erwerb der Staatsangehörigkeit des Vaters nach dessen Heimatrecht (Wehrpflicht!) auszuschließen. Eine solche qualitativ-beschränkte „Teil-Vaterschaft" gab es schon früher nicht (BGHZ 64, 129 = DAVorm 1975, 283) und ist unter der Rechtslage nach dem Gesetz zur Neuregelung des internationalen Privatrechts vom 25. Juli 1986 vollends ausgeschlossen.

203

Ein anderer Fall ist die Anerkennung mit der Maßgabe, dass sie **geheim bleibe** und weder dem Standesbeamten noch den übrigen Beteiligten mitgeteilt werden dürfe. Der Zusatz mutet der Urkundsperson etwas Gesetzwidriges zu, so dass schon deshalb die Beurkundung abzulehnen ist. Eine Inkognito-Anerkennung gibt es seit dem NEG nicht mehr (dazu OLG Frankfurt FamRZ 1972, 657 = DAVorm 1972, 500; OLG Karlsruhe FamRZ 1972, 97). Sie kann auch nicht – derartiges ist versucht worden – auf dem Umweg erreicht werden, dass der Anerkennende der Urkundsperson zur Auflage macht, die nach § 1597 Abs. 2 BGB vorgeschriebene Mitteilung an den Standesbeamten in versiegeltem Umschlag zu übersenden mit der Maßgabe, dass der Umschlag erst unter bestimmten, näher bezeichneten Voraussetzungen geöffnet werden dürfe. Die Mitteilungspflicht nach § 1597 Abs. 2 BGB ist eine öffentlich-rechtliche und kann nicht von privater Seite gesteuert werden. Auch würde die Übersendungspflicht nicht dadurch erfüllt, dass nur der Urkundenkörper in den Bereich des Adressaten gelangt; nicht das Papier, sondern der Inhalt ist Gegenstand der (Mitteilung durch) „Übersendung"; s. dazu auch OLG Hamm FamRZ 1985, 1078 [1080] (Notar). Wird gleichwohl „geheime Anerkennung" verlangt, ist die Beurkundung abzulehnen (OLG Frankfurt DNotZ 1973, 309).

204

e) *Was der Anerkennung nicht entgegensteht (anderweite, noch nicht wirksam gewordene Feststellung der Vaterschaft eines Dritten, Adoption)*

Folgende Umstände stehen einer Beurkundung der Vaterschaftsanerkennung nicht entgegen:

205

- der Umstand, dass ein **anderer Mann die Vaterschaft bereits anerkannt** hat. Das gilt unabhängig davon, ob diese Anerkennung bereits (durch Zustimmung der Mutter bzw. des Kindes) Wirksamkeit erlangt hat. Ist das noch nicht der Fall, kann die Mutter dann wählen, welcher von beiden Anerkennungen sie (wenn überhaupt) zustimmen will (zur früheren Rechtslage bei alleiniger Zustimmung des Kindes *Mutschler* in: MünchKommBGB in: § 1600b Rn. 5; *Gaul* in: Soergel § 1600b Rn. 7; *Odersky* § 1600b Anm. III 2b). Das Gleiche gilt deshalb, wenn die Anerkennung beurkundet werden soll, während ein **Vaterschaftsprozess gegen einen anderen Mann** schwebt, oder bereits rechtskräftig zur Feststellung dieses Mannes als Vater geführt hat. Auch die Abstammung eines Kindes von dem – zur Zeit der Geburt – Ehemann der Mutter hindert nach geltendem Recht nicht mehr die Anerkennung (oben Rn. 196).

- Will ein Beteiligter die Vaterschaft zu einem Kind anerkennen, zu dem bereits die Vaterschaft eines anderen Mannes besteht – sei es infolge „ehelicher" Geburt oder durch eine vorangegangene wirksame Anerkennung oder Feststellung –, kann ihn die Urkundsperson somit **nicht mehr allein mit der Begründung abweisen, die** von ihm beabsichtigte **Erklärung sei unwirksam, also nichtig**. Er muss vielmehr darüber belehrt werden, dass die Vaterschaftsanerkennung – unbeschadet notwendiger Zustimmungserklärungen – **schwebend unwirksam** ist und keine Rechtswirkungen haben kann, bis entweder die bestehende Vaterschaft durch rechtskräftiges Urteil nach Anfechtung beendet wurde oder – im Fall des § 1599 Abs. 2 BGB – die Rechtskraft der Scheidung eingetreten ist.

- In geeigneten Fällen muss auch darüber belehrt werden, dass der Anerkennende – selbst wenn er glaubhaft der Erzeuger sein sollte – **grundsätzlich nicht die bestehende Vaterschaft eines anderen Mannes anfechten** kann. Denn er gehört nicht zum Kreis der nach § 1600 BGB Anfechtungsberechtigten, der auf den Scheinvater, die Mutter und das Kind beschränkt ist. Allerdings besteht seit der Neufassung der Vorschrift durch das „Gesetz zur Änderung der Vorschriften über die Anfechtung der Vaterschaft usw." vom 23. April 2004 (BGBl. I S. 598) die Möglichkeit der Anfechtung des Mannes, der an Eides statt versichert, der Mutter des Kindes während der Empfängniszeit beigewohnt zu haben (§ 1600 Abs. 1 Nr. 2 BGB n.F.). Das setzt freilich nach Abs. 2 der Vorschrift voraus, dass zwischen dem Kind und dem Scheinvater keine „sozial-familiäre Beziehung" besteht. Eine solche sozial-familiäre Beziehung ist aber zu bejahen, wenn der Scheinvater für das Kind tatsächliche Verantwortung trägt. Das ist im Regelfall anzunehmen, wenn er mit der Mutter des Kindes verheiratet ist oder mit dem Kind längere Zeit in häuslicher Gemeinschaft zusammengelebt hat (§ 1600 Abs. 3 Satz 2 BGB n.F).

206
- der Umstand, dass das anzuerkennende **Kind bereits adoptiert** ist. Denn auch einer Vaterschaftsklage stünde die Adoption nicht entgegen (OLG Celle DAVorm 1980/940). Die Adoption kann möglicherweise aufgehoben werden; alsdann wäre es für eine Feststellung der Vaterschaft vielleicht zu spät (der Anerkennungswillige ist in der Zwischenzeit verstorben; für ein postmortales Verfahren fehlen jetzt die Beweismöglichkeiten). Auch bestehen, ungeachtet der zivilrechtlichen Beendigung des Verwandtschaftsbandes, die öffentlich-rechtlichen Zeugnisverweigerungsrechte in gerichtlichen Verfahren fort. Bei vor dem 1. Juli 1998 geborenen Kindern, für die sich die Vaterschaft nach den bisherigen Vorschriften richtet (vgl. Art. 224 § 1 Abs. 1 EGBGB),

ist freilich eine andere Frage, ob die Adoptiveltern namens des Kindes demnächst ihre Zustimmung zu der Anerkennung der Vaterschaft geben werden mit der Wirkung, dass die Vaterschaft rückwirkend ab Geburt des Kindes bis zu Wirksamwerden des Adoptionsbeschlusses begründet worden wäre; dieselbe Frage stellt sich bei der Vertretung des Kindes im Rahmen seiner Zustimmung nach neuem Recht gemäß § 1596 Abs. 2 BGB. Doch hat das mit der Beurkundung der Anerkennung als solcher nichts zu tun.

f) Die Vaterschaftsanerkennung durch den Nicht-Vater

207 Die bloße **Wahrheitswidrigkeit der Vaterschaftsanerkennung** macht diese noch nicht nichtig (auch nicht nach § 134 oder § 138 BGB), sondern allenfalls anfechtbar nach den §§ 1600 ff. BGB vgl. oben Rn. 23 f. m.w.Nachw.). Sie ist insbesondere auch nicht wegen Versuchs der Personenstandsfälschung nach § 169 Abs. 2 StGB strafbar (*Lackner in:* Schönke-Schröder StGB 26. Aufl. § 169 Rn. 7 mit weiteren Nachweisen; völlig herrschende Meinung). Denn der Gesetzgeber hat sich bei der Reform des Nichtehelichenrechts 1969 bewusst dafür entschieden, die Anerkennung der Vaterschaft nicht von einem Nachweis der biologischen Abstammung abhängig zu machen (vgl. *DIV-Gutachten* in DAVorm 2000, 467). Die Urkundsperson hat sich bei der Entgegennahme der Beurkundung der Vaterschaftserklärung um die tatsächlichen Abstammungsverhältnisse grundsätzlich nicht zu kümmern, weder Zweifeln nachzuforschen noch einen eigenen Kenntnisstand in Betracht zu ziehen. Für den Standesbeamten, der die Anerkennung der Vaterschaft beurkundet (§ 29a PStG; Rn. 521) gilt das Gleiche; in § 372 Abs. 2 Satz 1 der Dienstanweisung für die Standesbeamten ist das ausdrücklich gesagt.

208 Nicht die Urkundsperson, sondern die Mutter und ggf. der gesetzliche Vertreter des Kindes – in der Regel der Amtsvormund – haben nach § 1595 Abs. 1 und 2 BGB die Entscheidung darüber, ob es durch Zustimmung zu einer wirksamen Vaterschaftsanerkennung kommen soll oder nicht. Dieser Entscheidung darf die Urkundsperson aus ihrer vermeintlich besseren Kenntnis nicht durch Ablehnen der Beurkundung vorgreifen wollen. Abgelehnt werden dürfte die Beurkundung vielmehr nur, wenn mit ihr erkennbar unerlaubte oder unredliche Zwecke verfolgt werden (§ 4 BeurkG). Das wird bei der Anerkennung der Vaterschaft nur höchst ausnahmsweise anzunehmen sein; allein der Verdacht, dass hierdurch einem der Beteiligten ein gesicherter Aufenthaltsstatus verschafft werden soll, genügt nicht, sofern nicht offenbart wird, dass die wahrheitswidrige Anerkennung der Vaterschaft beziehungsweise ihre Zustimmung durch finanzielle Zuwendungen erkauft wurde (vgl. hierzu oben Rn. 24 ff.)

209 Hingegen kann die Anerkennung einer Vaterschaft ausnahmsweise dann zu unerlaubten oder unredlichen Zwecken erklärt werden, wenn dadurch eine in Frage gestellte **Adoption umgangen** werden soll. Etwa: Der Anerkennungswillige hat die Kindesmutter geheiratet und das nicht von ihm stammende Kind adoptieren wollen, ist aber charakterlich haltlos und zur Erziehung nicht geeignet, so dass der Ausspruch der Adoption rechtskräftig abgelehnt wird. Daraufhin will er nunmehr eine Anerkennung der Vaterschaft beurkunden lassen. Die Mutter wäre geneigt, dieser Anerkennung zuzustimmen. Derartige Fälle haben im früheren Recht in der jugendamtlichen Praxis bereits zur Debatte gestanden. Siehe zu diesem Problemkreis auch DAVorm 1981, 259 ff.

g)   Anerkennung durch beschränkt Geschäftsfähige und Geschäftsunfähige

210 Beschränkte Geschäftsfähigkeit (§ 1596 Abs. 1 und 2 BGB) und Geschäftsunfähigkeit (§ 1596 Abs. 1 Satz 3 BGB) auf Seiten des Anerkennungswilligen sind rechtserheblich nur für den **Zeitpunkt der Abgabe der Anerkennungserklärung.** Fehlende oder vorhandene Geschäftsfähigkeit im Zeitpunkt der Zeugung spielen keine Rolle.

211 Der **in der Geschäftsfähigkeit Beschränkte** gibt die Anerkennungserklärung in Person ab. Nur er kann sie abgeben, nicht auch stattdessen sein gesetzlicher Vertreter für ihn (also über seinen Kopf hinweg), auch nicht mit Genehmigung des Vormundschaftsgerichts. Dafür muss der gesetzliche Vertreter der Anerkennungserklärung zustimmen; darüber siehe Rn. 253. Eine Genehmigung des Vormundschaftsgerichts hierfür ist nicht erforderlich.

212 Die Fallgruppe der **Geschäftsunfähigkeit** hat sich seit dem In-Kraft-Treten des Betreuungsgesetzes erheblich zurückgebildet. Da ein Kind vor Vollendung des 7. Lebensjahres (§ 104 Nr. 1 BGB) als Erzeuger und damit als Anerkennender nicht in Betracht kommt, bleiben als Anwendungsgebiet nur die Fälle eines Erzeugers, der „sich in einem die freie Willensbestimmung ausschließenden Zustand krankhafter Störung der Geistestätigkeit befindet, sofern dieser Zustand nicht seiner Natur nach ein vorübergehender ist" (§ 104 Nr. 2 BGB). Das kann dann auch ein Jugendlicher bis zur Vollendung des 18. Lebensjahres sein, der ohne die psychische Krankheit als beschränkt geschäftsfähig zu gelten hätte. Er hat einen gesetzlichen Vertreter in Gestalt von Eltern oder Vormund. Als volljähriger Geschäftsunfähiger *kann* er, nachdem die vormalige Entmündigung weggefallen ist, einen rechtlichen Betreuer nach den §§ 1896 ff. BGB haben. Ist dies der Fall, so ist der Betreuer nach Maßgabe seines Aufgabenkreises der gesetzliche Vertreter (§ 1902 BGB). Für den – minderjährigen oder volljährigen – Geschäftsunfähigen gibt der gesetzliche Vertreter die Anerkennungserklärung ab, und zwar mit Genehmigung des Vormundschaftsgerichts (§ 1596 Abs. 1 Satz 3 BGB).

213 Die **Genehmigung muss vorher erteilt sein**, anderenfalls wäre die Anerkennung der Vaterschaft durch den gesetzlichen Vertreter unwirksam. Das folgt, nach herrschender Auffassung, ungeachtet des Wortlauts des Gesetzes aus § 1831 Satz 1 BGB (vgl. näher *Rauscher* in: Staudinger, Neubearb. 2000 § 1596 BGB Rn. 10 m.w.Nachw.); siehe hierzu oben Rn. 143, 146 auch zu der Frage, wie die Urkundsperson zu verfahren hat, wenn der Betreuer erklärt, (entweder:) eine zustimmend ergangene Bescheidung durch das Vormundschaftsgericht noch nicht vorweisen zu können, (oder aber:) sie jedenfalls nachträglich erwirken zu wollen.

B.I. Anerkennung der Vaterschaft

214 Der Grundsatz der höchstpersönlich auszusprechenden Anerkennung gilt nach § 1596 Abs. 3 Hs. 1 BGB auch für den **unter Betreuung stehenden anerkennungswilligen Kindesvater,** sofern er nicht geschäftsunfähig ist (oben Rn. 212). Nur wenn das Vormundschaftsgericht – was aber kaum jemals praktisch werden dürfte – einen **Einwilligungsvorbehalt** nach § 1903 BGB ausgesprochen hat dahingehend, dass der Betreute zu einer Vaterschaftsanerkennung die Einwilligung des Betreuers benötigt, müsste diese Einwilligung zuvor erteilt sein, also bei der Beurkundung der Anerkennungserklärung des Betreuten vorliegen (§ 1596 Abs. 3 Hs. 2; § 111 BGB). Der Unterschied zu dem jugendlichen Anerkennenden liegt in Folgendem: Letzterer bedarf für seine Anerkennungserklärung zwar ebenso einer „Zustimmung" des gesetzlichen Vertreters (§ 1596 Abs.1 Satz 2 BGB), die nach der Begriffsbestimmung des § 184 BGB jedoch auch die nachträgliche Genehmigung umfasst. Hingegen reduziert sich die „Einwilligung" in § 1903 BGB – wie auch sonst – auf die im Voraus erteilte Zustimmung (vgl. den Wortlaut des § 183 BGB).

215 Sämtliche Zustimmungen müssen öffentlich beurkundet werden (§ 1597 Abs. 1 BGB). Denn sie sind Wirksamkeitsvoraussetzung für die Anerkennung und auf den durch die öffentliche Beurkundung bewirkten Schutz soll nicht verzichtet werden (BT-Drs. 13/4899 S. 85). Nach früherem Recht genügte öffentliche Beglaubigung der notwendigen Zustimmungen.

h) Fälle mit Auslandsberührung

216 aa) Art. 19 Abs. 1 Satz 1 EGBGB bestimmt, dass die Abstammung eines Kindes dem Recht des Staates unterliegt, in welchem das Kind seinen gewöhnlichen Aufenthalt hat. Sie kann im Verhältnis zu jedem Elternteil auch nach dem Recht des Staates bestimmt werden, dem dieser Elternteil angehört (Art. 19 Abs. 1 Satz 2 EGBGB). Ist die Mutter verheiratet, kann die Abstammung auch nach ihrem Ehewirkungsstatut im Sinne von Art. 14 Abs. 1 EGBGB zum Zeitpunkt der Geburt bestimmt werden (Art. 19 Abs. 1 Satz 3 Hs. 1 EGBGB).

217 Mit der damit angebotenen Alternative ist ein betontes **Günstigkeitsprinzip** aufgestellt. Das „nichteheliche" Kind soll – mit Wirkung im Inland – einen (durch Anerkennung festgestellten oder durch Klage feststellbaren) Vater haben, wenn und sobald die Feststellung auch nur nach einer der möglichen Rechtsordnungen als wirksam getroffen gelten könnte. Wenn dieses Günstigkeitsprinzip im Kindesinteresse Geltung haben soll, bedeutet das zugleich, dass dort, wo eine Anerkennung der Vaterschaft beabsichtigt ist, **der Anerkennende nicht etwa das Recht hat, eine Auswahl** unter den in Betracht kommenden Rechtsordnungen zu treffen (OLG Hamm FamRZ 1991, 221 [223] und h.M.). Vielmehr gilt ein Prioritätsgrundsatz: Das Recht, das zuerst zur Bestimmung einer Abstammung geführt hat, ist das verbindlich gewordene Abstammungssatut (*Hohloch* in: Erman Art. 19 EGBGB Rn. 17 m.w.Nachw). Die Bestimmung des für das Kind „günstigeren" Rechts – und ob danach die Vaterschaft auf der Basis der Anerkennung als festgestellt gelten kann – trifft diejenige inländische Stelle, die über die Anerkennungswirkungen zu befinden hat: die Urkundsperson bei der Erteilung der Vollstreckungsklausel zu der vom Anerkennenden übernommenen Unterhaltspflicht (unten Rn. 361), der Standesbeamte bei der Beischreibung, das Gericht in der Feststellungsklage aus § 640 Abs. 2 Nr. 1 ZPO. Denn um die Geltungskraft der anerkannten Vaterschaft im Inland geht es. Die Wege des Art. 19 Abs. 1 EGBGB sind hierbei gleichwertig. Allerdings können die Anforderungen sehr unterschiedlich sein: teils geringer, teils schärfer, teils (im Ergebnis) auf gleicher Ebene wie das deutsche Recht.

Daraus ergeben sich für die Beurkundung im Jugendamt nachstehende Folgerungen (bb] bis hh]):

218 bb) Die Urkundsperson hat zunächst die **Anerkennung der Vaterschaft als solche zu Protokoll zu nehmen.** Nach einer der Rechtsordnungen des Art. 19 Abs. 1 EGBGB muss sie *immer* Wirkungen äußern. Welche Wirkungen die Anerkennungserklärung aus sich heraus für die Feststellung der Vaterschaft nach je den beteiligten Rechtsordnungen äußert: ob sie allein schon genügt (Frankreich, Schweiz, Österreich); ob zu ihrer Wirksamkeit noch Zustimmungen erforderlich sind (der Kindesmutter aus eigenem Recht, gegebenenfalls ergänzend die Zustimmung des Kindes – so jetzt das BGB wie zahlreiche andere Rechtsordnungen –), ist nicht Vorbedingung für eine Beurkundung der Anerkennung. Denn diese hat ja stets der erste Schritt zu sein. Nach welcher Rechtsordnung, als der für das Kind günstigsten, die anerkannte Vaterschaft demnächst für festgestellt erachtet werden könnte, hätte die Urkundsperson in der Beurkundung allenfalls für eine Belehrung zu interessieren, wenn sie die nötige Übersicht hierüber besäße. Da sie aber nur ihr eigenes Recht zu kennen braucht und ein etwa günstigeres ausländisches Recht oft nicht kennen kann, wird sie **von den Erfordernissen des deutschen Rechts auszugehen** und an ihnen die Beurkundung auszurichten haben. Damit sichert sie zugleich die Feststellbarkeit der Vaterschaft gegenüber einem dem Kinde weniger günstigen fremden Recht des Auslands ab.

219 cc) Das ist deshalb zugleich das nächstliegende Verfahren, weil es die in der Praxis gängigsten Fälle einer ebenso einfachen wie eindeutigen Lösung zuführt. Es sind die Fälle der Anerkennung der Vaterschaft zu einem „nichtehelichen" Kind, welches, ob deutsch oder ausländisch, mit gewöhnlichem Aufenthalt im Inland lebt. Hier wird gemäß Art. 19 Abs. 1 Satz 1 EGBGB **schlechthin nach deutschem Recht**, auch unter Benutzung des deutschen Formulars, beurkundet; durch beurkundete Zustimmung der Mutter und erforderlichenfalls des Kindes wird die Vaterschaft festgestellt. Demgemäß sind auch die Benachrichtigungen nach § 1597 Abs. 2 BGB (dazu Rn. 234) zu veranlassen. Die Staatsangehörigkeit der Kindeseltern ist, mit gewissen sogleich zugleich zu behandelnden Einschränkungen, ohne Interesse.

220 dd) In zwei Richtungen kann eine **ausländische Staatsangehörigkeit des Kindes und der Eltern** für Beurkundung und Beurkundungsvorgang Bedeutung gewinnen.

Ist das **Kind Ausländer** – dann ist es in aller Regel auch die Mutter, insofern das Kind seine Nationalität von der ihrigen ableitet –, bleibt **Art. 23 EGBGB** zu beachten. Wenn danach das Heimatrecht des Kindes abweichend vom deutschen innerstaatlichen Recht die Zustimmung anderer oder weiterer Personen aus bestehendem familienrechtlichen Verhältnis fordert, dann will auch Deutschland die Feststellung der Vaterschaft durch Anerkennung nur gelten lassen, nachdem einem solchen auslandsrechtlichen Erfordernis Genüge geschehen ist. Das Kind soll nicht neuen familienrechtlichen Bindungen durch Begründung eines Vaterschaftsbandes abweichend von seinem Heimatrecht unterworfen sein dürfen. Hauptsächlich betrifft das eine **Zustimmung des Kindes,** soweit diese nicht nach der Neuregelung durch § 1595 Abs. 2 BGB ohnehin nach deutschem Recht zusätzlich zur Zustimmung der Mutter erforderlich ist. Die Urkundsperson sollte auf diese Eventualität hinweisen und Angaben eines Elternteils über ein solches Erfordernis des ausländischen Rechts aufmerksam registrieren. Sie wird nach allem gut beraten sein, das **Kind,** gesetzlich vertreten durch seine Mutter, **vorsorglich zustimmen zu lassen**.

221 Zum anderen ist bei einem **ausländischen Anerkennenden** gegebenenfalls zu prüfen, ob er **von seiner Person her befähigt** ist, eine Anerkennung der Vaterschaft rechtsgültig auszusprechen. Denn auch dies ist eine Frage, die zunächst nach deutschem Internationalen Privatrecht beurteilt werden muss.

222 Die Unterstellung der Vaterschaftsanerkennung unter das deutsche Recht, nachdem das Kind hier lebt, lässt den ausländischen Anerkennenden nicht schon deshalb „volljährig" sein, weil nach deutschem Recht hierfür die Vollendung des 18. Lebensjahres ausschlaggebend ist, falls er nach seinem Heimatrecht erst zu einem späteren Zeitpunkt **volljährig** wird. Das deutsche Internationale Privatrecht erklärt für die Geschäftsfähigkeit einer Person deren Heimatrecht als maßgeblich (Art. 7 Abs. 1 EGBGB). Insoweit wird auch die hier sich stellende Frage der Volljährigkeit, unabhängig von dem für die Anerkennung als solche heranzuziehenden Sachrecht, nach der Rechtsordnung des Heimatstaates des Anerkennenden beurteilt (sog. selbstständige Anknüpfung). Problemlos ist das nur dort, wo jenes Heimatrecht auch für das Kriterium der Geschäftsfähigkeit auf das am gewöhnlichen Aufenthaltsort des Betroffenen geltende Recht zurückverweist (vgl. Art. 4 Abs. 1 Satz 2 EGBGB). Denn dann gelten dessen Maßstäbe: Ein junger Ausländer, der in seinem Heimatland erst mit 20 Jahren volljährig wird, aber in Deutschland lebt und hier die Vaterschaft anerkennt, wird dabei mit 18 Jahren als volljährig behandelt, wenn das Internationale Privatrecht seines Heimatstaates insoweit auf das Recht seines „Wohnsitz"-Staates zurückverweist; die Anerkennung bedarf also keiner Mitwirkung seines wo auch immer lebenden gesetzlichen Vertreters. Nimmt hingegen das ausländische IPR die Verweisung an, indem es hinsichtlich der Volljährigkeit das Personalstatut für maßgebend erklärt, ist das nach dem ausländischen Sachrecht maßgebende Lebensalter zu beachten (Die noch in der Vorauflage genannten Beispiele Schweiz und Österreich für die erste bzw. zweite Sachverhaltsgestaltung sind nicht mehr aktuell, da in beiden Staaten inzwischen das Volljährigkeitsalter auf 18 Jahre herabgesetzt wurde. Die Aufstellung in DAVorm 1993, 771 kann deshalb nicht mehr ohne weiteres als aktuell angesehen werden. Eine neuere, aber auch nicht mehr vollständig auf dem neuesten Stand befindliche vergleichende Tabelle zur Volljährigkeit in Europa findet sich bei *Dünkel* RdJB 1999, 291). In Zweifelsfällen ist die Rechtssammlung von *Bergmann/Ferid* Internationales Ehe- und Kindschaftsrecht zu konsultieren, die jeweils auch die Vorschriften zum Volljährigkeitsalter der einzelnen Rechtsordnungen enthält.

In den letztgenannten Fällen hätte der **gesetzliche Vertreter des Anerkennenden der Anerkennung der Vaterschaft zuzustimmen,** wofür wiederum keine strengere Form als die des betreffenden Auslandsrechts zu verlangen wäre. Da die Urkundsperson das Heimatrecht des ausländischen Anerkennenden nicht zu kennen braucht (oben Rn. 157), häufig auch nicht kennen kann, genügt es, bei der Beurkundung **auf die sich hieraus ergebende mögliche Rechtslage hinzuweisen** und dem Anerkennenden an die Hand zu geben, sich um eine nach seinem Heimatrecht benötigte Zustimmung seines gesetzlichen Vertreters zu bemühen, falls er nach diesem Recht noch nicht volljährig sein sollte (jenes Recht kann vielleicht von dem Zustimmungserfordernis gegenüber seiner Vaterschaftsanerkennung freistellen). Das Gesagte gilt im Übrigen sinngemäß für den nach seinem Heimatrecht entmündigten Anerkennenden.

223   ee) Hat das anzuerkennende **Kind** seinen **gewöhnlichen Aufenthalt im Ausland,** so stünde eine Anerkennung der Vaterschaft dann unter deutschem Recht, wenn der Vater Deutscher ist. Danach wäre im gegebenen Falle zu fragen und die Bejahung der Frage im Protokoll zu vermerken.

> Formulierungsvorschlag: „Ich, der Erschienene, bin Deutscher im Sinne des Art. 116 des Grundgesetzes".

Der Fall kann dann etwa so liegen, dass der Kindesvater, Deutscher, das von seiner ausländischen Lebensgefährtin an dem gemeinsamen ausländischen Wohnort geborene und seither dort lebende Kind anerkennen will, sich vorübergehend im Inland aufhält und nach Rückkehr die Kindesmutter zu heiraten beabsichtigt. Auch hier wäre die Zustimmung der Mutter nach § 1595 Abs. 1 BGB erforderlich; sie wäre in öffentlicher Beurkundung, gegebenenfalls im deutschen Konsulat, zu erklären. Die Belehrung nach Art. 23 EGBGB und dessen Beachtung, falls das Kind aus der Person seiner ausländischen Mutter deren Staatsangehörigkeit erworben hätte, wäre die gleiche. Sie ginge auf die etwaige Zustimmung des ausländischen Kindes aus seinem Heimatrecht.

224   Ist auch diese Voraussetzung der deutschen Staatsangehörigkeit des Vaters nicht gegeben, sondern sind vielmehr

> Kind und Kindesmutter Ausländer, Kindesvater ebenfalls Ausländer, aber inzwischen in Deutschland aufenthaltsberechtigt, mit dem Willen, Kindesmutter und Kind nach Deutschland nachzuholen und die Kindesmutter demnächst zu heiraten,

so wäre eine **Anerkennung der Vaterschaft** auch dann im Inland nicht ausgeschlossen. Doch stünde ihr weiteres Schicksal für das Inland **unter Auslandsrecht**: nämlich dem Heimatrecht des Kindesvaters, worauf die Urkundsperson ihre Belehrung und den Wirksamkeitsvorbehalt würde beschränken dürfen (Zustimmung der Kindesmutter und des Kindes nach dem danach maßgebenden väterlichen Heimatrecht [Art 19 Abs. 1 Satz 2 EGBGB] und in jedem Falle nach dem Heimatrecht des Kindes [Art. 23 EGBGB]). Für die Beurkundung könnte das deutsche Formular unter Einfügung jenes Vorbehalts benutzt werden, gegebenenfalls mit Abweichungen, die die Beteiligten aus der Kenntnis ihres Heimatrechts beisteuern mögen.

ff) In allen Fällen sollte, um die Anwendung des Günstigkeitsprinzips für die später damit befassten deutschen Stellen offen zu halten und dafür weiterführende Grundlagen zu geben, eine **gegenwärtige ausländische Staatsangehörigkeit der Beteiligten im Protokoll festgehalten** werden. Für den Anerkennenden ist das bereits in Art. 4 des Haager Übereinkommens über die Erweiterung der Zuständigkeit der Behörden, vor denen nichteheliche Kinder anerkannt werden können (oben Rn. 160) vorgeschrieben. 225

gg) Sollte ein ausländischer **Anerkennungswilliger** verlauten lassen, er **wünsche die Vaterschaft nach seinem Heimatrecht**, so steht nichts im Wege, dies im Protokoll zum Ausdruck zu bringen, wenngleich es der Anwendung des Günstigkeitsprinzips nicht vorzugreifen vermöchte. Er kann dafür Gründe haben. Beispielsweise macht er geltend, sein Heimatrecht lasse es bei der Anerkennungserklärung ohne weitere Erfordernisse bewenden. Oder er ist bestrebt, die Gültigkeit seiner Vaterschaft auch in seinem Heimatland gesichert zu sehen. Im ersteren Fall würde die Urkundsperson zu belehren haben, sie sei über die Rechtslage nach dem Heimatrecht des Erschienenen nicht zuverlässig informiert; wenn er überzeugt sei, keine weiteren Zustimmungen zu benötigen, und er sich um solche auch nicht bemühen werde, bleibe das sein Risiko; die beglaubigte Abschrift der Anerkennungsverhandlung werde gleichwohl nicht nur an das Geburtsstandesamt übersandt, sondern auch an den gesetzlichen Vertreter des Kindes und an die Kindesmutter. Denn davon ist die Urkundsperson nicht entbunden. Sie kann ohnehin die Mutter nicht hindern, mindestens vorsorglich die Zustimmung zur Anerkennung der Vaterschaft zu erklären. Auch müssten beide, Kindesmutter und Kind, über die geschehene Anerkennung unterrichtet sein, um rechtliche Schritte gegen deren vielleicht unerwünschte Einseitigkeit nach dem Recht, dem sie hat unterstellt sein sollen (Österreich!), ergreifen zu können. 226

Der andere Fall, die **Sicherung der Gültigkeit der Vaterschaftsanerkennung im Ausland,** ist zwar nicht Aufgabe des deutschen Urkundsorgans. Immerhin hätte sie aber auch hierauf hinzuweisen. Dieser Hinweis muss allerdings klar und unmissverständlich sein. Verfehlt wäre eine – tatsächlich in einem EDV-Programm für Beurkundungen verwendete – Formulierung, die sowohl auf die Vaterschaftsanerkennung als auch die Unterhaltsverpflichtung bezogen war: „Es wurde von der Urkundsperson darauf hingewiesen, dass ausländisches Recht bedeutsam sein könnte. Eine inhaltliche

Belehrung fand jedoch nicht statt" (vgl. *DIJuF-Rechtsgutachten* JAmt 2003, 19 und 182). Dieser Text ist für die Beteiligten verwirrend und rätselhaft. Richtig müsste es etwa heißen: „Die Anerkennung der Vaterschaft und die Unterhaltsverpflichtung werden nach deutschem Recht beurkundet. Sie sind jedenfalls in Deutschland gültig. Ob nach dem Heimatrecht eines der Beteiligten weitere Erklärungen oder Formerfordernisse erforderlich sind, damit die Anerkennung der Vaterschaft auch dort als wirksam gilt, wird hierbei nicht geprüft". Sollten nach Angabe des Erschienenen bestimmte Formulierungen durch das fremde Recht vorgeschrieben sein, wäre dem tunlichst zu entsprechen (nicht gilt das allerdings für die so genannte Legitimanerkennung, einer Rechtseinrichtung des islamischen Rechtskreises, deren Beurkundung dem Notar vorbehalten ist; darüber s. unten Rn. 487). Schließlich kann Bedeutung gewinnen, ob der ausländische Staat die Vorlage des Originals des Anerkennungsprotokolls verlangt. Dann wäre nach § 45 Abs. 1 BeurkG zu verfahren, wobei die Urkundsperson sich auf die glaubhafte Darstellung über die auslandsrechtliche Notwendigkeit verlassen darf; zu Nachforschungen über das Auslandsrecht ist sie auch insoweit nicht verpflichtet.

227 Eine **Wiederholung der Anerkennung im Inland** ist möglich. Ihr Zweck kann z.B. sein, die Vaterschaft hier auf einen einfacher nachzuvollziehenden Rechtsboden zu stellen. Bis zum 30. Juni 1998 stand dem die Vorschrift des § 1600b Abs. 3 BGB a.F. entgegen. War die Vaterschaft anerkannt oder rechtskräftig festgestellt, so war eine weitere Anerkennung unwirksam. Mit der Aufhebung dieser Bestimmung durch das KindRG gilt aber nunmehr lediglich noch die Einschränkung des § 1594 Abs. 2 BGB. Danach ist die Anerkennung der Vaterschaft – nur dann – nicht wirksam, solange die Vaterschaft eines anderen Mannes besteht (vgl. oben Rn. 196).

228 Ein praktisch häufig auftretendes Problem bei Vaterschaftsanerkennungen unter Ausländerbeteiligung ist die **Angabe eines** – wie sich erst später herausstellt – **falschen Namens des Anerkennenden.**

Älteren Gerichtsentscheidungen (vgl. OLG Celle StAZ 1984, 311) ist die Ansicht zu entnehmen, dass ein unter falschem Namen abgegebenes Vaterschaftsanerkenntnis unwirksam sei und wiederholt werden müsse.

Eine andere Auffassung hat der Fachausschuss der Standesbeamten in einem 1997 erstellten Gutachten vertreten (StAZ 1998, 291: Unter Berufung auf einen unveröffentlichten Beschluss des AG Hannover vom 11. März 1997, wonach der Randvermerk über die Vaterschaftsanerkennung in einer derartigen Fallgestaltung berichtigt worden sei, legt das Gutachten dar, dass eine Wiederholung der Anerkennung nicht erforderlich sei. Das LG Hannover habe die Auffassung des Personenstandsrichters mündlich bestätigt und mitgeteilt, dass die Beurkundung keinesfalls wiederholt werden müsse, da es nicht auf die Richtigkeit des Namens des erklärenden Vaters ankomme, sondern auf die Erklärung überhaupt und dieser zudem zu seiner abgegebenen Erklärung stehe. Dieser Auffassung folge auch der Fachausschuss. Es sei somit von einem wirksamen Vaterschaftsanerkenntnis auszugehen). Eine

Wiederholung sei nicht erforderlich, lediglich eine Berichtigung der Niederschrift.

229 Die standesamtliche Praxis folgt offenbar seither der – zumindest gut vertretbaren – Empfehlung dieses Gutachtens. Somit führt die Beurkundung einer Vaterschaftsanerkennung unter falschem Namen **nicht zur Nichtigkeit des Rechtsgeschäfts**. Weiterhin wird die Vaterschaftsanerkennung wirksam, sobald die hierfür erforderliche Zustimmung der Mutter (bei minderjährigen Müttern ggf. auch weitere Zustimmungserklärungen) vorliegt. Hingegen ist die Beischreibung der Vaterschaft nicht etwa Wirksamkeitsvoraussetzung; nicht einmal die Absendung der Abschriften der Niederschrift an den Standesbeamten ist insoweit erforderlich.

Das bedeutet: Mit der Beurkundung der Anerkennung der Vaterschaft und der erforderlichen Zustimmungen ist die Anerkennung wirksam, d.h. die Vaterschaft im Rechtssinne begründet (vgl. *Wellenhofer-Klein* in: MünchKommBGB § 1597 Rn. 7 und 9). Damit können sich Vater und Kind auf den **verfassungsrechtlichen Schutz aus Art. 6 GG** berufen, welcher z.B. Abschiebungen erschwert oder ggf. ausschließt. Das Ausländeramt kann sich auch nicht auf Zweifel an der Identität des Vaters stützen. Denn es steht insoweit fest, dass ein bestimmter Mann – wenngleich unter einem zweifelhaften Namen – die Vaterschaft zu einem bestimmten Kind wirksam anerkannt hat.

Eine fehlende Beischreibung durch das Standesamt mag den Nachweis im Rechtsverkehr erschweren, weil keine Geburtsurkunde vorgelegt werden kann. Für die Frage des Aufenthaltsstatus des Vaters spielt es aber keine Rolle, ob der Name, unter dem ihm ggf. weitere Duldung gewährt wird, sein richtiger Name ist.

Man mag die Problematik *ausländerrechtlich* skeptisch beurteilen können, nicht zuletzt vor dem Hintergrund gelegentlich zu vermutender Anerkennungserklärungen von biologisch unwahrscheinlichen Vätern zum Zweck ausländerrechtlicher Vorteile (vgl auch oben Rn. 24a). Jedoch erscheinen aus familien- bzw. verfassungsrechtlichen Gründen die vorstehend dargelegten Erwägungen nicht von der Hand zu weisen. Sollte einmal ein Mann, dessen Vaterschaftsanerkennung nach wirksamer Zustimmung der Mutter mangels Vorlage eines Lichtbildausweises nicht beigeschrieben wurde, im Hinblick auf den letztgenannten Grund eine Abschiebungsverfügung erhalten und diese bis hin zum BVerfG anfechten, hielten wir den Ausgang des Verfahrens zu seinen Gunsten für sehr wahrscheinlich (vgl. neuerdings zur Beischreibungsfähigkeit einer Vaterschaft auch ohne sicheren Nachweis der Identität des Vaters BayObLG, Beschluss vom 16. November 2004, NJW-RR 2005, 303 = CD-ROM, Rspr. Nr. 1).

Somit ist ein **unter falschem Namen erklärtes Vaterschaftsanerkenntnis wirksam,** bedarf aber einer **Berichtigung** nach Aufdeckung der Falschangabe (vgl. hierzu näher DIJuF-Gutachten JAmt 2003, 295). Die Berichtigung ist in Form eines Nachtragsvermerks gem. § 44a Abs. 2 BeurkG möglich (oben Rn. 71 ff.). Ein Nachtragsvermerk muss in einem derartigen Fall sinngemäß zum Ausdruck bringen, dass sich nachträglich die

Unrichtigkeit der bei der Beurkundung angegebenen Personalien des Vaters herausgestellt habe und dessen Name, Geburtsdatum und Geburtsort richtig wie folgt lauteten: „... ...". Dies sei zur Überzeugung der Urkundsperson auf folgende Weise nachgewiesen worden: „ ..."

230 Es dürfte sich von selbst verstehen, dass die Urkundsperson eine solche Berichtigung nicht einfach auf Grund von Angaben Dritter vornehmen kann. Hinweise der Mutter allein sollten deshalb keinesfalls zum Anlass einer entsprechenden Berichtigung genommen werden, selbst wenn diese eine Kopie eines neueren Personaldokuments des Vaters vorlegen könnte. Wenn der Vater auf Grund des Einreiseverbots gehindert ist, persönlich im Jugendamt zu erscheinen, sollte zumindest von ihm eine entsprechende schriftliche Erklärung und die Vorlage einer beglaubigten Ablichtung seines gültigen Reisepasses verlangt werden. Von dem Grundatz, dass bei der Identitätsfestellung Kopien nicht das Original eines Ausweisdokuments ersetzen können (vgl. oben Rn. 114), ist ausnahmsweise abzugehen, wenn in einem derartigen Fall die Vorlage des Originaldokuments nicht möglich ist. Die Urkundsperson wäre aber in jedem Fall auf der sicheren Seite, wenn der Vater eine entsprechende eidesstattliche Versicherung vor einer deutschen konsularischen Vertretung abgeben würde. Nach § 10 Abs. 1 Nr. 1 KonsG sind die Konsularbeamten befugt, auch eidesstattliche Versicherungen zu beurkunden.

Liegen die Voraussetzungen einer Berichtigung vor, hat die Urkundsperson beglaubigte Abschriften des Nachtragsvermerks an die in § 1597 Abs. 2 BGB genannten Personen und Stellen zu übermitteln, also dem Vater, der Mutter, dem Kind sowie dem Standesbeamten.

i)   Belehrungen

231 Der Fertigung der Niederschrift, spätestens ihrer Genehmigung vor Vollziehung der erforderlichen Unterschriften, hat eine eingehende Belehrung des Anerkennungswilligen **über die Rechtsfolgen der Anerkennung** vorauszugehen (§ 17 Abs. 1 BeurkG). Die Urkundsperson hat über den Unterschied von Anerkennung der Vaterschaft und Namenserteilung zu belehren. Sie muss darüber aufklären, dass mit der Anerkennung die Vaterschaft noch nicht hergestellt ist, sondern dass sie noch der nicht fristgebundenen Zustimmung der Mutter und gegebenenfalls des Kindes bedarf, wenn diese nicht in derselben Verhandlung erklärt werden. Zu belehren ist auch über das Widerrufsrecht, falls die Anerkennung ein Jahr nach der Beurkundung noch nicht wirksam geworden ist (§ 1597 Abs. 3 BGB). Wird die Zustimmung nachträglich erteilt, wird der Vater – im Gegensatz zur Rechtslage vor dem 1. Juli 1998 – durch Übersendung einer beglaubigten Abschrift hiervon in Kenntnis gesetzt (§ 1597 Abs. 2 BGB).

Bei **beschränkter Geschäftsfähigkeit des Anerkennenden** ist darüber zu belehren, dass die Genehmigung seines gesetzlichen Vertreters nachzubringen sein wird; es sei denn der gesetzliche Vertreter hätte in derselben Verhandlung seine Zustimmung mit zu Protokoll gegeben. Dem **Anerkennenden ist deutlich zu machen, was der Status der Vaterschaft bedeutet:** in personenrechtlicher (Zeugnisverweigerungsrecht), unterhaltsrechtlicher und erbrechtlicher Hinsicht (gegenseitige Unterhaltspflichten, gegenseitige Erb- und Pflichtteilsrechte). Auch über die Möglichkeit, persönlichen Umgang mit dem Kind zu haben (§ 1626 Abs. 3 Satz 1, § 1684 Abs. 1 BGB) – wobei nach dem Wortlaut des Gesetzes sogar eine Pflicht zum Umgang besteht! – muss der Anerkennende in Kenntnis gesetzt werden. Er ist auch auf das Recht hinzuweisen, sich von der Kindesmutter über die persönlichen Verhältnisse des Kindes unterrichten zu lassen (§ 1686 BGB). Hinweisbedürftig ist auch die Möglichkeit, durch Sorgeerklärungen beider Elternteile eine gemeinschaftliche Sorge begründen zu können (§1626a Abs. 1 Nr. 1, §§ 1626b ff. BGB). Wegen der Möglichkeit, sich eines Merkblatts zu bedienen, s.o. Rn. 164. Ein Beispiel für ein Merkblatt ist auf der CD-ROM Merkblatt Nr. 1 wiedergegeben. Hat der Anerkennende die Absicht, die Kindesmutter zu ehelichen, ist er über die hierdurch begründete gemeinsame Sorge (§ 1626a Abs. 1 Nr. 2 BGB) aufzuklären; im anderen Falle ferner darüber, dass und unter welchen Voraussetzungen dem Kind sein Name erteilt werden kann (§ 1617a Abs. 2 BGB).

232 Immer wieder kommt es vor, dass der Erschienene zur Anerkennung der Vaterschaft zwar „halb" entschlossen ist, aber seine **Zweifel an der Vaterschaft** nicht verhehlt. Mit der Neutralität des Urkundsamtes wäre es nicht vereinbar, den Erschienenen zur Anerkennung zu drängen. Die Urkundsperson sollte über die Risiken und die Chancen einer gerichtlichen Feststellung der Vaterschaft belehren (§ 1600d BGB). Zu dieser Belehrung gehört dann auch, darauf aufmerksam zu machen, dass bei einer nachträglichen Anfechtung der anerkannten Vaterschaft sich die Beweislast für den Anfechtenden entscheidend verschlechtert (§ 1600c Abs. 1 BGB), sofern er sich nicht auf Anfechtungsgründe des § 1600c Abs. 2 BGB stützen kann.

233 Ist der **Anerkennende Ausländer**, ist er darüber zu belehren, dass das **Rechtsverhältnis zwischen ihm und dem Kinde**, solange es seinen gewöhnlichen Aufenthalt im Inland hat, in allen Eltern-Kind-Beziehungen **dem deutschen Recht untersteht** (Art. 21 EGBGB), und zwar auch dann, wenn die Vaterschaft als solche unter Ausnutzung der Alternativen des Art. 19 Abs. 1 EGBGB unter dem Heimatrecht des Vaters anerkennungsfähig, vielleicht sogar „anerkannt" sein sollte, und unabhängig davon, welche Nationalität die Mutter oder das Kind hat. Zu dem Rechtsverhältnis zwischen Eltern und Kind gehört allerdings nicht dessen **erbrechtliche Stellung** nach dem Vater. Dieser wird gesetzlich nach seinem Heimatrecht beerbt (Art. 25 EGBGB). Auch die Gestaltung des Familiennamens folgt für das ausländische nichteheliche Kind eigenen Regeln (Art. 10 Abs. 1 und 3 EGBGB). Da ein hiernach maßgebendes Auslandsrecht der Urkundsbeamte nicht zu kennen braucht (Rn. 157), darf – und sollte – er sich einer Belehrung über dessen Inhalt enthalten. Die Frage des Familiennamens zu würdigen, ist Sache des Standesbeamten bei der Beischreibung.

j)   Geschäftliche Behandlung des Urkundsvorgangs

234 Nach § 1597 Abs. 2 BGB hat die Urkundsperson dem Vater, der Mutter und dem Kinde, ggf. zu Händen seines gesetzlichen Vertreters (Amtsbeistand/Amtsvormund) eine **beglaubigte Abschrift der Anerkennungsverhand-

lung zu übermitteln. Die gleiche beglaubigte Abschrift erhält ferner der Standesbeamte, und zwar nach § 29 Abs. 2 Satz 1, Abs. 2 PStG derjenige des Geburtsortes des Kindes (wenn dieser außerhalb der Bundesrepublik Deutschland liegt: der Standesbeamte des Standesamtes I in Berlin). Über den Zweck dieser Benachrichtigungen vgl. Rn. 87. Darüber, was insoweit im Falle einer **vorgeburtlichen Anerkennung** der Vaterschaft zu veranlassen ist, sagt das Gesetz nichts. Hier kommt allein eine Übersendung an die Kindesmutter in Betracht. Ist die unverheiratete Mutter minderjährig, wäre die beglaubigte Abschrift auch dem für den gewöhnlichen Aufenthalt der Schwangeren zuständigen Jugendamt zu übersenden, da nach der Geburt des Kindes die gesetzliche Amtsvormundschaft eintritt (§ 1791c Abs. 1 BGB).

235 Hat die Mutter die Zustimmung zur Vaterschaftsanerkennung nicht erteilt und hat das Familiengericht wegen kindeswohlgefährdenden Nichtbetreibens der Vaterschaftsfeststellung einen Ergänzungspfleger bestellt, bestehen keine datenschutzrechtlichen Bedenken, diesem eine beglaubigte Abschrift der – noch nicht widerrufenen – Vaterschaftsanerkennung zu übermitteln. Der Ergänzungspfleger nimmt insoweit als gesetzlicher Vertreter des Kindes dessen Informationsanspruch wahr. Der Fall ist nicht anders zu behandeln als ein Antrag des gesetzlich vertretenen Kindes, wegen Verlusts der erstmals erteilten beglaubigten Abschrift eine weitere Abschrift zu erteilen (vgl. unv. *DIJuF-Rechtsgutachten* vom 9. Februar 2004, CD-ROM, GutA Nr. 8)

236 Die Beurkundung der Anerkennung der Vaterschaft wird meist **mit einer Unterhaltsverpflichtung** verbunden sein. In diesem Falle kann die *beglaubigte Abschrift sich auf den die Anerkennung der Vaterschaft betreffenden Teil der Niederschrift beschränken*; die für den Standesbeamten bestimmte beglaubigte Abschrift sollte dies sogar (Datenschutz!). Wird dem Kinde sogleich (Rn. 357) eine vollstreckbare Ausfertigung der Niederschrift wegen der darin enthaltenen Unterhaltsverpflichtung erteilt, dürfte eine gesonderte Übersendung der beglaubigten Abschrift der Vaterschaftsanerkennung sich erübrigen. Die Anerkennung der Vaterschaft kann aber auch isoliert erklärt worden sein. Etwa: Der Anerkennende hatte schon vorläufig Unterhaltszahlungen aufgenommen, will sich aber vor endgültiger urkundlicher Verpflichtung ein genaueres Bild darüber verschaffen, was er zu zahlen haben wird. Oder: Er wollte, als Ausländer mit Anschauungen eines anderen Rechtskreises, das Kind erst einmal „haben", jedoch keine Unterhaltsverpflichtungen im Inland eingehen. Er kann dann eine Ausfertigung verlangen (oben Rn. 62). Auch hat er einen Anspruch auf (kostenfreie) Erteilung einer beglaubigten Abschrift. So als Unterlage für eine spätere Beurkundung der Unterhaltsverpflichtung vor anderen Stellen – einem anderen Jugendamt, einem Notar, einem Amtsgericht –; oder, wenn er sie einem Testament würde beifügen wollen zum Beleg, dass und warum er das (bis dahin vor der eigenen Familie verheimlichte) „nichteheliche" Kind darin bedacht hat.

2. Beurkundung der Zustimmung der Mutter, § 1595 Abs. 1, § 1597 BGB

a) *Neuregelung durch das KindRG; fehlende Ersetzbarkeit der Zustimmung; Geschäftsfähigkeit*

Durch das KindRG wurde seit 1. Juli 1998 das Wirksamwerden der Anerkennung der Vaterschaft **zwingend an die Zustimmung der Mutter geknüpft.** Diese hat aus eigenem Recht und nicht nur als gesetzliche Vertreterin des Kindes ein Mitwirkungsrecht bei der Vaterschaftsanerkennung (*Schwab/Wagenitz* FamRZ 1997, 1377 [1378]). Das Zustimmungserfordernis folgt aus der Mutterschaft als solcher und ist nicht Ausfluss des Sorgerechts. Die Zustimmung des Kindes, auf die es im früheren Recht allein ankam und die dem gesetzlichen Vertreter oblag (im Altbundesgebiet regelmäßig der Amtspfleger, in den neuen Ländern zumeist die Mutter), ist nach § 1595 Abs. 2 BGB nur dann als ergänzendes Element notwendig, wenn der Mutter insoweit die elterliche Sorge nicht zusteht (vgl. unten Rn. 247). Zur Kritik an dieser Regelung vor allem unter dem Gesichtspunkt des Selbstbestimmungsrechts des Kindes – das sich u.U. einen Mann als Vater „aufnötigen" lassen muss – und hinsichtlich möglicher Interessenkollisionen bei der Mutter vgl. *Diederichsen* in: Palandt § 1595 BGB Rn. 1; *Lipp/Wagenitz* § 1595 BGB Rn. 3; *Gaul* FamRZ 1997, 1449 [1450]. **237**

Die Zustimmung der Mutter kann **nicht ersetzt** werden (zur Begründung BT-Drs. 13/4899 S. 54; *Diederichsen in: Palandt*, § 1595 BGB Rn. 3). Dies gilt auch im Fall ihrer Geschäftsunfähigkeit oder ihres unbekannten Aufenthaltes. Dann bleibt nur der Weg einer Klage des Kindes oder des Mannes auf Feststellung der Vaterschaft nach § 1600e Abs. 1 BGB. **238**

Ist die **Mutter verstorben** und eine Zustimmung deshalb objektiv unmöglich, sollte allein die Zustimmung des Kindes ausreichen (ebenso *Rauscher*, in: Staudinger Rn. 15; *Wellenhofer-Klein* in: MünchKommBGB Rn. 8; *Holzhauer* in: Erman Rn. 2., jeweils zu § 1595 BGB; a.A. LG Koblenz StAZ 2003, 303). Denn höchstpersönliche Beteiligungsrechte – vgl. insoweit auch die Einwilligung der Eltern in die Adoption nach § 1747 Abs. 1 Satz 1 BGB – setzen voraus, dass der Erklärungsbefugte am Leben ist. Andernfalls kann die Erklärung weder durch Dritte, etwa Erben, abgegeben noch gerichtlich ersetzt werden (so zutreffend auch BayObLG FamRZ 2005, 388 zur Einwilligung des verstorbenen anderen Elternteils bei der Einbenennung nach § 1618 BGB). Sie ist schlicht entbehrlich geworden. Der Wortlaut des § 1595 Abs. 1 BGB („auch") muss im Wege der „teleologischen Reduktion" auf das vom Gesetzgeber Gewollte reduziert werden: Es sind keine Anhaltspunkte dafür ersichtlich, dass das umständliche Verfahren der gerichtlichen Vaterschaftsfeststellung auch für den Fall zwingend vorgeschrieben sein sollte, dass die Mutter infolge ihres Todes nicht mehr ihre vorrangige Entscheidung über die Zustimmung treffen kann. Näher hierzu und auch krit. zur Argumentation des LG Koblenz a.a.O. das *DIJuF-Rechtsgutachten* vom 26. Mai 2004, CD-ROM, GutA Nr. 9). **239**

Ist die **Mutter minderjährig** und deshalb nach § 106 BGB beschränkt geschäftsfähig, benötigt sie zur Wirksamkeit ihrer persönlich zu erklären- **240** den Zustimmung ihrerseits die Zustimmung ihres gesetzlichen Vertreters (§ 1596 Abs.1 Satz 4 BGB). Regelmäßig werden dies die Eltern sein, ausnahmsweise auch ein Vormund.

Die **geschäftsunfähige Mutter** kann nicht wirksam zustimmen (§ 105 BGB). Ihre Erklärung konnte aber nach dem Gesetzeszustand ab 1. Juli 1998 auch nicht stellvertretend durch einen gesetzlichen Vertreter (z.B. einen Betreuer) abgegeben werden, da § 1596 Abs. 1 Satz 4 BGB nicht auch Satz 3 der Vorschrift für entsprechend anwendbar erklärte. Es war strittig, ob dies ein Redaktionsversehen war oder, wofür die besseren Gründe sprechen, auf einer bewussten Entscheidung des Gesetzgebers beruhte (vgl. *Knittel* JAmt 2002, 50 [52]; *Wanitzek* FamRZ 2003, 730 [735] mit Darstellung des Meinungsstandes). Jedenfalls lag hierin eine – wenngleich zu rechtfertigende – Ungleichbehandlung gegenüber dem geschäftsunfähigen Mann bei der Abgabe der Vaterschaftsanerkennung (vgl. oben Rn. 212).

Durch das Kinderrechteverbesserungsgesetz vom 9. April 2002 wurde die Verweisung des § 1596 Abs. 1 Satz 4 BGB nunmehr auch auf Satz 3 erstreckt, wodurch die **Zustimmung der geschäftsunfähigen Mutter zur Vaterschaftsanerkennung durch den gesetzlichen Vertreter mit Genehmigung des Vormundschaftsgerichts** erklärt werden kann. Der gesetzliche Vertreter einer volljährigen geschäftsunfähigen Mutter kann nur ein rechtlicher Betreuer im Sinne von §§ 1896 ff. BGB sein. Seine Entscheidung darüber, ob die Zustimmung zur Vaterschaftsanerkennung zu erklären ist, hat er an § 1901 BGB auszurichten: nach Abs. 2 Satz 1 und 2 der Vorschrift hat er die Angelegenheiten der geschäftsunfähigen Mutter so zu besorgen, wie es ihrem Wohl entspricht, wozu die Möglichkeit gehört, im Rahmen ihrer Fähigkeiten ihr Leben nach ihren eigenen Wünschen und Vorstellungen zu gestalten. Nach Abs. 3 Satz 1 und 3 der Vorschrift muss der Betreuer ihren Wünschen entsprechen, soweit dies ihrem Wohl nicht zuwiderläuft, und vor der Erledigung wichtiger Angelegenheiten diese mit ihr besprechen. Es ist zu hoffen, dass die mit der Neuregelung verbundene Ungleichbehandlung geistig behinderter Mütter gegenüber geschäftsfähigen Müttern durch die Einführung einer Fremdentscheidung über die Zustimmung zur Vaterschaftsanerkennung in der Praxis durch die Beteiligungsobliegenheiten des Betreuers gegenüber der Mutter abgefedert wird (*Knittel* a.a.O.; krit. auch *Wanitzek* a.a.O.: vorzugswürdig wäre die Streichung des Satzes 3 des § 1596 Abs. 1 BGB gewesen mit dem Ziel, die Möglichkeit der Vertretung auch des geschäftsunfähigen Mannes durch seinen gesetzlichen Vertreter auszuschließen. Damit wäre die für Mann und Mutter gleichermaßen als problematisch anzusehende aufgezwungene Fremdbestimmung im Sinne einer Gleichbehandlung für beide beseitigt worden, statt sie auf beide zu erweitern).

b) *Zeitpunkt (vorgeburtliche Zustimmung; Zustimmung zu der während der Anfechtung der Vaterschaft erklärten Anerkennung)*

241 Die Zustimmung der Mutter geschieht in öffentlicher Beurkundung. Sie **muss nicht der Vaterschaftsanerkennung nachfolgen**, sondern kann ihr mit gleicher Wirkung vorausgehen (*Wellenhofer-Klein* in: Münch-KommBGB § 1595 Rn. 6; *Rauscher* in: Staudinger § 1595 BGB Rn. 31 m.w.Nachw.). Dann ist sie als Zustimmung zu einer „demnächst zu erklärenden Anerkennung der Vaterschaft zu dem Kinde durch ... (genaue Bezeichnung des Kindesvaters)" abzugeben.

Ebenso wie die Vaterschaftsanerkennung ist die Zustimmung der Mutter auch **vorgeburtlich** möglich (§§ 1595 Abs. 3 i.V.m. 1594 Abs. 4 BGB). Im Übrigen kann sie weder unter einer Bedingung noch einer Zeitbestimmung abgegeben werden (§ 1595 Abs. 3 i.V.m. § 1594 Abs. 4 BGB). **242**

c)   Adressatlosigkeit und fehlende Fristgebundenheit der Zustimmung

Die Zustimmungserklärung der Mutter ist – ebenso wie die Anerkennung selbst – **nicht empfangsbedürftig**, hat also keinen Adressaten (vgl. oben Rn. 186). Lediglich ist eine beglaubigte Abschrift nach § 1597 Abs. 2 BGB dem Vater, dem Standesbeamten und ggf. dem Kind – soweit dieses nicht von der Mutter gesetzlich vertreten wird – zu übersenden. Das dient aber lediglich der Kenntnisnahme dieser Personen und ist nicht Wirksamkeitsvoraussetzung der zuvor abgegebenen Erklärung (BT-Drs. 13/4899 S. 85). **243**

Hieraus folgt: Im Gegensatz zur empfangsbedürftigen Zustimmungserklärung des Kindes nach früherem Recht können keine Zugangsprobleme auftreten. Die Erklärung der Mutter wird mit ihrer Protokollierung **unwiderruflich.**

Die Zustimmung ist – im Gegensatz zur Zustimmung des Kindes nach früherem Recht – **nicht binnen einer bestimmten Frist** abzugeben mit der Folge, dass andernfalls die Anerkennung kraftlos würde. Jedoch hat die Mutter zu beachten, dass der **Anerkennende** nach § 1597 Abs. 3 Satz 1 BGB seine Erklärung **widerrufen** kann, wenn sie ein Jahr nach ihrer Beurkundung infolge einer fehlenden Zustimmung noch nicht wirksam geworden ist.

d)   Belehrungen

Auch die Mutter ist über die Rechtsfolgen ihrer Zustimmung zu belehren, und zwar zunächst zum Verfahren (Wirksamwerden, Unwiderruflichkeit ihrer Erklärung). Materiell-rechtlich ist die Belehrung nur sozusagen spiegelverkehrt die gleiche wie gegenüber dem anerkennenden Kindesvater (vgl. oben Rn. 231, 233). Allenfalls käme hier noch die **Staatsangehörigkeit** hinzu. Zwar braucht die Belehrung insoweit nicht den möglichen Erwerb einer ausländischen Staatsangehörigkeit aus der Person des Anerkennenden nach dessen Heimatrecht zu umfassen. Denn ausländisches Recht muss, wie bereits bemerkt (Rn. 157), die Urkundsperson nicht kennen. Wohl aber sollte der Hinweis nicht fehlen, dass das Kind einer ausländischen oder staatenlosen Mutter, wenn der Kindesvater Deutscher ist, mit der durch ihre Zustimmung wirksam festgestellten Vaterschaft die deutsche Staatsangehörigkeit erwirbt, sofern der Anerkennende schon im Zeitpunkt der Geburt deutscher Staatsangehöriger gewesen ist. Die Anerkennungserklärung muss abgegeben worden sein, bevor das Kind das 23. Lebensjahr **244** vollendet hat (§ 4 Abs. 1 StAG i.d.F. des Gesetzes vom 16. Dezember 1997 – BGBl. I S. 2942 –).

e) *Zustimmung der Mutter zu einer unter fremdem Recht erklärten Anerkennung der Vaterschaft*

245 Unterstünde die Anerkennung der Vaterschaft in einer der Alternativen des Art. 19 Abs. 1 EGBGB ausschließlich einer fremden Rechtsordnung (Heimatrecht des Vaters), so wäre zunächst zu prüfen, ob nach dieser Rechtsordnung eine Zustimmung des Kindes vorgeschrieben ist. In zahlreichen Rechtsordnungen ist das nicht der Fall. Daraufhin gibt Art. 23 Satz 1 EGBGB die Frage weiter an das (davon etwa verschiedene) Heimatrecht des Kindes. Sieht dieses die Zustimmung des Kindes vor, so ist sie zusätzlich zu der Rechtslage nach dem Heimatrecht des Vaters erforderlich, um die Anerkennung der Vaterschaft für das Inland wirksam zu machen. Ganz unabhängig hiervon unterstellt Art. 23 Satz 2 EGBGB die Frage nach der Notwendigkeit der Kindeszustimmung in jedem Falle dem deutschen Recht (also dem § 1595 Abs. 2 BGB), wenn das Wohl des Kindes es erfordert. Angesichts dieser Gemengelage von Zustimmungsnotwendigkeiten, die den Urkundsbeamten des Jugendamtes regelmäßig überfordern dürfte, empfiehlt es sich, den Beteiligten vorsorglich auch eine Zustimmung des Kindes bzw. des gesetzlichen Vertreters und deren Beurkundung nahezulegen. Die Erklärung der Mutter sollte deshalb in diesen Fällen **ausdrücklich auch als im Namen des Kindes abgegebene Zustimmung protokolliert** werden.

246 Auch für die Zustimmung der Mutter gilt die Vorschrift des § 1597 Abs. 2 BGB: Sie ist in beglaubigter Abschrift ihr selbst sowie dem Vater, dem gesetzlichen Vertreter des Kindes und dem Standesbeamten zu übermitteln. Zur Frage, ob die Mutter auf einer Schwärzung ihrer Anschrift bestehen kann, um unerwünschte Umgangskontakte zwischen Vater und Kind zu blockieren vgl. unv. *DIJuF-Rechtsgutachten* vom 6. Februar 2002, CD-ROM, GutA Nr. 10.

3. Beurkundung der Zustimmung des Kindes, § 1595 Abs. 2, § 1597 BGB

a) *Notwendigkeit der Zustimmung des Kindes*

247 Die Zustimmung des Kindes zur Vaterschaftsanerkennung ist – im Gegensatz zum früheren Recht – nur dann zusätzlich erforderlich, wenn der **Mutter insoweit die elterliche Sorge nicht zusteht** (§ 1595 Abs. 2 BGB). Dies ist dann der Fall, wenn das Kind volljährig ist – auch dann reicht somit nicht allein seine Zustimmung aus! –, die elterliche Sorge der minderjährigen Mutter nach § 1673 Abs. 2, § 1675 BGB ruht (hierzu oben Rn. 240) oder der Mutter überhaupt das Sorgerecht insoweit nach § 1666 Abs. 1 BGB entzogen worden ist. Zur Frage, ob das Kind persönlich oder nur durch einen gesetzlichen Vertreter zustimmen kann und welche Genehmigungserfordernisse ggf. bestehen, vgl. Rn. 248, 250.

b) Beurkundungsbefugnis des Jugendamts

248 Auch die Zustimmung des minderjährigen Kindes kann nach § 59 Abs. 1 Satz 1 Nr. 1 SGB VIII vor der Urkundsperson des Jugendamtes erklärt werden. **Die Urkundsbefugnis endet** jedoch **mit der Volljährigkeit** des Kindes. Das ergibt sich aus der Fassung des Gesetzes, die *hier auf die Zustimmung „des Kindes, des Jugendlichen ..." abstellt* und damit die Legaldefinition des § 7 Abs. 1 Nr. 1, 2 in Bezug nimmt (Rn. 9). Das volljährige Kind ist deshalb für die Beurkundung seiner Zustimmung an den Standesbeamten (§ 29 PStG, Rn. 521), sonst an den Notar verwiesen.

c) Zustimmung des geschäftsunfähigen und des in der Geschäftsfähigkeit beschränkten Kindes

249 Ist das **Kind geschäftsunfähig** – bis zur Altersstufe von einschließlich 6 Jahren; darüber hinaus, wenn es schon während der Minderjährigkeit an weitgehender Ausschaltung seiner Geistes- und Willenskräfte (oben Rn. 212) leidet –, so kann nur sein gesetzlicher Vertreter der Anerkennung der Vaterschaft zu diesem Kind zustimmen. Ebenso erteilt der gesetzliche Vertreter unmittelbar die Zustimmung namens des **beschränkt geschäftsfähigen Kindes** noch bis zu dessen vollendeten 14. Lebensjahr. *Danach* kann das dann zum „Jugendlichen" gewordene Kind die Zustimmung nur in Person erteilen (und hat es damit in der Hand, ob überhaupt zugestimmt werden soll); der gesetzliche Vertreter wirkt hier nur noch durch Genehmigung der Kindeserklärung mit, und zwar ebenfalls in öffentlich beurkundeter Form (§ 1596 Abs. 2 Satz 2 Hs. 2, § 1597 Abs. 1 BGB).

Eine Genehmigung des Vormundschaftsgerichts ist in keinem dieser Fälle erforderlich.

250 Der **gesetzliche Vertreter** kann im Übrigen immer nur persönlich handeln; er **kann sich nicht vertreten lassen**. Sofern Eltern ihre Zustimmung zu erteilen hätten – etwa Adoptiveltern des an Kindes Statt angenommenen „nichtehelichen" Kindes, zu welchem die Vaterschaft für die Zeit bis zur Adoption nachträglich anerkannt werden soll (oben Rn. 206) –, kann also der eine Elternteil nicht den anderen zur Abgabe der Zustimmungserklärung ermächtigen.

d) Legitimierter gesetzlicher Vertreter

251 Gesetzlicher Vertreter des Kindes bei Fällen mit ausschließlichem Inlandbezug wird in der Regel sein: ein Amtsvormund bei Minderjährigkeit der Mutter (§ 1791c Abs. 1 und 2 BGB); ein Vormund bei Sorgerechtsentzug gegenüber der Mutter gemäß §§ 1666, 1773 BGB; ein Pfleger bei vorgeburtlicher Zustimmung zur Zustimmungserklärung einer minderjährigen Mutter (vgl. § 1912 Abs. 1 BGB); die Adoptiveltern bei einer nachträglichen Vaterschaftsanerkennung zu einem bereits adoptierten Kind (vgl. oben Rn. 206). Ein Beistand scheidet denknotwendig deshalb aus, weil seine Berufung zum Tätigwerden für das Kind die Alleinsorge der Mutter voraussetzt. Besteht diese aber, ist auch einzig die Mutter zur Erklärung der Zustimmung befugt.

e)   *Adressatlosigkeit und Unwiderruflichkeit der Zustimmung.*

252 Für die Zustimmung des Kindes gilt ebenfalls § 1597 BGB. Auch sie ist **adressatlos**, d.h. bedarf keines Zugangs und wird mit ihrer Beurkundung **unwiderruflich**. Sie ist ebenfalls nicht innerhalb einer bestimmten Frist abzugeben; allerdings ist das Widerrufsrecht des Anerkennenden nach § 1597 Abs. 3 Satz 1 BGB zu beachten, wenn die Anerkennung binnen eines Jahres – auch durch versäumte Zustimmung des Kindes – nicht wirksam geworden ist (vgl. oben Rn. 243).

4. Die öffentlich zu beurkundenden Zustimmungen des gesetzlichen Vertreters

a)   *Die gesetzlichen Fälle. Gemeinsames*

253 In Betracht kommen drei Fälle, in denen für die Anerkennung der Vaterschaft eine öffentlich zu beurkundende Zustimmung des gesetzlichen Vertreters gefordert wird:

- die Zustimmung zu der **durch den beschränkt Geschäftsfähigen ausgesprochenen Anerkennung** der Vaterschaft (§ 1596 Abs. 1 Satz 1 und 2 BGB), Rn. 211;

- die Zustimmung zu der Erklärung, mit welcher die **beschränkt geschäftsfähige Kindesmutter der Vaterschaftsanerkennung zustimmt** (§ 1596 Abs. 1 Satz 4 BGB), Rn. 240;

- die Zustimmung **zur Anerkennung** der Vaterschaft, die **das Kind ausspricht,** nachdem es das **14. Lebensjahr vollendet** hat, also im Sprachgebrauch des SGB VIII „Jugendlicher" ist (§ 1596 Abs. 2 Satz 2 BGB), Rn. 249. Gleichstehend: die Einwilligung des Betreuers zur Zustimmung des unter Betreuung stehenden volljährigen Kindes, wenn ein Einwilligungsvorbehalt für die Zustimmung zur Vaterschaftsanerkennung nach § 1903 BGB besteht, was allerdings in der Praxis sehr selten vorkommen dürfte; s. dazu aber Rn. 254 a.E.

254 Allen drei Fallgruppen ist gemeinsam, dass der beschränkt Geschäftsfähige nicht nur selbstständig handeln darf, sondern nur er es in seiner Person überhaupt kann. Der **gesetzliche Vertreter ist** nicht befugt, die gleiche Erklärung in dessen Namen abzugeben, sondern **wirkt in der bloßen Form der Zustimmung mit.** Dafür ist eine Vorschaltung des Vormundschaftsgerichts im Gesetz nicht vorgesehen und nicht erforderlich (Kammergericht DAVorm 1970, 430). Wie die Anerkennungserklärung selbst kann auch die Zustimmungserklärung nicht wegen Willensmängeln im Sinne von §§ 119 ff. BGB angefochten werden (*Rauscher* in: Staudinger § 1595 BGB Rn. 37 m.w.Nachw.). Die Zustimmung kann vor und nach der Erklärung, auf welche sie sich bezieht, abgegeben werden (vgl. auch die Unterscheidung zwischen Einwilligung und Genehmigung in §§ 182 bis 184 BGB). Die §§ 107, 111 BGB gelten insoweit nicht.

Ausnahme von der nachträglichen Beibringbarkeit: Die Einwilligung des Betreuers im Fall der Rn. 253 a.E.; sie muss vorher erteilt sein, um die Zustimmungserklärung des Kindes wirksam werden zu lassen.

Auch die Zustimmung (Genehmigung) des gesetzlichen Vertreters ist **nicht fristgebunden**. Jedoch muss auf das dem Mann in § 1597 Abs. 3 BGB eingeräumte Widerrufsrecht für den Fall fehlender Wirksamkeit der Anerkennung nach einem Jahr nach der Beurkundung Bedacht genommen werden (vgl. oben Rn. 243, 252).

255

b) Belehrungen

Eine Belehrung des gesetzlichen Vertreters über die Bedeutung seiner Zustimmung wird sich dann erübrigen, wenn dieser ein Amtsvormund ist. Für die übrigen Fälle ist auf **zwei Besonderheiten** hinzuweisen:

256

Hatte die Urkundsperson zugleich mit der Anerkennung der Vaterschaft die Zustimmungserklärung des Jugendlichen beurkundet und bei der damit verbundenen Belehrung den Eindruck gewonnen, dass der betreffende beschränkt Geschäftsfähige die **Belehrung nicht voll verstanden** hatte, so wird sie jetzt die Belehrung **gegenüber dem gesetzlichen Vertreter nachzuholen** haben. Denn dieser hat es in der Hand, durch Verweigerung des Ausspruchs der Genehmigung das Wirksamwerden einer von seinem Sorgebefohlenen vielleicht übereilt ausgesprochenen Anerkennung der Vaterschaft oder Zustimmung zu dieser noch zu verhindern.

In formeller Hinsicht belehren sollte die Urkundsperson – wenn nur ein Elternteil beurkunden lassen will und nicht zugleich erklärt, alleinsorgeberechtigt zu sein – darüber, dass die **Genehmigung durch beide Elternteile zu erteilen** und deshalb auch noch die Erklärung des anderen Elternteils erforderlich und zu beurkunden ist (Rn. 147).

II.   Beurkundung von Unterhaltsverpflichtungen, § 59 Abs. 1 Satz 1 Nr. 3 SGB VIII

1.   Allgemeines

a) Rechtlicher Gehalt der Verpflichtungserklärung

Die Urkundsperson im Jugendamt ist befugt, die Verpflichtung zur Erfüllung von Unterhaltsansprüchen eines Abkömmlings zu beurkunden, sofern die unterhaltsberechtigte Person zum Zeitpunkt der Beurkundung das 21. Lebensjahr noch nicht vollendet hat (§ 59 Abs.1 Satz 1 Nr. 3 SGB VIII). **Abkömmlinge** sind gem. § 1589 Abs. 1 BGB sämtliche Verwandte absteigender Linie (vgl. *Diederichsen* in: Palandt Rn. 1 vor § 1589 BGB). Deshalb zählen hierzu auch die **Enkel im Verhältnis zu den Großeltern**. Somit umfasst die Beurkundungsbefugnis auch die Unterhaltsverpflichtung eines Großelternteils gegenüber einem Enkel (zur nachrangigen Unterhaltspflicht von Großeltern vgl. DIJuF-Rechtsgutachten JAmt 2004, 136). Wesentlich ist, dass entgegen verbreiteten Vorstellungen und Wünschen insbesondere sorgeberechtigter Mütter die Großeltern „quer durch die Linien" haften, bei Ausfall des barunterhaltspflichtigen Vaters also auch die Eltern der Mutter anteilig in Anspruch genommen werden können (vgl. OLG Frankfurt unv. Urt. vom 17. Februar 2004 – 2 UF 181/03; AG Leverkusen FamRZ 2003, 627)

257

258 Die Erklärung, durch die ein Unterhaltspflichtiger seine Unterhaltspflicht auf sich nimmt und beurkunden lässt, ist eine **einseitige Willenserklärung**. Ihrem Inhalt nach bestätigt sie eine gegebene Unterhaltspflicht. Sie begründet sie nicht; die Unterhaltspflicht beruht auf dem materiellen Rechtsgrund der Verwandtschaft zum Kind. Aber das formalisierte Bekenntnis zu ihr verstärkt die Rechtsstellung des unterhaltsberechtigten Kindes im Unterhaltsprozess, der gelegentlich um den Grund, meist aber um die Höhe der Unterhaltspflicht geführt wird. Das Kind als Gläubiger kann sich maßgebend auf die urkundliche Verpflichtungserklärung stützen und es dem Unterhaltspflichtigen überlassen, diese zurückzufordern. Ein möglicher Rückforderungsgrund wäre die Behauptung, die Verpflichtungserklärung sei nicht durch eine gesetzliche Unterhaltspflicht gedeckt und irrtümlich erteilt; die Voraussetzungen eines Herausgabeanspruchs wegen ungerechtfertigter Bereicherung aus § 812 Abs. 1 BGB hätte *er* dann zu beweisen.

259 Darüber hinaus *kann* die beurkundete Unterhaltsverpflichtung auch nachträglich zu einer **vertraglichen Verfestigung der Unterhaltshöhe** führen. Sie wird zwar in keinem Falle – und schon gar nicht die in der Regel mit ihr verbundene Unterwerfung unter die sofortige Zwangsvollstreckung – „gegenüber dem Kind" erklärt. Sonst müsse sie dem Kind zugehen, würde erst mit dem Zugang beim Kinde wirksam und könnte bis dahin, sogar noch gleichzeitig mit dem Zugang, widerrufen werden (§ 130 Abs. 1 Satz 2 BGB). Aber der sich Verpflichtende kann sich eine Ausfertigung erteilen lassen und sie dem Kinde zu Händen des gesetzlichen Vertreters übersenden mit dem Ziel, ein Einverständnis über die Höhe des Unterhalts herbeizuführen. Dadurch verwendet er seine beurkundete Verpflichtung als **Vertragsangebot**, welches das Kind, wenn es damit einverstanden ist, nicht nur entgegennimmt, sondern im Rechtssinne annimmt. Doch muss die Zweckbestimmung als Vertragsangebot schon zweifelsfrei ersichtlich sein, um diese Folgerung ziehen zu können. Eine weitere Möglichkeit ist schließlich, dass ein Einverständnis über die Unterhaltshöhe schon vorher erzielt worden war. Ein solches Einvernehmen *kann* (muss nicht: s. dazu die kontroversen Stellungnahmen von *Wiegel* FamRZ 1971, 17[18] und *Odersky* FamRZ 1971, 137[138]) eine rechtsverbindliche Vereinbarung bedeuten: im letzteren Falle hätte die Beurkundung das Festgesetzte nunmehr urkundlich gemacht.

260 Zur **Beurkundung eines Einverständnisses**, insbesondere einer „Zustimmung" des Kindes zu der Verpflichtungserklärung wäre die Urkundsperson **allerdings in keinem Falle ermächtigt**. Vollends wäre sie nicht befugt, einen förmlichen „Unterhaltsvertrag" zwischen dem Kind und einem gesetzlich nicht unterhaltspflichtigen Dritten zu beurkunden, der den Lebensbedarf des Kindes, aus welchen Gründen immer, sicherstellen will. Deshalb kann auch nicht beurkundet werden die einseitige Verpflichtungserklärung eines solchen Dritten, der ein entsprechender Vertrag zugrunde zu liegen hätte oder die einem erst abzuschließenden Vertrag als Unterlage dienen soll. Sonst könnte allzu leicht versucht werden, das Formerfordernis der notariellen Beurkundung für Schenkungsversprechen (§ 518 BGB) durch eine Titulierung im Jugendamt gegenstandslos zu machen. Dass die

Beurkundung nach § 59 Abs. 1 Satz 1 Nr. 3 SGB VIII eine Verlautbarung einseitigen Charakters zum Gegenstand hat, spielt eine Rolle im Zusammenhang mit der Frage, ob für sie eine Genehmigung des Vormundschaftsgerichts beigebracht werden muss; darauf wird später (unten Rn. 313 ff.) zurückzukommen sein.

261 Schließlich hat die Verpflichtungserklärung in ihrer beurkundeten Gestalt noch eine letzte Tragweite, die freilich die wichtigste und in der Praxis fast stets genutzte ist: Wird in ihr der übernommene Unterhalt auch beziffert übernommen – bzw. seit 1. Juli 1998 durch Bezugnahme auf die Regelbeträge nach §§ 1, 2 RegelbetragVO oder einen Prozentsatz hiervon –, so lässt sie sich durch Unterwerfung des Unterhaltsschuldners unter die sofortige Zwangsvollstreckung zu einem **Vollstreckungstitel** ausbauen.

262 Zu betonen ist aber: Der Unterhaltsschuldner kann die Höhe seiner gesetzlichen Unterhaltspflicht **nicht willkürlich** dadurch **selbst bestimmen,** dass er ohne Zustimmung des gesetzlichen Vertreters des Kindes eine Verpflichtungserklärung über einen Betrag beurkunden lässt, der unterhalb der nach seinen wirtschaftlichen Verhältnissen objektiv geschuldeten Unterhaltshöhe liegt. Dementsprechend kommt einem **Urkundstitel,** mit dem sich der **Gläubiger nicht einverstanden** erklärt hat – und sei es auch nur durch stillschweigende Entgegennahme und anschließenden Gebrauch hiervon ohne Protest gegen die Höhe des Verpflichtungsbetrags –, grundsätzlich **keine Bindungswirkung** zu.

Hat eine Urkundsperson eine zuvor vom Schuldner nicht mit der Gläubigerseite abgesprochene Unterhaltsverpflichtung beurkundet und wird die auf Wunsch des Schuldners dorthin übersandte vollstreckbare Ausfertigung mit einem ablehnenden Schreiben zurückgeschickt, hat die Urkundsperson diese zum Vorgang zu nehmen. Sie ist nicht dem Schuldner auszuhändigen. Allerdings sollte dieser von der Urkundsperson über die Zurückweisung des Titels durch den Gläubigervertreter informiert werden.

263 **Strittig** ist nur, ob der Gläubiger ohne Rücksicht auf diese Urkunde **Leistungsklage** in Höhe des ihm nach seiner Auffassung zustehenden Betrags erheben kann oder ob er insoweit eine **Abänderungsklage** erheben muss.

Für den erstgenannten Weg einer **Leistungsklage** hat sich z.B. das OLG Brandenburg (JAmt 2002, 41 = FamRZ 2002, 676; ebenso OLG Zweibrücken FamRZ 1992, 840) entschieden. Nach dieser Auffassung kann dem Gläubiger, der sich hinsichtlich einer einseitigen Verpflichtungserklärung des Schuldners nicht durch ein erklärtes Einverständnis mit der zugesagten Unterhaltsrente gebunden hat, nicht verwehrt sein, weitergehende Ansprüche ohne Rücksicht auf die Urkunde und die darin enthaltene Verpflichtungserklärung des Schuldners durch Erhebung einer Leistungsklage zu realisieren. Anderes gelte nur dann, wenn der Unterhaltsberechtigte das Zahlungsversprechen des Schuldners im Zeitpunkt der Errichtung der vollstreckbaren Urkunde nicht als ungenügend erachtet, sondern sich anschließend unter Hinweis auf eine wesentliche Änderung der damaligen Verhältnisse auf eine Erhöhung des Unterhaltsanspruchs beruft. Zu dessen

Durchsetzung steht dann nur die Abänderungsklage nach § 323 ZPO zur Verfügung.

Diese Ansicht erscheint überzeugend, weil sie dem Grundsatz der Unbeachtlichkeit einer einseitig beurkundeten Unterhaltsverpflichtung ohne Zustimmung des Gläubigers entspricht. Der Behauptung des Schuldners, er sei dann möglicherweise einer doppelten Vollstreckung ausgesetzt, kann der Gläubiger schon dadurch begegnen, dass er die vollstreckbare Ausfertigung über den als zu niedrig erachteten Betrag an den Schuldner zurücksendet.

264 Allerdings wird in Teilen der Rechtsprechung auch die Auffassung vertreten, dass – ungeachtet fehlender prozessualer oder materiell-rechtlicher Bindungen des Gläubigers durch die einseitig beurkundete Unterhaltsverpflichtung des Schuldners – das Kind den ihm zustehenden höheren Unterhalt im Wege einer **Abänderungsklage nach § 323 ZPO** geltend machen könne, und zwar mit dem Ziel einer von dem abzuändernden Titel unabhängigen Neufestsetzung des Unterhalts (z.B. OLG Köln FamRZ 2001, 1716; OLG-Report Naumburg 2003, 541). Als Alternative sieht das OLG Köln a.a.O. offenbar nur die **Zusatzklage** in Höhe der Differenz zu dem verlangten Unterhalt an. Sei der Klageantrag nicht eindeutig als Zusatzklage formuliert, müsse er im Zweifel als Abänderungsantrag ausgelegt werden.

Obwohl der Weg über eine Klage gem. § 323 ZPO zu einem identischen Ergebnis führt wie eine von vornherein unbeschränkte Leistungsklage i.S.d. OLG Brandenburg a.a.O., erscheint er doch dogmatisch nicht recht überzeugend. Denn wenn das Gericht einem einseitig errichteten Titel bescheinigt, dass die Urkunde „weder prozessuale noch materiell-rechtliche Bindungen" entfalte, erscheint schwer begründbar, weshalb das Kind nur im Wege der „Abänderung" des für ihn irrelevanten Titels einen höheren Unterhaltsanspruch durchsetzen könne. Wenn im Übrigen die Neufestsetzung ohnehin ohne Bindung an den Titel möglich sein soll, ist kaum verständlich, warum nicht von vornherein eine Leistungsklage statthaft sein sollte (vgl. aber auch Rn. 325).

b) *Reichweite der Beurkundungsermächtigung*

265 Die Verpflichtung muss eine solche **aus gesetzlicher Unterhaltspflicht** sein oder doch (Rn. 271) sein können. Das Gesetz unterscheidet nicht zwischen „ehelichen" und „nichtehelichen" Kindern, zumal seit In-Kraft-Treten des KindUG zum 1. Juli 1998 insoweit praktisch keine Unterschiede mehr bestehen.

266 In der Regel und vorrangig geht sie auf den laufenden Unterhalt. Es kann aber auch eine **Unterhaltspflicht für die Vergangenheit** übernommen und beurkundet werden: unproblematisch dann, wenn der Unterhaltspflichtige zuvor zum Zweck der Geltendmachung des Unterhalts zur Auskunft aufgefordert, gemahnt oder bereits Klage erhoben worden war (§ 1613 Abs. 1 BGB). Wenn es daran mangelt, wäre zwar die rückständige Unterhaltspflicht von Rechts wegen erloschen. Gleichwohl wird die Beurkundung nicht von einem Nachweis der Mahnung oder der Klageerhebung abhängig zu machen sein, zumal der Verpflichtungswillige den Zweck verfolgen kann, mit seiner Bereitschaft zur Übernahme des Rückstands einer sittlichen Pflicht zu genügen, was dann im Hinblick auf § 814 BGB – Ausschluss der Rückforderung bei Leistung in Kenntnis fehlender Verpflichtung hierzu! – das Fehlen jener Voraussetzungen unschädlich machen würde. Doch kann nach Lage des Falles Klarstellung und Belehrung insoweit geboten sein.

Ohne die vorgenannten Einschränkungen kann im Übrigen Unterhalt für die Vergangenheit gefordert werden für **Sonderbedarf,** soweit dessen Entstehung höchstens ein Jahr zurückliegt (§ 1613 Abs. 2 Nr. 1 BGB). Ohne jede Beschränkung ist dies ferner möglich für den Zeitraum, in dem das Kind aus rechtlichen Gründen an der Geltendmachung des Unterhalts gehindert war. Das betrifft namentlich den Zeitraum **rückwirkend bis zur Geburt** des Kindes, solange die Vaterschaft nicht anerkannt oder festgestellt war (vgl. § 1594 Abs. 1, § 1600d Abs. 4 BGB). Dasselbe gilt für Zeiträume, in denen die Geltendmachung des Unterhalts aus tatsächlichen Gründen, die in den Verantwortungsbereich des Pflichtigen fallen, nicht möglich war (§ 1613 Abs. 2 Nr. 2 BGB), z.B. wenn dieser ohne Verständigung des Gläubigers häufig den Aufenthalt gewechselt hatte.

267 Zur Fragestellung gesetzlicher bzw. vertraglicher Unterhalt in der Beurkundung siehe die – kontroversen – Stellungnahmen DAVorm 1987, 173 (*Münzberg*) und DAVorm 1987, 177 (*Brüggemann*).

268 Was die **zeitliche Erstreckung der zu beurkundenden Unterhaltspflicht** für die Zukunft anlangt, so setzt § 59 Abs. 1 Satz 1 Nr. 3 SGB VIII eine Schranke nur dahin, dass „die unterhaltsberechtigte Person [als Abkömmling] im Zeitpunkt der Beurkundung das 21. Lebensjahr noch nicht vollendet hat". Damit ist ein Mehrfaches gesagt:

269 aa) Zum einen beschränkt das Gesetz die Beurkundung **nicht auf den Minderjährigenunterhalt.** Beurkundet werden kann auch die Verpflichtung zum Unterhalt für den inzwischen volljährig gewordenen oder demnächst volljährig werdenden Abkömmling: Nur auf eine Vornahme der Beurkundung vor Vollendung des 21. Lebensjahres kommt es an. Wird dieser Zeitpunkt beachtet, so ist darin eingeschlossen die weitere Möglichkeit, auch einen bis zum 18. Geburtstag (oder später) aufgelaufenen **Unterhaltsrückstand** noch nachbeurkunden zu lassen. Beim Volljährigenunterhalt, wann immer er zur Beurkundung kommt, ist allerdings zu beachten, dass seine Bemessung strukturell und in seiner Höhe nunmehr eigenen Regeln folgt (soweit es sich nicht um nach § 1603 Abs. 2 Satz 2 BGB „privilegierte" Schüler handelt, die sich noch in der allgemeinen Schulausbildung befinden und im Haushalt mindestens eines Elternteils wohnen; sie sind im Wesentlichen minderjährigen Kindern gleichgestellt). Das volljährige Kind kann nicht mehr Unterhalt auf der Basis des Regelbetrages nach der RegelbetragVO fordern (§ 1612a Abs. 1 BGB). Eltern schulden den Unterhalt nur noch unter Vorabzug ihres eigenen angemessenen Lebensbedarfs (§ 1603 Abs. 1 und Abs. 2 Satz 1 BGB) und haften zudem bei Leistungsfähigkeit anteilig nach Maßgabe ihrer Einkommen; auch ist das Kind unter Umständen im Range nachgesetzt (§ 1609 BGB) und genießt nicht mehr das Privileg der gehemmten Verjährung nach § 207 Abs. 1 Satz 2 Nr. 2 BGB. In den gängigen Unterhaltsformularen ist der Unterhalt des volljährigen Kindes meist gesondert erfassbar, insoweit er auf reine Beträge geht. Die genannten Unterschiede legen es nahe, falls zum selben Zeitpunkt sowohl eine Beurkundung auf (noch) Minderjährigenunterhalt wie auf (künftigen) Volljährigenunterhalt unter Zugrundelegung eines anderen Bedarfs und ggf. nunmehr von Haftungsanteilen der Eltern vorgenommen werden soll und hierfür unterschiedliche Formulare eingeführt sind, den Urkundungsakt beurkundungstechnisch zu trennen.

270 bb) Zum anderen kann – immer unter der Voraussetzung einer Vornahme einer Beurkundung vor Vollendung des 21. Lebensjahres – ein Unterhalt des Abkömmlings **auch für die Zeit über das 21. Lebensjahr hinaus** übernommen und beurkundet werden. Hierbei wird es sich meist um fortdauernden Ausbildungsunterhalt im Studium handeln. Ein solcher Titel behält seine Wirksamkeit auch dann, wenn er ausnahmsweise für Zeiträume verwendet werden soll, die **über das 27. Lebensjahr des Kindes hinausreichen** (etwa bei unverschuldet verlängerter Ausbildung oder bei Behinderung des Unterhaltsberechtigten). An der in den Vorauflagen (dort Rn. 193) vertretenen Ansicht, aus der Definition des „jungen Menschen" § 7 Abs. 1 Nr. 4 SGB VIII folge eine Beschränkung der Wirksamkeit im Jugendamt entsprechend seiner Aufgabenstellung (§ 2 Abs. 1 und 3 Nr. 12 SGB VIII) beurkundeter Unterhaltsverpflichtungen auf diese Altersgrenze, wird nicht festgehalten. Maßgebend ist die zulässig vorgenommene Beurkundung vor Vollendung des 21. Lebensjahres, mit der ein wirksamer Titel geschaffen wurde. Ein automatischer Wegfall der Wirksamkeit ist im Gesetz nicht vorgesehen. Ihn mittelbar allein aus den Begriffsbestimmungen in § 7 Abs. 1 SGB VIII zu folgern, erscheint nicht zwingend: Indem § 59 Abs. 1 Satz 1 Nr. 3 die Altersgrenze von 21 Jahren nennt, macht die Vorschrift deutlich, dass diese allein für die Wirksamkeit des Titels beachtlich sein soll. Eine hiervon abweichende Auslegung würde auch zu wenig praxisgerechten Ergebnissen führen.

271 **Wer als Unterhaltspflichtiger** die beurkundete Verpflichtung übernimmt, ist gleichgültig. Es genügt, dass er zum Kreis der gesetzlich Unterhaltspflichtigen gehört; ob er im konkreten Falle Unterhalt (oder vielleicht ein anderer vor ihm oder neben ihm) schuldet, hat der Urkundsbeamte nicht zu erörtern und deshalb auch die Beurkundung nicht hiervon abhängig zu machen. Im Regelfall werden Unterhaltsverpflichtungen des Vaters zu beurkunden sein. Aber auch Großeltern (das Gesetz spricht von „Abkömmlingen"), auch die ggf. barunterhaltspflichtige Mutter, können sich vor der Urkundsperson des Jugendamtes zur Unterhaltszahlung verpflichten. Verpflichten können sich ferner die **Erben des Kindesvaters** für den bei dessen Tode noch rückständigen, untituliert gebliebenen Unterhalt; mehrere Erben grundsätzlich als Gesamtschuldner (§ 2058 BGB); doch können ihre Verpflichtungserklärungen, wenn sie nicht durch einen gemeinsamen Bevollmächtigten, einen Nachlassverwalter, Nachlasspfleger oder Testamentsvollstrecker abgegeben werden – Rn. 139, 146 –, nacheinander beurkundet werden. Die Erbeneigenschaft dessen, der sich verpflichtet oder verpflichten lassen will, bedarf wiederum keines Nachweises.

Rückständige Unterhaltsansprüche des Kindes können im Zeitpunkt der Beurkundung bereits **auf andere übergegangen** sein. Das ist zum einen möglich bei Deckung des Kindesbedarfs durch einen nachrangig haftenden Verwandten unter den Voraussetzungen des § 1607 Abs. 2 Satz 2 BGB oder durch den Scheinvater (§ 1607 Abs. 3 Satz 2 BGB). Häufig gehen aber auch Unterhaltsforderungen auf die öffentliche Hand über, z.B nach Leistung von Sozialhilfe (§ 94 Abs. 1 SGB XII), Unterhaltsvorschuss (§ 7 Abs. 1 UVG), Jugendhilfe (§ 94 Abs. 3 Satz 2 SGB VIII) oder Ausbildungsförderung (§ 37 BAFöG). Bei erbrachten Leistungen nach dem SGB XII tritt ein Gläubigerwechsel erst nach förmlicher Überleitung gemäß § 33 SGB II ein.

272

In all diesen Fällen kann die **Urkundsperson im Jugendamt keine Verpflichtung zur Zahlung an den Übergangsgläubiger beurkunden.** Denn hierauf erstreckt sich die Ermächtigung in § 59 Abs. 1 Satz 1 Nr. 3 SGB VIII nicht (vgl. *Brüggemann* DAVorm 1993, 218 [225]; *DIV-Gutachten* in ZfJ 1998, 390). Es wäre wünschenswert, dass der Gesetzgeber die Beurkundungsbefugnis nach dieser Vorschrift auch auf übergegangene Ansprüche ausdehnt. Der Erklärungswillige ist nämlich bisher an den Notar zu verweisen, erhält dort aber keine Kostenfreiheit hinsichtlich der Notargebühren, wenn Gläubiger nicht mehr das Kind selbst ist. Das erschwert naturgemäß die Bemühungen insbesondere der zuständigen Ämter, Schuldner zu entsprechenden freiwilligen Beurkundungen zu veranlassen.

Es ist auch nicht möglich, wie noch bis zur 4. Auflage (dort Rn. 217) erwogen, die Beurkundung im Einvernehmen mit dem Übergangsgläubiger so vorzunehmen, als stünde der Anspruch noch dem Kinde zu, und im Anschluss hieran antragsgemäß den Titel auf den Rechtsnachfolger umzuschreiben. Denn nach inzwischen ganz h.M. (BGHZ 120, 387 [392] = NJW 1993, 1396[1397] m.w.Nachw.; *Münzberg* in: Stein/Jonas Rn. 7; *Hartmann* in: Baumbach/Lauterbach Rn. 7, jeweils zu § 795 ZPO; *Lackmann* in: Musielak § 727 ZPO Rn. 3) muss die **Rechtsnachfolge bei vollstreckbaren Urkunden nach Errichtung des Titels eingetreten** sein, wenn eine Umschreibung nach §§ 727, 795 ZPO vorgenommen werden soll. Die Beurkundung von Zahlungsverpflichtungen auch hinsichtlich übergegangener Ansprüche ist allenfalls möglich, wenn diese zuvor im Wege der **treuhänderischen Rückübertragung** wieder an das Kind abgetreten worden sind (vgl. § 94 Abs. 4 Satz 1 SGB XII, § 7 Abs. 4 Satz 2 UVG, § 94 Abs. 4 Satz 1 SGB VIII; zur treuhänderischen Rückübertragung von auf den Scheinvater übergegangenen Ansprüchen: BGH FamRZ 1982, 50). Ohne eine derartige Rückübertragung muss der Schuldner eines gesetzlich übergegangenen Unterhaltsanspruchs für die Beurkundung einer entsprechenden Verpflichtungserklärung **an den Notar verwiesen** werden.

273

Hat die Urkundsperson gleichwohl in Unkenntnis des Anspruchsübergangs den Unterhalt auch für zurückliegende Zeiträume beurkundet, in welchen die Forderung nicht mehr dem Kind zustand, berührt dies die **Wirksamkeit der Verpflichtung des Schuldners zu künftigem Unterhalt** im Regelfall

273a

nicht: Denn nach **§ 139 BGB** ist bei Nichtigkeit eines Teils eines Rechtsgeschäfts das ganze Rechtsgeschäft nichtig, wenn nicht anzunehmen ist, dass es auch ohne den nichtigen Teil vorgenommen sein würde. Es dürfte aber im Allgemeinen zu unterstellen sein, dass der Schuldner sich in jedem Fall, auch zur Abwendung einer sonst drohenden Klage, zum künftigen Unterhalt gegenüber dem Kind verpflichten wollte und diese Erklärung nicht unterlassen hätte, wenn ihm die Unzuständigkeit der Urkundsperson für die bereits auf einen Rechtsnachfolger übergegangenen rückständigen Unterhaltsforderungen und damit die Unwirksamkeit dieses Teils der Beurkundung bewusst gewesen wäre.

c) *Unterhalt als Festbetrag oder dynamisiert anhand der Regelbeträge*

274 Das seit 1. Juli 1998 geltende Kindesunterhaltsrecht kennt nur noch den Individualunterhalt. Entgegen der ursprünglichen Konzeption des Regierungsentwurfs wurde im Gesetzgebungsverfahren das System des Regelunterhalts fallen gelassen, um den politischen Streit um die Höhe der Mindestunterhaltsätze und ihr Verhältnis zum Existenzminimum des Kindes zu entschärfen (vgl. hierzu näher *Schumacher/Grün* FamRZ 1998, 778; *Knittel* DAVorm 1998, 177). Stattdessen wurde die Möglichkeit eingeführt, den **Individualunterhalt als Prozentsatz eines Regelbetrages** gemäß § 1612a BGB zu titulieren. Die Regelbeträge wurden in der Regelbetrag-VO in drei Altersstufen festgelegt (vgl. § 1612a Abs. 3 BGB). Sie werden in einem – erstmals mit dem 1. Juli 1999 begonnenen zweijährigen Turnus – durch Rechtsverordnung des Bundesministeriums der Justiz an die wirtschaftliche Entwicklung angepasst (§ 1612a Abs. 4 BGB).

275 Das Kind hat im nunmehr geltenden Recht somit die **Wahl:** es kann Individualunterhalt als statischen Unterhalt oder auf der Grundlage eines Regelbetrages verlangen. Nach § 1612a Abs. 1 BGB kann ein minderjähriges Kind von einem Elternteil, mit dem es nicht in einem Haushalt lebt, den Unterhalt als Vomhundertsatz des jeweiligen Regelbetrags nach der Regelbetrag-Verordnung verlangen.

Im Umkehrschluss bedeutet dies, dass ein mit beiden Elternteilen in einem Haushalt zusammenlebendes Kind keinen Anspruch auf Barunterhalt nach dieser Vorschrift hat. Insoweit gilt das Bestimmungsrecht der Eltern über die Art der Gewährung des Unterhalts gem. § 1612 Abs. 2 Satz 1 BGB. Selbstverständlich ist aber unbeschadet des fehlenden gesetzlichen Anspruchs *zulässig*, eine entsprechende Barunterhaltsverpflichtung zu beurkunden. Ein Unterhaltsschuldner ist nicht gehindert, in vollstreckbarer Form auch solche Verpflichtungserklärungen abzugeben, die über den gesetzlichen Anspruch des Gläubigers hinausgehen. Zieht etwa eine ihr Kind betreuende Mutter „probeweise" mit dem Vater zusammen und möchte gleichzeitig für den Fall vorsorgen, dass die Lebensgemeinschaft in absehbarer Zeit wieder aufgehoben wird, kann sie ein entsprechendes Ansinnen an den Vater stellen. Ist dieser bereit, über seine gesetzliche Verpflichtung hinaus einen Urkundstitel aufnehmen zu lassen, damit er vom Kind gewissermaßen „auf Vorrat" gehalten und bei Bedarf verwendet werden kann, besteht für die

Urkundsperson kein Grund, ein entsprechendes Ersuchen auf Vornahme der Beurkundung abzulehnen.

276 Aufgrund des genannten Wahlrechts kann das Kind beispielsweise einen Unterhalt in Höhe eines **Festbetrages** von monatlich 400 € abzüglich anzurechnender kindbezogener Leistungen fordern (Im Hinblick auf die Rechtsklarheit und auf künftige Abänderungen nach § 655 ZPO empfiehlt es sich, den an sich geschuldeten EURO-Betrag und die anzurechnenden Leistungen gesondert auszuweisen, so auch *Lipp/Wagenitz* § 1612a Rn. 29). Allerdings kommt es dann nicht in den Genuss der gemäß § 1612a BGB möglichen Dynamisierung des Unterhalts. Änderungsbegehren müssen wie bisher mit der Abänderungsklage nach § 323 ZPO verfolgt werden. Zur Möglichkeit einer Indexklausel zur Erhöhung des Festbetragsunterhalts vgl. unten Rn. 302.

277 Verlangt das minderjährige Kind von dem nicht mit ihm in einem Haushalt lebenden Elternteil hingegen **Individualunterhalt auf der Grundlage eines Regelbetrages,** wird der Titel jeweils nach Änderung der Regelbeträge gemäß § 1612a Abs. 4 BGB „gleitend" angepasst, ohne dass es – wie im früheren Recht – hierzu einer gerichtlichen Entscheidung bedarf. Die Anpassung ergibt sich vielmehr aus der Bezugnahme im Titel auf die geänderten Regelbeträge.

aa) *Festsetzung des Unterhalts anhand des Regelbetrages*

278 Das Kind kann den Unterhalt als Vomhundertsatz des Regelbetrages der *jeweiligen* Altersstufe abzüglich anzurechnender kindbezogener Leistungen verlangen (§ 1612a Abs. 1 BGB). Damit erhöht sich nicht nur der Unterhalt automatisch, wenn die Regelbeträge im Zwei-Jahres-Rhythmus an die wirtschaftliche Entwicklung angepasst werden. Zusätzlich ändert sich der Unterhalt entsprechend dem in der **höheren Altersstufe** auch höheren Lebensbedarf, wenn das Kind mit Vollendung des sechsten bzw. zwölften Lebensjahres die zweite bzw. dritte Altersstufe erreicht.

Zu beachten ist hierbei, dass die dritte Altersstufe zwar nach § 1612a Abs. 3 BGB vom 13. Lebensjahr an gilt, aber **nicht auf die Vollendung des 18. Lebensjahres beschränkt** ist (*Rühl/Greßmann* Rn. 108). Ein insoweit offen gehaltener Titel gilt auch über die Volljährigkeit des Kindes hinaus (vgl. § 798a ZPO). Allerdings ermöglicht er keine Dynamisierung in die vierte Altersstufe der Düsseldorfer Tabelle (*Ewers* DAVorm 1999, 801 [817]. Vielmehr wird der zuletzt maßgebende Unterhaltsbetrag aus der dritten Altersstufe auch nach der Volljährigkeit entsprechend der Anpassung der Regelbeträge weiter dynamisiert (*Lipp/Wagenitz* § 1612a Rn. 40).

279 Auch im neuen Kindesunterhaltsrecht haben die **Düsseldorfer Tabelle –** und die **Berliner Tabelle** als Vortabelle hierzu – eine herausragende Bedeutung für eine gleichmäßige Ermittlung des Kindesbedarfs anhand der Leistungsfähigkeit des Unterhaltsverpflichteten (vgl. hierzu *Scholz* FamRZ 1999, 1177 ff.; *Ewers* DAVorm 1999, 801 ff.). Die Düsseldorfer Tabelle gibt jeweils die Unterhaltsbeträge der entsprechenden Einkommensgruppen als Prozentsatz des maßgebenden Regelbetrages an (für die Berliner Tabelle vgl.

die entsprechende Dynamisierungshilfe von *Vossenkämper* FamRZ 1999, 1571). Hieran sollte sich auch die Titulierung des Unterhaltsanspruchs orientieren, d.h. insbesondere nicht willkürlich gegriffene Prozentsätze als „Zwischenstufen" der Tabellenwerte festlegen.

bb) Die Inbezugnahme der Regelbeträge

280 Die Regelbetragverordnung legt die Regelbeträge für die einzelnen Altersstufen für die alten (§ 1) und – für eine Übergangszeit – die neuen Länder (§ 2) fest. Es muss also bei der Unterhaltstitulierung **klargestellt** werden, **welcher Regelbetrag** zur Anwendung kommt.

281 Ob ein **Titel ohne diese Angabe hinreichend bestimmt** und damit vollstreckbar ist, wird in der Rechtsprechung kontrovers beurteilt (verneinend OLG Naumburg Rpfleger 2001, 591; bejahend OLG Jena DAVorm 2000, 1137, vgl. hierzu näher *DIJuF- Rechtsgutachten* vom 22. Juni 2004, CD-ROM, GutA Nr. 11). Gründe der Rechtsklarheit sprechen aber in jedem Fall *für* die Benennung der maßgebenden Rechtsvorschrift, auch wenn sie den Nachteil hat, dass nach einem Umzug des Kindes gegebenenfalls der Titel geändert werden muss.

282 Bei der Beurkundung sind folgende Fälle zu unterscheiden: Haben Schuldner und Kind ihren Wohnsitz im Altbundesgebiet, gilt § 1 der RegelbetragVO und die hierauf aufbauende Düsseldorfer Tabelle. Haben Kind und barunterhaltspflichtige Elternteile hingegen ihren Wohnsitz im Beitrittsgebiet, kommen § 2 der RegelbetragVO und die entsprechenden Ost-Tabellen und Ost-Leitlinien zur Anwendung (so ausdrücklich die Berliner Tabelle a.E.).

283 Strittig war zunächst die Handhabung in den sogenannten **Mischfällen**. Nach einer Auffassung soll es stets auf die Verhältnisse des Barunterhaltspflichtigen ankommen (*Rühl/Greßmann* Rn. 92; *Lipp/Wagenitz* § 1612a Rn. 39). Sachgerecht sei eine Anknüpfung an die Regelbeträge, die die Entwicklung des wirtschaftlichen Umfelds des barunterhaltspflichtigen Elternteils spiegeln. Die Anpassung der Regelbeträge solle zum einen die Einkommensdynamik und damit die Leistungsfähigkeit des Unterhaltsschuldners abbilden, zum anderen aber auch den mit der Kostenentwicklung steigenden Bedarf des Kindes nachzeichnen, der aber wesentlich von der Lebensstellung des barunterhaltspflichtigen Elternteils bestimmt werde. Beide Gesichtspunkte ließen die Regelbeträge als maßgebend erscheinen, die für den **Ort der Erwerbstätigkeit**, hilfsweise am Wohnort, **des barunterhaltspflichtigen Elternteils** gelten (*Lipp/Wagenitz* a.a.O.). Nach anderer Ansicht (*Rühl* Kind-Prax 1998, 70/71; *Grün*, Das neue Kindschafts- und Unterhaltsrecht in der anwaltlichen Praxis, 1998, Rn. 269; *Vossenkämper* FamRZ 1999, 1571 [1572]; *Ewers* DAVorm 1999, 801 [816]) soll es auf den **Wohnsitz des Kindes** ankommen.

284 Die **letztgenannte Auffassung**, nach der inzwischen ganz überwiegend verfahren wird, erscheint **überzeugender und praxisgerechter**. Auf der Grundlage der Annahme des Verordnungsgebers, dass die Lebenshaltungskosten und damit der Bedarf im Beitrittsgebiet noch immer niedriger sind als

in den westlichen Bundesländern, liegt ein Vergleich mit den Fällen nahe, in denen das Kind im Ausland wohnt: Auch hier wird ein entsprechender *Abschlag* von den in Deutschland maßgebenden Unterhaltssätzen *bei geringeren Lebenshaltungskosten am Wohnort* des Kindes vorgenommen (vgl. OLG Celle Kind-Prax 1998, 153 [Ls]; OLG Nürnberg FamRZ 1997, 1355). Auch dürfte der Umstand, dass barunterhaltspflichtige Elternteile öfter den Wohnort wechseln als die unterhaltsberechtigten Kinder (vor allem innerhalb Berlins!) die Anknüpfung an den Wohnsitz des Kindes vorteilhafter erscheinen lassen. Im Übrigen stellt die Bemessung des Selbstbehalts nach den am Wohnort des Schuldners maßgebenden Verhältnissen insoweit ein Korrektiv dar (hierzu *Ewers* a.a.O.).

d) Anrechnung kindbezogener Leistungen

285 Wie im früheren Recht wird grundsätzlich ein interner familienrechtlicher Ausgleich zwischen den Eltern durch **hälftige Teilhabe beider Elternteile am Kindergeld** durch Anrechnung bewirkt (§ 1612b Abs. 1 BGB). Dies gilt auch für volljährige Kinder, bei denen die Rechtsprechung zuvor teilweise im Zweifel eine Zuwendung des Kindergeldes durch den empfangsberechtigten Elternteil und damit eine Bedarfsminderung in Höhe des vollen Kindergeldes angenommen hatte (vgl. BGH FamRZ 1986, 151 [152]). Abweichend von der Rechtsprechung des BGH zum früheren Recht, die das für mehrere Kinder ausgezahlte Kindergeld bei der Anrechnung auf den Unterhaltsanspruch des Kindes gegen den barunterhaltspflichtigen Elternteil gleichmäßig auf alle Kinder verteilte (BGH FamRZ 1981, 541), ist nunmehr das auf **das jeweilige Kind entfallende Kindergeld** anzurechnen (§ 1612b BGB). Der Zählkindvorteil bleibt nach wie vor bei der Anrechnung des Kindergeldes unbeachtlich (§ 1612b Abs. 4 BGB).

286 Sehr strittig ist die Anrechnung des Kindergeldes für **Volljährige, die im Haushalt eines Elternteils leben**, wenn dieser Elternteil **mangels Leistungsfähigkeit nicht barunterhaltspflichtig** ist. Nach einer in der Rechtsprechung vertretenen Auffassung soll diesem Elternteil das Kindergeld nach der gesetzlichen Wertung von § 64 Abs. 2 Satz 1 EStG auch zur Hälfte angerechnet werden, weil er nach der Lebenserfahrung immer noch jedenfalls tatsächliche Unterhaltsleistungen erbringt (so OLG Celle FamRZ 2001, 47; OLG Brandenburg FamRZ 2002, 1216; OLG Düsseldorf FuR 2002, 331; OLG Nürnberg NJW-RR 2000, 598; *Scholz* in: Wendl/Staudigl, Rn. 2/515; *Büttner/Niepmann* FamRZ 2001, 2215 [2218]). Die Gegenmeinung wendet hingegen § 1612b Abs. 3 BGB entsprechend an mit der Begründung, die Halbteilung sei nur gerechtfertigt, wenn der das Kindergeld beziehende Elternteil nach dem Muster von § 1606 Abs. 3 Satz 2 BGB Unterhalt leiste und hierzu auch verpflichtet sei (so OLG Düsseldorf FamRZ 1999, 1452; OLG Schleswig FamRZ 2000, 1245; OLG Braunschweig FamRZ 2000, 1246; OLG Hamburg JAmt 2001, 300; OLG Celle JAmt 2003, 615; OLG Stuttgart FamRZ 2004, 219; vgl. auch *Becker* FamRZ 1999, 65; *Schumacher* in: Luthin Rn. 3251). Die erstgenannte Meinung erscheint vorzugswürdig, wenngleich es in einem Streitfall darauf ankäme, welcher Auffassung sich das zuständige Familiengericht anschließt.

287 Das **Gesetz** nennt **keinen Mindestunterhalt** (vgl. BGH, JAmt 2002,141). Gleichwohl soll dem Kind **ein „Existenzminimum"** zugebilligt werden, das bei 135% des jeweiligen Regelbetrages anzunehmen ist. Das hat der Gesetzgeber mit der Neufassung des § 1612b Abs. 5 BGB zum 1. Januar 2001 zum Ausdruck gebracht. Soweit der vom Schuldner zu leistende Unterhalt den entsprechenden Betrag nicht erreicht, unterbleibt die Anrechnung des Kindergeldes.

e) Zulässige Dynamisierung auch des anzurechnenden Kindergeldes

288 Sehr umstritten ist, ob auch das anzurechnende Kindergeld als Festbetrag angegeben werden muss oder ob eine dynamische Formulierung möglich ist.

Die Neuregelung des Kindesunterhalts zum 1. Juli 1998 verfolgte u.a. das Ziel, mit der Dynamisierung von Unterhaltstiteln anhand der jeweiligen Regelbeträge nach der Regelbetrag-Verordnung gem. § 1612a BGB die nach früherem Recht erforderlichen kontinuierlichen **formellen Anpassungen der Titel an die wirtschaftliche Entwicklung zu vermeiden**. Allerdings gewann sehr bald die Erkenntnis Raum, dass die Änderungsbedürftigkeit dieser Titel in formellen Verfahren nur dann im Grundsatz auf Veränderungen *in den individuellen Verhältnissen der Parteien* gem. § 323 ZPO beschränkt werden könne, wenn auch das anzurechnende Kindergeld in dynamisierter Form angegeben werde. Denn die Nennung des zur Zeit der Titelerrichtung maßgebenden Festbetrags bedeutet, dass **mit jeder Erhöhung** des Kindergelds auch dessen hälftige Anrechnung zu Gunsten des Unterhaltsschuldners gem. § 1612b Abs. 1 BGB materiell-rechtlich zu einem **niedrigeren Zahlbetrag** als im Titel ausgewiesen führt. Zur jeweiligen Anpassung des Titels bedürfte es eines Verfahrens nach **§ 655 Abs. 1 ZPO**. Im Ergebnis wären also nach allgemeinen Erhöhungen des Kindergelds erneut durch die Familiengerichte – vielfach unter Beteiligung der Jugendämter – Anpassungswellen zu bewältigen gewesen, die das neue Recht mit der Dynamisierung der Unterhaltsbeträge gerade vermeiden wollte.

289 Deshalb wurde schon frühzeitig empfohlen, das anzurechnende Kindergeld **nicht als Festbetrag anzugeben**, sondern in entsprechend dynamisierter Form, etwa wie folgt: „Anzurechnen ist das hälftige gesetzliche Kindergeld für ein erstes Kind" (vgl. z.B. *DIV-Gutachten* DAVorm 2000, 128). Eine derartige Formulierung wurde ausdrücklich gebilligt vom OLG Stuttgart (DAVorm 1999, 251 und 771) sowie vom LG Lüneburg (DAVorm 2000, 76). Beide Gerichte hielten das Erfordernis der hinreichenden Bestimmtheit für gewahrt, weil die jeweilige Höhe des Kindergelds aus dem Gesetz entnommen werden könne. Weitergehend hat das OLG Stuttgart in einem späteren Beschluss (JAmt 2001, 369) die Dynamisierung des Kindergelds in einem Unterhaltstitel sogar dann für zulässig gehalten, wenn nicht ausdrücklich festgestellt wurde, ob es sich um das Kindergeld eines Erstkindes oder eines weiteren Kindes handle. Im entschiedenen Fall konnte dies der Urkunde mittelbar aufgrund der darin deklaratorisch angegebenen Zahlbeträge entnommen werden.

B.II. Unterhaltsverpflichtungen

Mit der **Änderung der Anrechnungsbestimmung in § 1612 b Abs. 5 BGB** zum 1. Januar 2001 verschärfte sich die Problematik, weil nunmehr die **Anrechnungsformel umfangreicher** und scheinbar komplizierter ausfallen musste.

290

Deshalb nimmt eine verbreitete Auffassung in Rechtsprechung und Literatur den Standpunkt ein, dass eine dynamisch formulierte Kindergeldanrechnung **nicht hinreichend bestimmt und deshalb nicht vollstreckbar** sei (so OLG München JAmt 2001, 295: OLG Naumburg FamRZ 2001, 854 und FamRZ 2002, 837; OLG Saarbrücken JAmt 2002, 94; OLG Oldenburg JAmt 2002, 270; *Soyka* FamRZ 2001, 740 [742]).

Hingegen hält eine ebenfalls verbreitete Auffassung in Rechtsprechung und Literatur eine **dynamische Anrechnung des Kindergelds grundsätzlich für zulässig** (OLG Düsseldorf JAmt 2001, 550 unter Aufgabe der früheren abweichenden Entscheidungen in JAmt 2001, 368 und JAmt 2001, 550; OLG Düsseldorf FamRZ 2002, 1046; OLG Hamm JAmt 2001, 369; OLG-Report Frankfurt 2001, 348; *Gerhardt* FamRZ 2001, 73; *Bäumel* JAmt 2001, 264 [268]; *Knittel* DAVorm 2000, 826).

291

Das OLG Frankfurt a.a.O. hat zur Begründung ausgeführt:

292

„Die Bedenken, die teilweise gegen die (teilweise) Anrechnung des Kindergeldes bei dynamisierten Unterhaltstiteln unterhalb 135% des Regelbetrags erhoben werden, da zu kompliziert und nicht hinreichend bestimmt (vgl. *Scholz* FamRZ 2000, 1541 [1546]; *Vossenkämper* FamRZ 2000, 1547 [1551]), teilt der Senat nicht. Die vom Amtsgericht verwendete Formel entspricht den Empfehlungen des Bayerischen Justizministeriums (zitiert nach *Scholz* S. 1546 Fn. 51; zustimmend auch *Schöppe-Fredenburg* FuR 2000, 449 [450]). Sie ist hinreichend bestimmt, da sie alle zur Konkretisierung erforderlichen Angaben enthält, und ist auch nicht komplizierter als eine Zinsberechnung bei mehreren Teilzahlungen, die jedes Vollstreckungsorgan leisten muss."

Diese Auffassung erscheint **überzeugend und praxisgerecht**.

293

Lehnt allerdings das für den jeweiligen Bereich zuständige Oberlandesgericht eine Dynamisierung der Kindergeldanrechnung ab, muss dies selbstverständlich bei der Beurkundung von Unterhaltsverpflichtungen bzw. Klageanträgen berücksichtigt werden (bei größeren Oberlandesgerichten muss freilich eine einzelne Entscheidung eines Familiensenats nicht unbedingt repräsentativ für die Rechtsprechung der anderen Senate sein. Das dürfte insbesondere für die zitierte Entscheidung des OLG München zuzutreffen).

Im Übrigen ist zu beachten, dass auch eine dergestalt flexible Fassung der Kindergeldanrechnung den **Mindestanforderungen an die Bestimmtheit des Titels entsprechen** muss. Entscheidend ist insofern, dass gem. § 1612b Abs. 5 BGB festgelegt wird, eine Kindergeldanrechnung habe zu unterbleiben, soweit der Unterhalt 135% des jeweiligen Regelbetrags nicht übersteigt (OLG Düsseldorf JAmt 2001, 550; vgl. auch das Formulierungsbeispiel in Rn. 212). Es **genügt also nicht, in mehr oder minder vager**

294

Form auf § 1612b BGB zu verweisen, ohne die gesetzlichen Modalitäten der Anrechnung konkret zu benennen. So kann etwa die Formulierung „… abzüglich des anteiligen Kindergeldes in der jeweils gesetzlichen Höhe gem. § 1612b BGB …" auch dann nicht überzeugen, wenn man eine dynamische Fassung der Kindergeldanrechnung für grundsätzlich zulässig hält. Eine solche Fassung ist schon vom Ansatz her zu unbestimmt.

f) *Formulierungsvorschlag einer Verpflichtungserklärung auf dynamisierten Unterhalt nach dem jeweiligen Regelbetrag*

295 Ein Formulierungsvorschlag für eine volldynamische und auf das Wesentliche reduzierte Unterhaltsverpflichtung könnte somit etwa sinngemäß unter Berücksichtigung der beiden wichtigsten Alternativen lauten:

„Der Unterzeichner verpflichtet sich, dem Kind …… ab dem ……… einen zum ersten eines jeden Monats im Voraus fälligen Unterhalt in Höhe des jeweiligen Regelbetrages/von ……v.H. des jeweiligen Regelbetrages nach § 1/§ 2 RegelbetragVO zu zahlen.

Dieser Unterhalt vermindert sich um die Hälfte des jeweiligen gesetzlichen Kindergeldes für ein erstes Kind. Die Anrechnung unterbleibt, soweit der geschuldete Unterhalt 135% des Regelbetrages nicht übersteigt.

296 Verbreitet wird empfohlen, den sich bei dynamischer Kindergeldanrechnung derzeit ergebenden **Zahlbetrag erläuternd** in den Tenor der Unterhaltsverpflichtung mit **aufzunehmen** (etwa: „zu zahlen sind demnach derzeit…€"). Neben dem Informationsgewinn für Gläubiger und Schuldner, die hieraus die sich zur Zeit der Beurkundung ergebende Höhe der Unterhaltszahlung ablesen können, bewirkt dies auch, dass die Vollstreckbarkeit des Titels jedenfalls in dieser Höhe auch dann gewahrt ist, wenn im Streitfall ein Gericht grundsätzliche Vorbehalte gegen die genannte Art der Kindergeldanrechnung haben sollte. Allerdings birgt dies zwei **Risiken**: zum einen muss sorgfältig darauf geachtet werden, dass der Zusatz wirklich nur als Erläuterung zu verstehen ist. Es **darf nicht der geringste Zweifel erlaubt sein, dass als Obersatz die Verpflichtung des Schuldners zur Zahlung eines dynamisierten Unterhalts anhand von Regelbeträgen erklärt ist.** Derartige Zweifel treten vor allem dann auf, wenn in einem Vordruck zum Zweck der Erläuterung der Festbeträge zusätzlich die Rubrik ausgefüllt wird, welche alternativ für die Unterhaltsverpflichtung anhand von Festbeträgen vorgesehen ist. In diesem Fall stehen gleichrangig zwei sich einander ausschließende Arten der Unterhaltsverpflichtung nebeneinander.

Darüber hinaus sind vereinzelt in der Rechtsprechung namentlich des OLG Naumburg – wie aus unveröffentlichten, dem DIJuF e.V. übermittelten Entscheidungen bekannt geworden ist – wiederholt Unterhaltstitel als nicht vollstreckungsfähig beanstandet worden, welche neben einer klaren Verpflichtung zum Unterhalt anhand des Regelbetrags auch die Angabe eines Festbetrags enthielten, selbst wenn diese offensichtlich erläuternd gemeint war. Das OLG Naumburg hat den Tenor insoweit als widersprüchlich und damit unbestimmt angesehen. Das erscheint sehr problematisch; es soll aber verdeutlichen, dass in diesem Punkt nicht nur auf die in sich schlüssige und klare Formulierung des Titels geachtet werden muss, sondern gegebenenfalls auch eine bekannt gewordene ablehnende Haltung des zuständigen Oberlandesgerichts zu berücksichtigen ist.

297 Häufig wird bei der Aufnahme von Unterhaltsverpflichtungen formuliert, dass der Kindesunterhalt **„zu Händen des gesetzlichen Vertreters"** oder „des jeweiligen gesetzlichen Vertreters" zu erbringen sei. Es bedarf aber einer kritischen Prüfung, inwieweit diese herkömmliche und verbreitete Textfassung notwendig und sinnvoll ist.

Nach § 362 Abs. 1 BGB erlischt das Schuldverhältnis, wenn die geschuldete Leistung „an den Gläubiger" bewirkt wird. Hierbei tritt aber nach allgemeiner Auffassung die **Erfüllung nur** ein, wenn **der Gläubiger zur Annahme der Leistung befugt** ist. Diese Empfangszuständigkeit deckt sich mit der Verfügungsmacht (*Heinrichs* in: Palandt § 362 Rn. 3 unter Hinweis auf § 362 Abs. 2 und §§ 1812, 1813 BGB). Die Leistung an den Gläubiger befreit daher nicht, wenn ihm die Verfügungsmacht über die Forderung entzogen ist – z.B. nach Eröffnung eines Insolvenzverfahrens oder bei Pfändung einer Forderung – bzw. wenn er **geschäftsunfähig** ist. Deshalb wird niemand ernstlich auf den Gedanken kommen, die Aushändigung des Unterhalts in bar an ein Kind unter 7 Jahren befreie den Schuldner. Er wird immer zu Händen des zur Annahme der Zahlung befugten gesetzlichen Vertreters des Kindes leisten.

298 Auch **bei beschränkt Geschäftsfähigen** – also Kindern zwischen dem 7. und 18. Lebensjahr – wird ganz **überwiegend angenommen**, dass ihnen die **Empfangszuständigkeit für ihnen geschuldete Leistungen fehle**, sofern nicht der gesetzliche Vertreter eingewilligt hat (*Heinrichs* a.a.O. und § 107 Rn. 2). Wird die geschuldete Sache an den beschränkt Geschäftsfähigen übereignet, erwirbt er zwar Eigentum, die Forderung erlischt aber nicht. Allerdings ist diese Frage nicht unumstritten (vgl. *Heinrichs* § 107 Rn. 2 m.w. Nachw.). Allein dieser Meinungsstreit um die Empfangszuständigkeit bei beschränkter Geschäftsfähigkeit kann es rechtfertigen, in einem Titel über Kindesunterhalt hervorzuheben, dass die Leistung zu Händen eines gesetzlichen Vertreters zu erbringen sei (was bei geschäftsunfähigen Kindern eine Selbstverständlichkeit ist und bei Kindern zwischen 7 und 18 Jahren zumindest nach h.M. auch).

299 Entschließt man sich aber zu einer derartigen Angabe, genügt die Bezeichnung **„zu Händen des zur Annahme befugten gesetzlichen Vertreters"**. Dies ist jedenfalls etwas genauer als die Bezeichnung „des jeweiligen gesetzlichen Vertreters", weil schließlich auch mehrere gesetzliche Vertreter existieren können, von denen aber nur einer den Unterhalt geltend machen kann (z.B. in Fällen gemeinsamer Sorge – vgl. § 1629 Abs. 2 Satz 2 BGB –, bei Teilentzug der elterlichen Sorge unter Bestellung eines Pflegers oder bei Berechtigung einer Pflegeperson zur Geltendmachung von Unterhalt gem. § 1688 Abs. 1 BGB).

300 Hingegen wäre es **nicht angebracht, ausdrücklich § 1629 BGB zu zitieren**. Dies trifft zwar den Fall, dass der andere Elternteil zur Geltendmachung des Unterhalts befugt ist (wechselt diese Befugnis auf denjenigen Elternteil, welcher die Erklärung abgegeben hat, wird der Titel ohnehin für den laufenden Unterhalt gegenstandslos und bleibt für Rückstände nur insofern von Bedeutung, als der Unterhaltsanspruch auf einen Dritten z.B. § 7 Abs. 1 UVG oder § 91 Abs. 1 BSHG übergegangen ist. Zur Geltendmachung von Rückständen *im Namen des Kindes* wäre der andere Elternteil nicht mehr befugt). Jedoch ist die Formulierung „zu Händen desjenigen, der die Unterhaltsansprüche des Kindes nach § 1629 BGB geltend machen darf", **trotz seiner Scheingenauigkeit zu eng**. Bei wörtlichem Verständnis erfasst er nicht die Fälle der Unterhaltsdurchsetzung durch einen Vormund, einen Pfleger oder eine Pflegeperson.

Die Formulierung „zu Händen des zur Annahme befugten gesetzlichen Vertreters" ist demnach die umfassendste und sowohl der Fassung „des jeweiligen gesetzlichen Vertreters" als auch einem Text unter Hinweis auf § 1629 BGB vorzuziehen.

301 Höchst zweckmäßig ist die Aufnahme einer Bestimmung des Schuldners in die Urkunde, wonach **Tilgungen zunächst auf den laufend geschuldeten Unterhalt anzurechnen sind.** Andernfalls gilt die Anrechnungsregel des § 366 Abs. 2 BGB, wonach im Zweifel Leistungen zuerst auf Rückstände anzurechnen sind (vgl. Rn. 304).

g) *Sonderfälle von Beurkundungswünschen*

302 Es kommt vor, dass ein Schuldner einen Festbetragsunterhalt beurkunden will, dieser jedoch – nach den ihm mitgeteilten Vorstellungen des Gläubigers – an einen **Index der Lebenshaltungskosten** gebunden sein soll, z.B. in folgender Weise:

„Bis zum 31. Oktober 2008 sollen sich die Beträge automatisch um den Prozentsatz erhöhen, um den sich der Preisindex für die gesamten Lebenshaltungskosten aller privaten Haushalte im Bundesgebiet auf der Basis von 1991 = 100 Punkten gegenüber dem Stand des 1. Januar 1999 verändert, wobei jedoch die Änderung immer nur vom 1. Januar eines jeden Kalenderjahres an für die Zukunft zu berücksichtigen ist."

Eine solche Verpflichtung ist **grundsätzlich zulässig**. In der Rechtsprechung ist wiederholt entschieden worden, dass eine Anpassungsklausel auf der Basis eines Lebenshaltungskostenindex des Statistischen Bundesamtes **hinreichend bestimmt und zur Zwangsvollstreckung geeignet** ist (LG Kempten DGVZ 1996, 28; LG Lüneburg DGVZ 1992, 173; AG Viechtach FamRZ 1996, 671). Das LG Lüneburg a.a.O. hat ausdrücklich hervorgehoben, dass es einem Gerichtsvollzieher zuzumuten sei, den zu vollstreckenden Betrag aufgrund der betreffenden Preisindexzahlen zu errechnen.

Im Übrigen ist es für die Gerichte nicht ungewöhnlich, im Rahmen der Vollstreckbarerklärung ausländischer Unterhaltsentscheidungen nach dem entsprechenden Haager Übereinkommen vom 2. Oktober 1973 sogar die Anpassung eines Titels an den jeweiligen Landesindex vorzunehmen (vgl. z.B. LG München II DAVorm 1994, 126 und zuletzt Kammergericht DAVorm

2000, 1141 zur Anpassung einer Unterhaltsrente an die Entwicklung der Lebenshaltungskosten nach dem finnischen Indexgesetz).

Gelegentlich bestehen Schuldner auf einem **Vorbehalt der Abänderung,** etwa bei Wegfall einer bisher ausgübten unternehmerischen Tätigkeit. Ein solcher Vorbehalt ist unschädlich, wenn er als Hinweis auf das Verfahren nach § 323 ZPO nur eine Selbstverständlichkeit zum Ausdruck bringt. Es sollte aber der Klarheit willen darauf geachtet werden, dass eine solche Formulierung nicht als auflösende Bedingung verstanden werden kann, weil dies den Gläubiger benachteiligen kann (vgl. näher hierzu unv. *DIJuF-Rechtsgutachten* vom 16. Dezember 2003, CD-ROM, GutA Nr. 12).

303

h) Fälligkeit, Rückstände und Sonderbedarf

Für den laufenden Unterhalt ist bei der Beurkundung darauf zu achten, dass die Unterhaltszahlungen **monatlich im Voraus** (§ 1612 Abs. 3 Satz 1 BGB) fällig gestellt werden; zweckmäßig **auf einen bestimmten Kalendertag** oder mit einer Klausel: „spätestens bis . . .". Es gibt keine gesetzliche Bestimmung, welche die *genaue* Fälligkeit des Unterhaltsanspruchs regelt. In § 1612 Abs. 3 Satz 1 BGB ist lediglich bestimmt, dass eine Unterhaltsrente im Voraus zu zahlen sei. Ob der Gläubiger aber jeweils z.B. am 1., 3. oder 5. eines Monats oder zu einem späteren Datum über den Betrag verfügen können soll**, muss anlässlich der Titulierung festgelegt** werden. Strittig ist allerdings, ob der Unterhaltsbetrag bereits zu dem im Titel festgelegten Termin **dem Gläubiger zur Verfügung stehen** muss (so AG Überlingen FamRZ 1985, 1143) oder ob es für die Rechtzeitigkeit der Leistung von Unterhaltsgeldschulden auf die **Absendung** (Einzahlung bei Post, Überweisungsantrag an Bank) ankommt (so OLG Köln DAVorm 1991, 220). Im Hinblick auf die gesetzliche Regel des § 270 BGB erscheint allerdings mit der h.M. die letztgenannte Auffassung überzeugender (vgl. auch *Heinrichs* in: Palandt, § 270 Rn. 6 m.w. Nachw.).

304

In gerichtlichen Urteilen wird nicht selten auf enge finanzielle Verhältnisse des Schuldners Rücksicht genommen.

305

Legt dieser dar, dass er über keine Rücklagen verfüge und Lohnzahlungen erst zur Monatsmitte erhalte, neigen viele Familienrichter dazu, mit Blick auf die angestrebte befriedende Wirkung ihrer Entscheidung auch einen entsprechenden Fälligkeitstermin im Urteil zu bestimmen. Bei einer Beurkundung ist der Schuldner nicht gehindert, selbst eine derartige Festlegung (z.B. Fälligkeit zur Monatsmitte) zu treffen. Es ist dann Sache des Gläubigers, zu entscheiden, ob er eine derartige Fälligkeit akzeptiert.

Übergeht die Urkundsperson einen Wunsch des Schuldners nach einer entsprechend vom Üblichen abweichenden Festlegung des Fälligkeitstermins und hat der Gläubiger bereits eine Ausfertigung erhalten, kann der Fälligkeitstermin auf Protest des Schuldners nicht mehr einseitig verändert werden. Das ist kein Fall einer zulässigen Berichtigung nach § 44a Abs. 2 BeurkG.

Betrifft die Verpflichtungserklärung **sowohl rückständigen wie laufenden Unterhalt,** so sollte bei der Beurkundung klargestellt werden, wie

306

künftige Zahlungen zu verrechnen seien. Denn die Bestimmung hierüber, sofern noch nichts vereinbart ist, trifft der Unterhaltsschuldner (nicht das unterhaltsberechtigte Kind). In Ermangelung einer solchen träte sonst der differenzierend abgestufte Verrechnungsmechanismus des § 366 Abs. 2 BGB in Kraft, der hier bei mehreren geschuldeten Unterhaltsraten analog anwendbar wird (BGH NJW 1965, 1373). Er läuft in der Regel darauf hinaus, dass vorab die Rückstände getilgt werden, die jeweils älteren zuerst. Dem Interesse der Beteiligten dürfte es in der Regel besser entsprechen, die Anrechnung von Zahlungen zunächst auf den laufenden Unterhalt zu bestimmen. Wenn das Kind Leistungen nach dem UVG erhält, werden dementsprechend aufgrund spezialgesetzlicher Regelung in § 2 Abs. 3 Nr. 1 UVG eingehende Unterhaltsbeträge ohne Rücksicht auf eine Tilgungsbestimmung auf den Monat des Zahlungseingangs angerechnet.

Eine Tilgungsbestimmung nach § 366 Abs. 1 BGB gilt allerdings nicht in der **Zwangsvollstreckung**: Hierfür ist die gesetzliche Reihenfolge in § 366 Abs. 2 der Vorschrift entsprechend anwendbar (BGHZ 140, 391 = NJW 1999, 1704).

Auch die unterhaltsrechtliche Verpflichtung zur Abdeckung von **Sonderbedarf** des Kindes (§ 1613 Abs. 2 Nr. 1 BGB) wird, soweit sie mit feststehender Bezifferung beurkundet werden soll (und kann), sich immer auf Zurückliegendes beziehen. Dann ist sie neben einem laufenden Unterhalt mit gesondertem Betrag auszuweisen; ebenso kann nachträglich eine gesonderte betragsmäßige Beurkundung in Betracht kommen. Beispiel DAVorm 1994, 625 (Befreiung des Kindes von der Kostenlast gemäß § 93c ZPO aus einem Vaterschafts-Anfechtungsprozess).

307 Für die Befugnis der Urkundsperson, auch eine **Verpflichtung zur Zahlung von Verzugszinsen** zu beurkunden, ist zu beachten:

Verzugszinsen i.S.v. § 288 Abs. 1 BGB gelten als objektiver Mindestschaden; ob dem Gläubiger tatsächlich ein Schaden entstanden ist oder nicht, ist hierfür gleichgültig (vgl. BGHZ 74, 231; *Heinrichs* in: Palandt, BGB § 288 Rn. 2). Dies folgt auch aus Absatz 2 der Vorschrift, nach der die Geltendmachung eines „weiteren Schadens" nicht ausgeschlossen ist. Nun spricht zwar § 59 Abs. 1 Satz 1 Nr. 3 SGB VIII nur von der „Verpflichtung zur Erfüllung von Unterhaltsansprüchen". Jedoch stehen Verzugszinsen in einem so **engen Zusammenhang mit der Hauptforderung,** dass es gerechtfertigt erscheint, die Beurkundungsbefugnis des § 59 Abs. 1 Satz 1 Nr. 3 SGB VIII auch hierauf zu erstrecken. Dem kann wohl auch nicht entgegengehalten werden, dass § 1613 Abs. 1 BGB hinsichtlich der Geltendmachung des Unterhalts für die Vergangenheit ausdrücklich „Erfüllung" und „Schadenersatz wegen Nichterfüllung" nebeneinander aufführt, weil die verschiedenen Vorschriften unterschiedliche Regelungsgehalte haben und daher auch einen unterschiedlichen Grad an Genauigkeit der Formulierung erfordern. Jedenfalls gibt es keine Anhaltspunkte dafür, dass der Gesetzgeber im Rahmen der SGB VIII-Vorschrift die Beurkundung von Verpflichtungen zu Verzugszinsen ausdrücklich ausnehmen wollte, zumal hierfür auch kein zwingender Grund ersichtlich wäre.

308 Allerdings ist zu unterscheiden: Unproblematisch sind jedenfalls Zinsen auf Rückstände, sofern der **Schuldner nachweislich in Verzug war**. Solange die Leistung nicht kalendermäßig bestimmt ist – was vor einer entsprechenden Festlegung durch einen Titel nicht anzunehmen ist –, setzt dies eine Mahnung gem. § 286 Abs. 1 BGB voraus. Hat der Schuldner bereits in der Vergangenheit nicht oder nur unpünktlich gezahlt, ist es gerechtfertigt, auch **Verzugszinsen für künftige Unterhaltsforderungen** aufzunehmen. Ohne diese Voraussetzung erscheint es aber bedenklich, von vornherein Verzugszinsen für künftigen Unterhalt zu beurkunden. Denn der Gläubiger könnte dann auch im Klagewege eine Verurteilung zu künftigen Verzugszinsen nicht durchsetzen. Nach § 259 ZPO kann Klage auf künftige Leistung grundsätzlich nur erhoben werden, „wenn den Umständen nach die Besorgnis gerechtfertigt ist, dass der Schuldner sich der rechtzeitigen Leistung entziehen werde". Die h.M. in der Rechtsprechung lehnt es deshalb ab, ohne entsprechenden Anlass zu zukünftigen Zinsen zu verurteilen (vgl. z.B. OLG Koblenz FamRZ 1980, 583 [585], OLG Frankfurt FamRZ 1985, 704 [706]; *Vossenkämper* in: Münchner Prozessformularbuch Familienrecht [Hg. Gottwald] D III 1a Anm. 4).

j) *Verpflichtungserklärungen im Falle beschränkter Geschäftsfähigkeit und Geschäftsunfähigkeit des sich Verpflichtenden*

309 Ein **beschränkt Geschäftsfähiger** kann eine Unterhaltsverpflichtung nicht in eigener rechtlicher Verantwortung übernehmen. Die Sonderregelung des § 1596 Abs. 1 Satz 1 und 2 BGB aus der Anerkennung der Vaterschaft hat hier keinen Platz. Er *kann* sie in Person abgeben (oder sein gesetzlicher Vertreter in seinem Namen), dann aber nur **mit vorheriger Einwilligung des gesetzlichen Vertreters** – bei Eltern: des Inhabers der Vermögenssorge (*Kurtze* S.76) –: § 111 BGB; auch die Möglichkeit nachträglicher Genehmigung wie nach § 1596 Abs. 1 Satz 2 BGB gibt es hier nicht. Die Einwilligungserklärung ist der Urkundsperson vorzulegen; da eine strengere Form hier nicht vorgeschrieben ist, genügt schriftliche Erteilung (§ 182 Abs. 2 BGB).

310 Ohne das müsste die **Beurkundung abgelehnt** werden. Auf die bloße Angabe des beschränkt Geschäftsfähigen, die Einwilligung sei erteilt, braucht die Urkundsperson sich hier ausnahmsweise nicht einzulassen. Versicherungen aus solchem Munde haben nicht einmal eine verlässliche Schlüssigkeit für sich. Auf die Gefahr, dass die angebliche Einwilligung nicht erteilt ist und die gewünschte Verpflichtungserklärung damit unwirksam wäre, braucht nicht beurkundet zu werden. Die Beurkundung ist ohnehin jederzeit nachholbar. Hatte der beschränkt Geschäftsfähige mit seiner Verpflichtung zugleich die Unterwerfung unter die sofortige Zwangsvollstreckung erklärt, hätte die Einwilligung des gesetzlichen Vertreters sich auch hierauf zu erstrecken, könnte insoweit allerdings auch nachgereicht werden. Das wäre Voraussetzung für die Erteilung der Vollstreckungsklausel (Rn. 344, 361). – Eine vorgelegte Einwilligungserklärung des gesetzlichen Vertreters wäre analog § 12 BeurkG im Original oder in beglaubigter Abschrift (unter Rückgabe des Originals) der Niederschrift beizufügen. Das Gesagte gilt für die Verpflichtungserklärung des unter **Betreuung** stehenden und nicht i.S.v. § 104 Nr. 2 BGB geschäftsunfähigen Volljährigen nur, soweit das Vormundschaftsgericht den Vorbehalt einer Einwilligung des Betreuers nach § 1903 BGB für Unterhaltsverpflichtungen angeordnet hat.

311 Einfacher liegt es deshalb, wenn der **gesetzliche Vertreter miterschienen** ist. Dann könnte er (nicht nur der Anerkennung der Vaterschaft, wenn diese gleichzeitig beurkundet worden ist, sondern auch) der Unterhaltsverpflichtungserklärung des Anerkennenden an Ort und Stelle zustimmen. Die Frage ist ob die Urkundsperson auch diese Zustimmung mit beurkunden kann. Der Wortlaut des Gesetzes scheint dem entgegenzustehen. Die Genehmigung des gesetzlichen Vertreters und die Zuständigkeit zu ihrer Beurkundung ist in § 59 SGB VIII zwar bei der Vaterschaftsanerkennung durch den in der Geschäftsfähigkeit beschränkten Kindesvater erwähnt, nicht aber bei der Verpflichtung auf den Unterhalt, die derselbe Kindesvater eingeht. Aber es wäre sinnwidrig, daraus folgern zu wollen, der mit erschienene gesetzliche Vertreter müsse die Zustimmung zur Unterhaltsverpflichtung auf ein besonderes Blatt schreiben und bei der Beurkundung vorlegen. Denn: Er kann ja auch selbst die Unterhaltsverpflichtung im Namen seines Sohnes oder Mündels erklären, und diese seine Erklärung könnte die Urkundsperson ganz unzweifelhaft beurkunden, zumal § 1596 Abs. 2 Satz 1 BGB mit seiner 14-Jahre-Alterszäsur hier nicht gilt. Wenn aber der gesetzliche Vertreter in dieser seiner Eigenschaft die Unterhaltspflicht selbst zu Protokoll geben kann, muss er auch die schwächere Form der Zustimmung zur gleichzeitigen Unterhaltsverpflichtung durch seinen Sohn oder Mündel zu Protokoll geben können: Beide Formen der Begründung der Verpflichtung sind gleichwertig. Wie hier im Ergebnis auch *Jans/Happe* § 49 Anm. 4 C a.

312 Ist der **minderjährige Unterhaltsschuldner** z.B. infolge geistiger Behinderung oder psychischer Krankheit **geschäftsunfähig**, gibt sein gesetzlicher Vertreter (Eltern, Vormund) die Verpflichtungserklärung ab. Für den unter **Betreuung** stehenden, *geschäftsunfähigen* Schuldner handelt in dessen Namen der Betreuer (§ 1902 BGB).

> j) *Die Frage nach der Notwendigkeit vormundschaftsgerichtlicher Genehmigung*

313 Einer **vormundschaftsgerichtlichen Genehmigung** bedarf die Verpflichtungserklärung **als solche nicht**: weder aus der Person des unterhaltsberechtigten Kindes, noch – und vor allem – aus der Person des nicht voll geschäftsfähigen Verpflichtungswilligen. Hierbei ist es unerheblich, ob er die Erklärung selbst mit Zustimmung seines gesetzlichen Vertreters (im Betreuungsverhältnis: mit der fallweise nach § 1903 BGB erforderlichen Einwilligung seines Betreuers) abgibt, oder ob der Vertreter in seinem Namen (Rn. 309–312) handelt. Die Vorschriften in § 1822 Nr. 5 und § 1643 Abs. 1 BGB (für den verpflichtungswilligen, insbesondere den minderjährigen Kindesvater) bzw. § 1822 Nr. 12 BGB (für beide Teile) sind hier aus folgenden Gründen nicht anwendbar:

aa)   § 1822 Nr. 5, § 1643 Abs. 1 BGB?

Zwar würde die übernommene Unterhaltsverpflichtung des minderjährigen Kindesvaters aus der Zwangsläufigkeit des biologischen Zusammenhanges sich weit in seine Volljährigkeit erstrecken. Die Verpflichtungserklärung ist jedoch einseitig, wie oben unter Rn. 258 näher dargelegt. **Auf solche einseitigen Erklärungen findet § 1822 Nr. 5 BGB,** der von Verträgen spricht, **keine Anwendung**. Auch eine entsprechende Heranziehung der Vorschrift wird von Rechtsprechung und Schrifttum allgemein abgelehnt. Der Katalog des § 1822 BGB ist restriktiv auszulegen und einer Analogie grundsätzlich nicht fähig (BGH in ständiger Rspr.; z.B. NJW 1974, 1134 m.w.Nachw.; grundlegend, obwohl noch für das alte Alimentenrecht ergangen: Kammergericht DAVorm 1970, 430; siehe ferner zusammenfassend mit Zitaten: *Zimmermann* in: Soergel § 1822 Rn. 29).

314

Es bedarf also schon deshalb nicht der Vorlage einer zuvor erteilten Genehmigung des Vormundschaftsgerichtes.

315

bb)   § 1822 Nr. 12 BGB?

Die Vorschrift betrifft den **Vergleich** (§ 779 BGB), d.h. eine im Wege gegenseitigen Nachgebens geschlossene Übereinkunft zur Beilegung eines Streits oder zur Beseitigung einer bezüglich eines Rechtsverhältnisses bestehenden Ungewissheit. Voraussetzung ist ferner, dass der Wert dessen, worüber die Parteien „auseinander sind" oder worüber die Ungewissheit besteht – die streitige oder im Ungewissen liegende Differenz also – **mehr als 3.000 €** beträgt. Bei Unterhaltsverpflichtungen geht ein solcher Streit bzw. eine solche Ungewissheit zumeist um die Höhe des Geschuldeten; die Wertgrenze von 3.000 €, bezogen auf die Gesamtdauer der Unterhaltsberechtigung, wird durchweg erreicht.

316

Ist ein **unter Vormundschaft oder Pflegschaft stehendes Kind** mit seinem Unterhaltsanspruch beteiligt, so wird der Vergleich aus seiner Person der Genehmigungspflicht nach § 1822 Nr. 12 BGB unterworfen; die Gegenseitigkeit des Nachgebens nimmt dem etwaigen Verzicht auf das Mehr des geforderten Unterhalts zugleich den rechtlichen Makel des Unentgeltlichen (vgl. § 1614 Abs. 1 BGB: unzulässiger Verzicht auf künftigen Unterhalt). Hat **auch der Unterhaltspflichtige** mit seinem Betreuer einen gesetzlichen Vertreter, für den die Vorschrift des § 1822 BGB entsprechend gilt (§ 1908i Abs. 1 Satz 1 BGB), so ist die Genehmigungsnotwendigkeit parallel damit auch aus dessen Person gegeben. Soweit auf der einen und/oder der anderen Seite ein Elternteil an dem Vergleichsabschluss namens des von ihm vertretenen Kindes tätig geworden ist, besteht eine Notwendigkeit zur Einholung der vormundschaftsgerichtlichen Genehmigung freilich nicht, weil § 1822 Nr. 12 in § 1643 Abs. 1 BGB nicht aufgeführt wird.

317

Doch wie auch immer: Der Vergleich ist Vertrag. Die einseitige Verpflichtungserklärung des einen Teils könnte höchstens das Ergebnis der Vergleichsverhandlungen wiedergeben. **Was beurkundet wird, ist nicht der Vergleich** (dazu wäre die Urkundsperson auch nicht ermächtigt). Der Ver-

318

gleich als solcher und die Beurkundung der einseitigen, vorausgegangenen oder nachfolgenden Verpflichtungserklärung sind zwei rechtlich voneinander gesonderte und gesondert zu beurteilende Tatbestände. Die Notwendigkeit einer Genehmigung des Vergleichs ist beurkundungsrechtlich ohne Bedeutung; allenfalls könnte, wenn die Genehmigung versagt wird, die Verpflichtungserklärung zurückgefordert werden. Eine Belehrung dürfte nicht geboten sein.

k)   Abänderungsbeurkundungen

319   Gegenstand der Beurkundungsermächtigung nach § 59 Abs. 1 Satz 1 Nr. 3 SGB VIII sind nicht nur Erstverpflichtungen. Auch einer Änderung derjenigen Verhältnisse, die die – titulierte – Höhe einer Unterhaltsverpflichtung begründen, kann durch (Abänderungs-)Beurkundung Rechnung getragen werden. Solche Abänderungs- oder Neubeurkundungen stehen dann auf der Ebene des Abänderungsurteils nach § 323 ZPO bzw. § 653 ZPO oder auch eines Abänderungsbeschlusses nach § 655 ZPO. Sie dienen in aller Regel dazu, gerichtliche Abänderungsverfahren dieser Art und die Kosten hierfür zu sparen, wenn der Unterhaltsschuldner sich freiwillig auf den höheren Unterhalt verpflichtet, der sonst gegen ihn gerichtlich durchgesetzt werden könnte; das Rechtsschutzinteresse auf Inanspruchnahme des Gerichts nimmt er dem Kinde allerdings nur, wenn er sich gleichzeitig der sofortigen Zwangsvollstreckung aus der Abänderungsbeurkundung unterwirft (Rn. 341 ff.). **Grundlage der Abänderungsbeurkundung** können beurkundet vorausgegangene Unterhaltsverpflichtungen, außerdem aber **Titel aller Art** sein: Urteile einschließlich ergangener Abänderungsurteile nach § 323 ZPO, gerichtliche Vergleiche über den Unterhalt, Beschlüsse im vereinfachten Verfahren nach § 649, § 650 Satz 2 ZPO.

320   Bei der Abänderungsbeurkundung muss auf **den abzuändernden Titel** unter genauer Bezeichnung **Bezug genommen** werden. Es bedarf der Klarstellung, dass und ab wann die neue Urkunde an die Stelle des früheren Titels tritt.

321   Berechtigt die Änderung der Verhältnisse nicht zu einer Heraufsetzung, sondern zu einer **Minderung** des Unterhalts, so kann der Schuldner diese nicht ohne weiteres durch eine Abänderungsbeurkundung erreichen. Denn durch **einseitige Erklärung**, die die Urkundsperson nur als solche entgegennehmen könnte, vermag der Unterhaltspflichtige seine **Unterhaltsverpflichtung nicht zu ermäßigen**, und zur Beurkundung einer *vertraglichen* Minderverpflichtung bzw. Um-Titulierung ist die Urkundsperson nicht ermächtigt (höchstens der Notar wäre es). Einer solchen ausdrücklichen Vereinbarung zwischen Gläubiger und Schuldner bedarf es auch nicht unbedingt: Droht eine Herabsetzungsklage, so könnte das Kind dem Unterhaltspflichtigen das Rechtsschutzinteresse für die Klage immer noch dadurch nehmen, dass es schriftlich auf das Recht aus einem Titel (den es hat) in dem rechtlich gebotenen Umfange verzichtet. Eine entsprechende Beurkundung wäre weder erforderlich noch im Katalog des § 59 Abs. 1 SGB VIII vorgesehen. Wollte das Kind entgegen einem erklärten Verzicht in vollem Umfange vollstrecken, so hätte der Unterhaltspflichtige hiergegen die Vollstreckungsgegenklage (§ 767 ZPO), zu der ihn die Verzichtserklärung berechtigt.

322 Erscheint ein Unterhaltspflichtiger, um einen früheren Titel zu seinen Gunsten abändern zu lassen, hat ihn die Urkundsperson über diese Zusammenhänge zu **belehren**. Stellt sich heraus, dass ein Einvernehmen mit dem Gläubiger über eine Herabsetzung des Unterhalts bisher nicht vorliegt, wird gleichwohl die **Beurkundung nicht abgelehnt** werden können. Schließlich verfolgt der Schuldner jedenfalls dann keinen erkennbar unredlichen Zweck im Sinne von § 4 BeurkG, wenn der geminderte Unterhaltsbetrag – zumindest nach seiner subjektiven Überzeugung – seiner nunmehrigen wirtschaftlichen Leistungsfähigkeit entspricht. Auch wird man nicht in jedem Fall sagen können, dass die Abänderungsbeurkundung offenkundig zu keinem rechtlichen Erfolg führen kann. Immerhin ist nicht auszuschließen, dass der Gläubiger nach Darlegung der geänderten wirtschaftlichen Situation des Schuldners der Abänderung im Ergebnis zustimmt, indem er den neuen Titel entgegennimmt und inhaltlich akzeptiert.

Legt allerdings der beurkundungswillige Schuldner **auf Befragen** dar, dass **fruchtlose streitige Verhandlungen mit der Gläubigerseite vorausgingen**, bei denen der von ihm als angemessen betrachtete und der gewünschten Titulierung zu Grunde zu legende Unterhalt von dort aus kategorisch abgelehnt wurde, dürfte nach den oben unter Rn. 22 dargelegten Grundsätzen eine Pflicht zur Aufnahme der Erklärung nicht bestehen. Denn der gewünschte einseitige Beurkundungsakt könnte absehbar keinen rechtlichen Erfolg haben.

323 Etwas anderes ist es, wenn über die Herabsetzung **mit dem gesetzlichen Vertreter des Kindes Einvernehmen** erzielt worden ist und dies der Urkundsperson als Begründung für den Beurkundungswunsch des Kindesvaters dargetan wird. Vielfach wird ein Amtsbeistand von sich aus die Urkundsperson bereits verständigt haben oder zur Beurkundung mit erschienen sein. Auch dann sind zwar die Erklärungen des Kindesvaters über die Herabsetzung des bisher beurkundet gewesenen oder sonst titulierten Betrages auf das niedrigere Niveau **nur als einseitige zu beurkunden**. Wollten beide Beteiligte vertragliche Übereinstimmung als solche beurkundet haben, müssten sie an den Notar verwiesen werden. Die Urkundsperson des Jugendamts wird jedoch in solchen Fällen die Beurkundung in der Gestalt vornehmen dürfen, dass der Kindesvater erklärt, die Neubeurkundung sei mit dem gesetzlichen Vertreter des Kindes abgesprochen und solle an die Stelle des bisherigen Titels treten, und dass der Kindesvater weiterhin als seine Erklärung aufnehmen lässt, die vollstreckbare Ausfertigung der gegenwärtigen Urkunde solle dem gesetzlichen Vertreter des Kindes erteilt werden. Wird der frühere Titel – etwa auch hinsichtlich noch bestehender Rückstände – vollständig durch die Neubeurkundung ersetzt oder ist der Schuldner mit seinen Zahlungen auf dem laufenden, kann dies auch mit der Maßgabe verbunden werden, dass der bisherige Titel zuvor an ihn herauszugeben wäre und die Erteilung der vollstreckbaren Ausfertigung der neuen Urkunde an den Gläubiger vom Nachweis seiner Empfangsquittung für den Alttitel abhängig sei.

Wäre die Darstellung des Kindesvaters über das angeblich erzielte Einverständnis unzutreffend, entstünde durch die Beurkundung dennoch kein Schaden. Der gesetzliche Vertreter des Kindes verweigert dann die Entgegennahme des herabstufenden Titels; der ursprüngliche gilt weiter.

l) *Prüfung der Angemessenheit des vom Verpflichtungswilligen zugestandenen Unterhalts?*

324 Der Urkundsperson steht **keine sachliche Prüfung** dahin gehend zu, ob der **Unterhaltsbetrag,** den der Verpflichtungswillige zu übernehmen bereit ist, unter Zugrundelegung seiner eigenen Angaben und bei Anwendung der gebräuchlichen Tabellen genügend ist oder nicht. Erst recht ist sie weder berechtigt noch verpflichtet, die Richtigkeit jener Angaben zu prüfen. Sie hat zu **beurkunden, was zugestanden werden soll**. Denn in dieser Höhe hat das Kind dann jedenfalls den Vorteil eines Titels (bei Unterwerfung unter die sofortige Zwangsvollstreckung).

325 Verlangt es mehr, müsste es in entsprechender Höhe klagen (wobei strittig ist, ob hierfür eine Leistungs- oder Abänderungsklage eröffnet ist, vgl. Rn. 263 f.) Hält man eine Abhänderungsklage für statthaft, hätte der Unterhaltsschuldner womöglich in der Höhe, zu der er sich verpflichtet hat, **keinen Anlass zu einer Klage** auf das Ganze des Unterhalts gegeben. Diese Möglichkeit, das **Prozesskostenrisiko zu vermindern**, darf die Urkundsperson ihm nicht durch Vorenthaltung der Beurkundung abschneiden. Auch alle Proteste des Amtsbeistands/Amtsvormunds würden hieran vorbeigehen. Sie würden, wenn der Unterhaltsschuldner sich nicht überzeugen lässt, an der Beurkundungspflicht nichts ändern.

Ebenso wenig bindet eine im Beurkundungsersuchen eines auswärtigen Jugendamts vorgegebene Unterhaltsziffer dergestalt, dass die Beurkundung abzulehnen wäre, wenn der Unterhaltsschuldner unter Verweigerung einer Verpflichtung auf einen solchen Unterhalt einen niedrigeren Betrag urkundlich anerkennen will.

326 Die Urkundsperson darf **nicht einmal** – wie in der Praxis gelegentlich vorgekommen – auf die Ausweichmöglichkeit verfallen, das vom Verpflichtungswilligen Zugestandene **als „Teilbetrag"** des Unterhalts zu beurkunden. Jedenfalls dürfte sie das nicht aus eigener Machtvollkommenheit: Sie kann nicht auf diese Weise dem Unterhaltspflichtigen ein rechtsförmliches **Anerkenntnis aufnötigen, dass in Wahrheit mehr geschuldet** werde. Was allenfalls beurkundet werden kann, wäre das Zugestandene als „Teilbetrag" des „Verlangten", nicht: des Geschuldeten.

327 Dass die Urkundsperson zuvor über die nach ihrer Auffassung geschuldete Höhe des Unterhalt zu **belehren** hat – namentlich wenn sie hierum gebeten worden ist (oben Rn. 165) –, aber auch ihre Bedenken nicht verschweigen darf, wenn das vom Verpflichtungswilligen Zugestandene auffällig von dem offensichtlich Geschuldeten abweicht, ist selbstverständlich und würde sich bereits aus § 17 Abs. 1 BeurkG ergeben. Je besser sie ihre Neutralität wahrt, umso eher besteht Aussicht, dass, wenn nicht der Amtsbeistand/Amtsvormund, so doch sie selbst den Unterhaltspflichtigen zu einem freiwilligen Eingehen auf die Höhe des nach den Umständen geschuldeten Unterhalts veranlassen kann. Anderenfalls hätte sie auf das **Risiko einer Klage** aufmerksam zu machen.

m) *Fälle mit Auslandsberührung*

aa) *Allgemeines*

Auf Unterhaltspflichten sind international-privatrechtlich in erster Linie die Vorschriften des am jeweiligen **gewöhnlichen Aufenthaltsort des Unterhaltsberechtigten geltenden Rechts** anzuwenden (Art. 18 Abs. 1 EGBGB), also wiederum für das hier wohnende Kind das deutsche Recht. Inhaltsgleich bestimmen dies schon die Haager Übereinkommen über das auf Unterhaltsverpflichtungen anzuwendende Recht von 1973/1956 (Rn. 160). Soweit das noch im Verhältnis zu Österreich, Belgien und Liechtenstein geltende Abkommen von 1956 die Unterhaltsberechtigung mit dem 20. Lebensjahr enden lässt, ist diese Beschränkung auf Grund des Vorbehalts in Art. 2 durch das Bundesgesetz vom 2. Juni 1972 (BGBl II S. 589) für Deutschland entfallen und das innerstaatliche Recht an die Stelle getreten. Die Übernahme einer Verpflichtung zur Zahlung von Unterhalt für das hier mit gewöhnlichem Aufenthalt lebende Kind wird deshalb so beurkundet, als spiele der Fall nach allen Richtungen in innerdeutschen Verhältnissen. Das gilt somit ohne Rücksicht auf eine ausländische Staatsangehörigkeit des Schuldners oder des Kindes, geschweige denn auf die unterhaltsrechtliche Lage nach einem ihrer Heimatrechte. Zu beachten ist das namentlich auch bei Übernahme der Unterhaltspflicht durch Großeltern, Urgroßeltern oder durch eine barunterhaltspflichtige Mutter, die das Kind nicht persönlich betreut.

328

Dass eine hiernach übernommene Zahlungsverpflichtung vollstreckbar gemacht werden kann, indem der Verpflichtungswillige sich der **sofortigen Zwangsvollstreckung unterwirft**, versteht sich aus der Regelungskompetenz eines jeden Staates für die in seinem Hoheitsgebiet durchzuführenden Vollstreckungen. Die Anerkennungsfähigkeit derartiger Titel im Ausland braucht wiederum die Urkundsperson nicht zu berühren. Deshalb richten auch die für die Zustellung des Schuldtitels nach § 60 Satz 3 SGB VIII (Rn. 280 ff.) und die Klauselerteilung (Rn. 275 ff.) sich ergebenden Verfahrensmodalitäten nach deutschem Recht. Ihm ist in gleicher Weise der Anspruchsübergang nach § 94 SGB XII, § 37 BAföG, § 7 UVG und § 94 Abs. 3 SGB VIII unterstellt: vgl. Art. 18 Abs. 6 Nr. 3 EGBGB und Art. 9 des vorerwähnten Haager Kollisionsrechtsabkommens von 1973.

329

Auch auf der **Verpflichtetenseite** gilt das **Sachrecht des Aufenthaltsstaates des Kindes** (vgl. Art. 18 Abs. 1 EGBGB; gleichinhaltlich das „innerstaatliche Recht" nach Art. 4 Abs. 1 des Haager Übereinkommens von 1973; Art. 1 Abs. 2 des Haager Übereinkommens von 1956 führt zum gleichen Ergebnis). Deshalb kann, anders als in der Anerkennung der Vaterschaft, der 18 Jahre alt gewordene Kindesvater sich auf die Unterhaltspflicht selbstständig auch dann verpflichten, wenn er **nach dem Recht seines Heimatstaates noch nicht volljährig** sein sollte und deshalb der

330

Zustimmung seines gesetzlichen Vertreters bedürfte. Die Unterwerfung unter die sofortige Zwangsvollstreckung beschränkt ihre Wirkung ohnehin auf das Inland (Rn. 328).

331 Nicht auf den gewöhnlichen Aufenthalt des Unterhaltsberechtigten, sondern auf eine **gemeinsame deutsche Staatsangehörigkeit** ist die Anwendung deutschen Rechts anderweit bezogen, wenn ein hiesiger Unterhaltsschuldner sich zur **Zahlung des Unterhalts an das im Ausland lebende Kind** verpflichtet; Art. 18 Abs. 5 EGBGB.

bb) Anrechnung von Kindergeld bei im Ausland lebenden Elternteilen

332 Ein barunterhaltspflichtiger Elternteil kann **auch im Falle des Auslandsaufenthalts** für sein im Inland lebendes Kind **unmittelbar kindergeldberechtigt** sein.

Ein Kindergeldanspruch nach § 62 EStG kommt in Betracht, wenn der barunterhaltspflichtige Elternteil nach § 1 Abs. 2 EStG **unbeschränkt steuerpflichtig** ist. Dies betrifft deutsche Angehörige des öffentlichen Dienstes, insbesondere Diplomaten. Ferner besteht der Kindergeldanspruch, wenn der unterhaltspflichtige Elternteil nach § 1 Abs. 3 EStG auf seinen Antrag hin als unbeschränkt steuerpflichtig behandelt wird. Dies kann der Fall sein, wenn er – unabhängig von seiner Staatsangehörigkeit – inländische Einkünfte im Sinne des § 49 EStG hat, sofern diese mindestens 90 v.H. der gesamten Einkünfte betragen bzw. die nicht der deutschen Einkommensteuer unterliegenden Einkünfte nicht über 6.136 € im Kalenderjahr hinausgehen.

333 Soweit **keine unbeschränkte Steuerpflicht** besteht, kann ein Kindergeldanspruch nach **§ 1 BKGG** auf den dort genannten Voraussetzungen beruhen, insbesondere also bei entsandten Arbeitnehmern und Grenzgängern, die der deutschen Sozialversicherungspflicht unterliegen, Entwicklungshelfern, Missionaren und ferner Beamten, die bei einer Einrichtung außerhalb Deutschlands eine nach § 123a des Beamtenrechtsrahmengesetzes zugewiesene Tätigkeit ausüben.

334 Besteht weder ein Kindergeldanspruch nach § 62 EStG noch nach § 1 BKGG, kann er sich aus den **Art. 73, 77 VO (EWG) 1408/71** ergeben. Das betrifft vor allem Selbstständige, die in Deutschland sozialversichert sind, sowie Rentner und Ruhestandsbeamte, die Renten bzw. Versorgungsbezüge aus Deutschland beziehen.

335 Ob ein unmittelbarer nachrangiger Anspruch des Kindesvaters auf deutsches Kindergeld unter den vorgenannten Gesichtspunkten besteht, muss gegebenenfalls anhand des Merkmals der Zugehörigkeit zu den vorgenannten Personengruppen, im Übrigen bei entsprechenden Anhaltspunkten durch konkrete Befragung festgestellt werden. Es kann insoweit nicht auf Kindergeldbescheide zurückgegriffen werden. Denn in Fällen nach § 62 EStG war wegen des Obhutsprinzips (§ 64 EStG) und in Fällen des § 1 BKGG wegen des Vorrangs des einkommensteuerrechtlichen Anspruchs des betreuenden Elternteils (§ 2 Abs. 4 BKGG) der mögliche, aber dann

nachrangige Anspruch des im Ausland lebenden barunterhaltspflichtigen Elternteils nicht näher zu prüfen.

In allen übrigen Fällen, in denen der Kindesvater **im Ausland** lebt und **keinen unmittelbaren nachrangigen Anspruch auf deutsches Kindergeld** hat, ist Folgendes zu beachten: Nach § 1612c BGB gelten die Anrechnungsvorschriften des § 1612b BGB entsprechend für regelmäßig wiederkehrende kindbezogene Leistungen, soweit sie den Anspruch auf Kindergeld ausschließen. Hierzu gehören auch Leistungen für Kinder, die im Ausland gewährt werden und dem Kindergeld vergleichbar sind (vgl. § 65 Abs. 1 Satz 1 Nr. 2 EStG). Die Vorschrift kann daher auch dann angewandt werden, wenn der im Ausland lebende Elternteil dem Grunde nach einen Kindergeldanspruch nach dortigem Recht hat, der mit Rücksicht auf den in Deutschland bestehenden Kindergeldanspruch des betreuenden Elternteils ruht, ausgesetzt oder sonst nicht ausgezahlt wird (vgl. BGHZ 160, 159 = FamRZ 2004, 1639 = CD-ROM, Rspr. Nr. 2). Die im deutschen Kindergeldrecht in § 65 EStG und § 4 BKGG getroffene Regelung ist keine deutsche Besonderheit, sondern entspricht internationaler Übung. Für den Bereich der Europäischen Union und der Vertragsstaaten des Vertrages über den europäischen Wirtschaftsraum sind insoweit die Koordinierungsvorschriften der Art. 76 VO (EWG) 1408/71 und Art. 10 VO (EWG) 574/72 maßgebend.

336

Lediglich dann, wenn der im Ausland lebende barunterhaltspflichtige Elternteil einen Anspruch auf **Kindergeld weder nach deutschem noch nach ausländischem Recht bzw. nach EG-Recht hat**, scheidet eine Anrechnung aus. Dies ergibt sich sowohl aus dem Wortlaut des § 1612b Abs. 1 BGB als auch aus Sinn und Zweck der Anrechnungsvorschriften. Die Anrechnung des Kindergeldes im Wege der Kürzung des Unterhaltsanspruches des Kindes dient lediglich der vereinfachten Erfüllung des an sich bestehenden Ausgleichsanspruchs zwischen den Eltern. Hat ein Elternteil aber von vornherein keinen Anspruch auf Kindergeld, ist für einen Ausgleichsanspruch kein Raum.

337

Zur Problematik, wenn der betreuende Elternteil im Ausland lebt und dort keinen Anspruch auf Kindergeld hat bzw. ein ausländischer Elternteil, der im Inland das Kind in Obhut hat, vgl. *DIJuF-Rechtsgutachten* vom 5. April 2005, CD-ROM, GutA Nr. 13.

Maßgebend ist also, **ob im jeweiligen Land dem Grunde nach ein Anspruch auf eine dem deutschen Kindergeld vergleichbare Sozialleistung besteht.**

338

Vergleichbarkeit ist nur bei denjenigen Leistungen gegeben, die dem allgemeinen Familienleistungsausgleich dienen; ausländische Familienleistungen, die zwar auch zur Minderung eines familienbedingten Mehraufwandes bestimmt sind, aber eine spezielle Bedarfssituation ausgleichen sollen, sind dagegen keine dem deutschen Kindergeld vergleichbare Leistung.

Ob im Einzelfall eine Vergleichbarkeit besteht, lässt sich nur mit Blick auf die in dem jeweils einschlägigen Land maßgebenden Regelungen klären. Hierbei ist hilfreich eine von der **Bundesagentur für Arbeit erstellte Über-**

339

sicht über vergleichbare Leistungen nach § 65 Abs. 1 Satz 1 Nr. 2 **EStG,** welche für 27 Länder u.a. die allgemeinen sowie die kindbezogenen Voraussetzungen, die Altersgrenzen sowie die Art und Höhe von Familienbeihilfen bzw. Kindergeld mitteilt.

Soweit jeweils die entsprechende Frage für ein Land zu klären ist, das nicht in der Übersicht der Bundesagentur für Arbeit aufgeführt ist, können ggf. die **länderbezogenen Merkblätter des Bundesverwaltungsamts** – Informationsstelle für Auslandtätige und Auswanderer, (Internetportal: www.bva.bund.de) weiterhelfen.

n) *Zur Frage der Beurkundung einer Abfindungsverpflichtung*

340 Die insoweit durch das Kindesunterhaltsgesetz nicht geänderte Bestimmung des § 59 Abs. 1 Satz 1 Nr. 3 SGB VIII enthält noch immer die Zuständigkeit des Jugendamts zur Beurkundung „einer anstelle des Unterhalts zu gewährenden Abfindung". Gemeint waren hiermit Unterhaltsabfindungen im Sinne von § 1615e BGB a.F. Diese Vorschrift ist jedoch im Zuge der Beseitigung praktisch aller „nichteheliche" Kinder betreffenden Sondervorschriften mit Wirkung zum 1. Juli 1998 aufgehoben worden. Seit diesem Zeitpunkt ist es somit für ein Kind **nicht mehr möglich, unter Verzicht auf künftig fällig werdenden Unterhalt eine Abfindung zu erlangen**. Vielmehr gilt uneingeschränkt der allgemeine Grundsatz des § 1614 Abs. 1 BGB, dass für die Zukunft auf den Unterhalt nicht verzichtet werden kann.

Die fortbestehende Erwähnung von Abfindungen in Abs. 1 Satz 1 Nr. 3 ist wohl ein Redaktionsversehen des Gesetzgebers, zumal die entsprechende Vorschrift des § 62 Abs. 1 Nr. 2 BeurkG geändert wurde. Dass künftig die Urkundsperson des Jugendamts noch einmal für eine abändernde Beurkundung einer vor dem 1. Juli 1998 wirksam geschlossenen Abfindungsvereinbarung zuständig sein könnte, dürfte eine eher theoretische Überlegung sein.

2. Die Unterwerfung unter die sofortige Zwangsvollstreckung, § 60 SGB VIII

a) *Rechtsnatur, Anwendungsfälle*

341 Die beurkundete Unterwerfung unter die sofortige Zwangsvollstreckung ist eine **einseitige Willenserklärung verfahrensmäßigen Inhalts**. Sie krönt die verlautbarte Zahlungsverpflichtung aus freiem Willen des Schuldners durch Ausrüstung mit der *Kraft eines vollstreckbaren Titels.* Aus diesem Grunde zwingt das Gesetz sie in die Form der gerichtlichen, notariellen oder – im Rahmen der dafür gegebenen Zuständigkeiten – von der Urkundsperson im Jugendamt aufgenommenen Urkunde. Das Klageverfahren bzw. das vereinfachte Verfahren nach §§ 645 ff. ZPO wird dadurch erspart. Die Verpflichtungsurkunde mit der sofortigen Unterwerfung unter die sofortige Zwangsvollstreckung ersetzt das Urteil bzw. den Beschluss des Rechtspflegers. Eine Unterwerfung unter die sofortige Zwangsvollstreckung ist darüber hinaus bei einer jeden nach § 59 Abs. 1 Satz 1 Nr. 3 (aber auch Nr. 4) aufgenommenen Zahlungsverpflichtung möglich.

b) *Erfordernisse nach § 60 Satz 1 SGB VIII. Simultangebot für Verpflichtung und Unterwerfung?*

342 Rechtsgrundlage ist § 60 Satz 1 SGB VIII. Er ist dem § 794 Abs. 1 Nr. 5 ZPO nachgebildet. Die Unterwerfung unter die sofortige Zwangsvollstreckung muss danach die **Zahlung eines bestimmten Geldbetrags** zum Gegenstand haben; die Verwendung des Singulars ist generalisierend gemeint; selbstverständlich können auch laufende Zahlungen jeweils bestimmter Beträge den Gegenstand bilden. Ferner muss die Unterwerfung, wie bei jedem Vollstreckungstitel, von einem mit vollem Namen und Anschrift zu bezeichnenden Schuldner erklärt sein. Sie muss sich schließlich – auch das gehört zu einem jeden Vollstreckungstitel – auf einen namentlich benannten Gläubiger beziehen.

343 Die Verpflichtung auf laufende Beträge muss, um dem Bestimmtheitserfordernis zu genügen, den **Verpflichtungszeitraum,** mindestens den Beginn desselben enthalten. Nicht notwendig ist dabei eine Datierung nach dem Kalender, sofern nur das Datum sich anderweit durch öffentliche oder öffentlich beglaubigte Urkunden belegen lässt (§ 726 Abs. 1 ZPO). Beispiel (DAVorm 1990, 491): Beginn „nach Rechtskraft der Scheidung" – für die Vollstreckungsklausel ist das Scheidungsurteil mit dem Rechtskraftattest beizubringen –; der Wortlaut der Klausel (unten Rn. 350) erhält den Zusatz: „Die Rechtskraft des Scheidungsurteils ist am . . ." eingetreten.

344 Tritt für den sich Verpflichtenden bei der Erklärung der Unterwerfung unter die sofortige Zwangsvollstreckung ein **Bevollmächtigter** auf, bedarf es hierfür keiner öffentlich beglaubigten Vollmacht (vgl. hierzu oben Rn. 141). Die zu verlangende Vollmachtsurkunde – oder die Genehmigung des Schuldners, wenn sein Vertreter zunächst als ein solcher ohne Vollmacht gehandelt hatte – kann auch noch nach der Beurkundung nachgereicht werden. Denn da die Unterwerfung unter die sofortige Zwangsvollstreckung keine Erklärung materiellen Rechts ist, sondern prozessrechtlichen Charakter hat (Rn. 341), ist nicht § 180 BGB, sondern § 89 ZPO entsprechend anwendbar (vgl. Rn. 141). Doch gilt die Möglichkeit nachträglicher Genehmigung samt deren Nachweis nur für die Unterwerfung unter die sofortige Zwangsvollstreckung. Die Verpflichtungserklärung als solche bleibt materiellrechtlich, unterliegt deshalb dem § 180 BGB und wäre unwirksam, schon die Beurkundung also abzulehnen (Rn. 143), wenn der Erschienene von vornherein erklärt, ohne Vollmacht handeln und die Genehmigung zur Verpflichtungsübernahme nachreichen zu wollen. Ebenso wie der rechtsgeschäftlich Bevollmächtigte hat der **gesetzliche Vertreter,** der im Namen des Kindes/Mündels die Unterwerfung unter die sofortige Zwangsvollstreckung ausspricht oder sie genehmigt, wenn sie von dem in der Geschäftsfähigkeit Beschränkten ausgesprochen wurde, seine **Legitimation durch Vorlage der Bestallungsurkunde** vor der Klauselerteilung nachzuweisen, sofern dies nicht schon früher geschehen ist oder die Verhältnisse amtsbekannt sind.

345 **Elterliche Sorgerechtsinhaber** unterliegen der gleichen Nachweispflicht dann (vgl. *Winkler* § 12 Rn. 11 und oben Rn. 146), wenn das Alleinvertretungsrecht des einen Elternteils sich aus einem gerichtlichen Ausspruch nach der Scheidung oder Trennung (§§ 1671, 1672 BGB) oder einem Ruhensbeschluss nach § 1674 Abs. 1, § 1675, § 1678 Abs. 1 Satz 1 BGB ergibt. Der Nachweis ist durch Vorlage der Beschlussausfertigung zu führen. Dasselbe gilt für ein Negativattest nach § 58a SGB VIII.

346 Das Gesetz scheint nach seinem Wortlaut zu fordern, dass die **Unterwerfung „in der Urkunde"** – nämlich derjenigen nach § 59 Abs. 1 Satz 1 Nr. 3, 4 SGB VIII, die die Verpflichtungserklärung enthält – erklärt sein müsse. Es fragt sich, wie ein solches Simultangebot zu verstehen sei. Unter Rn. 175, 176 ist ausgeführt, dass auf unserem Gebiet mehrere Stellen in der Aufnahme von Verpflichtungserklärungen und Erklärungen über die Unterwerfung unter die sofortige Zwangsvollstreckung konkurrieren: Urkundsperson des Jugendamts, Rechtspfleger, Notare, Konsularbeamte; deren Funktionen sind gegeneinander austauschbar. Ist es danach zulässig, dass zunächst eine Verpflichtungserklärung aufgenommen und die **Unterwerfung unter die sofortige Zwangsvollstreckung in einer späteren Urkunde** – von der Urkundsperson desselben Jugendamts, eines anderen Jugendamts, einer sonstigen unter den vorgenannten Stellen – bezugnehmend auf die bereits vorliegende Verpflichtungserklärung beurkundet wird? Beide Urkunden würden ja dem gesetzlichen Formerfordernis genügen. Das Reichsgericht (RGZ 77, 415 [418]) und der BGH (NJW 1976, 567 [568]) lassen die Aufspaltung zu: In der Unterwerfung unter die sofortige Zwangsvollstreckung könne, was die zu bewehrende Forderung anlangt, auf eine vorausgegangene, in der gleichen Form (des § 794 Abs. 1 Nr. 5 ZPO) errichtete Verpflichtungsurkunde schlicht Bezug genommen werden; s. dazu jetzt: § 13a BeurkG. Doch ist das heftig umstritten (Nachweis des Streitstandes bei *Münzberg* in: Stein/Jonas § 794 Rn. 91). Nach der Gegenmeinung soll die Bezugnahme allenfalls zur näheren Individualisierung des Gegenstandes der Unterwerfung, d.h. des Schuldgrundes, ausreichen, wenn der Umfang derselben, insbesondere der **bezifferte Betrag bei der Unterwerfungsformel wiederholt** wird; oder aber die frühere Urkunde müsste anlässlich der Beurkundung der Unterwerfung nicht nur in Bezug genommen, sondern vorgelesen und der Niederschrift nach den Bestimmungen des BeurkG als Anlage beigefügt werden. Mindestens die erste dieser Alternativen sollte zur besseren Sicherheit befolgt werden. Denn eine lediglich in Bezug genommene Verpflichtungsurkunde müsste sonst bei der Zwangsvollstreckung ohnehin dem Vollstreckungsorgan eingereicht werden, wenn nicht sogar nach § 750 ZPO dem Schuldner mit zugestellt sein.

c) *Die über § 794 Abs. 1 Nr. 5 ZPO maßgebenden Bestimmungen des zivilprozessualen Vollstreckungsrechts. Die Wartefrist des § 798 ZPO insbesondere*

347 § 794 Abs. 1 Nr. 5 ZPO ist nicht nur Modellvorschrift für § 60 Satz 1 SGB VIII. Im Weiteren übernimmt § 60 Satz 3 SGB VIII auch im Detail alle diejenigen Bestimmungen aus dem Achten Buch der ZPO, welche „für die Zwangsvollstreckung aus gerichtlichen Urkunden nach § 794 Abs.1 Nr. 5 der Zivilprozessordnung" gelten. § 795 ZPO fasst sie zusammen durch eine Verweisung auf die §§ 724 – 793 ZPO, „soweit nicht in den §§ 795a bis

800 abweichende Vorschriften enthalten sind". Von dieser Verweisung interessiert vor allem § 798 ZPO. Danach kann die Vollstreckung aus einer Urkunde mit Unterwerfung unter die sofortige Zwangsvollstreckung erst beginnen, nachdem sie **zwei Wochen zuvor dem Schuldner zugestellt** worden ist: sog. *Wartefrist.* Dann aber beginnt sie gleichsam aus dem Stand heraus. Im Übrigen sind von den §§ 724 – 793 ZPO für die Urkundsperson des Jugendamts von Interesse die §§ 724 – 734, 750, 767, 768, 792 ZPO; außerdem § 797 Abs. 3 bis 5 ZPO, die die Einwendungen gegen die Zulässigkeit der Vollstreckungsklausel (§ 732 ZPO), gewisse Besonderheiten der Vollstreckungsgegenklage (§ 767 Abs. 2 ZPO), und die Klage auf Erteilung der Vollstreckungsklausel (§ 731 ZPO) betreffen.

d) Belehrungen

Gerade hier ist vorweg eine eindringliche Belehrung dessen, der sich der sofortigen Zwangsvollstreckung unterwerfen will, besonders angebracht. Er muss wissen, dass er ohne gerichtliches Verfahren und ohne gerichtliche Prüfung binnen zwei Wochen, nachdem ihm die Verpflichtungsurkunde mit der Vollstreckungsklausel (unten Rn. 372, 374) zugestellt worden ist, die **Pfändung seines Arbeitseinkommens**, den Besuch des **Gerichtsvollziehers**, bei Grundeigentum sogar einen **Antrag auf Zwangsversteigerung** zu erwarten hat. Ihm muss ferner klar sein, dass es seine Sache bliebe, sich mit der Vollstreckungsgegenklage gemäß § 767 ZPO zu wehren, wenn er glaubt, entgegen einer etwa irrtümlich übernommenen Zuvielverpflichtung in dieser Höhe nichts zu schulden oder aber seiner Zahlungspflicht nachgekommen zu sein. Zu belehren ist daher auch über die Notwendigkeit, bei Veränderung der Umstände zu seinen Ungunsten mit einer **Abänderungsklage** nach § 323 ZPO vorgehen zu müssen. Zu den Voraussetzungen der Abänderung, die auch rückwirkend geltend gemacht werden kann, eingehend *DIJuF-Rechtsgutachten* vom 22. Dezember 2004, JAmt 2005, 82, CD-ROM, GutA Nr. 14.

348

e) Die Unterwerfung unter die sofortige Zwangsvollstreckung im Falle der beschränkten Geschäftsfähigkeit und der Geschäftsunfähigkeit des sich Verpflichtenden. Genehmigung des Vormundschaftsgerichts?

Einigkeit herrscht im Wesentlichen darüber, dass die Unterwerfung unter die sofortige Zwangsvollstreckung **nicht der Genehmigung des Vormundschaftsgerichts** bedarf, wenn sie von Seiten eines geschäftsunfähigen Schuldners (durch dessen gesetzlichen Vertreter) ausgesprochen wird. Dasselbe gilt für die Unterwerfungserklärung eines in der Geschäftsfähigkeit beschränkten Schuldners (durch dessen gesetzlichen Vertreter oder mit dessen Genehmigung durch den Schuldner selbst) oder durch einen unter Betreuung stehenden Schuldner. Im letztgenannten Fall kann die Erklärung durch den Schuldner persönlich – im Fall des § 1903 BGB nur mit Einwilligung des Betreuers – abgegeben werden oder in seinem Namen durch den Betreuer (vgl. zur Problematik *Kurtze* S. 78; *Zimmermann* in: Soergel § 1822 BGB Rn. 30; Kammergericht DAVorm 1970, 430 [433]).

349

f) *Die Vollstreckungsklausel und ihre Erteilung*

350 Die Zwangsvollstreckung, nachdem der Schuldner sich ihr unterworfen hat, geschieht aufgrund der vollstreckbaren Ausfertigung der Verpflichtungsurkunde (§ 724 ZPO). Das ist die Ausfertigung, die mit der sog. **Vollstreckungsklausel** versehen ist. Deren Wortlaut und Form richten sich nach § 725 ZPO: „Vorstehende Ausfertigung wird dem ... (Bezeichnung des Gläubigers) zum Zwecke der Zwangsvollstreckung erteilt".

351 Die **Vollstreckungsklausel** gibt den Weg von der Tituierung zur Vollstreckung frei. Sie **bezeugt**, dass die **Vollstreckung ihren Lauf nehmen** kann, wenn nur zwei letzte Stadien durchlaufen sein werden, nämlich die **Zustellung des Titels** an den Schuldner (§ 750 ZPO; dazu unten Rn. 372, 374) und die Einhaltung einer von da ab laufenden zweiwöchigen **Wartefrist** (§ 798 ZPO; Rn. 247, 281). Eine Bezeugung wiederum ist notwendig, weil unter Umständen noch materiellrechtliche Voraussetzungen einer Vollstreckung vorliegen müssen, deren Erfüllung der Titel vorgeschrieben haben kann; dies wäre durch öffentliche oder öffentlich beglaubigte Urkunden nachzuweisen (§ 726 ZPO – namentlich behördliche Bescheide/Bescheinigungen –):

Solche Voraussetzungen können sein:

- **zeitliche**, als außerkalendarische (höherer Unterhalt „ab Einschulung" – über die Fassung der Vollstreckungsklausel, s. Rn. 343). Hingegen wäre ein kalendarisch festgelegter Leistungsbeginn bereits aus dem Titel ersichtlich; da er den Vollstreckungsbeginn nach § 751 ZPO steuert, steht er einer vorherigen Erteilung der Vollstreckungsklausel nicht entgegen;

- **sachliche** (Bedingungen; Beispiel: Verpflichtung auf eine höhere Unterhaltszahlung, „wenn das Kind das geplante Auslandsstudium aufnimmt" – weitere Beispiele Rn. 194, 356);

- **persönliche** (Identität des Titelgläubigers mit dem Vollstreckungsgläubiger, des Titelschuldners mit dem Vollstreckungsschuldner – dies ist der in Rn. 420 ff. zu behandelnde Sonderfall der Klauselerteilung für und gegen den Rechtsnachfolger – § 727, § 750 Abs. 1 ZPO –; Legitimation eines bei Titelerrichtung aufgetretenen Vertreters –; dazu Rn. 140 ff., 344).

352 Denn über diese Punkte muss demnächst das **Vollstreckungsorgan Gewissheit** haben, ehe es den Eingriff in die Rechtssphäre des Schuldners vornimmt. Die **Vollstreckungsklausel nimmt** ihm diese **Prüfung ab**. Die Prüfung obliegt bei den im Jugendamt aufgenommenen vollstreckbaren Urkunden der Urkundsperson (Rn. 354). Denn sie hat die Vollstreckungsklausel zu der Verpflichtungsurkunde auf Grund der von ihr protokollierten Unterwerfung unter die sofortige Zwangsvollstreckung zu erteilen. Ihr sind die **Nachweise** vorstehender Art, soweit sie notwendig werden, **in öffentlicher oder öffentlich beglaubigter Form** (außerkalendarische Zeitmomente, Bedingungen: § 726 ZPO) beizubringen. In Ausnahmefällen kann auch die Amtskundigkeit der zu belegenden Tatsache genügen (arg. § 291

ZPO). Bei der Beurkundung noch zu Protokoll offen gelassene Ungewissheiten oder Zweifel hinsichtlich der **Identität oder der Legitimation der Erschienenen** müssen spätestens jetzt urkundlich behoben sein. Gelingt das nicht, kann der Gläubiger Klage auf Erteilung der Vollstreckungsklausel nach § 731 ZPO erheben (vgl. hierzu näher Rn. 425 ff.). Sind solche ergänzenden Nachweise nicht erforderlich, weil ausnahmsweise die Titulierung aus sich heraus und nach allen vorgenannten Richtungen „blanco" vollstreckbar ist, muss die Klausel gleichwohl beantragt werden und hat dann die Bedeutung eines Unbedenklichkeitsattestes.

353 Die Erteilung der Vollstreckungsklausel ist nach alldem eine **echte Entscheidung**, die die Urkundsperson zu treffen hat – die einzige, die ihr obliegt. Wer sie trifft, trägt eine gewichtige Verantwortung. Wird die Klausel ohne die Erfüllung der gesetzmäßigen Voraussetzungen erteilt, so eröffnet sie gleichwohl die Möglichkeit der Vollstreckung und damit die Gefahr schwer absehbarer Regresse. Auf der anderen Seite: Wenn der Titel, dessen Gläubiger- und Schuldnerbezeichnung sich für die Vollstreckung nicht geändert haben, und für den auch etwa erforderliche sonstige Nachweise der oben dargestellten Art geführt sind, in danach klauselfähiger Form vorgelegt wird, **ist die Klausel** zu erteilen. **Einwendungen, die der Schuldner mit der Vollstreckungsklage (§ 767 ZPO) geltend machen könnte**, hat die Urkundsperson selbst dann **nicht zu berücksichtigen**, wenn sie hierüber im Bilde wäre. Es handelt sich insoweit um Umstände, die außerhalb des Verfahrens der Klauselerteilung liegen und den Titel nach seinem Inhalt in Frage stellen, wie z.B. Erfüllung oder Verjährung (s. auch Rn. 418).

354 Zur Erteilung der Vollstreckungsklausel ist **zuständig** jede zur Beurkundung von Verpflichtungserklärungen ermächtigte Urkundsperson desjenigen Jugendamtes, bei dem das **Original bestimmungsgemäß verwahrt** wird (§ 797 Abs. 2 ZPO). Dies ist auch durch den Wortlaut des § 60 Satz 3 Nr. 1 SGB VIII klargestellt. Die Zuständigkeit knüpft an den Tatbestand der Verwahrung an und besteht daher fort, solange er gegeben ist. Sie überdauert also u.U. die Beistandschaft für das Kind, dessen Unterhalt den Gegenstand der Beurkundung bildete. Das sei zur Vermeidung gelegentlich bei Jugendämtern aufgetretener Missverständnisse bemerkt. Es kann z.B. sein, dass auch nach Volljährigkeit des Kindes noch Unterhaltsrückstände bestehen und wegen dieser eine Rechtsnachfolgeklausel für den Sozialhilfeträger (unten Rn. 388 ff.) erteilt werden muss.

Die Erteilung der vollstreckbaren Ausfertigung ist, ebenso wie die Erteilung der Ausfertigung als solcher, **auf der Urschrift** unter Angabe von Datum und Empfänger **zu vermerken**, § 734 ZPO. Vorgelegte Nachweise nach § 726 ZPO (oben Rn. 351) sind der Urschrift beizufügen oder unter Einbehaltung einer beglaubigten Abschrift zurückzugeben, gegebenenfalls eine als ausreichend erachtete Amtskundigkeit in einem Vermerk festzuhalten. Eine einfache Abschrift der Nachweise ist der Zustellung der Verpflichtungsurkunde zum Zweck der Zwangsvollstreckung an den Schuldner (Rn. 372) beizufügen, § 750 Abs. 2 ZPO.

g) *Die Erteilung der Vollstreckungsklausel gegen den Vater in der Abhängigkeit vom Wirksamwerden seiner Vaterschaftsfeststellung (Vaterschaftsanerkennung)*

355 Verpflichtungen des „ehelichen" Vaters auf Unterhalt bieten keine spezifischen Probleme. Bei Unterhaltsverpflichtungen zugunsten seines „nichtehelichen" Kindes ist jedoch zu beachten, dass der sich Verpflichtende die Verpflichtung nur in seiner Eigenschaft als „nichtehelicher" Vater abgegeben hat. Das ist abermals problemlos, wenn die Vaterschaft bereits durch rechtskräftiges Urteil festgestellt worden ist. Die Vollstreckungsklausel für eine mit *Anerkennung der Vaterschaft* verbundene Verpflichtung auf den Unterhalt **darf** hingegen **erst erteilt werden, nachdem die Anerkennung wirksam geworden ist.**

Es könnte sonst eintreten, dass die endgültige Feststellung der Vaterschaft durch Ausbleiben der Zustimmung der Mutter aus welchen Gründen immer nicht zustande kommt, auch eine Vaterschaftsklage oder ein Verfahren nach § 1600e Abs. 2 BGB den Anerkennenden nicht mehr posthum als Vater feststellt. Inzwischen wäre vollstreckt, das Beigetriebene zum Unterhalt verbraucht und eine Rückerstattung nicht durchzusetzen.

356 Die Vollstreckbarkeit einer bei der Anerkennung der Vaterschaft übernommenen Unterhaltspflicht – und damit die Erteilung der Vollstreckungsklausel – hängt ab vom Wirksamwerden der Anerkennung durch die Zustimmung der Mutter bzw. ggf. des Kindes. Dass der sich Verpflichtende als Vater i.S. der §§ 1594 ff. oder 1600e Abs. 1 BGB „feststeht", muss der Urkundsperson grundsätzlich **vor Erteilung der vollstreckbaren Ausfertigung nachgewiesen sein.** Im Einzelnen ist hierbei zu differenzieren.

357 Am einfachsten liegt der Fall, wenn in ein und derselben Verhandlung der Mann die Vaterschaft anerkannt hat, sich zur Zahlung verpflichtet und die anwesende sorgeberechtigte Mutter die Zustimmung zur Anerkennung der Vaterschaft erteilt. Dasselbe gilt für das Kind bzw. seinen gesetzlichen Vertreter, dessen Zustimmung bei fehlender Sorge der Mutter ebenfalls erforderlich ist (§ 1597 Abs. 2 BGB). Denn damit ist die Vaterschaftsanerkennung auf der Stelle wirksam geworden; die Vollstreckungsklausel kann ohne weiteres erteilt werden.

358 **Stand dagegen die Zustimmung der Mutter bzw. auch des Kindes noch aus,** so muss mindestens ihre Nachholung, je nach den Erfordernissen auch die Genehmigung des gesetzlichen Vertreters hierzu vor der Klauselerteilung nachgewiesen sein. Denn die Erteilung der vollstreckbaren Ausfertigung setzt einen Antrag des Kindes als des Gläubigers voraus (Rn. 362), und das Kind kann den Antrag nicht stellen, wenn es über die Klausel sich die Vollstreckung für einen Unterhalt eröffnen will, ohne dass die Zustimmungserfordernisse zur Anerkennung der Vaterschaft erfüllt sind. Sonst läge nämlich ein Verstoß gegen die Sperrvorschriften in § 1594 Abs. 1, § 1600d Abs. 4 BGB vor: Mit der Erwirkung der Vollstreckungsklausel würde ein solches Kind die Rechtswirkungen der Vaterschaft – und dies sogar in der schärfsten Form – gegen einen Mann geltend machen, bevor dessen Vaterschaft überhaupt festgestellt ist und obwohl er sich erkennbar nur als (demnächst) festgestellter Vater, nicht aber unabhängig hiervon, hat verpflichtet wissen wollen. Dass er u.U. von sich aus und schon jetzt zahlt, weil er von seiner Vaterschaft und der noch ausstehenden Zustimmung der Mutter bzw. auch des Kindes überzeugt sein mag, steht auf einem anderen Blatt: Die Zahlungen geschehen dann aber freiwillig; ihr Rechtsgrund ist eine Vorwegnahme gedachter späterer – und dann rückwirkend sich stellender – Notwendigkeiten, wie sie den Hintergrund der Bestimmung in § 812 Abs. 1 Satz 2, Hs. 2 BGB bilden.

Um sicherzugehen, wäre dem Anerkennenden, der sich zugleich zum Unterhalt verpflichtet, die **Protokollierung eines Vorbehalts** zu empfehlen, dass eine *vollstreckbare Ausfertigung* erst erteilt werden dürfe, wenn die Zustimmung, je nach Erfordernis auch die Genehmigung des gesetzlichen Vertreters hierzu, nachgewiesen sei (DAVorm 1987, 175; dass dem Kinde überhaupt eine Ausfertigung zum Zwecke der Klauselerteilung zustehen solle, hat ohnehin der Schuldner zu bewilligen; s. unten Rn. 364). **359**

Wieder anders liegen Fälle, in denen eine Verpflichtung auf den Unterhalt **in isolierter Verhandlung** – also ohne unmittelbar im selben Termin vorangegangene Anerkennung der Vaterschaft – übernommen werden soll, wobei der Verpflichtungswillige erklärt, als Vater bereits festgestellt zu sein, und zwar nach Anerkennung der Vaterschaft vor einem anderen Jugendamt. Wenn daraufhin das Kind zu einer solchen Verpflichtungserklärung mit Unterwerfung unter die sofortige Zwangsvollstreckung die Klausel beantragt, macht es sich damit die Darstellung des Mannes über das Festgestelltsein der Vaterschaft zu Eigen. Das enthebt die Urkundsperson der Obliegenheit, den Nachweis dessen zu verlangen. Denn das Einverständnis über die Grundlagen eines Anspruchs ist, wie überall sonst im Zivilprozess, stärker als die Notwendigkeit des Beweises. Die Urkundsperson wird die Klausel erteilen, wenn das Kind den entsprechenden Antrag stellt. **360**

Vorausgesetzt ist in allen vorgenannten Fällen der Rn. 357 und 358, dass die **Wirksamkeit der zur Anerkennung der Vaterschaft abgegebenen Erklärungen als solcher außer Zweifel** steht. Fragen des Identitätsnachweises (Rn. 111) und der Legitimation aufgetretener – gesetzlicher oder rechtsgeschäftlicher – Vertreter (Rn. 140 ff., 146), die bei der Beurkundung hatten zurückgestellt werden dürfen, müssen spätestens jetzt geklärt sein. Erforderliche Genehmigungen, welche beizubringen waren, müssen jetzt vorliegen, ehe die Klausel erteilt und damit der Weg in die Vollstreckung geöffnet werden kann. Das bezieht sich insbesondere auf Fälle mit Auslandsberührung. In aller Regel wird allerdings die Abstammung des Unterhalt begehrenden Kindes deutschem Recht unterliegen, weil es seinen gewöhnlichen Aufenthalt im Inland hat (Art. 19 Abs. 1 Satz 1 EGBGB). Ist das ausnahmsweise nicht der Fall, bleibt der Urkundsperson folgende Prüfung nicht erspart: wie weit kann eine Vaterschaft zu einem im Ausland lebenden und im Inland seinen Unterhalt beanspruchenden Kind nach den Erfordernissen des Heimatrechts des Anerkennenden oder der Kindesmutter und unter Beachtung des Art. 23 EGBGB gleichwohl als festgestellt gelten? Überbrücken lassen sich die Notwendigkeiten der Klarstellung oft durch **Beiziehung einer Geburtsurkunde** des Kindes: Enthält sie den Beischrei- **361** bungsvermerk, so darf die Urkundsperson der Beweiskraft des § 60 PStG vertrauen und die Vaterschaft als festgestellt ansehen. Hat sich eine Behebung der Zweifel auch auf diesem Wege nicht erreichen lassen oder sind sie sonst auswegslos offen geblieben, hätte die Urkundsperson die Erteilung der Klausel abzulehnen und auf den Beschwerdeweg des § 54 BeurkG zu verweisen. Das Beschwerdegericht hat Möglichkeiten der beweismäßigen Klärung, die der Urkundsperson nicht zur Verfügung stehen.

h)   Die Erteilung der Vollstreckungsklausel als antragsgebundener Akt. Antragsberechtigungen

362   Die vorbezeichneten Nachweise hat derjenige zu führen, dem die vollstreckbare Ausfertigung auf seinen Antrag hin zu erteilen ist. Das ist, wie nach allgemeinem Vollstreckungsrecht, der Gläubiger kraft Titels, hier also das unterhaltsberechtigte Kind (vgl. § 52 BeurkG, und hierzu *Jansen* Rn. 23 zu dieser Vorschrift) oder der sonst Forderungsberechtigte, zu dessen Gunsten die Verpflichtungserklärung abgegeben worden ist, etwa die Kindesmutter wegen ihrer Ansprüche aus § 1615l BGB. Denn es ist ein allgemeiner vollstreckungsrechtlicher Grundsatz, dass eine **vollstreckbare Ausfertigung nur dem Gläubiger erteilt werden** kann und **dessen Antrag voraussetzt** (vgl. hierzu *Stöber* in: Zöller § 724 Rn. 3 m.w.Nachw. sowie Rn. 8).

363   Umstritten ist, wie dem Antrag des Gläubigers Genüge geschehen kann. Die **Klausel**, deren Erteilung er beantragt, ist ein **Zusatz zu der Ausfertigung** (Rn. 86). Diese wiederum könnte er als solche nicht beanspruchen; er gehört nicht zum Kreis derjenigen, die nach § 51 Abs. 1 BeurkG eine Ausfertigung verlangen können: der sich in der Urkunde Verpflichtende müsste ihm allenfalls durch besondere Erklärung ein Recht auf Erteilung zugestanden haben (§ 51 Abs. 2 BeurkG). Hieraus wird von einer ganz überwiegenden Meinung im Schrifttum (*Jansen* Rn. 23; *Riedel/Feil* Anm. 6a, 11; *Renner* in: Huhn/ von Schuckmann Rn. 3; *Höfer/Huhn* Anm. 1, jeweils zu § 52 BeurkG; § I) und einer einhelligen Rechtsprechung (so schon vor dem Beurkundungsgesetz – Nachweis bei *Jansen* § 52 Rn. 73 –; aus der Zeit nach dessen In-Kraft-Treten: OLG Celle Rpfleger 1974, 262; OLG Frankfurt/M DNotZ 1970, 163; OLG Hamburg DNotZ 1987, 356; OLG Hamm DNotZ 1988, 241[242]; OLG Rostock NotBZ 2002, 33) gefolgert, der **Gläubiger** könne die **Klausel nur erhalten,** wenn er entweder **im Besitz der einfachen Ausfertigung sei** oder der **Schuldner die Urkundsperson ermächtigt habe,** dem Gläubiger eine solche zu erteilen. Die Gegenmeinung (*Winkler* § 52 BeurkG Rn. 27; *Münzberg* in: Stein/Jonas, § 797 ZPO Rn. 2; *Mecke/Lerch* § 52 BeurkG Rn. 2) vertritt folgenden Standpunkt: Wer sich einer sofortigen Zwangsvollstreckung im Interesse des Gläubigers unterworfen habe, billige ihm damit das Recht zu, eine (vollstreckbare) Ausfertigung zu verlangen, ohne welche der Gläubiger die ihm gerade zugestandene Vollstreckbarkeit nicht realisieren könne.

364   Dass die herrschende Meinung die dogmatisch konsequentere ist, sei nicht verkannt. Verpflichtungserklärungen mit Unterwerfung unter die sofortige Zwangsvollstreckung werden einseitig abgegeben und setzen eine Anwesenheit des Gläubigers nicht voraus. Ob und wie dieser davon erfahren

solle, muss der Schuldner, der sie freiwillig abgibt, in seiner Hand behalten können. Er kann ein Interesse daran haben, die Unterwerfung nicht vorzeitig gegen sich wirksam werden zu lassen; eine nicht gestattete Bekanntgabe an den Gläubiger wäre Verletzung des Amtsgeheimnisses. Dennoch kommt die Gegenmeinung der jugendamtlichen Praxis zugunsten der Kinder, die ja meist die Gläubiger sind, natürlich entgegen, weshalb schon *Kurtze* (S. 105) ihre Befolgung vertrat. Es empfiehlt sich, **vorsorglich im Protokoll** über die Verpflichtung den **sich Verpflichtenden erklären zu lassen**, dass die **Urkundsperson ermächtigt** sei, die Verhandlung auch dem Gläubiger zum Zwecke der Erteilung der Vollstreckungsklausel auszufertigen. Dass die Klauselerteilung, für sich gesehen, einen Antrag des Gläubigers verlangt, bleibt davon unberührt.

Nach ebenfalls ganz h.M. kann die dem Notar – bzw. in entsprechender Anwendung der Vorschrift gem. § 1 Abs. 2 BeurkG der Beurkundungsperson – gegebene Ermächtigung bis zur Erteilung einer Ausfertigung an den Gläubiger vom Schuldner **widerrufen** werden (vgl. OLG Hamm MDR 1987, 943). Das entspricht auch der in § 183 Satz 1 BGB getroffenen Regelung, dass grundsätzlich die Einwilligung zur Vornahme eines Rechtsgeschäfts (bzw. wie hier einer Rechtshandlung) bis zur Vornahme des Rechtsgeschäfts oder der Rechtshandlung widerruflich ist. Mit dem Zugang des Widerrufs entfällt die Ermächtigung an die Urkundsperson. Sie darf deshalb dem Gläubiger keine Vollstreckungsklausel erteilen mit der Folge, dass die beurkundete Unterhaltsverpflichtung zwar weiterhin existent bleibt – sie kann als solche nicht widerrufen werden –, aber für das Unterhaltsverhältnis ohne Bedeutung ist.

365

Der Schuldner ist also nicht gehindert, nunmehr eine **erneute Verpflichtungserklärung** zu einem von ihm für richtig gehaltenen **niedrigeren Betrag** aufnehmen zu lassen. Akzeptiert der Gläubiger dann die ihm übersandte einfache oder vollstreckbare Ausfertigung, beschränkt sich der titulierte Unterhaltsanspruch des Kindes hierauf. Fehlt es überhaupt an einer neuen Verpflichtungserklärung oder reicht diese dem Gläubiger nicht aus, kann er in entsprechender Höhe Klage erheben. Er wäre sogar nicht gehindert, ein vereinfachtes Verfahren nach §§ 645 ff. ZPO einzuleiten. Zwar findet das vereinfachte Verfahren u.a. nicht statt, soweit über den Unterhaltsanspruch „ein zur Zwangsvollstreckung geeigneter Schuldtitel errichtet worden ist". Hier hat der Schuldner eine Verpflichtungserklärung mit Unterwerfung unter die sofortige Zwangsvollstreckung aufnehmen lassen. Wenn er aber dem Gläubiger durch Widerruf der ursprünglichen Ermächtigung die Erteilung einer Vollstreckungsklausel verweigert, ist der Titel auch nicht zur Zwangsvollstreckung geeignet und kann deshalb einem vereinfachten Verfahren nicht entgegenstehen.

Erteilt wird die für das Kind beantragte vollstreckbare Ausfertigung **„dem Kinde zu Händen seines gesetzlichen Vertreters",** wobei der Zusatz „zur Annahme befugten" vorzugswürdig wäre (vgl. oben Rn. 297). Wer das ist (die Vertretungsverhältnisse können sich seit der Protokollerstellung geändert haben und sich im Lauf der Vollstreckung noch ändern), wird in der Klausel nicht zum Ausdruck gebracht. Es bleibt Sache der Urkundsper-

366

son, sich zu vergewissern, wem sie die vollstreckbare Ausfertigung auszuhändigen oder zu übermitteln hat.

367 Besondere Aufmerksamkeit ist geboten, **wenn Eltern die gemeinsame Sorge** für das Kind **obliegt**. Nach § 1629 Abs. 2 Satz 2 BGB ist bei gemeinsamer Sorge stets der Elternteil zur Geltendmachung von Unterhalt allein vertretungsberechtigt, in dessen Obhut sich das Kind befindet. Hierbei ist gleichgültig, ob es sich um miteinander verheiratete oder nicht verheiratete Eltern handelt und ob der Unterhaltsanspruch während bestehender Ehe oder nach Ehescheidung der Eltern geltend gemacht werden soll. Die Neuregelung der Vorschrift durch das KindRG bezweckt vor allem, dass derjenige Elternteil, der unter den genannten Voraussetzungen Unterhalt für das Kind geltend machen will, nicht zunächst den Entzug der Sorge des barunterhaltspflichtigen Teils betreiben muss (*Lipp/Wagenitz* § 1629 Rn. 3). In diesem Fall ist aber jedenfalls die Formulierung „dem Kinde zu Händen seines gesetzlichen Vertreters" ohne kennzeichnenden Zusatz ungeeignet, da das Kind bei gemeinsamer Sorge von beiden Eltern vertreten wird (zur Problematik vgl. *DIV-Gutachten* DAVorm 1998, 110). Dann sollte von vornherein die entsprechende Formulierung lauten **„dem Kinde zu Händen seiner Mutter/seines Vaters"**. Zwar können sich theoretisch auch in dieser Konstellation die Verhältnisse dadurch ändern, dass entweder der bisher barunterhaltspflichtige Elternteil die alleinige Sorge erhält oder – wohl noch seltener – beiden Elternteilen die Sorge entzogen und auf einen Vormund übertragen wird. In beiden Fällen dürfte aber der Titel zumeist ohnehin nicht mehr inhaltlich unverändert verwendbar sein: Im Fall der Alleinsorge des bisher barunterhaltspflichtigen Elternteils wird dieser wohl in aller Regel auch den Unterhalt in anderer Weise erbringen. Entfällt die Sorge beider Eltern und wird z.B. eine Fremdunterbringung des Kindes notwendig, kann u.U. auch eine anteilige Barunterhaltspflicht beider Elternteile in Betracht kommen, wodurch ohnehin eine Neutitulierung erforderlich wäre. Ist dies hingegen nicht der Fall, mag Abhilfe durch eine Titelumschreibung im Wege der Rechtsnachfolge (z.B. in den Fällen von § 94 SGB XII, § 94 Abs. 3 Satz 2 SGB VIII) geschaffen werden.

368 **Keinesfalls** darf die für den Gläubiger bestimmte **vollstreckbare Ausfertigung dem Schuldner ausgehändigt** werden Dies wird zwar in der Praxis gelegentlich anders gehandhabt, sollte aber unbedingt unterlassen werden.

In Fällen, in den die Weitergabe durch den Schuldner an den Gläubiger aus Nachlässigkeit oder Böswilligkeit unterbleibt, ist der **Ärger mit der Gläubigerseite vorprogrammiert:** Eine weitere vollstreckbare Ausfertigung könnte entsprechend § 733 ZPO nur mit Ermächtigung des Amtsgerichts erteilt werden (vgl. Rn. 369). Dies ist grundsätzlich bei Verlust der vollstreckbaren Ausfertigung möglich (OLG Düsseldorf FamRZ 1994, 1271). Es ist umstritten, ob auch die unrechtmäßige oder versehentliche Aushändigung an den Schuldner einen **Grund zur Erteilung einer weiteren vollstreckbaren Ausfertigung** darstellt. Das wird von einem Teil der Rechtsprechung bejaht (so OLG Hamm Rpfleger 1979, 431). Abgelehnt wurde hingegen die Erteilung einer weiteren vollstreckbaren Ausfertigung in diesem Fall z.B.

vom LG Hechingen (Rpfleger 1984, 151) und vom LG Dortmund (Rpfleger 1994, 308), sofern nicht der Gläubiger beweist, dass noch eine Vollstreckung aus dem Titel möglich ist; vgl. im Übrigen die bei *Hartmann* in: Baumbach/Lauterbach § 733 ZPO Rn. 3 zitierte einschränkende Rechtsprechung. In jedem Fall ist nicht sichergestellt, dass das zuständige Amtsgericht ohne weiteres die Erteilung einer weiteren vollstreckbaren Ausfertigung bewilligen würde. Zumindest könnte dies zu erheblichen zeitlichen Verzögerungen führen, da der zuständige Rechtspfleger dem Schuldner gem. § 733 Abs. 1 ZPO rechtliches Gehör gewähren kann.

Solange aber der Schuldner die vollstreckbare Ausfertigung in Händen hat, kann er eine **Vollstreckung durch den Gläubiger blockieren**. Der Gläubiger seinerseits wäre gehindert, einer Verzögerungstaktik des Schuldners durch Einleitung eines vereinfachten Verfahrens gem. §§ 645 ff. ZPO zu begegnen, da die Existenz der Urkunde der Zulässigkeit des Antrags entgegenstünde (§ 645 Abs. 2 ZPO). Schon häufiger sahen sich Urkundspersonen Dienstaufsichtsbeschwerden oder gar angedrohten Amthaftungsansprüchen gegenüber, wenn sie den Grundsatz nicht beachtet haben, vollstreckbare Ausfertigungen keinesfalls dem Schuldner auszuhändigen, auch wenn dieser die sofortige Weiterleitung an den Gläubiger verspricht.

j) *Mehrere vollstreckbare Ausfertigungen*

Unter Umständen müssen mehrere vollstreckbare Ausfertigungen erteilt werden, gleichzeitig oder nacheinander. Die Erste vollstreckbare Ausfertigung kann verloren gegangen sein, oder es werden Vollstreckungsversuche zugleich an mehreren Stellen notwendig (Lohnpfändung durch das Vollstreckungsgericht, Sachpfändung durch den Gerichtsvollzieher). Die Möglichkeit einer Erteilung mehrerer vollstreckbarer Ausfertigungen ist **in § 733 ZPO vorgesehen**. Der Gläubiger hat sie zu beantragen. Jedoch darf die Urkundsperson aus eigener Entschließung nur *eine* – die „Erste Ausfertigung", die deshalb auch als solche im Kopf zu bezeichnen ist – vollstreckbar erteilen, § 60 Satz 3 Nr. 1 SGB VIII.

369

Soll eine weitere erteilt werden, muss sie diesen Fall **der Entscheidung durch das Amtsgericht** unterbreiten. Nicht etwa wird die weitere vollstreckbare Ausfertigung vom Amtsgericht erteilt (wie oft irrig angenommen wird). Dies schon deshalb nicht, weil die Urschrift in der Verwahrung des Jugendamts, dessen Urkundsbeamter sie erstellt hat, verbleibt und nicht dem Amtsgericht übersandt wird. Die Urschrift ist aber die alleinige Grundlage für die Erteilung der vollstreckbaren (Rn. 352) wie überhaupt einer jeden Ausfertigung (Rn. 59). Wohl aber hat das Amtsgericht die **Urkundsperson zu** *ermächtigen*, die **weitere Ausfertigung zu erteilen.** Die hierauf lautende Entscheidung ergeht nach gerichtlicher Prüfung, ob die Belange des Schuldners (der deshalb zuvor gehört werden kann, § 733 Abs. 1 ZPO) durch das Vorhandensein mehrerer vollstreckbarer Ausfertigungen nicht über Gebühr beeinträchtigt würden. Hierauf beschränkt sich die Prüfungskompetenz des Rechtspflegers. Nicht etwa kann er Einzelformulierungen der Vollstreckungsklausel beanstanden – etwa ob diese „dem Kinde

370

zu Händen seiner gesetzlichen Vertreter" oder dem gesetzlichen Vertreter des Kindes erteilt werde (vgl. hierzu oben Rn. 366)

Um diese Entscheidung, von der § 60 Satz 3 Nr. 2 SGB VIII spricht, herbeizuführen, hat die Urkundsperson ihre Vorgänge nebst einer beglaubigten Abschrift der Urschrift der Verpflichtungsurkunde dem Amtsgericht vorzulegen. Zuständig ist das Amtsgericht, in dessen Bezirk das Jugendamt seinen Sitz hat, § 797 Abs. 3 ZPO.

371 **Genehmigt das Gericht** die Erteilung der weiteren vollstreckbaren Ausfertigung durch die Urkundsperson, wird die entsprechende Klausel zu lauten haben:

„Vorstehende Ausfertigung wird dem Gläubiger zum Zwecke der Zwangsvollstreckung hiermit als Zweite auf Grund Entscheidung des Amtsgerichts X vom . . . – Aktenzeichen: . . . – erteilt".

Nach § 733 Abs. 2 ZPO, der hier entsprechend anzuwenden ist, hat die Urkundsperson den Schuldner von der Erteilung in Kenntnis zu setzen. Eine erneute Zustellung (im Folgenden Rn. 372) an ihn ist nicht erforderlich.

j) Die Zustellung der vollstreckbaren Unterhaltsverpflichtung

372 Die Zustellung der die vollstreckbare Unterhaltsverpflichtung enthaltenden Urkunde an den Schuldner ist **Voraussetzung für den Beginn der Zwangsvollstreckung** (§§ 750, 798 ZPO). Sie zu veranlassen ist an sich nicht Sache der Urkundsperson; grundsätzlich obliegt es dem Vollstreckungsgläubiger, damit den Gerichtsvollzieher zu beauftragen. Doch sieht das Gesetz hier eine Vereinfachung vor: Nach § 60 Satz 2 SGB VIII kann **auch die Urkundsperson die Zustellung** in Anlehnung an die zivilprozessuale Zustellung an der Amtsstelle (§ 173 ZPO) **vornehmen.** Gedacht ist dies namentlich für eine im unmittelbaren Anschluss an die Anerkennung der Vaterschaft aufgenommene, vollstreckbare Unterhaltsverpflichtung, wenn in derselben Verhandlung die erforderliche Zustimmung zu der Vaterschaftsanerkennung erklärt wurde. Aber auch bei isolierten Unterhaltsverpflichtungen, zu deren Zeitpunkt die Vaterschaft ersichtlich bereits wirksam feststeht, kann so verfahren werden.

373 Die Zustellung wird dann so vollzogen, dass die Urkundsperson dem damit endgültig zum rechtlichen Vater und Unterhaltsschuldner gewordenen Mann eine **beglaubigte Abschrift der Verhandlung aushändigt,** in gleicher Weise also, wie dies der Gerichtsvollzieher nach § 750 Abs. 1 Satz 1, § 795 ZPO zu bewirken hätte. Eine Erteilung der Vollstreckungsklausel brauchte in diesem Falle die beglaubigte Abschrift an sich nicht mit zu umfassen, so wenig wie bei Zustellung durch den Gerichtsvollzieher. Der Unterhaltsschuldner weiß ja, dass seine Vaterschaftsanerkennung bereits wirksam geworden und die Unterhaltsverpflichtung dadurch endgültig vollstreckbar geworden ist. Deshalb kann die Klausel jederzeit erteilt werden und er hat mit einer Zwangsvollstreckung nach Ablauf der verbleibenden Wartefrist des § 798 ZPO (Rn. 347) zu rechnen. Doch schadet es natürlich nichts, wenn – wie bei den Durchschreibesätzen der Formularvorlage – die

beglaubigte Abschrift der dem Schuldner ausgehändigten Verpflichtungsurkunde den Wortlaut der Klausel mit aufführt.

Stünde dagegen die Zustimmung der Mutter und ggf. des Kindes **noch aus**, ist die Erteilung der Vollstreckungsklausel in gleicher Weise hinausgeschoben, wie wenn die Unterhaltsverpflichtung unter einer Bedingung übernommen worden wäre (Rn. 356 und DAVorm 1987, 187). In diesem Falle hätte deshalb die Zustellung der Verpflichtungsverhandlung an den Kindesvater die erteilte Klausel mit zu umfassen (§ 750 Abs. 2 i.V.m. § 726 Abs. 1 ZPO). Die Zustellung könnte also erst nach Erteilung der Klausel geschehen, oder aber die Klausel wäre nach Erteilung nachträglich zuzustellen. 374

Praktisch empfiehlt sich die **Zustellung erst nach Klauselerteilung.** Denn da die nachträgliche Zustellung „der Klausel" nur als Zustellung der nunmehrigen vollstreckbaren Ausfertigung durchführbar ist, wäre eine Vorab-Zustellung der ausgefertigten Verpflichtungsverhandlung vor Erteilung der Klausel ohnehin wenig sinnvoll. Sie wäre darüber hinaus nicht einmal unbedenklich: Denn sie erweckt beim Gläubiger den (unzutreffenden) Eindruck, als könne, wenn nur die Klausel später als zwei Wochen danach erteilt wird, aus dem Stand heraus und ohne die Wartefrist des § 798 ZPO vollstreckt werden. In Wahrheit braucht der Anerkennende, der sich gleichzeitig zur Unterhaltszahlung verpflichtet hat, mit einer Vollstreckung erst zu rechnen (und will damit auch erst zu rechnen brauchen), sobald seine Vaterschaft durch die wirksam erteilte Zustimmung endgültig feststeht, und auch dann erst nach Ablauf jener Wartefrist, die überhaupt erst jetzt einen Sinn hat. 375

Freilich müsste der Kindesvater für diesen nunmehrigen Zustellungsakt, wenn er an Amtsstelle geschehen soll, sich erneut im Jugendamt einfinden. Das mag er mit der Urkundsperson absprechen. Möglicherweise hat er ein Interesse daran, als Verheirateter nicht die Gefahr einer Ersatzzustellung an seine Ehefrau durch den Gerichtsvollzieher einzugehen.

Liegt der in Rn. 372 a.E. dargestellte Fall vor – isolierte Unterhaltsverpflichtung auf der Grundlage einer als festgestellt betrachteten Vaterschaft –, könnte die Zustellung der Verpflichtungsverhandlung sogleich an Amtsstelle geschehen. Denn hier kann der Schuldner, nicht anders als bei einer vorbehaltlosen Verurteilung, mit der Erteilung der Klausel ohne weiteres rechnen. 376

Da § 173 ZPO entsprechende Anwendung finden soll, ist in der Urschrift oder einer Anlage hierzu und außerdem auf dem ausgehändigten Schriftstück der **Tag der Aushändigung zu vermerken**; der Vermerk ist von der Urkundsperson zu unterschreiben. Daneben aber wird, was § 60 Satz 2 SGB VIII nicht ausdrücklich sagt, die Bestimmung des § 169 Abs. 1 ZPO entsprechende Anwendung zu finden haben. Danach **bescheinigt** die Urkundsperson **auf Antrag des Gläubigers den Zeitpunkt** der durch die Aushändigung an den Schuldner vollzogenen Zustellung. Zweckmäßig geschieht das durch einen Zusatz zu der Klausel auf der vollstreckbaren Ausfertigung. Denn der Gläubiger muss, um demnächst vollstrecken zu 377 können, die erfolgte Zustellung dem Vollstreckungsorgan (Gerichtsvollzieher, Rechtspfleger in der Forderungs-, insbesondere der Lohn- oder Gehaltspfändung) nachweisen (§ 750 Abs. 1 ZPO). Zudem muss er schon wegen der Wartefrist des § 798 ZPO (Rn. 372) über diesen Zeitpunkt unterrichtet sein.

k)   *Klauselerteilung in Fällen von Rechtsnachfolge: Allgemeines und Gemeinsames*

378   Unter Umständen ist die im Jugendamt beurkundete Forderung (des Kindes, der „nichtehelichen" Mutter nach § 1615l BGB) auf einen Rechtsnachfolger übergegangen, oder es muss die Vollstreckung gegen einen Rechtsnachfolger des Schuldners durchgeführt werden.

Ein Übergang auf den Rechtsnachfolger **auf Seiten des Kindes** kommt insbesondere in den Fällen von § 94 SGB XII, § 7 UVG, § 94 Abs. 3 Satz 2 SGB VIII, § 37 BAföG in Betracht, aber auch nach § 1607 Abs. 2 Satz 2 und Abs. 3 BGB bei einer stellvertretenden Erbringung des Unterhalts durch Verwandte oder den Scheinvater.

379   Nach § 1607 Abs. 2 Satz 2 BGB geht der Unterhaltsanspruch nur dann auf einen Verwandten, insbesondere einen **Großelternteil,** über, wenn er zur Gewährung des Unterhalts deshalb verpflichtet ist, weil „die **Rechtsverfolgung** gegen *[einen Elternteil]* **im Inland ausgeschlossen oder erheblich erschwert** ist" (§ 1607 Abs. 2 Satz 1 BGB). Ausgeschlossen ist die Rechtsverfolgung namentlich dann, wenn die Vaterschaft eines nichtehelich geborenen Kindes bisher nicht durch Anerkennung oder gerichtliche Entscheidung festgestellt ist (vgl. BGH FamRZ 1993, 696). Erheblich erschwert ist die Rechtsverfolgung, wenn der Aufenthaltsort des primär unterhaltspflichtigen Elternteils unbekannt ist (BGH FamRZ 1989, 850), der Schuldner einen Wohnsitz im Ausland hat oder den inländischen Wohnsitz häufig wechselt (vgl. AG Alsfeld DAVorm 1974, 519).

380   Im Fall der **„normalen" Ersatzhaftung nach § 1607 Abs. 1 BGB** wegen fehlender Leistungsfähigkeit der vorrangig haftenden Eltern ist eine **Rechtsnachfolge** von vornherein im Gesetz **nicht vorgesehen.** Dasselbe gilt erst recht, wenn Großeltern tatsächlich bestehende Unterhaltspflichten erfüllen für Zeiträume, in denen der vorrangig haftende Elternteil sich *nicht* zu Recht auf Leistungsunfähigkeit berufen kann (z.B. bei bloß fiktiver Leistungsfähigkeit) und ohne, dass die Voraussetzungen des § 1607 Abs. 2 Satz 1 BGB vorliegen: Dann kommt allenfalls ein **Ersatzanspruch aus Geschäftsführung ohne Auftrag gem. §§ 677 ff., 683 BGB** in Betracht. Sollte der Vater ausdrücklich mit der Übernahme der Unterhaltszahlungen durch die eigenen Eltern nicht einverstanden sein, wäre dies gem. § 679 BGB unbeachtlich, weil es um die rechtzeitige Erfüllung einer gesetzlichen Unterhaltspflicht des „Geschäftsherrn" geht. Ein aus diesem Grund unbeachtlicher Wille des Vaters als Geschäftsherr kann aber den Aufwendungsersatzanspruch des Geschäftsführers nicht hindern, wie § 683 Satz 2 BGB ausdrücklich betont.

Die Großeltern können somit Unterhaltsbeträge, die sie an Stelle des Vaters in Zeiten von dessen Leistungs*fähigkeit* erbracht haben, später als Aufwendungsersatzanspruch nach den zuletzt genannten BGB-Vorschriften zurückfordern. Dieser Anspruch muss aber von ihnen gesondert geltend gemacht werden; ein gesetzlicher Forderungsübergang, welcher Voraussetzung für eine Rechtsnachfolge und damit eine mögliche Titelumschreibung gem. § 727 ZPO wäre, ist hierfür nicht vorgesehen.

Soweit Großeltern für Zeiträume, in denen der Vater leistungs*unfähig* ist, Unterhaltszahlungen erbringen, können sie auch nicht nach §§ 677 ff., 683 BGB Ersatz verlangen. Denn die Zahlung eines von dem Pflichtigen nicht geschuldeten Unterhalts ist kein Geschäft, welches nach § 677 BGB *für den Verpflichteten* erbracht werden kann. Insoweit trifft die Großeltern – sofern sie allein leistungsfähig sein sollten – eine eigenständige nachrangige Unterhaltspflicht, für welche aus gutem Grund kein gesetzlicher Rückgriff vorgesehen ist.

Die vorstehenden Ausführungen gelten sinngemäß **auch für den anderen Elternteil.** Er kann nur unter den Voraussetzungen des § 1607 Abs. 2 Satz 2 BGB einen Anspruchsübergang für vorgeleisteten Unterhalt geltend machen. Ist der barunterhaltspflichtige Elternteil hingegen leistungsunfähig oder „nur" leistungsunwillig, ohne dass eine Erschwerung der Rechtsverfolgung hinzutritt, geht nach erbrachten Ausfallersatzleistungen durch den anderen Elternteil der Unterhaltsanspruch des Kindes *nicht* auf diesen über. Der einspringende Elternteil hat vielmehr einen **familienrechtlichen Ausgleichsanspruch** gegen den vorrangig verpflichteten Elternteil (BGHZ 50, 266 und FamRZ 1984, 775; *Diederichsen* in: Palandt § 1606 BGB Rn. 20 m.w.Nachw.). Dieser muss aber ggf. eigenständig geltend gemacht und eingeklagt werden. Die Umschreibung eines zu Gunsten des Kindes bestehenden Titels ist dann mangels Rechtsnachfolge ausgeschlossen (gegen doppelte Inanspruchnahme auch aus dem zuvor zu Gunsten des Kindes errichteten Titel kann sich der Schuldner ggf. mit einer Vollstreckungsabwehrklage nach § 767 ZPO wehren, weil der titulierte Bedarf des Kindes durch Leistungen des betreuenden Elternteils gedeckt worden ist).

381 Ein gesetzlicher Forderungsübergang tritt auch dann ein, wenn ein **Scheinvater** anstelle des Vaters Unterhalt leistet (§ 1607 Abs. 3 Satz 2 BGB).

Ausnahmsweise ist schließlich eine Rechtsnachfolge möglich durch **Abtretung** eines Unterhaltsanspruchs an den, der auf freiwilliger Basis für den Unterhalt eingetreten ist, ohne zum Kreis der in § 1607 Abs. 2 und 3 BGB bestimmten Übergangsgläubiger zu gehören. Dasselbe gilt bei Abtretung von Ansprüchen der Mutter nach § 1615l BGB.

382 Hingegen kann **auf Seiten des Schuldners** der Erbe als Rechtsnachfolger in die vollstreckbar beurkundete Zahlungsverpflichtung einrücken, wenn der Schuldner stirbt und bei seinem Tode noch Rückstände vorhanden sind, die gegen den Nachlass vollstreckt werden sollen.

383 Hier muss eine Klausel für bzw. gegen den Rechtsnachfolger erteilt, der Titel auf oder gegen ihn „**umgeschrieben**" werden. Die Umschreibung ist **bei der Urkundsperson** vom Rechtsnachfolger in die Forderung des Gläubigers (bzw. vom Gläubiger gegen den Rechtsnachfolger des Schuldners) zu beantragen (Rn. 362). Das gilt allerdings **nicht,** wenn ein Urkundstitel inzwischen zum Zweck einer gänderten Kindergeldanrechnung durch einen **gerichtlichen Beschluss** im vereinfachten Verfahren **nach § 655 ZPO ersetzt** wurde. Denn dieser Beschluss tritt ab dem darin genannten Zeitpunkt an die Stelle des Ursprungstitels (vgl. *Philippi* in: Zöller § 655 ZPO Rn. 20). Er ist ein eigenständiger Titel, für den auf Antrag eine Rechtsnachfolgeklausel durch den zuständigen Rechtspfleger erteilt werden muss. Die gelegentlich in der Praxis bei Rechtspflegern vorkommende Verweisung des Antragstellers an die Urkundsperson, weil diese den ersten Titel errichtet habe, ist verfehlt.

Die **bisher erteilte vollstreckbare Ausfertigung ist der Urkundsperson einzureichen**; bei Umschreibung auf einen Rechtsnachfolger des Gläubigers mag dieser seinen Rechtsvorgänger, den Urgläubiger, dazu anhalten; den Anspruch hierauf gibt ihm § 402 BGB. Grundsätzlich muss der Rechtsnachfolger dafür Sorge tragen, dass die vollstreckbare Erstausfertigung eingereicht wird, bevor umgeschrieben werden kann. Dies ist bereits deshalb erforderlich, weil durch ein unkontrolliertes Nebeneinander zweier vollstreckbarer Ausfertigungen die Belange des Schuldners ungebührlich gefährdet würden (vgl. auch Rn. 385).

384 Wenn der **ursprüngliche Gläubiger sich weigert,** die bei ihm verbliebene **vollstreckbare Ausfertigung herauszugeben**, darf dies jedenfalls nicht zu Lasten des Rechtsnachfolgers gehen. Allerdings ist es nicht Sache der die Rechtsnachfolgeklausel erteilenden Stelle, die erste vollstreckbare Ausfertigung „einzuziehen". Hierzu hat weder das Amtsgericht noch die Urkundsperson beim Jugendamt eine rechtliche Handhabe. Sofern nicht der Rechtsnachfolger etwa im Klagewege vom Rechtsvorgänger die Herausgabe der ersten vollstreckbaren Ausfertigung erwirkt, bleibt nur eine Möglichkeit: Die Erteilung einer weiteren vollstreckbaren Erstausfertigung gem. § 733 Abs. 1 ZPO mit Genehmigung des zuständigen Amtsgerichts (vgl. § 60 Satz 3 Nr. 2 SGB VIII). Das Gesetz nennt in § 733 Abs. 1 ZPO ausdrücklich die Möglichkeit der Erteilung einer weiteren vollstreckbaren Ausfertigung, wenn nicht die zuerst erteilte Ausfertigung zurückgegeben wird (vgl. *Stöber* in: Zöller § 733 ZPO Rn. 3 m.w. Nachw.).

385 Sobald in diesem Fall der zuständige Rechtspfleger „grünes Licht" für die Erteilung der weiteren vollstreckbaren Ausfertigung gibt, kann sodann der Titel geteilt und dem Rechtsnachfolger eine entsprechende Teilausfertigung gegeben werden. Im Hinblick darauf, dass die mit amtsgerichtlicher Genehmigung erstellte Teilausfertigung an sich an die Stelle der ursprünglichen Titelausfertigung tritt, hätte der gesetzliche Vertreter des Kindes Anspruch auf Übermittlung der betreffenden Teilausfertigung, allerdings nur Zug um Zug gegen Rückgabe der bei ihm infolge seiner verweigerten Mitwirkung verbliebenen ursprünglichen vollstreckbaren Ausfertigung. Allerdings sollte aus „erzieherischen Gründen" und im Hinblick auf mögliche weitere Umschreibungen zunächst der ausdrückliche Antrag auf Herausgabe der Teilausfertigung abgewartet werden.

Zur Vermeidung von Missverständnissen: Diese Fallgestaltung ist die absolute Ausnahme. Im Regelfall liegt die zunächst dem Urgläubiger erstmals erteilte vollstreckbare Ausfertigung der Urkundsperson bei der Umschreibung vor. Dass die **vollstreckbare Erstausfertigung einzureichen** sei, bevor umgeschrieben werden könne, ist vereinzelt angezweifelt worden (OLG Stuttgart DAVorm 1990, 483). Anders mit Recht schon bisher Kammergericht FamRZ 1985, 627; OLG Frankfurt NJW-RR 1988, 512, weil durch ein unkontrolliertes Nebeneinander zweier vollstreckbarer Ausfertigungen die Belange des Schuldners ungebührlich gefährdet würden. Das Gegenargument des OLG Stuttgart, der Schutz des Schuldners sei ausreichend (?) dadurch gewahrt, dass er gegen einen Missbrauch Vollstreckungsgegenklage erheben könne, vermag schwerlich zu überzeugen.

Die Umschreibung mit der entsprechenden Klausel kann **auf die ursprüngliche Ausfertigung gesetzt** werden. Es kann aber auch eine neue – umgeschriebene – Ausfertigung unter Einbehaltung der ursprünglichen erstellt werden. In diesem Fall sind von der Urschrift der Urkunde zwei Abschriften anzufertigen, wobei der Vermerk über die Ausführungs- und Vollstreckungsklausel nicht zu übernehmen ist.

386

Die Erteilung der Rechtsnachfolgeklausel setzt den **Nachweis der Rechtsnachfolge** voraus. Einschlägig ist § 727 ZPO. Der Nachweis ist durch öffentliche oder öffentlich beglaubigte Urkunden zu führen. Er ist nur entbehrlich, wenn die Rechtsnachfolge **amtsbekannt** („bei dem Jugendamt offenkundig") ist. Dies setzt aber – in Anlehnung an die „Gerichtskundigkeit" im Sinne von § 291 ZPO – voraus, dass die Urkundsperson die zugrunde liegenden Tatsachen aus ihrer jetzigen oder früheren amtlichen Tätigkeit kennt. Entscheidend ist, dass die Kenntnis nicht erst durch Einsicht in Akten oder ein Register verschafft werden muss (*Greger* in: Zöller Rn. 1; *Hartmann* in: Baumbach/Lauterbach Rn. 5, jeweils zu § 291 ZPO m.w. Nachw.). Nicht offenkundig ist eine – nicht allgemein bekannte – Tatsache, die die Urkundsperson außerhalb ihrer dienstlichen Tätigkeit durch Privatbeobachtung wahrgenommen hat (*Greger* a.a.O.). Für die „Amtskundigkeit" genügt es somit nicht, dass die maßgebenden Kenntnisse im Jugendamt aktenkundig oder irgendeinem Mitarbeiter bekannt sind; es kommt auf die **amtliche Kenntnis der Urkundsperson** an.

387

l) Fortsetzung: Die Klauselerteilung bei Rechtsnachfolge auf der Gläubigerseite

aa) bei Vollübergang der Forderung

Sowohl bei der Erbringung von Unterhaltsersatzleistungen durch die öffentliche Hand (§ 94 SGB XII, § 7 UVG, § 37 BaföG, § 94 Abs. 3 Satz 2 SGB VIII) als auch bei zum Rechtsübergang führender stellvertretender Unterhaltserbringung nach § 1607 Abs. 2 Satz 2 und Abs. 3 Satz 2 ist **nachweisbedürftig**

388

zunächst die für den Rechtsübergang beanspruchte **besondere Rechtsstellung, Unterhalts- oder Unterhaltsersatzleistung mit der vom Gesetz dafür gewährten Wirkung eines Einrückens in**

die abgegoltene Unterhaltsforderung erbringen zu können (Rn. 389 ff.);

sodann der **Tatbestand der jeweilig erbrachten Leistung** (Rn. 396 ff.).

Die Form des Nachweises schreibt § 727 ZPO vor (Rn. 387).

389 Den ersteren Nachweis führt die **öffentliche Hand** durch den **Bewilligungsbescheid**; er ist in Ausfertigung oder beglaubigter Abschrift vorzulegen (vgl. hierzu näher unten Rn. 391). Der für den Unterhalt nach §§ 1607 Abs. 2 Satz 2 oder Abs. 3 BGB Eintretende führt ihn durch Darlegung des in Abs. 2 der Vorschrift vorausgesetzten Verwandschaftsverhältnisses oder – im Falle des § 1607 Abs. 3 Satz 2 BGB – durch den Beleg seiner Scheinvatereigenschaft für den in Betracht kommenden Unterhaltszeitraum (Vorlage des rechtskräftigen Urteils nach erfolgreicher Anfechtung der Vaterschaft).

390 Im Einzelnen ist Folgendes zu berücksichtigen:

In den Fällen der Unterhaltsersatzleistungen durch die öffentliche Hand vollzieht sich der Rechtsübergang auf der Grundlage des Bewilligungsbescheides mit der jeweils im Vollzug desselben gewährten Leistung. Ob die **Voraussetzungen der Bewilligung** (überhaupt oder noch) gegeben waren, hat die Urkundsperson bei Erteilung der Rechtsnachfolgeklausel **nicht zu prüfen**, solange der Bewilligungsbescheid nicht zurückgenommen ist. Dasselbe gilt für die Frage, wieweit spezielle Hinderungsgründe einer Leistungsberechtigung – besonders zahlreich in der Sozialhilfe nach § 94 SGB XII – der Bewilligung hätten entgegenstehen müssen.

391 Jedoch hat sie jedenfalls auf der **Vorlage des Bewilligungsbescheids als Teil des Nachweises der Rechtsnachfolge** zu bestehen (OLG Köln FamRZ 1994, 52 für BAföG-Leistungen; LAG Nürnberg NZA 1994, 1056 für den Lohnanspruch eines Arbeitnehmers bei Übergang auf die Bundesagentur für Arbeit nach Zahlung von Konkursausfallgeld; LG Frankenthal ZfJ 1986, 320 bei Unterhaltsvorschussleistungen). Allerdings wird in Rechtsprechung und Literatur auch die Meinung vertreten, dass im Fall des Anspruchsübergangs nach § 94 Abs. 1 Satz 1 SGB XII eine Aufstellung des Sozialamts „über die Höhe der den Übergang des Anspruchs bestimmenden Aufwendungen" in Form einer öffentlichen Urkunde gem. § 418 ZPO – dazu näher unten Rn. 398 ff. – ausreichend sei (vgl. z.B. *Stöber* in: Zöller § 727 Rn. 22 unter Hinw. auf OLG Bamberg JurBüro 1983, 141; OLG Hamm FamRZ 1981, 915 sowie weitere Rspr.). Dem mag zugrunde liegen, dass im Regelfall eine Vermutung für die Rechtmäßigkeit der nachgewiesenen Aufwendungen als ordnungsgemäß bewilligte Sozialleistungen sprechen dürfte. Gleichwohl ist eine solche Erwägung eher pragmatisch und vor allem im Sozialrecht **nicht mit dem Gesetzeswortlaut vereinbar**. So geht § 94 Abs. 1 Satz 1 SGB XII davon aus, dass ein „Hilfeempfänger" Hilfe erhalten hat. Eingeschlossen in den Begriff „Hilfeempfänger" ist die **Voraussetzung, dass *rechtmäßige Hilfe* geleistet wird**. Im Zivilprozess müsste die Überprüfung der Rechtmäßigkeit der Hilfeleistung an sich bedeuten, dass sämtliche sozialhilferechtliche Bestimmungen zu prüfen sind, die für die Bedarfsfeststellung und die Bedürftigkeitsfeststellung notwendig sind. Hier gilt allerdings der zivilrechtli-

che Beibringungs- und Verhandlungsgrundsatz, so dass die **Prüfung von den Zivilgerichten nur dann vorzunehmen ist, wenn seitens des beklagten Unterhaltspflichtigen,** gegen den der Unterhaltsanspruch übergegangen ist, der **Einwand der Rechtswidrigkeit der Hilfeerbringung** vorgetragen wird. Sofern dies jedoch substanziiert geschieht, muss von den Zivilgerichten die sozialhilferechtliche Rechtmäßigkeit überprüft werden (vgl. *Münder* in: LPK-BSHG § 91 Rn. 11). Wie bereits dargelegt, ist es zwar nicht Sache der Urkundsperson, die Rechtmäßigkeit der Hilfegewährung im jeweiligen Fall ins Einzelne gehend zu überprüfen. Jedoch ist aus der zitierten Bestimmung zu folgern: Vor Erteilung einer Rechtsnachfolgeklausel gem. § 727 ZPO ist nicht nur zu prüfen, ob Aufwendungen des Sozialhilfeträgers erbracht wurden. Vielmehr muss auch nachgewiesen werden, dass dies im Rahmen einer „Hilfegewährung" nach § 94 Abs. 1 Satz 1 SGB XII geschehen ist. Diesen Nachweis führt der Sozialhilfeträger in der Regel problemlos durch Vorlage des entsprechenden Bewilligungsbescheids. Auf seiner Vorlage muss die Urkundsperson vor allem dann bestehen, wenn sie davon absieht, vor der Titelumschreibung dem Schuldner rechtliches Gehör zu gewähren (wozu sie gem. § 730 ZPO zwar berechtigt, aber nach h.M. nicht verpflichtet ist, vgl. *Thomas/Putzo* § 730 Rn. 1). Denn insbesondere dann trifft sie die erhöhte Sorgfaltspflicht zu uberprüfen, ob ein Bewilligungsbescheid als Grundlage der Hilfegewährung vorliegt, da – anders als in der von *Münder* a.a.O. angesprochenen Lage im streitigen Verfahren – nicht der Schuldner selbst seine Rechte durch entsprechendes substanziiertes Bestreiten wahren kann.

Ist ein Forderungsübergang auf die öffentliche Hand nicht von Gesetzes wegen, sondern nur aufgrund einer Überleitung vorgesehen, z.B. nach § 33 SGB II oder §§ 95, 96 SGB VIII, muss statt der Bewilligung der **Zugang der Überleitungsanzeige** nachgewiesen werden (Diese ist nicht zu verwechseln mit der sog. Rechtswahrungsanzeige bei gesetzlichem Forderungsübergang, vgl. etwa § 7 Abs. 2 UVG, § 94 Abs. 4 Satz 1 SGB XII, vgl. hierzu unten Rn. 408). Dieser Nachweis ist grundsätzlich durch die Urkunde über die förmliche Zustellung nach dem Verwaltungs-Zustellungsgesetz des betreffenden Bundeslandes zu erbringen. Eingeschriebene Sendung mit Rückschein, wie sie eine verbreitete Praxis ursprünglich zugelassen hatte, genügt nicht, weil der Einschreibnachweis keinen Aufschluss über den Inhalt der Sendung vermittelt.

392

Beim beanspruchten Rechtsübergang auf private Gläubiger, die Kindesunterhalt erbracht haben, ist für die grundsätzliche Voraussetzung der Rechtsnachfolge zu differenzieren:

393

Der **Rechtsübergang nach § 1607 Abs. 3 Satz 2 BGB** ist nur an die Tatsache der Unterhaltserbringung aufgrund der **Scheinvaterbeziehung** zum Kinde geknüpft. Aber schon im Fall des § 1607 Abs. 2 Satz 2 BGB ist der Rechtsübergang ausgeschlossen, wenn der Unterhalt etwa von Seiten der Großeltern in der Zweck- und Willensrichtung gewährt wird, den Rechtsübergang auf sich selbst gerade *nicht* in Anspruch zu nehmen, weil sie dem Kinde die Befriedigung seiner materiellen Bedürfnisse vor allem aus sittlicher Bindung und deshalb unbeschadet der ihm belassenen Unterhaltsforderung gegen den Erzeuger zukommen lassen wollen (so zu § 1615b BGB a.F.: BGHZ 50, 260 [271]; LG Saarbrücken DAVorm 1991, 867; *Diederichsen* in: Palandt, 57. Aufl., §1615b BGB a.F. Rn. 2).

394 Im Fall des § 1607 Abs. 2 BGB – Unterhaltserbringung durch den nachrangig Haftenden – hat der Rechtsübergang noch zur Voraussetzung, dass die Rechtsverfolgung gegen den vorrangig Unterhaltsverpflichteten im Inland ausgeschlossen oder erheblich erschwert war. Die Frage ist, ob und, wenn ja, **welche Nachweise** in der öffentlichen oder öffentlich beglaubigten Form die Urkundsperson auf dem Felde solcher **privatrechtlicher Ausschlussgründe** bzw. **zusätzlicher Voraussetzungen** in Ansehung des Rechtsübergangs zu fordern hat, wenn nicht die Tatsache der Rechtsnachfolge ausnahmsweise amtsbekannt ist.

395 Die Antwort lautet unterschiedlich. Der **Ausschlussgrund der Unterhaltsgewährung aufgrund sittlicher Bindung** ohne „Rechtsnachfolgewillen" entzieht sich seiner Natur nach des Nachweises in der qualifizierten Form, soll auch nach BGH a.a.O. als der Erfahrung des Lebens entsprechend unterstellt werden dürfen. Dieser Fall steht ohnehin in der Regel nicht zur Prüfung an, weil der Antrag auf Titelumschreibung dann von der Kindesmutter oder deren Eltern nicht gestellt werden wird; allenfalls könnte das Kind, wenn Unterhalt gewährende Großeltern inzwischen verstorben sind und ihre Erben die Rechtsnachfolgeklausel beantragen, dem unter Berufung auf den seinerzeit gewollten Ausschluss des Rechtsübergangs entgegentreten. Der Weg zur Durchsetzung dieses Standpunkts führt (§ 402 BGB) über die Weigerung der Herausgabe der dem Kind erteilten vollstreckbaren Ausfertigung zum Zwecke der Umschreibung (oben Rn. 383) und die Weigerung eines in öffentlich beglaubigter Form zu erteilenden Anerkenntnisses betreffend die erhaltenen Unterhaltsleistungen (oben Rn. 287); daraufhin wird der Streit mit dem Rechtsnachfolgeprätendenten im Vorfeld ausgetragen, anderenfalls durch Klage nach § 731 ZPO (vgl. Rn. 425 ff.).

396 Im Falle des § 1607 Abs. 2 Satz 2 BGB ließe sich der **Nachweis der mangelnden Leistungsfähigkeit des Ersthaftenden** durch Vorlage eines Protokolls über die Leistung der Offenbarungsversicherung (§ 807 ZPO) führen, falls dieser Umstand der Urkundsperson nicht ausnahmsweise amtsbekannt sein sollte. Auch der andere hier einschlägige Tatbestand – **Undurchführbarkeit oder erhebliche Erschwerung der Rechtsverfolgung gegen den Ersthaftenden im Inland** – wird manchmal amtskundig sein. Sonst wäre der Nachweis nach § 727 ZPO allenfalls noch durch eine öffentlich beglaubigte Abtretung des Unterhaltsanspruchs (unten Rn. 412) zu überbrücken. Gelingt die eine oder die andere Nachweismöglichkeit nicht, hätte die Urkundsperson von der Erteilung der Rechtsnachfolgeklausel abzusehen und eine **Klage auf Erteilung der Klausel nach § 731 ZPO** anheim zu geben. Alsdann kann der Nachweis vor dem Gericht durch die diesem offen stehenden weitergehenden Beweismittel geführt werden.

397 Ist die Rechtsnachfolger-Qualifikation ausreichend dargetan, so ist nunmehr der **Rechtsübergang** aufgrund und **nach Maßgabe des erbrachten Unterhalts** detailliert für Zeitpunkte, Umfang und Empfänger zu belegen.

398 Hierfür **genügt** – entgegen einer ursprünglich in der Rechtsprechung vertretenen Ansicht – **nicht eine privatschriftliche Bestätigung des Berechtigten,** dass ihm z.B. Unterhaltsleistungen nach dem UVG in bestimmter Höhe und während einer bestimmten Zeit gezahlt worden sind (vgl. OLG Karlsruhe FamRZ 1987, 852; OLG Stuttgart ZfJ 1986, 427 m.Anm. *Brüggemann* = FamRZ 1987, 81; OLG Koblenz FamRZ 1987, 83). Allenfalls könnte der Nachweis der Zahlung durch eine **notariell beglaubigte Privaturkunde** – z.B. eine Empfangsbestätigung der Kindesmutter – erbracht werden (OLG Stuttgart a.a.O. unter Hinweis auf *de Grahl* DAVorm 1982, 631 [641]; vgl. auch Rn. 411). Wird keine formgerechte Empfangsbestätigung des Leistungsempfängers beigebracht, bedarf es einer **Bestätigung der auszahlenden Stelle** – sei es der Unterhaltsvorschusskasse oder der Staatsoberkasse –, aus der hervorgeht, wann genau und in welcher jeweiligen Höhe Barauszahlungen geleistet wurden oder die überweisende Bank mit der Zahlung beauftragt wurde (OLG Karlsruhe a.a.O.; OLG Stuttgart a.a.O.; OLG Düsseldorf FamRZ 1997, 826; OLG Dresden DAVorm 1999, 713. In dem letztgenannten Beschluss wurde „großzügigerweise" erkannt: „Der Nachweis der Gutschrift des Geldes auf dem Konto der Mutter ist nicht notwendig"). Nach Auffassung des OLG Hamm (FamRZ 1999, 999) reicht **die urkundliche Erklärung des Sozialamts über die erbrachten Leistungen** nach dem BSHG bzw. nunmehr SGB XII aus; es wird **nicht etwa noch zusätzlich eine Kassenbestätigung** gefordert (ebenso OLG Zweibrücken FamRZ 1997, 1092; OLG Köln MDR 1997, 369).

399 Es erscheint deshalb nicht überzeugend, wenn für die Umschreibung nach einem Anspruchsübergang gem. § 7 Abs. 1 UVG statt einer beurkundeten Aufstellung der UV-Stelle eine *Bestätigung der auszahlenden Stelle* (z.B. „Stadtkämmerei, Abt. Stadtkasse") verlangt werden soll (vgl. z.B. OLG Stuttgart FamRZ 1993, 227 und FamRZ 1987, 81 sowie OLG Karlsruhe FamRZ 1987, 852). Sachliche Gründe für unterschiedliche Voraussetzungen bei Rechtsnachfolgeklauseln im Unterhaltsvorschussrecht einerseits und im Sozialhilferecht auf der anderen Seite sind wohl schwer zu finden. Es ist zu hoffen, dass hier vielleicht noch einmal eine obergerichtliche Entscheidung differenziert auf das Problem eingeht und für Klarheit sorgt. Folgt man aber beim Anspruchsübergang nach § 7 Abs. 1 UVG den Anforderungen der bisher veröffentlichten Rechtsprechung, erscheint es wohl entbehrlich, neben (!) der Bestätigung der auszahlenden Kasse auch noch eine urkundliche Aufstellung der UV-Stelle über die entsprechenden Anweisungen vorzulegen.

400 Hinzuweisen ist auf einen **Sonderfall** einer möglichen Umschreibung: Das **Sozialamt** hat **Leistungen erbracht**, das Kind hätte aber **Anspruch auf Unterhaltsvorschuss gem. § 7 Abs. 1 UVG** gehabt. Unterhaltsvorschuss ist vorrangig vor Sozialhilfe zu erbringen (vgl. hierzu näher UVG-RL Nr. 7.11). Ist der Sozialhilfeträger in Vorlage getreten, kann er gegebenenfalls Erstattung vom Land, vertreten durch die Unterhaltsvorschussbehörde, verlangen. Hierbei ist die Vorschrift des **§ 107 Abs. 1 SGB X** zu beachten: „Soweit ein Erstattungsanspruch besteht, gilt der Anspruch des Berechtigten gegen den zur Leistung verpflichteten Leistungsträger als erfüllt". Allein das *Bestehen eines Erstattungsanspruchs* des Sozialhilfeträgers gegen das Land führt somit zur Fiktion der Erfüllung des UV-Anspruchs des Kindes und damit zum Anspruchsübergang gegen den barunterhaltsverpflichteten Elternteil gem. § 7 Art. 1 UVG.

Ein Erstattungsanspruch besteht, wenn der nachrangig verpflichtete Sozialhilfeträger eine Leistung an den Berechtigten erbracht hat (vgl. *von Wulffen* in: von Wulffen SGB X § 107 Rn. 3). Daher muss die Urkundsperson auch dann, wenn die UV-Stelle eine Titelumschreibung auf das Land als Rechtsnachfolger beantragt, einen **urkundlichen Nachweis der Zahlungen durch das Sozialamt** verlangen, den naturgemäß nur diese Behörde selbst erstellen kann. Die UV-Stelle muss sich darum bemühen, dass das Sozialamt diese Aufstellung in derselben urkundlichen Form beibringt, die erforderlich wäre, wenn eine Rechtsnachfolgeklausel für den Sozialhilfeträger infolge eines Anspruchsübergangs auf diesen gem. § 94 SGB XII beantragt würde

Lediglich eine sozialhilferechtliche Vergleichsberechnung (vgl. unten Rn. 410 ff.) ist in diesem Fall entbehrlich, weil sich der Anspruchsübergang auf das Land im Ergebnis nach § 7 UVG richtet und hierfür die engeren Voraussetzungen des § 94 SGB XII bei der Rechtsnachfolge des Sozialhilfeträgers keine Rolle spielen.

401 Diese Bestätigung muss **in Form einer öffentlichen Urkunde nach § 418 ZPO** erteilt werden. Sie muss also von einer zuständigen Behörde innerhalb der Grenzen ihrer Amtsbefugnisse errichtet werden und eine Handlung der Behörde oder eine auf eigener Wahrnehmung der Behörde beruhende Tatsache bekunden (OLG Stuttgart a.a.O.; OLG Hamm FamRZ 1981, 980). Diese Urkunde muss **mit Dienstsiegel und Unterschrift des verantwortlichen Bediensteten** versehen sein.

Hierbei ist eine **genaue Spezifizierung erforderlich**. Es genügt nicht, die Leistungen für den gesamten Leistungszeitraum in einer Summe zusammengerechnet zu bescheinigen (OLG Düsseldorf DAVorm 1986, 914). Sind Leistungen an mehrere Empfänger (z.B.: Geschwister) in einer Summe bezahlt worden, ist es unumgänglich, die **auf die einzelnen Empfänger entfallenen Beträge** aufzuschlüsseln. Soweit dies der auszahlenden Kasse nicht möglich ist, müssten ihr die Bewilligungsbescheide für alle beteiligten Leistungsempfänger vorgelegt werden, um durch Vergleich mit den Auszahlungsnachweisen die Aufschlüsselung vornehmen zu können. Schon ein etwaiger Sammeltitel hätte ja nach der Person der Berechtigten und den ihnen zustehenden Ansprüchen getrennt zu lauten. Sonst wäre eine Umschreibung ohnehin blockiert.

Man beachte: Zur Empfangnahme von Unterhaltsvorschussleistungen nach dem UVG ist der Beistand eines Kindes nicht legitimiert. Eine auf ihn als Auszahlungsempfänger lautende Bescheinigung könnte nicht Grundlage für die Erteilung der Rechtsnachfolgeklausel für den Landesfiskus sein.

402 Zwar lässt § 727 Abs. 1 ZPO auch den Nachweis durch **„öffentlich beglaubigte" Urkunden** zu. In einem bekannt gewordenen Fall wurden von der – auch außerhalb des § 59 SGB VIII zu Beglaubigungen ermächtigten –

Urkundsperson Ausfertigungen der Zahlungsaufstellungen der UV-Stelle öffentlich beglaubigt. Es erscheint aber zweifelhaft, ob dies ausreicht, nachdem die Behörde eine Zeugnisurkunde i.S.v. § 418 ZPO ausstellen kann. Die Möglichkeit der öffentlichen Beglaubigung steht regelmäßig Privatgläubigern offen, welche nicht selbst entsprechende öffentliche Urkunde errichten können. Die Rechtsprechung hat deshalb – wie betont – auch bisher eine entsprechende Behördenurkunde zum Nachweis des Forderungsübergangs verlangt; von einer „Beglaubigung" entsprechender Erklärungen war, soweit ersichtlich, keine Rede.

Soweit man überhaupt eine öffentliche Beglaubigung für ausreichend halten würde – mit der lediglich die Übereinstimmung von Unterschrift und bezeichnetem Urheber der Urkunde bestätigt, nicht aber eine erhöhte Beweiskraft für die inhaltliche Richtigkeit der Urkunde gewährleistet wird –, bestünden aber erhebliche Bedenken gegen das praktizierte formelle Verfahren. Wenn die Urkundsperson außerhalb des Zuständigkeitskatalogs des § 59 Abs. 1 SGB VIII zu Beglaubigungen ermächtigt ist und eine entsprechende Beglaubigung zum Nachweis einer Rechtsnachfolge für eine von ihr zu erteilende Vollstreckungsklausel dienen soll, könnte dies als unzulässige Vorbefassung i.S.v. § 3 Abs. 1 Nr. 8 BeurkG zu werten sein.

403 Die nicht zu verkennende Umständlichkeit eines Nachweises durch öffentliche Urkunde der auszahlenden Stelle lässt sich entgegen einem missverständlichen Hinweis in früheren Auflagen (dort Rn. 292) nicht ersparen, wenn die nachweisbedürftigen Daten und Fakten „bei dem Jugendamt", dessen Urkundsperson die Rechtsnachfolgeklausel zu erteilen hat, **amtsbekannt** sind. Es kommt allein auf die **amtliche Kenntnis der Urkundsperson** an (vgl. oben Rn. 387). Nicht genügend ist also, dass es sich um Auszahlungsvorgänge handelt, die von einer Kasse der Trägerkörperschaft eben dieses Jugendamts vorgenommen worden sind.

404 Problematisch kann sein, wie der **erbrachte Unterhalt von einem Verwandten,** der sich auf den Anspruchsübergang nach § 1607 Abs. 2 Satz 2 berufen will, **nachgewiesen** werden kann.

Denn allein die schlüssige Darlegung der Tatbestandsmerkmale der Vorschrift, welche die Rechtsnachfolge bewirkt, genügt nicht für die „Offenkundigkeit" (OLG Bamberg JurBüro 1994, 615). Auch der Nachweis durch öffentliche Urkunde kann nicht gelingen: Die Mutter bzw. der Großelternteil kann höchstens den Sachverhalt in einer privatschriftlich verfassten Erklärung darlegen. Einer solchen Privaturkunde i.S.v. § 416 ZPO kommt aber ungeachtet einer notariellen Beglaubigung nicht der Beweiswert zu, den eine öffentliche Urkunde i.S.v. § 415 Abs. 1 ZPO hat. Denn nach dieser Vorschrift wird mit der öffentlichen Urkunde einer Behörde der volle Beweis des beurkundeten Vorgangs angetreten. Allerdings genügt es nach wohl einhelliger Auffassung, wenn der **Schuldner vor Erteilung einer Rechtsnachfolgeklausel angehört wird und hierbei ausdrücklich die Tatsachen zugesteht,** welche die Rechtsnachfolge begründen (*Stöber* in: Zöller § 727 ZPO Rn. 20). Hingegen ist lebhaft **umstritten,** ob es ausreicht, wenn dem Schuldner vor der Umschreibung rechtliches Gehör gewährt wird und er **hierzu schweigt**.

405 Ein erheblicher Teil der Rechtsprechung zieht insoweit die Vorschrift des **§ 138 Abs. 3 ZPO** heran. Nach dieser gilt im Zivilprozess eine nicht ausdrücklich bestrittene Tatsache als zugestanden. Ergänzend wird vielfach darauf hingewiesen, dass bei Misslingen des Nachweises der Rechtsnachfolge der Gläubiger nach § 731 ZPO bei dem Prozessgericht des ersten Rechtszugs auf Erteilung der Vollstreckungsklausel aus einem Urteil klagen kann (vgl. Rn. 425 ff.). Bei sonstigen Unterhaltstiteln, insbesondere jugendamtlichen Urkunden, ist für diese Klage das Gericht zuständig, das für eine Entscheidung im Streitverfahren zuständig gewesen wäre (§ 795, § 796 Abs. 3 ZPO). Würde der Gläubiger Klage auf Vollstreckungsklausel erheben, wäre bei Schweigen des Schuldners § 138 Abs. 3 ZPO zweifelsfrei anwendbar. Die Heranziehung dieser Vorschrift auf die Erteilung der Rechtsnachfolgeklausel gem. § 727 ZPO würde somit einen überflüssigen Prozess ersparen (diese Auffassung vertreten z.B. OLG Braunschweig JurBüro 1998, 88; OLG Celle JurBüro 1994, 741; OLG Düsseldorf JurBüro 1991, 1552; OLG Köln Rpfleger 1997, 1491; w. Nachw. bei *Stöber* a.a.O.).

406 Hingegen hält eine ebenfalls verbreitete **Gegenmeinung** den **§ 138 Abs. 3 ZPO nicht für anwendbar,** soweit es um ein Verfahren der **Zwangsvollstreckung** geht. Als Hauptargument wird angeführt, dass bei einem streitigen Zivilprozess die Parteien eine grundsätzliche Äußerungspflicht gem. § 138 Abs. 1 ZPO haben. Hingegen ist eine Anhörung des Schuldners nach § 730 ZPO nicht zwingend vorgeschrieben. Auch gehe aus dem Gesetz nur hervor, dass sich der Schuldner äußern *kann*, nicht aber einlassen muss (vgl. etwa OLG Hamburg MDR 1997, 1156; OLG Hamm Rpfleger 1994, 72; OLG Karlsruhe JurBüro 1991, 275 und NJW-RR 1996, 1373; OLG Nürnberg MDR 1993, 685; auch insoweit w. Nachw. bei *Stöber* a.a.O.).

407 Es liegt letztlich im Rahmen der sachlichen Unabhängigkeit der Urkundsperson, welcher Auffassung sie sich anschließt. Für die ablehnende Ansicht mögen Gründe der Gesetzessystematik sprechen. Es ist aber nicht zu bezweifeln, dass es zu **praktisch befriedigenderen Ergebnissen** führt, das **Schweigen des Schuldners in zumindest entsprechender Anwendung des § 138 Abs. 3 ZPO als Geständnis zu werten** und damit die Beweisnot des Rechtsnachfolge-Gläubigers zu beheben. Es überzeugt wenig, wenn dieser auf den umständlichen Weg einer eigenständigen Klage auf Erteilung der Vollstreckungsklausel verwiesen und in diesem Verfahren dann eine fehlende Einlassung des Schuldners als Geständnis gewertet wird. Sofern die grundsätzlichen Voraussetzungen der Rechtsnachfolge gegeben sind, würde es nach der zuerst dargestellten Auffassung der Rechtsprechung somit genügen, dem Schuldner die von dem Gläubiger vorgelegte Sachverhaltsdarstellung und die entsprechenden Nachweise zur Kenntnis zu bringen. Ihm sollte allerdings durch ein Begleitschreiben deutlich vor Augen geführt werden, dass die Urkundsperson bei Ausbleiben der Stellungnahme des Schuldners binnen einer angemessenen Frist den Vortrag des Gläubigers als zugestanden werten und eine Rechtsnachfolgeklausel erteilen wird.

408 Folgt man dieser Auffassung nicht, bleibt nur der Weg, die Voraussetzungen der Rechtsnachfolge als nachgewiesen anzusehen durch das **öffentlich beglaubigte Anerkenntnis des gesetzlichen Vertreters des Kindes,** den Unterhalt – in welcher Form und zu welchen Zeitpunkten – vom Leistenden erhalten zu haben (vgl. schon oben Rn. 404). Verbunden hiermit muss das Anerkenntnis sein, dass dadurch die Unterhaltsforderungen des Kindes „bis zur Höhe des vom Kindesvater geschuldeten Unterhalts" auf den Unterhaltsgewährenden kraft Gesetzes übergegangen seien (§ 412 BGB i.V.m. analoger Anwendung des § 403 Abs. 2 BGB; vgl. *Roth* in: MünchKommBGB § 402 Rn. 2 und RG HRR 1932, 2141). Das gilt namentlich für die Scheinvater-Fälle des § 1607 Abs. 3 Satz 2 BGB. **Naturale Unterhaltsgewährung** durch den Ehemann der Kindesmutter oder den Scheinvater müssten dabei mit ihrem entsprechenden Geldwert **veranschlagt werden.** Zur **Beglaubigung** eines solchen **Anerkenntnisses** ist die Urkundsperson nicht ermächtigt. Ist der gesetzliche Vertreter des Kindes ein Amtsvormund, so könnte dieser die Erklärung unter Beidruck seines Dienstsiegels abgeben. Denn diese Form ist der öffentlichen Beurkundung gleichwertig (Rn. 58). Sonst wäre für eine Beglaubigung nur der Notar zuständig.

409 Nicht erforderlich zum Nachweis der *Rechtsnachfolge* ist die **Rechtswahrungsanzeige** nach § 7 Abs. 2 UVG bzw. § 94 Abs. 3 Satz 1 SGB XII.

Ihr kommen zwei wesentliche **materiell-rechtliche Wirkungen** zu:

a) Sie ermöglicht ab ihrem Zugang die Inanspruchnahme des Schuldners für den Kindesunterhalt **(„Warnfunktion").** Dies hat besonders dann Bedeutung, wenn der Pflichtige bisher nicht von Seiten des Kindes als Gläubiger i.S.v. § 1613 Abs. 1 Satz 1 BGB zur Auskunft aufgefordert, gemahnt oder verklagt wurde (vgl. BGH FamRZ 2003, 860). Dann ist der Zugang der Rechtswahrungsanzeige die unabdingbare Voraussetzung dafür, dass der Verpflichtete in diesem Sinne „rückwirkend" zu Unterhaltszahlungen herangezogen werden kann. **Liegt** aber **bereits ein Titel vor,** ist diese Rechtswirkung **ohne Bedeutung,** weil damit die Unterhaltspflicht ab dem im Urteil, Prozessvergleich oder der Urkunde genannten Zeitpunkt zwingend festgelegt wurde (vgl. hierzu auch OLG Stuttgart DAVorm 1992, 1361 = FamRZ 1993, 227 zu § 7 UVG und LG Düsseldorf FamRZ 1984, 923 zu § 91 BSHG).

b) Die Rechtswahrungsanzeige bewirkt als **Anzeige des Gläubigerwechsels**, dass der Schuldner nicht mehr mit befreiender Leistung Unterhaltszahlungen an das Kind erbringen kann. Denn grundsätzlich muss zwar der neue Gläubiger eine Leistung, die der Schuldner nach der Abtretung bzw. dem gesetzlichen Forderungsübergang an den bisherigen Gläubiger erbringt, gegen sich gelten lassen. Dies gilt aber nicht, wenn der Schuldner die Abtretung bzw. den Forderungsübergang bei der Leistung kennt (§ 407 Abs. 1 i.V.m. § 412 BGB). Die Beweislast für die Kenntnis hat der Rechtsnachfolger. Ist aber dem Schuldner eine Abtretungsanzeige oder Rechtswahrungsanzeige zugegangen, wird vermutet, dass er Kenntnis von der Abtretung bzw.

dem Forderungsübergang hatte (BGHZ 135, 39; BGH NJW 1979, 1456).

c) **Behauptet der Schuldner** unwiderlegbar, *keine* **Rechtswahrungsanzeige erhalten** und deshalb ohne Kenntnis des Forderungsübergangs für den UV-Bewilligungszeitraum Zahlungen an das Kind als Gläubiger erbracht zu haben, wäre dieser Einwand anlässlich der Titelumschreibung nach § 727 ZPO allerdings unbeachtlich. Wie sich aus § 732 Abs. 1 ZPO ergibt, kann der Schuldner mit einem Rechtsbehelf gegen die Erteilung der Vollstreckungsklausel nur vorbringen, dass diese nicht zulässig gewesen sei. Materielle Einwendungen gegen den im Titel festgestellten Anspruch selbst, z.B. Erfüllung, auch Erlass, Stundung usw., können nur mit der Vollstreckungsabwehrklage nach § 767 ZPO geltend gemacht werden (*Stöber* in: Zöller § 732 ZPO Rn. 13 m. w. Nachw.). Sie sind deshalb auch von der Urkundsperson bei der Titelumschreibung außer Acht zu lassen.

Eine **darüber hinausgehende Bedeutung hat die Rechtswahrungsanzeige nicht.** Sie ist insbesondere **nicht konstitutiv** für den Anspruchsübergang nach § 7 Abs. 1 UVG. Es besteht auch kein Anlass, dies für den Forderungsübergang nach § 94 Abs. 1 SGB XII abweichend zu beurteilen.

410 Sehr umstritten ist, ob die Urkundsperson vor einer Titelumschreibung auf den Sozialhilfeträger eine **sozialhilferechtliche Vergleichsberechnung** fordern muss**.** Das Problem hat folgenden Hintergrund**:**

Wurde bei der Errichtung des Titels die unterhaltsrechtliche Leistungsfähigkeit des Schuldners lediglich deshalb bejaht, weil ihr **fiktives Einkommen** zugerechnet wurde, ist nach ständiger Rechtsprechung des BGH (DAVorm 1998, 520 und DAVorm 2000, 604) ein **Anspruchsübergang ausgeschlossen.**

Der BGH hat dies wie folgt begründet: Einkommen im Sinne des § 76 Abs. 1 BSHG – nunmehr § 82 SGB XII – sind nur tatsächlich zur Verfügung stehende Einkünfte. Im Sozialhilferecht seien fiktive Einkünfte grundsätzlich nicht zu berücksichtigen. Aus einer Verletzung der Erwerbsobliegenheit, die unterhaltsrechtlich zur Anrechnung fiktiven Einkommens führen kann, seien im Sozialhilferecht andere Folgerungen als im Unterhaltsrecht zu ziehen. Eine einheitliche Handhabung wäre mit dem Schutzzweck des § 91 Abs. 2 BSHG nicht zu vereinbaren. Dem Unterhaltspflichtigen solle derselbe Schutz zugute kommen, den er in der Lage des Hilfeempfängers hätte. Im Übrigen könnten unterschiedliche Ergebnisse aus unterhaltsrechtlicher und sozialhilferechtliche Sicht immer dann zu Tage treten, wenn die sozialhilferechtliche Vergleichsberechnung zu günstigeren Ergebnissen für den Unterhaltspflichtigen führe als das Unterhaltsrecht. Für die Frage, ob ein Anspruchsübergang stattgefunden habe bzw. stattfinden werde, sei auch diesem Umstand Rechnung zu tragen.

Folgerichtig bedeutet dies: Die Urkundsperson, welche anlässlich einer beantragten Titelumschreibung die Voraussetzungen der Rechtsnachfolge auf den Sozialhilfeträger zu prüfen hat, muss sich stets von diesem durch eine **sozialhilferechtliche Vergleichsberechnung nachweisen lassen**, dass der **Anspruchsübergang** tatsächlich **eingetreten** ist. Denn nach § 94 Abs. 3 Satz 1 SGB XII geht der Anspruch nicht über, soweit der Unterhaltspflichtige selbst leistungsberechtigt für Hilfe zum Lebensunterhalt ist oder bei Erfüllung des Anspruchs würde. Auch diese sozialhilferechtliche Vergleichsberechnung ist in Form einer öffentlichen Urkunde vorzulegen (OLG-Report Karlsruhe 2000, 219; OLG Stuttgart FamRZ 2001, 838, vgl. auch *DIJuF Rechtsgutachten* JAmt 2003, 189).

Zum **notwendigen Inhalt einer solchen sozialhilferechtlichen Vergleichsberechnung** hat das OLG Düsseldorf (FamRZ 1999, 885 [886]) ausgeführt:

411

„Die nach § 91 Abs. 2 Satz 1 BSHG vorzunehmende Vergleichsberechnung setzt den Unterhaltspflichtigen mit dem Hilfeempfänger gleich. Es ist eine **fiktive Bedürftigkeitsberechnung nach Sozialhilferecht** anzustellen, wobei sich die Heranziehungsmaßstäbe und Einkommensgrenzen nach den für den Hilfeempfänger (Unterhaltsgläubiger) geltenden Vorschriften richten, die Berechnung selbst aber **auf die persönlichen Verhältnisse des Unterhaltspflichtigen abzustellen** ist (vgl. u.a. *Schellhorn* FuR 1995, 10 [11]). Zwar zählt das Sozialhilferecht – anders als das Unterhaltsrecht – fiktive Einkünfte, die der Senat der Ast. unterhaltsrechtlich zurechnet, nicht zu den Einkünften; sie sind bei der sozialhilferechtlichen Vergleichsberechnung deshalb nicht zu berücksichtigen (so Urteil des BGH v. 11. März 1998 FamRZ 1998, 818). Andererseits sind jedoch dem sozialhilferechtlich einzusetzenden Einkommen auch diejenigen **Einkünfte** in Geld oder Geldeswert zuzurechnen, die nicht dem Bedürftigen selbst, sondern den **mit ihm in einer sog. ‚Bedarfsgemeinschaft' zusammenlebenden Angehörigen** (§§ 11, 28 BSHG) bzw. dem nichtehelichen (ne.) **Lebenspartner** (§ 122 BSHG) zufließen (vgl. u.a. *Schellhorn* BSHG, 15. Aufl., § 76 Rn. 7). In der praktischen Auswirkung hat § 122 BSHG zur Folge, dass der Partner einer eheähnlichen Gemeinschaft mit seinem gesamten Einkommen und Vermögen in die Bedarfsgemeinschaft nach §§ 11 und 28 BSHG einzubeziehen ist ebenso wie der nicht getrenntlebende Ehegatte (*Schellhorn* a.a.O. § 122 Rn. 8). Über die primäre Funktion des § 122 BSHG hinaus, die die Feststellung und Bemessung des sozialhilferechtlichen Bedarfs regelt, hat das BSG diese Vorschrift auch auf die Bemessung von Erstattungsansprüchen ausgedehnt (BSG FamRZ 1991, 561). Sozialhilferechtlich ist demnach das Fehlen von Unterhaltsansprüchen in ne. Lebens- und Bedarfsgemeinschaft nicht ausschlaggebend; es ist vielmehr auf die tatsächlichen wirtschaftlichen Verhältnisse abzustellen (vgl. auch BGH FamRZ 1980, 40 [42]).

Die Ast. räumt im vorliegenden Fall ausdrücklich ein, dass sie mit einem Lebenspartner in ne. Gemeinschaft zusammenlebt, der als selbstständiger Konstrukteur tätig ist, für ihren Wohn- und allgemeinen Lebensbedarf aufkommt und ihr ‚freiwillige Zuwendungen' leistet. Sie macht darüber hinaus selbst geltend, dass sie aus ihrem

Einkommen (durch Zuwendungen ihres Partners) Unterstützungsleistungen an ihre volljährige Tochter (monatlich 300 DM) und gelegentlich auch an ihren Sohn erbringt.

Unter diesen Umständen kann eine eigene Sozialhilfebedürftigkeit der Ast. ausgeschlossen und nicht davon ausgegangen werden, dass der Übergang des Unterhaltsanspruchs des Sohnes gegen die Ast. nach § 91 Abs. 2 Satz 1 BSHG ausnahmsweise ausgeschlossen ist und dessen Unterhaltsbedarf mit der geleisteten Sozialhilfe, die nicht erstattet werden muss, gedeckt sein könnte.

Der Senat hat zu der in Rspr. und Literatur, soweit ersichtlich, bislang noch nicht behandelten Frage, ob der Übergang eines Unterhaltsanspruchs nach § 91 Abs. 2 Satz 1 BSHG auch dann stattfindet und nicht ausgeschlossen ist, wenn dem Unterhaltsschuldner nur Einkommen und Vermögen Dritter aus einer sozialhilferechtlichen Bedarfsgemeinschaft (§§ 11, 28, 122 BSHG) zuzurechnen ist, die Revision zugelassen (§ 621d Abs. 1 ZPO)."

(Die zugelassene Revision ist nicht eingelegt worden.)

412 Allerdings ist nicht unumstritten ob die Beachtung der sozialhilferechtlichen Schutzvorschriften nach § 94 Abs. 3 SGB XII im Rahmen von § 727 ZPO urkundlich nachgewiesen werden muss. Nach **anderer Auffassung** sollen die **Ausschlusstatbestände bei der Prüfung der Voraussetzungen der** Rechtsnachfolge außer Betracht bleiben; der Schuldner müsse sie gegebenenfalls mit einer Klage gegen eine spätere Zwangsvollstreckung gemäß § 768 ZPO geltend machen (so OLG Köln MDR 1997, 369; OLG Zweibrücken FamRZ 1997 1092; OLG Karlsruhe FamRZ 2004, 125; *Stöber* in: Zöller § 727 ZPO Rn. 22). Zwar wird hierdurch die Umschreibung sowohl für den Sozialhilfeträger als auch für das Gericht bzw. die Urkundsperson wesentlich erleichtert. Jedoch dürften die überzeugenderen Gründe für die zuerst zitierte Auffassung sprechen. Denn der eindeutige Gesetzeswortlaut („Ansprüche nach Absatz 1 und 2 gehen nicht über") lässt nach herkömmlichen Auslegungsregeln nur den Schluss zu, dass es sich um anspruchsbegründende Voraussetzungen auf Seiten des Rechtsnachfolgers handelt. Diese sind von demjenigen darzulegen und notfalls zu beweisen, der sich auf den eingetretenen Anspruchsübergang beruft. Es geht demnach nicht um eine von dem Schuldner darzulegende und gegebenenfalls zu beweisende Einwendung.

413 Es steht der Urkundsperson aufgrund ihrer sachlichen Unabhängigkeit bei strittigen Rechtsfragen dieser Art im Rahmen ihres Beurteilungsspielraums grundsätzlich frei, welcher der vertretenen und vertretbaren Auffassungen sie sich anschließt. Keiner vertieften Erörterung sollte aber bedürfen, dass bei Absehen von einer sozialhilferechtlichen Vergleichsberechnung dem Schuldner wenigstens vor der Umschreibung rechtliches Gehör gewährt werden sollte, was nach der „Kann"-Vorschrift des § 730 ZPO ansonsten ins Ermessen der Urkundsperson gestellt ist (vgl. unten Rn. 416).

414 Bei einem Übergang des Unterhaltsanspruchs auf das Land nach geleistetem Unterhaltsvorschuss gemäß **§ 7 Abs. 1 UVG ist keine Vergleichsbe-**

rechnung erforderlich. Ein nach bürgerlichem Recht bestehender Unterhaltsanspruch geht auch dann auf den Träger der öffentlichen Leistung über, wenn er darauf beruht, dass der Unterhaltspflichtige sich fiktive Einkünfte zurechnen lassen muss, die er durch zumutbare Erwerbstätigkeit erzielen könnte. § 94 Abs. 2 Satz 1 SGB XII findet insoweit keine entsprechende Anwendung (vgl. BGH JAmt 2001, 238 und JAmt 2001, 241).

Werden **Leistungen nach dem SGB II** erbracht, hat der zuständige Träger vor einer Überleitung des Anspruchs des Berechtigten zu prüfen, ob das Einkommen und Vermögen des Pflichtigen ausreicht, um diesen nicht selbst hilfebedürftig werden zu lassen (§ 33 Abs. 2 Satz 2 SGB II). Verfügt der Leistungsträger die Überleitung, **bindet der bestandskräftige Verwaltungsakt** auch die Urkundsperson insofern, als ihr verwehrt ist, selbstständig die Voraussetzungen des § 33 Abs. 1 Satz 2, Abs. 2 Satz 1 und 2 SGB II zu prüfen. Denn diese Voraussetzungen hätte der Schuldner im Wege der Anfechtung der Überleitungsverfügung behördlich und gerichtlich überprüfen lassen können. Ist dies unterblieben, darf die Urkundsperson nicht den bestandskräftigen Verwaltungsakt infrage stellen und unabhängig hiervon die vom Gesetz vorgeschriebenen Nachweise einschließlich einer sozialrechtlichen Vergleichsberechnung von dem Leistungsträger fordern, der eine Titelumschreibung entsprechend § 727 ZPO beantragt. Das gilt selbst dann, wenn der Urkundsperson bekannt sein sollte, dass der Leistungsträger regelmäßig Überleitungen verfügt, ohne die nach § 33 Abs. 2 Satz 1 SGB II vorgeschriebene Überprüfung vorzunehmen (vgl. *DIJuF-Rechtsgutachten* JAmt 2005, 190). Anders als beim gesetzlichen Forderungsübergang nach § 94 SGB XII, der ohne Beteiligung des Unterhaltsschuldners eintritt, bedarf es hier keiner selbstständigen Kontrolle der Voraussetzungen des Gläubigerwechsels durch die Urkundsperson.

415 Eine Rechtsnachfolge durch **Abtretung** ist im gegebenen Falle durch öffentlich beglaubigte bzw. vom Amtsvormund gesiegelte Abtretungserklärung (§ 403 BGB) nachzuweisen. Ob die Abtretung den tatsächlichen Gegebenheiten entspricht, hat die Urkundsperson nicht zu prüfen. Der Unterhaltsanspruch ist ungeachtet seiner Unpfändbarkeit abtretbar, sofern der Abtretungsempfänger derjenige ist, der beim Ausbleiben des Unterhalts aus freien Stücken hierfür eingetreten ist (Nachweis der Rechtsprechung bei *Heinrichs* in: Palandt § 400 BGB Rn. 3). Hiervon wird die Urkundsperson ausgehen dürfen, sofern die Abtretungserklärung einen solchen Grund ersichtlich macht. Eine Anhörung des Schuldners nach § 730 ZPO kann sich empfehlen, wenn Anlass zu der Annahme besteht, der Urgläubiger könnte den Anspruch vor der jetzt beglaubigten Abtretungserklärung bereits an einen anderen Zessionar abgetreten haben.

416 Für die **Anhörung des Schuldners** vor Erteilung einer vollstreckbaren Ausfertigung – auch an den Rechtsnachfolger nach § 727 ZPO – gilt die Bestimmung des § 730 ZPO. Danach **kann** der Schuldner in diesen Fällen gehört werden. Das bedeutet: Er kann nach dem Ermessen der Urkundsperson schriftlich oder mündlich gehört werden. Damit wird ihm Gelegenheit gegeben, seine Einwendungen gegen den Nachweis der Voraussetzungen der Rechtsnachfolge zu erheben.

Jedenfalls ist aus der Vorschrift nach ganz überwiegender Meinung keine Anhörungs**pflicht** des Gerichts abzuleiten. Eine mündliche oder schriftliche Anhörung des Schuldners ist vielmehr zulässig, aber nicht notwendig, es sei denn, das pflichtgemäße Ermessen („kann") gebietet die Anhörung (vgl. OLG Hamm Rpfleger 1991, 161 mit im Erg. zust. Anm. *Münzberg*; *Thomas/ Putzo* Rn. 1; *Hartmann* in: Baumbach/Lauterbach Rn. 1, je zu § 730 ZPO). Dies kann auch vor einer ablehnenden Entscheidung über die Vollstreckungs- bzw. Rechtsnachfolgeklausel der Fall sein. Denn immerhin gibt die Anhörung dem Schuldner auch Gelegenheit, die nachweisenden Tatsachen zuzugestehen (vgl. OLG Hamm a.a.O.; LG München I Rpfleger 1997, 394).

417 Insbesondere dann, wenn bei eindeutiger Sachlage – vor allem zweifelfreiem Nachweis der Voraussetzungen der Rechtsnachfolge – keine möglichen Einwendungen gegen die Titelumschreibung ersichtlich sind, bedarf es nicht zwingend einer Anhörung des Schuldners (*Stöber* in: Zöller § 730 ZPO Rn. 1). Deshalb kann die Titelumschreibung regelmäßig nicht an einer unbekannten Anschrift des Schuldners scheitern.

Falls die Urkundsperson im Einzelfall eine Anhörung für geboten hält, gibt es hierfür keine gesetzlich festgelegte Frist. Aus der Vorschrift des § 798 ZPO über die Wartefrist vor der Vollstreckung aus den dort genannten Titeln dürfte aber mittelbar abzuleiten sein, dass eine **Frist von zwei Wochen angemessen und ausreichend** ist.

418 Äußert sich der Schuldner, kann er – wie sich aus § 732 Abs. 1 ZPO ergibt – **nur Einwendungen** vorbringen, welche die **Zulässigkeit der Vollstreckungsklausel** betreffen. Er kann insbesondere das Vorliegen eines wirksamen bzw. vollstreckbaren Titels bestreiten oder auch den Nachweis der Rechtsnachfolge nach § 727 ZPO.

Sachliche Einwendungen gegen den Anspruch selbst sind keine Einwendungen i.S.v. § 732 Abs. 1 ZPO (vgl. OLG Oldenburg FamRZ 1990, 899). Hierfür ist die Vollstreckungsabwehrklage nach § 767 ZPO eröffnet (vgl. OLG Düsseldorf Rpfleger 1977, 67; OLG München FamRZ 1990, 653). Hierauf sollte sinnvoller Weise bereits in dem Anschreiben an den Schuldner **hingewiesen** werden, um diesen nicht zu unbeachtlichen Einwendungen zu veranlassen (z.B. angeblich überhöhte Festsetzung des Unterhalts oder Leistungsunfähigkeit für den maßgebenden Zeitraum, Behauptung zwischenzeitlicher Zahlung usw.). Falls der Schuldner ungeachtet einer derart eindeutigen Belehrung dennoch unzulässige Einwendungen bringt, **erscheint es nicht geboten, diese nochmals ausdrücklich zurückzuweisen.** Der Schuldner mag dann ein – voraussichtlich unbegründetes – Rechtsmittel nach § 732 ZPO i.V.m. § 60 Satz 3 Nr. 2 SGB VIII erheben, nämlich die sog. „Klauselerinnerung" zu dem für das Jugendamt zuständigen Amtsgericht. Auch eine Information des Antragstellers zu offensichtlich unbegründeten Einwendungen erscheint nicht geboten.

419 Eine **Information des bisherigen Gläubigers** vor Eintritt der Rechtsnachfolge über den Antrag auf Titelumschreibung ist **entbehrlich. Schließlich ist der Urkundsperson die zunächst dem ersten Gläubiger** erteilte Erste vollstreckbare Ausfertigung (ursprüngliche Ausfertigung) einzurei-

chen. Wenn aber der Rechtsnachfolger die vollstreckbare Ausfertigung zum Zweck einer zumindest(Teil-)Umschreibung vom Ursprungsgläubiger erhalten hat, ist dieser hinreichend über die zu erwartende Titelumschreibung informiert, so dass der Grundsatz des rechtlichen Gehörs keine Anhörung gebietet, die im Übrigen auch nirgendwo in der ZPO vorgeschrieben ist (ebenso *Stöber* a.a.O).

Die **erteilte Klausel** hat folgenden Wortlaut: **420**

> „Vorstehende (Erste, Zweite, . . .) Ausfertigung wird hiermit dem . . . als Rechtsnachfolger des Gläubigers zum Zwecke der Zwangsvollstreckung erteilt"

oder, bei Verwendung der ursprünglich erteilt gewesenen vollstreckbaren Ausfertigung,

> „Vorstehende Ausfertigung wird hiermit anderweit dem . . . als Rechtsnachfolger des Gläubigers zum Zwecke der Zwangsvollstreckung erteilt.
> Die dem Gläubiger . . . erteilte Vollstreckungsklausel ist gegenstandslos"

(gegebenenfalls Zusatz zu beiden Fassungen):

> „Die Rechtsnachfolge ist [z.B. gemäß § 7 Abs. 1 des Unterhaltsvorschussgesetzes] kraft Gesetzes eingetreten und urkundlich nachgewiesen [oder amtskundig]" –.

Die vollstreckbare Ausfertigung muss dem Schuldner erneut **zugestellt** werden; ebenso sind zuzustellen die die Rechtsnachfolge nachweisenden Urkunden in einfacher Abschrift (§ 750 Abs. 2 ZPO). Erübrigt sich ausnahmsweise der Nachweis, weil die Rechtsnachfolge der Urkundsperson amtsbekannt war, hat die Klausel einen Vermerk hierüber zu enthalten (§ 727 Abs. 2 ZPO). Auch diese Zustellung genießt dann, wenn sich das ermöglichen lässt, die erleichterte Möglichkeit der Vornahme im Jugendamt nach § 60 Satz 2 SGB VIII. Sie ist ansonsten durch den Rechtsnachfolger zu veranlassen. An ihn sind deshalb die Nachweise über die Rechtsnachfolge zusammen mit der umgeschriebenen vollstreckbaren Ausfertigung zurückzugeben.

Auch die Erteilung der Rechtsnachfolgeklausel (wann, an wen) hat die Urkundsperson **in der Urschrift zu vermerken**. Für die anschließende Vollstreckung hat der Rechtsnachfolger die Wartefrist des § 798 ZPO erneut einzuhalten.

bb) *bei Teilübergang der Forderung*

Gegebenenfalls – so meist bei Rechtsübergang nach § 94 SGB XII, § 7 UVG, § 33 SGB II , § 37 BAFöG – wird eine **Teilumschreibung** erforderlich werden, weil der **Übergang der Unterhaltsansprüche** sich schrittweise **nach Maßgabe der laufenden Leistungen der öffentlichen Hand** vollzieht. Für sie wird – aus der Urschrift der Verpflichtungsverhandlung – ein **gesondertes Exemplar** erstellt. Auf ihm ist die Vollstreckungsklausel dahin abzuwandeln, dass sie **421**

„dem ... als Rechtsnachfolger des Gläubigers zum Zwecke der Zwangsvollstreckung wegen der Ansprüche aus der Zeit vom ... bis ... in Höhe von [ggf. monatlich:] ... €"

erteilt werde.

422 Das ist *nicht* der Fall der Erteilung einer „weiteren vollstreckbaren Ausfertigung" nach § 733 ZPO, die der Urkundsbeamte nur mit Ermächtigung des Amtsgerichts vornehmen dürfte (Rn. 369; vgl. Kammergericht KGJ 44, 13; OLGZ 1973, 112; FamRZ 1976, 546). Vielmehr **spaltet sich die Erste vollstreckbare Ausfertigung nur in zwei Teilausfertigungen** *(Hartmann* in: Baumbach/Lauterbach Rn. 6, *Thomas/Putzo* Rn. 1, je zu § 733 ZPO). Auf der zunächst erteilt gewesenen Ersten vollstreckbaren Ausfertigung (ursprünglichen Ausfertigung), die dem Urkundsbeamten einzureichen ist – der Übergangsgläubiger mag das Kind bzw. dessen gesetzlichen Vertreter hierzu veranlassen (oben Rn. 383) –, ist nämlich die Erteilung der Rechtsnachfolgeklausel und deren Umfang mit Unterschrift und Dienstsiegel zu bescheinigen (Kammergericht KGJ 44, 13); dadurch beschränkt sich die Vollstreckbarkeit aus der ursprünglichen Ausfertigung ohne weiteres auf den Rest.

423 Die **einzelnen Schritte der Erteilung der Rechtsnachfolgeklausel** bei Teilübergang der Forderung seien nochmals am Beispiel eines nach § 7 Abs. 1 UVG übergegangenen Anspruchs erläutert:

1. Nachdem ggf. dem Schuldner rechtliches Gehör gewährt wurde, sind **von der Urschrift der Urkunde zwei Abschriften** anzufertigen, wobei der Vermerk über die Ausfertigungs- und Vollstreckungsklausel *nicht* zu übernehmen ist.

2. Auf die gemäß Ziffer 1 gefertigten Abschriften ist – soweit Platz vorhanden – **folgende Ausfertigungs- und Vollstreckungsklausel** zu setzen (wenn kein Platz vorhanden, ist diese Ausfertigungs- und Vollstreckungsklausel zweimal auf Urkundspapier zu schreiben):

   „Zum 1. Male ausgefertigt und dem Land . . . . . . vertreten durch . . . . als Rechtsnachfolger hinsichtlich einer Forderung von . . . . € (in Worten . . . . Euro) aus dem Zeitraum vom . . . . bis . . . . zum Zwecke der Zwangsvollstreckung erteilt.

   Die Rechtsnachfolge ist gemäß § 7 des Unterhaltsvorschussgesetzes kraft Gesetzes eingetreten und urkundlich nachgewiesen (bzw. amtskundig).

   . . . . den . . . .

   als Urkundsbeamter"

3. Eine der beiden Abschriften ist nunmehr als Original im Kopf mit den Worten

   „Erste vollstreckbare Teilausfertigung"

   zu versehen.

4. Die andere der gemäß Ziffer 1 und 2 erstellten Abschriften ist im Kopf mit den Worten

   „Beglaubigte Abschrift Erste vollstreckbare Teilausfertigung"

   zu versehen. Außerdem wird folgender **Beglaubigungsvermerk** auf diese Durchschrift gesetzt:

   > „Die Übereinstimmung mit der Ersten vollstreckbaren Teilausfertigung wird beglaubigt".

5. Sofern die **Ausfertigungs- und Vollstreckungsklausel geschrieben** wurde, ist diese mit dem Original, das die Erste vollstreckbare Teilausfertigung ist (vgl. Ziff. 3), **fest zu verbinden** und die Verbindung **mit Siegel** zu versehen. Die Durchschrift der Ausfertigungs- und Vollstreckungsklausel ist an die Durchschrift im Sinne von Ziff. 4 zu heften.

6. Auf **Urkundspapier** ist einmal folgender **Ausfertigungsvermerk** zu schreiben:

   „Erste vollstreckbare Teilausfertigung der vorstehenden Niederschrift ist dem Land .... vertreten durch .... hinsichtlich einer Forderung von .... € (in Worten.... Euro) aus dem Zeitraum vom .... bis .... erteilt worden.

   Die Rechtsnachfolge ist gemäß § 7 des Unterhaltsvorschussgesetzes kraft Gesetzes eingetreten und urkundlich nachgewiesen (bzw. amtskundig).

   .... den ....

   als Urkundsbeamter"

7. Der Ausfertigungsvermerk zu Ziffer 6 ist mit der Urschrift der Urkunde **fest zu** verbinden und die Verbindung **mit Siegel** zu versehen.

8. Auf **Urkundspapier** ist einmal folgender **Ausfertigungsvermerk** zu schreiben:

   „Die Forderung des Gläubigers aus der ersten vollstreckbaren Ausfertigung des .... vom .... Beurk.-Reg.-Nr. .... hinsichtlich der Zeit vom .... bis ...... verringert sich um .... € (in Worten .... Euro). In dieser Höhe ist dem Land .... vertreten durch .... als Rechtsnachfolger eine Erste vollstreckbare Teilausfertigung erteilt worden.

   Die Rechtsnachfolge ist gemäß § 7 des Unterhaltsvorschussgesetzes kraft Gesetzes eingetreten und urkundlich nachgewiesen (bzw. amtskundig).

   .... den ....

   als Urkundsbeamter"

9. Der Ausfertigungsvermerk gem. Ziffer 8 ist mit der Ersten vollstreckbaren Ausfertigung der Urkunde **fest zu verbinden** und die Verbindung **mit Siegel** zu versehen.

10. Dem **Antragsteller** der Rechtsnachfolgeklausel sind nun folgende Unterlagen **zu übersenden**:

    a) Erste vollstreckbare Teilausfertigung

    b) Abschrift der Teilausfertigung

    c) Erste vollstreckbare Ausfertigung der Urkunde

    d) Empfangsbekenntnis

11. Nach Eingang des **Empfangsbekenntnisses** ist dieses zusammen mit den vom Träger der Leistung eingereichten Unterlagen der Urschrift der Urkunde beizufügen.

Will nun der Rechtsnachfolger aus der Ersten vollstreckbaren Teilausfertigung vollstrecken, muss dieser die **Zustellung der Abschrift der Teilausfertigung an den Schuldner** veranlassen. Dazu ist dem Gerichtsvollzieher oder der Geschäftsstelle des Gerichts die Erste vollstreckbare Teilausfertigung und die Abschrift der Teilausfertigung zu übersenden und die Zustellung zu beantragen.

424 Es ist möglich, wenngleich es selten vorkommen wird, dass **für den ursprünglichen Gläubiger** noch **keine vollstreckbare Ausfertigung** erteilt wurde, jedoch **Rechtsnachfolger** (Sozialhilfeträger, Land bei UVG-Leistungen) für spätere Zeiträume bereits **vollstreckbare Teilausfertigungen** erhalten haben. Dies hindert nicht die nachträgliche Erteilung einer vollstreckbaren Ausfertigung an den ursprünglichen Gläubiger für zurückliegende Zeiträume, die nicht vom Anspruchsübergang erfasst werden (vgl. unv. *DIJuF-Rechtsgutachten* vom 19. September 2001, CD-ROM, GutA Nr. 15)

Auch steht der Rechtsnachfolgeklausel nicht entgegen, dass der **ursprüngliche Titel dem Gläubiger noch nicht zugestellt** worden war. Vielmehr muss in jedem Fall der Rechtsnachfolger gem. § 750 Abs. 2 ZPO die Ausfertigung der Urkunde zustellen mit einer auf ihn lautenden Vollstreckungsklausel sowie einer beglaubigten Abschrift der Urkunden, welche die Rechtsnachfolge belegen. Ohne diese ausdrücklich gesetzlich vorgeschriebene Zustellung darf die Zwangsvollstreckung nicht beginnen. Hierfür ist es aber unerheblich, ob dem Schuldner bereits in der Vergangenheit von dem ursprünglichen Gläubiger der Titel nach § 750 Abs. 1 ZPO zugestellt wurde.

425 Wie oben dargelegt, muss die Urkundsperson die Titelumschreibung auf einen Rechtsnachfolger, der Sozialleistungen erbracht hat, ablehnen, wenn der Bewilligungsbescheid nicht vorgelegt oder der Nachweis der Zahlungen nicht geführt wurde. Es ist in Einzelfällen möglich, dass die **Vorlage bzw. der Nachweis nicht mehr möglich** sind, z.B. weil die Akten nicht mehr vollständig erhalten sind.

In einem solchen Fall könnte der Rechtsnachfolger (Sozialhilfe- oder Jugendhilfeträger, Land im Fall des § 7 Abs. 1 UVG) gegen den Schuldner eine **Klage nach § 60 Satz 3 SGB VIII i.V.m. § 731 ZPO** erheben. Die letztgenannte Vorschrift lautet: „Kann der nach dem § 726 Abs. 1 und den §§ 727 bis 729 ZPO erforderliche Nachweis durch öffentliche oder öffentlich beglaubigte Urkunden nicht geführt werden, so hat der Gläubiger bei dem Prozessgericht des ersten Rechtszugs aus dem Urteil auf Erteilung der Vollstreckungsklausel Klage zu erheben." Soweit es um die Rechtsnachfolge bei Urkundstiteln geht, wird diese Regelung durch § 797 Abs. 5 ZPO wie folgt modifiziert: Für Klagen auf Erteilung der Vollstreckungsklausel ist das Gericht zuständig, bei dem der Schuldner im Inland seinen allgemeinen Gerichtsstand hat, und sonst das Gericht, bei dem nach § 23 ZPO gegen den Schuldner Klage erhoben werden kann.

426 Die Klage ist eine **prozessuale Feststellungsklage**. Nach überwiegender Meinung erteilt das Gericht die Klausel nicht, sondern stellt nur fest, dass die Erteilung der Klausel zulässig ist (LG Hildesheim NJW 1994, 1232; *Stöber* in: Zöller § 731 ZPO Rn. 4).

Möglicherweise könnte das zuständige Gericht eine solche Genehmigung aussprechen, auch wenn der förmliche Nachweis z.B. der Bewilligung der Jugendhilfe nicht erbracht wurde. Nicht hinwegsetzen könnte sich das Gericht aber über den erforderlichen Nachweis der tatsächlich erbrachten Zahlungen. Zwar könnte der Richter insoweit auch Beweis durch Zeugenvernehmung erheben. Wenn aber insoweit die tatsächlichen Grundlagen der Leistungsgewährung für den zuständigen Sachbearbeiter noch feststellbar sind, ist nicht recht einzusehen, warum das Jugendamt hierüber nicht gleich eine formgerechte Urkunde erstellen und insoweit weitere Beweiserhebungen ersparen kann.

427 Im Übrigen darf sich der Kläger aller zulässigen Beweismittel bedienen; ein Anerkenntnis bzw. Geständnis des Schuldners ersetzen den Beweis (vgl. *Stöber* a.a.O.). Das kann insbesondere für die Kostenentscheidung des Gerichts von Bedeutung sein. Denn hat der Beklagte nicht durch sein Verhalten zur Erhebung der Klage Veranlassung gegeben und erkennt er den Anspruch sofort an, so fallen dem Kläger die Prozesskosten zur Last (§ 93 ZPO).

428 Die Urkundsperson ist zwar nicht gesetzlich verpflichtet, bei Ablehnung der Titelumschreibung eine **„Rechtsbehelfsbelehrung"** zu erteilen. Nachdem aber das oben angesprochene **Verfahren nach § 731 ZPO** verhältnismäßig selten vorkommt und daher auch in der jugendamtlichen Praxis weitgehend unbekannt ist, entspräche es einem Gebot der Fairness, etwa folgende Hinweise zu geben:

> „Vermag der Gläubiger den nach § 727 ZPO erforderlichen Nachweis der Rechtsnachfolge durch öffentliche oder öffentlich beglaubigte Urkunden nicht zu führen, so kann er eine Klage auf Erteilung der Vollstreckungsklausel erheben (§ 60 Satz 3 SGB VIII i.V.m. § 731 ZPO). Die Klage richtet sich gegen den Schuldner. Bei vollstreckbaren Urkunden ist zuständig das Gericht, bei dem der Schuldner im Inland seinen allgemeinen Gerichtsstand hat, und sonst das Gericht, bei dem nach § 23 ZPO gegen den Schuldner Klage erhoben werden kann (§ 797

Abs. 5 ZPO). Der Klageantrag muss in einem derartigen Fall sinngemäß lauten: ‚Dem Kläger ist die Vollstreckungsklausel zu der vollstreckbaren Urkunde der Urkundsperson des Jugendamts ... vom ... zur Zwangsvollstreckung gegen den Beklagten zu erteilen.'"

429 Die **Titelumschreibung** ist **zulässig,** wenn das **Anordnungsurteil rechtskräftig** ist. Seine Zustellung ist nicht nötig. Zu ihm selbst wird auch keine Vollstreckungsklausel erteilt. Das Urteil ist aber in der Vollstreckungsklausel, die auf die Ausfertigung der Verpflichtungsurkunde zu setzen ist, zu vermerken, z.B. in folgender Weise „ ... erteilt aufgrund Urteils des Amtsgerichts ... vom ... über die Feststellung der Rechtsnachfolge".

cc)   Mehrere Rechtsnachfolge-Prätendenten

430 Solange eine erteilte Rechtsnachfolgeklausel nicht gültig aufgehoben ist, kann sie einem anderen, der die Rechtsnachfolge für sich in Anspruch nimmt, nicht erteilt werden (OLG Stuttgart DJ 1990, 22). Über die Frage in welchem Verfahren der Streit zwischen solchen Prätendenten zu entscheiden sei: *Münzberg* in: Stein/Jonas § 727 ZPO Rn. 55–57.

m)   Fortsetzung: Rechtsnachfolge auf der Schuldnerseite

431 **Rechtsnachfolger des Schuldners** aus einem gegen ihn gerichteten Titel nach § 59 Abs. 1 Satz 1 Nr. 3, 4 SGB VIII kann der Erbe, aber nur bezüglich von im Erbfall noch vorhandenen Unterhaltsrückständen, sein.

Den Nachweis der Erbeneigenschaft ermöglicht dem Gläubiger der **Erbschein**, den er nach § 792 ZPO für Zwecke der Zwangsvollstreckung erwirken kann. Soll in den Nachlass vollstreckt werden, der der Verwaltung eines Testamentsvollstreckers unterliegt, müsste die Klausel gegen den Testamentsvollstrecker erteilt werden; an die Stelle des Erbscheins tritt für den Nachweis der Testamentsvollstrecker-Eigenschaft das Zeugnis des Nachlassgerichts nach § 2368 BGB.

Wortlaut der Klausel:

„Vorstehende (Erste, Zweite usw.) Ausfertigung wird hiermit – anderweit[1] – dem Gläubiger zum Zwecke der Zwangsvollstreckung

– gegen den – die – Erben des Schuldners:................................
– laut Erbschein des Amtsgerichts..
– gegen den..
  als Testamentsvollstrecker über den Nachlass des Schuldners
  laut Testamentsvollstreckerzeugnis des Amtsgerichts...............
erteilt."

Die genannten Nachweise erübrigen sich, wenn der/die Erbe(n) bzw. die Testamentsvollstreckung amtsbekannt sind. Dann hätte die Klausel einen Hinweis hierauf zu enthalten (§ 727 Abs. 2 ZPO). Wegen der Zustellung der

---

1 Falls schon eine Klausel gegen den Schuldner erteilt gewesen war.

Klausel, der Wartefrist, des Vermerks auf dem Original der Verpflichtungsverhandlung gilt das in Rn. 420 Gesagte entsprechend.

n) *Beurkundung „freitragender" Unterhaltsverpflichtungen von Seiten des nicht festgestellten Kindesvaters?*

432 Eine Unterhaltsverpflichtung von Seiten eines Mannes, der seine Erzeugerschaft zu dem Kinde behauptet, ohne – wie er einräumt – als Vater festgestellt zu sein, der aber andererseits aus familiären Gründen nicht bereit oder durch eine bestehende Ehe der Kindesmutter rechtlich gehindert ist, seine Vaterschaft wirksam zur Niederschrift anzuerkennen, dürfte die Urkundsperson **auch auf Verlangen nicht beurkunden**. So etwas ist denkbar (und auch schon vorgekommen; dazu DAVorm 1987, 173 ff.), wenn der Betreffende auch ohne Vaterschaftsanerkennung das Kind angemessen, vielleicht sogar reichlich zu alimentieren und auch erbvertraglich für den Fall seines Todes zu sichern wünscht: Doch wenn er daraufhin, unter dem offenen Eingeständnis des Fehlens seiner Vaterschaftsfeststellung und bei gleichzeitiger Weigerung, dem durch Anerkennung der Vaterschaft abzuhelfen, gleichwohl eine Unterhaltspflicht „als Vater" – wie § 1607 Abs. 3 Satz 2 BGB es in anderem Zusammenhang formuliert – übernehmen will, würde er damit die Rechtswirkungen der Vaterschaft entgegen § 1594 Abs. 1, § 1600d Abs. 4 BGB geltend machen. Das dürfte die Urkundsperson nicht durch Niederschrift sanktionieren. Ein für sich gesehen honoriger Verpflichtungswille lässt sich natürlich trotzdem nicht blockieren. Nur geht seine Verwirklichung in einem solchen Falle nicht über das Jugendamt – zumal die Urkundsperson nicht einmal das zuständige Jugendamt über das Vorkommnis verständigen dürfte angesichts der Pflicht zur Wahrnehmung des Amtsgeheimnisses und zur Wahrung ihrer Neutralität. Sie hätte vielmehr den Weg zum **Notar** zu weisen. Der Notar vermöchte, was der Urkundsperson durch die Grenzen ihrer Ermächtigung verwehrt ist: ein abstraktes Schuldversprechen (§ 780 BGB) oder einen Leibrentenvertrag mit der Kindesmutter zugunsten (§ 328 BGB) des Kindes über monatliche Zahlungen in Höhe des in Aussicht genommenen Unterhalts vollstreckbar aufzunehmen. Den Verpflichtungsgrund stellte die sittliche Pflicht dar, das Kind auch ohne Vaterschaftsfeststellung zu alimentieren (§ 814 BGB). Der Erbvertrag könnte ohnehin nur vor dem Notar abgeschlossen werden. Der gleiche Weg müsste übrigens gewählt werden, wenn der Erzeuger eines (noch) „scheinehelichen" Kindes dessen Unterhalt schon jetzt vollstreckbar übernehmen will.

433 Reine **Zahlvaterschaft** gegenüber einem hier lebenden „nichtehelichen" Kinde aus bloß biologischer Abkunft, soweit sie als deren Nebenform in ausländischen Rechten bekannt ist, ließe sich dagegen in Gestalt einer Verpflichtung zur Unterhaltszahlung nach § 59 Abs. 1 Satz 1 Nr. 3 SGB VIII isoliert beurkunden; vorausgesetzt, das betreffende ausländische Recht wäre das gemeinsame Heimatrecht von Kind und Kindesvater (Art. 18 Abs. 1 Satz 2 EGBGB). Wird eine dahin gehende Beurkundung gewünscht, die auslandsrechtliche Lage als gegeben behauptet und für sie die gemeinsame Staatsangehörigkeit des Kindes und des Kindesvaters dargetan, hätte die Urkundsperson nach § 59 Abs. 1 Satz 1 Nr. 3 SGB VIII tätig zu werden. Es geschähe unter dem üblichen (Rn. 158 ff.) Vorbehalt der fehlenden Vergewisserung über das ausländische Recht. Im Falle hinzukommender Unterwerfung unter die sofortige Zwangsvollstreckung könnte die Urkundsperson die Vollstreckungsklausel allerdings erst erteilen, nachdem sie sich darüber unterrichtet hat, ob und unter welchen Voraussetzungen eine Unterhaltspflicht kraft reiner Zahlvaterschaft nach dem gemeinsamen Heimatrecht der beiden Beteiligten gegeben sein kann. Die „Anerkennung" einer solchen könnte in der Beurkundung ohnehin nur als erläuternder Zusatz zu der Verpflichtungsübernahme erscheinen.

3. Vollstreckung aus Verpflichtungsurkunden der ehemaligen DDR-Jugendhilfereferate

434 Aus *Verpflichtungsurkunden*, die unter DDR-Recht bei den damaligen Jugendhilfereferaten der Stadt- und Landkreise aufgenommen worden sind, konnte schon vor der Wiedervereinigung im Altbundesgebiet vollstreckt werden. Soll eine Vollstreckung weiterhin betrieben werden, wäre nunmehr eine Vollstreckungsklausel erforderlich, die zugleich das Umstellungsverhältnis auf DM (West), als Vorstufe der Umrechnung in Euro, ausweist. Denn dieses Umstellungsverhältnis ist unterschiedlich danach, ob die Unterhaltsverbindlichkeit aus der Zeit vor dem 1. Juli 1990, oder aus der Zeit danach herrührt. Im ersten Falle Umstellungsverhältnis 2:1, im letzteren Falle 1:1 (Art 7 § 1 Abs. 1, Abs. 2 Nr. 3 der Anlage I des Vertrags über die Währungs-, Wirtschafts- und Sozialunion vom 18. Mai 1990; Bezirksgericht Gera FamRZ 1992, 851; Bezirksgericht Erfurt FamRZ 1993, 207; hierzu auch *Brüggemann* FamRZ 1992, 280). Nur Unterhaltsverpflichtungen aus der Zeit zwischen dem 1. Juli und dem 2. Oktober 1990 wären hiervon auszunehmen, da die in ihnen titulierten Beträge von vornherein auf DM (West) lauteten. Die Klausel wäre danach etwa zu formulieren:

„Vorstehende Ausfertigung wird dem ... hiermit zum Zwecke der Zwangsvollstreckung anderweit erteilt mit der Maßgabe, dass die darin aufgeführten Unterhaltsverpflichtungen
  aus der Zeit vom ... bis ... im Verhältnis 2 (Mark der Deutschen Demokratischen Republik) : 1 (DM)
  im Übrigen im Verhältnis 1:1 der vorbezeichneten Währungen als umgestellt zu gelten haben."

gegebenenfalls mit Zusatz:

„Die vom Jugendhilfereferat des Kreises ... unter dem ... erteilte Vollstreckungsklausel ist gegenstandslos".

Auch eine Rechtsnachfolgeklausel kann mit entsprechend erweiterter Formulierung (Rn. 418) notwendig werden.

Zuständig für die Klauselerteilung ist die Urkundsperson desjenigen Jugendamts, welches gemäß dem Gesetz der DDR vom 20. Juli 1990 (GBl. I S. 891) die Aufgaben der örtlich korrespondierenden Jugendhilfereferate übernommen hatte, oder des im Zuge der Kreisreform in den neuen Bundesländern in der Funktionsnachfolge stehenden Jugendamts, welches den Bestand an vollstreckbaren Urkunden übernommen hat und weiterhin verwahrt.

III. Sonstige Urkundsgeschäfte im Jugendamt, § 59 Abs. 1 Nr. 2, 4, 6–9 SGB VIII

1. Beurkundung der Verpflichtung zur Erfüllung von Ansprüchen zwischen den Eltern nach § 1615l BGB (§ 59 Abs. 1 Nr. 4 SGB VIII)

a) *„Nichtehelicher" Vater als Schuldner des Anspruchs. Voraussetzungen der Erteilung der Vollstreckungsklausel bei Unterwerfung unter die sofortige Zwangsvollstreckung*

435 Der Vater hat der Mutter für die Dauer von sechs Wochen vor und acht Wochen nach der Geburt des Kindes Unterhalt zu gewähren und haftet ggf. auch für die Kosten von Schwangerschaft und Entbindung außerhalb dieses Zeitraums (§ 1615l Abs. 1 BGB). Ferner schuldet der Vater Unterhalt, sofern die Mutter unmittelbar oder krankheitsbedingt mittelbar infolge der Schwangerschaft nicht erwerbstätig sein kann (§ 1615l Abs. 2 Satz 1 BGB).

Von besonderer Bedeutung ist der Anspruch der Mutter auf **Betreuungsunterhalt,** soweit von ihr wegen der Pflege oder Erziehung des Kindes eine Erwerbstätigkeit nicht erwartet werden kann (§ 1615l Abs. 2 Satz 2 BGB). Die Unterhaltspflicht beginnt frühestens vier Monate vor der Geburt und endet drei Jahre nach der Geburt des Kindes, sofern die Beendigung zu diesem Zeitpunkt nicht grob unbillig wäre (§ 1615l Abs. 1 Satz 3 BGB).

Zur Höhe des **Bedarfs** der Unterhaltsberechtigten vgl. BGH FamRZ 2005, 442 = CD-ROM, Rspr. Nr. 4. Nach neuester Rechtsprechung des BGH (FamRZ 2005, 354 = CD-ROM, Rspr. Nr. 3) ist der **Eigenbedarf des Schuldners** nicht – wie zuvor von der h.M. angenommen – mit dem angemessenen Selbstbehalt anzusetzen, sondern mit einem Betrag, der zwischen diesem und dem niedrigeren notwendigen Selbstbehalt nach § 1603 Abs. 2 BGB liegt. Zur Berücksichtigung von Kindesunterhalt und zum Wegfall des Anspruchs bei Heirat vgl. BGH FamRZ 2005, 347 = CD-ROM, Rspr. Nr. 5.

Die aufgeführten Ansprüche setzen nach § 1615l Abs. 1 BGB als Verpflichteten den „nichtehelichen" Vater voraus. Dessen **Vaterschaft** muss also **wirksam festgestellt** sein. Eher darf zumindest die Vollstreckungsklausel nicht erteilt werden. Denn auch hier kann derjenige, der sich verpflichtet, sich der sofortigen Zwangsvollstreckung nach § 60 SGB VIII unterwerfen. Deshalb gilt für die Prüfung des Wirksamwerdens einer Anerkennung der Vaterschaft das in Rn. 357 ff. Gesagte. Darüber, wer die Vollstreckungsklausel zu beantragen bzw. zu bewilligen hat, vgl. Rn. 364.

436 Eine Ausnahme macht nur die Verpflichtung auf die schon **vor der Entbindung anstehenden Ansprüche,** sowie auf die **nach Tot- oder Fehlgeburt.** Denn auch sie ist beurkundungsfähig; § 1615n BGB nimmt auf § 1615l BGB Bezug. Die Ansprüche bestehen gegen den biologischen Vater. Er wird sich als solcher in der Verpflichtungsurkunde zu bekennen haben; die Beurkundung ist daraufhin ohne weiteren Nachweis vorzunehmen und die Vollstreckungsklausel nach Unterwerfung unter die sofortige Zwangsvollstreckung erteilbar. Eine Anerkennung der Vaterschaft – vorgeburtlich oder zu dem totgeborenen Kind (vgl. Rn. 185a) – ist nicht vorausgesetzt.

437 Betreut der Vater das Kind, steht ihm der Unterhaltsanspruch nach § 1615l Abs. 2 gegen die Mutter zu (§ 1615l Abs. 5 BGB). Die nachstehenden Ausführungen gelten demnach für **beide Elternteile**.

438 Die Verpflichtungserklärung kann auch durch einen Bevollmächtigten abgegeben werden (Rn. 139, 140).

Zulässig ist, eine Verpflichtungserklärung **ohne Bezifferung** (die vielleicht noch nicht möglich ist) zu beurkunden. Eine Unterwerfung unter die sofortige Zwangsvollstreckung lässt sich damit freilich nicht verbinden. Die Verpflichtungserklärung hat immerhin eine erhöhte Beweiskraft; sie wirkt als deklaratorisches (bestätigendes) Anerkenntnis des Anspruchs als solchen (seinem Grunde nach).

b) Die Verpflichtungserklärung des beschränkt Geschäftsfähigen und des Geschäftsunfähigen

439 Verpflichtet sich ein in der Geschäftsfähigkeit beschränkter Elternteil urkundlich, so gilt das in Rn. 309, und, wenn er sich der sofortigen Zwangsvollstreckung unterwirft, das in Rn. 349 Gesagte sinngemäß. Für den geschäftsunfähigen Elternteil kann nur sein Vormund bzw. Betreuer mit vorher erteilter Einwilligung des Vormundschaftsgerichts auftreten; vgl. zu den entsprechenden Fragen des Kindesunterhalts Rn. 309 ff. Ein unter Betreuung stehender, geschäftsfähiger Elternteil gibt eine Verpflichtungserklärung entweder persönlich – mit Einwilligung des Betreuers, wenn eine solche nach § 1903 BGB vorbehalten ist –, sonst der Betreuer in seinem Namen ab.

c) Die Vererblichkeit des Anspruchs und die Verpflichtungserklärung des Erben

440 Da die Ansprüche in vollem Umfange vererblich sind (beachte § 1615l Abs. 1, Abs. 3 Satz 5 BGB!), kann auch der Erbe des berechtigten Elternteils die auf ihn übergegangenen Verpflichtungen im Jugendamt beurkunden lassen (LG Berlin bei *Potrykus* Anm. 6 zu § 49 JWG). Bei Mehrheit von Erben gilt das Gleiche wie im Falle eines beim Tode des Kindesvaters rückständig gebliebenen untitulierten Unterhalts (oben Rn. 271).

d) Fälle mit Auslandsberührung

441 Ansprüche der „nichtehelichen" Mutter gegen den Erzeuger, wenn sie zum Gegenstand der Beurkundung gemacht werden sollen und die Kindesmutter Ausländerin ist, richten sich nach dem Recht des Staates, in dem die Mutter ihren gewöhnlichen Aufenthalt hat (Art. 19 Abs. 2 EGBGB). **Im Regelfall** wird deshalb bei Beurkundungen nach § 59 Abs. 1 Satz 1 Nr. 4 SGB VIII unproblematisch **deutsches Recht** anwendbar sein.

442 Für die wohl äußerst seltenen Fälle, in denen eine Beurkundung zugunsten einer **Mutter mit ausländischem gewöhnlichen Aufenthalt** gewünscht wird, ist zu bedenken: Die Beurkundungsermächtigung in § 59 Abs. 1 Satz 1 Nr. 4 SGB VIII gilt entsprechend dem dortigen Klammerzusatz für Ansprüche nach dem „§ 1615l des Bürgerlichen Gesetzbuchs". Es ist unter dem nunmehrigen international-privatrechtlichen Blickwinkel nicht sicher, wieweit darunter nur eine generelle Kennzeichnung solcher Ansprüche ihrem Wesen nach oder aber eine stringente Bezugnahme auf die Rechtsquellen zu verstehen sei. Darum könnte zweifelhaft sein, wieweit die Urkundsperson hier überhaupt zur Beurkundung ermächtigt ist. Hinge das davon ab, ob die auslandsrechtlichen Ansprüche (voll? oder doch im Wesentlichen?) mit dem deutschen Recht inhaltsgleich sind, so hätte die Urkundsperson zuvor entsprechende Feststellungen zu treffen, die ihr aber ohnedies nicht obliegen (Rn. 157). Allenfalls bestünden die Zweifel dann nicht, wenn das Internationale Privatrecht des Heimatstaates der Kindesmutter seinerseits auf das deutsche Recht zurückverweist und Letzteres damit wieder anwendbar wird (Art. 4 Abs. 1 Satz 2 EGBGB). Aber nicht einmal hierüber sich zu vergewissern wäre die Urkundsperson gehalten. Solange jene Zweifelsfrage durch die Rechtsprechung nicht geklärt ist, wird sie deshalb den verpflichtungswilligen Erzeuger über die Ungewissheit der Rechtslage und über die Möglichkeit einer **zweifelsfrei wirksamen Beurkundung beim Notar** zu belehren habe. Wünscht der Erschienene gleichwohl die Beurkundung im Jugendamt (weil sie für ihn kostenfrei ist), so geschieht das dann auf sein Risiko, dass ein Vollstreckungsorgan die Beurkundung – weil die Ermächtigung der Urkundsperson überschreitend – für ungültig ansieht und die Kindesmutter daraufhin den Klageweg beschreitet.

2. Beurkundung der Anerkennung der Mutterschaft, § 59 Abs. 1 Satz 1 Nr. 2 SGB VIII

Unter den in § 29b Abs. 1 PStG aufgeführten Voraussetzungen ist sie als Grundlage für einen Vermerk im Geburtsregister zugelassen. Ebenso kann die etwa erforderliche Zustimmung des gesetzlichen Vertreters der Mutter zur Mutterschaftsanerkennung beurkundet werden. Es besteht kein Unterschied zwischen „ehelicher" und „nichtehelicher" Mutterschaft.

443

Die Urkundsperson wird nur die **ausländische Staatsangehörigkeit** der Mutter, des Kindes oder des Mannes, von dem das Kind in festgestellter Weise abstammt oder nach Angaben der Mutter abstammen soll, sich nachweisen lassen müssen. Ob das Heimatrecht des ausländischen Elternteils die Anerkennung der Mutterschaft vorsieht, und wer ggf. als gesetzlicher Vertreter zuzustimmen hätte, hat sie dagegen nicht zu prüfen, weil die Kenntnis des ausländischen Rechts von ihr nicht verlangt wird (Rn. 157). Sie hat darauf hinzuweisen, dass sie die Rechtslage nach ausländischem Recht insoweit nicht beurteilen könne, diesen Hinweis zu Protokoll zu nehmen und die Beurkundung danach so, wie gewünscht, vorzunehmen. (vgl. Rn. 224).

Eine **Zustimmung des „nichtehelichen" Kindesvaters zur Anerkennung der Mutterschaft** (in Italien vorgesehen, wenn die Anerkennung des Vaterschaft vorausgegangen ist) zu beurkunden, würde die Ermächtigung nach § 59 SGB VIII überschreiten und wäre daher abzulehnen (oben Rn. 159).

3. Beurkundung des Widerrufs der Einwilligung in die Adoption durch das Kind im Falle des § 1746 Abs. 2 BGB (§ 59 Abs. 1 Satz 1 Nr. 6 SGB VIII)

444 Es handelt sich um den Widerruf, den der Jugendliche, weil er das **14. Lebensjahr vollendet** hat, **ohne Zustimmung** des gesetzlichen Vertreters bis zum Wirksamwerden der Adoption erklären kann. Der Widerruf ist „**gegenüber dem Vormundschaftsgericht**" zu erklären: das ist in der Niederschrift zum Ausdruck zu bringen.

In diesem Falle dürfte es Aufgabe der Urkundsperson sein, die Ausfertigung der Niederschrift dem Vormundschaftsgericht unmittelbar zu übersenden. Eine Aushändigung an den Jugendlichen zur Weiterleitung an das Vormundschaftsgericht ist wohl untunlich, doch sollte ein Wunsch des Jugendlichen nach Weiterleitung in das Protokoll aufgenommen werden.

445 Fälle mit **Auslandsberührung:**

§ 59 Abs. 1 Satz 1 Nr. 6 SGB VIII benennt diesen Widerruf des Kindes in die Adoption als den „nach dem § 1746 Abs. 2 des Bürgerlichen Gesetzbuchs". Die Adoption als solche untersteht nach Art. 22 EGBGB dem Heimatrecht des Annehmenden, bei Annahme durch einen oder beide Ehegatten dem sog. Ehewirkungsstatut des Art. 14 EGBGB, u.U. also einem ausländischen Recht. Besonderes gilt jedoch für die Notwendigkeit, dass das Kind der Adoption zustimmen muss. Wenn sein Heimatrecht eine solche Zustimmung erfordert, bleibt dieses dafür maßgebend (Art. 23 EGBGB). Das Kind soll nicht ungefragt aus seinem angestammten Rechtsverband herausgelöst werden können, nur weil das Recht des oder der Annehmenden seine Zustimmung nicht vorsieht.

446 Daraus folgt: Ist das **Kind deutscher Staatsangehörigkeit**, so ist die Verweisung auf das deutsche Recht gleichbedeutend mit einer Inbezugnahme des § 1746 Abs. 2 BGB. Das Kind muss zustimmen und, wenn es widerrufen will, auch widerrufen können. Die Beurkundungsbefugnis der Urkundsperson steht außer Zweifel. Ist das **Kind ausländischer Staatsangehörigkeit**, so würde es zunächst darauf ankommen, ob sein Heimatrecht nicht nur die Zustimmung, sondern auch die Möglichkeit eines Widerrufs durch das Kind vorsieht. Doch da **Art. 23 Satz 2 EGBGB** in jedem Falle „für die Erforderlichkeit der Erteilung der Zustimmung" die **Anwendung des deutschen Rechts** vorschreibt, insoweit es zum Wohle des Kindes geboten ist, wird auch über diese Auffangvorschrift die Bestimmung des **§ 1746 Abs. 2 BGB anwendbar** und die Beurkundungsbefugnis der Urkundsperson außer Frage gestellt. Die Offenhaltung der Widerrufsmöglichkeit dient grundsätzlich und stets dem Persönlichkeitsschutz und damit dem Wohl des widerrufenden Kindes.

4. Beurkundung des Verzichts des „nichtehelichen" Vaters im Adoptionsverfahren auf die Übertragung der Sorge, § 1747 Abs. 3 Nr. 3 BGB (§ 59 Abs. 1 Satz 1 Nr. 7 SGB VIII)

447 Auch dieser Verzicht ist „gegenüber dem Vormundschaftsgericht" zu erklären, was die Niederschrift zum Ausdruck zu bringen hat. Die **Ausfertigung**

der Verhandlung ist **dem Vater auszuhändigen,** damit er sie dem Vormundschaftsgericht einreicht. Der Verzicht wird erst mit Eingang beim Vormundschaftsgericht wirksam (§ 1747 Abs. 3 Nr. 3 Satz 3 i.V.m. § 1750 Abs. 1 und 3 BGB), und damit unwiderruflich (§ 1747 Abs. 3 Nr. 3 Satz 3, § 1750 Abs. 2 Satz 2 BGB). Der Vater muss es also in der Hand haben, ob und wann er sie dem Vormundschaftsgericht einreichen will.

Die erforderlichen **Belehrungen** müssen nach § 51 Abs. 3 SGB VIII bereits stattgefunden haben, soweit sie nicht gleichzeitig mit der Beurkundung erteilt werden.

An die 8-Wochen-Frist des § 1747 Abs. 2 BGB ist der Verzicht nicht gebunden.

Fälle mit **Auslandsberührung** sind differenziert zu sehen. **448**

Ist das für die Adoption maßgebende Recht (Rn. 443) ein ausländisches, so könnte zwar zu fragen sein, ob dieses Auslandsrecht eine Vorgriffsposition des „nichtehelichen" Vaters gegenüber dem Adoptionsbegehren Dritter, und ferner die Möglichkeit einer bindenden Verzichtserklärung hierauf überhaupt kennt. Doch wäre das dann keine Sperrbefugnis nach § 1747 Abs. 3 Satz 1 Nr. 2 BGB und keine Verzichtsmöglichkeit „nach § 1747 Abs. 3 Satz 1 Nr. 3 BGB", solange nicht das Internationale Privatrecht des betreffenden ausländischen Staates auf das deutsche Recht zurückverweist. Die **Möglichkeit einer Beurkundung im Jugendamt** ist deshalb aus den gleichen Gründen wie oben Rn. 439 **zweifelhaft**. Doch mag sie nach entsprechender Belehrung vorgenommen werden; ein **Schaden kann nicht entstehen,** ungünstigenfalls ginge die Beurkundung des „Verzichts" ins Leere, da eine Ausübung der Vorgriffsrechte durch den ohnedies Verzichtswilligen auch bei Unwirksamkeit der Beurkundung nicht zu erwarten ist. Deshalb braucht es die Urkundsperson auch nicht zu kümmern, ob der (ausländische) „nichteheliche" Vater, der auf sein Vorgriffsrecht auf Übertragung der Sorge Verzicht leisten will, nicht schon nach dem maßgebenden Recht von einer Erlangung der elterlichen Sorge ausgeschlossen wäre (vgl. Art. 21 EGBGB; hat das zu adoptierende Kind seinen gewöhnlichen Aufenthalt im Inland, ist insoweit allerdings ohnehin deutsches Recht maßgebend). Erst recht kümmert es sie nicht, wenn die laufende Adoption durch Drittbewerber dem deutschen Recht untersteht; der Verzicht ist immer nur ein solcher auf „etwaige" Rechte.

5. Beurkundung der Sorgeerklärungen der nicht miteinander verheirateten Eltern, § 1626a Abs. 1 Nr. 1 BGB
    (§ 59 Abs. 1 Satz 1 Nr. 8 SGB VIII)

Bei Geburt eines „nichtehelichen" Kindes hat die **Mutter die alleinige Sorge** (§ 1626 a Abs. 2 BGB). Diese Entscheidung des Gesetzgebers ist **verfassungsgemäß** wegen der Unterschiedlichkeit der Lebensverhältnisse, in die nichteheliche Kinder hineingeboren werden (BVerfGE 107, 150 = JAmt 2003, 90 = FamRZ 2003, 285). Das BVerfG hat jedoch dem Gesetzgeber auferlegt, die tatsächliche Entwicklung zu beobachten und zu prüfen, ob die gesetzlichen Annahmen auch vor der Wirklichkeit Bestand haben. **449**

Allerdings können die nicht miteinander verheirateten Eltern durch die Erklärung, dass sie die Sorge gemeinsam übernehmen wollen (Sorgeerklärungen), die **gemeinsame Sorge begründen** (§ 1626a Abs. 1 Nr. 1 BGB). Ob die Eltern des Kindes zusammenleben oder nicht, ist dafür ebenso belanglos wie die Frage, ob ein oder beide Elternteile mit anderen Partnern zusammenleben oder verheiratet sind (*Lipp/Wagenitz* § 1626 BGB Rn. 8). Freilich kann der Vater das Mitsorgerecht **grundsätzlich nicht gegen den Willen der Mutter** erlangen, etwa durch gerichtliche Ersetzung ihrer Sorgeerklärung (vgl. BGH JAmt 2001, 357 = FamRZ 2001, 907).

450 Eine **Ausnahme** gilt nur für Eltern, die sich vor In-Kraft-Treten des Kindschaftsrechtsreformgesetzes zum 1. Juli 1998 getrennt hatten und für die zuvor nicht die Möglichkeit der Begründung gemeinsamer Sorge bestand. Das BVerfG a.a.O. hat zwar die geltende gesetzliche Regelung zum Sorgerecht nicht miteinander verheirateter Eltern in § 1626a BGB im Wesentlichen für verfassungskonform erklärt. Zugleich hat es dem Gesetzgeber aber aufgegeben, bis zum 31. Dezember 2003 eine **Übergangsregelung** für Eltern zu schaffen, die mit ihrem nichtehelichen Kind zusammengelebt, sich aber nach Einführung der Neuregelung des Sorgerechts zum 1. Juli 1998 getrennt haben.

Diese Übergangsregelung ist mit Gesetz vom 13. Dezember 2003 (BGBl. I S. 2547) durch Anfügung der Absätze 3 bis 5 in Art. 224 § 2 EGBGB geschaffen worden und am 31. Dezember 2003 in Kraft getreten.

Zielgruppe der gesetzlichen Neuregelung sind die nicht miteinander verheirateten Eltern, die vor ihrer Trennung vor dem 1. Juli 1998 mit ihrem Kind ein **Familienleben i.S. einer tatsächlichen gemeinsamen elterlichen Sorge** geführt haben, ohne jedoch Letztere wegen der damals geltenden Gesetzeslage durch Sorgeerklärungen rechtlich absichern zu können. Ein gemeinsames Tragen der elterlichen Verantwortung über längere Zeit soll in der Regel vorliegen, wenn die Eltern mindestens 6 Monate mit dem Kind zusammengelebt haben (Art. 224 § 2 Abs. 3 Satz 2 EGBGB).

Die Übergangsregelung will diese Gesetzeslücke – wenngleich zeitlich verlagert – für die Fälle schließen, in denen bei einem Elternteil angesichts der nunmehrigen Trennungssituation keine Bereitschaft mehr für übereinstimmende Sorgeerklärungen nach § 1626a Abs. 1 Nr. 1 BGB besteht.

Sowohl der nicht sorgeberechtigte Vater als auch die allein sorgeberechtigte Mutter sollen die Möglichkeit erhalten, die Sorgeerklärung des verweigernden Elternteils beim Familiengericht ersetzen zu lassen, wenn dies dem Kindeswohl dient.

451 Das Gesetz sieht in Art. 224 § 2 Abs. 3 bis 5 EGBGB folgenden **Ablauf** vor:
- Der an einem gemeinsamen Sorgerecht interessierte Elternteil hat zunächst selbst eine Sorgeerklärung „nach den §§ 1626b bis 1626d" BGB abzugeben (Art. 224 § 2 Abs. 4 Satz 1 EGBGB). Hiermit ist eine **herkömmliche Sorgeerklärung** gemeint, die zum Ausdruck bringt, dass dieser Elternteil für ein bestimmtes Kind die gemeinsame Sorge übernehmen will (vgl. § 1626a Abs. 1 Nr. 1 BGB). Für die Aufnahme

dieser Sorgeerklärung ist die Urkundsperson im Jugendamt gem. § 59 Abs. 1 Satz 1 Nr. 8 SGB VIII zuständig.

- Sodann stellt dieser Elternteil beim **Familiengericht** den Antrag, die Sorgeerklärung des anderen Elternteils „nach § 1626a Abs. 1 Nr. 1" BGB zu **ersetzen** (Art. 224 § 2 Abs. 3 Satz 1 EGBGB).

- Das Familiengericht entscheidet hierüber nach den für Familiensachen geltenden Verfahrensvorschriften. Es hat die Sorgeerklärung des anderen Elternteils zu ersetzen, „wenn die gemeinsame elterliche Sorge **dem Kindeswohl dient**". Das ist die höchste Stufe bei entsprechenden Prüfungen; sie stellt jedenfalls wesentlich höhere Anforderungen als wenn das Gesetz – wie in anderen Fallkonstellationen – nur verlangt, dass eine bestimmte Entscheidung dem Kindeswohl nicht widersprechen dürfe oder mit diesem vereinbar sein müsse.

- Die rechtskräftige **Entscheidung des Familiengerichts**, mit der die Sorgeerklärung des anderen Elternteils ersetzt wurde, ist dem für die Führung des Sorgeregisters zuständigen Jugendamt zum Zwecke der Auskunftserteilung nach § 58a SGB VIII **mitzuteilen** (Art. 224 § 2 Abs. 5 EGBGB).

452 Für alle Sorgeerklärungen gilt: Sie sind **einseitige, formgebundene, nicht empfangsbedürftige Willenserklärungen**. Ihr besonderer Charakter schließt nach § 1626e BGB den Rückgriff auf die allgemeinen Vorschriften regelmäßig aus (*Lipp/Wagenitz* § 1626a BGB Rn. 3). Insbesondere Willensmängel (Anfechtung!) sollen außer Betracht bleiben (BT-Drs. 13/4899 S. 95).

453 Als nicht empfangsbedürftige Willenserklärung wird die Sorgeerklärung **mit formgerechter Abgabe wirksam**. Die nach § 1626d BGB beurkundende Stelle ist nicht Empfängerin der Erklärung; vielmehr kommt ihr lediglich Urkundsfunktion zu.

Die Sorgeerklärungen müssen **nicht bei gleichzeitiger Anwesenheit** beider Elternteile abgegeben werden. Sie können vielmehr auch nacheinander, selbst vor verschiedenen zuständigen Stellen beurkundet werden. Solange nicht Sorgeerklärungen beider Elternteile vorliegen, kann die einzelne Erklärung widerrufen werden. Auch der **Widerruf** muss wegen der im Interesse des Kindeswohls gebotenen Formstrenge öffentlich beurkundet werden (BGH JAmt 2004, 259 = FamRZ 2004, 802). Allerdings ist der Widerruf einer Sorgeerklärung nicht im Zuständigkeitskatalog des § 59 Abs. 1 Satz 1 SGB VIII enthalten. Die Urkundsperson hätte demnach einen Elternteil, der eine von ihr abgegebene Sorgeerklärung widerrufen will, an einen Notar zu verweisen.

Der Widerruf ist allerdings ausgeschlossen, wenn auch die Sorgeerklärung des anderen Elternteils vorliegt. Denn ab diesem Zeitpunkt ist die gemeinsame Sorge begründet und kann weder durch eine übereinstimmende noch gar durch eine einseitige Erklärung seitens der Eltern aufgehoben werden (*Lipp/Wagenitz* § 1626a Rn. 10).

454 Für eine Sorgeerklärung i.S.v. § 1626a Abs. 1 Nr. 1 BGB ist keine ausschließlich verbindliche **Formulierung** vorgeschrieben. Das Gesetz definiert die „Sorgeerklärung" als Erklärung dahingehend, dass die Eltern „die Sorge gemeinsam übernehmen wollen". Jede Erklärung, die wörtlich oder sinngemäß diesen Inhalt hat, entspricht deshalb den gesetzlichen Anforderungen. Die Erklärungen müssen ihrem objektiven Inhalt nach gleich sein und sich auf ein bestimmtes Kind beziehen (*Oelkers* in: Handbuch des Fachanwalts Familienrecht, 5. Aufl., Rn. 4/138).

Über Sorgeerklärungen können Eltern grundsätzlich nur die gemeinsame Sorge begründen**, nicht** aber **inhaltlich bindende Absprachen** mit rechtsgeschäftlich zugewiesenen Verantwortungsbereichen treffen (etwa hinsichtlich der Aufenthaltsbestimmung, vgl. hierzu *DIJuF-Rechtsgutachten* vom 29. Juli 2004, CD-ROM, GutA Nr. 16).

Die gemeinsame Sorge obliegt den Eltern somit **in ungeteilter Zuständigkeit.** Auch eine rechtsgeschäftliche Abänderung der gemeinsamen Sorge nach der Abgabe von Erklärungen ist nicht möglich. Leben die Eltern getrennt, so bleibt nur die Möglichkeit, auf Antrag die Sorge – teilweise – einem Elternteil durch das Familiengericht gemäß § 1671 BGB allein zuzuweisen.

Es ist im Übrigen **nicht Aufgabe des Jugendamtes**, für notariell beurkundete Sorgeerklärungen ein **Wirksamkeitszeugnis** zu erteilen. Bittet, wie vorgekommen, ein Notar das Jugendamt um eine entsprechende Stellungnahme – z.B. wegen der von ihm für zweifelhaft gehaltenen Einschränkung der gemeinsamen Sorge in Teilbereichen –, käme dem nur die Qualität einer unverbindlichen Meinungsäußerung zu. Eine Verpflichtung zu einer derartigen Beurteilung trifft das Jugendamt nicht.

455 Sorgeerklärungen können **weder unter einer Bedingung noch befristet** abgegeben werden (§ 1626b Abs. 1 BGB). In einem solchen Fall ist die Erklärung selbst unwirksam, nicht die unzulässige Bedingung oder Befristung (*Lipp/Wagenitz* § 1626b Rn. 1). Wird eine Sorgeerklärung unmittelbar nach einer Vaterschaftsanerkennung beurkundet, hängt ihre Wirksamkeit vom Wirksamwerden der Vaterschaft ab, also dem Vorliegen erforderlicher Zustimmungen.

Im Falle der qualifizierten Vaterschaftsanerkennung nach § **1599 Abs. 2 BGB** kann eine Sorgeerklärung auch schon **vor rechtskräftiger Scheidung der Mutter beurkundet** werden (BGH JAmt 2004, 259 = FamRZ 2004, 802). Sie ist dann schwebend unwirksam und kann gegebenfalls in öffentlich beurkundeter Form widerrufen werden. Die Wirksamkeit tritt mit der Rechtskraft der Scheidung ein, sofern die für die Vaterschaftsanerkennung erforderlichen Zustimmungen der Mutter und deren früheren Ehemannes vorliegen. Es handelt sich jeweils nicht um unzulässige willensabhängige Bedingungen der Sorgeerklärung, sondern um Voraussetzungen der beabsichtigten Rechtswirkung, also um sogenannte „Rechtsbedingungen" (BGH a.a.O.).

456 Wie die Vaterschaftsanerkennung (vgl. § 1594 Abs. 4 BGB) kann auch eine Sorgeerklärung schon **vor der Geburt** des Kindes abgegeben werden (dies stößt allerdings in der Praxis häufig auf Schwierigkeiten, weil hier das künftige „Geburtsstandesamt", dem die Erklärung nach § 1626d Abs. 2 BGB zu übersenden ist, noch nicht feststeht; vgl. hierzu *Fleischer/Kalnbach* DAVorm 1998, 771).

457 Gemeinsame Sorge durch Sorgeerklärungen ist aber nur möglich, solange **keine abweichende gerichtliche Entscheidung ergangen** ist. Dies kann entweder ein Eingriff in eine schon bestehende gemeinschaftliche Sorge nach § 1671 BGB oder in die Alleinsorge der Mutter nach § 1672 BGB sein oder schließlich ein Gerichtsbeschluss, der eine solche Entscheidung nach § 1696 Abs. 1 erneut geändert hat. Die Eltern haben somit nur die Entscheidung darüber, **ob** sie die gemeinschaftliche Sorge ausüben. Haben sie diese herbeigeführt, ist ihre Änderung nur über das Familiengericht möglich. Dieser Punkt bedarf einer besonders eingehenden Belehrung insbesondere der Kindesmutter.

458 Die besonderen Formvorschriften und Wirksamkeitsvoraussetzungen von Sorgeerklärungen sind abschließend in §§ 1626b bis d BGB geregelt. Sorgeerklärungen sind nur unwirksam, wenn sie den darin enthaltenen Erfordernissen nicht genügen. Das bedeutet im Umkehrschluss, dass eine **Sorgeerklärung nicht deshalb von vornherein unwirksam** ist, weil das Gericht eine Entscheidung über die elterliche Sorge nach **§§ 1666, 1666a** BGB getroffen hat. Denn diese Vorschriften sind in § 1626b Abs. 3 nicht erwähnt. Die Bestimmung handelt nur von gerichtlichen Entscheidungen nach §§ 1671, 1672 oder Abänderungsentscheidungen nach § 1696 Abs. 1 BGB.

Ist der **Mutter** zuvor die **Sorge ganz oder teilweise** – etwa hinsichtlich des Aufenthaltsrechts – **entzogen** worden, kann sie nicht über Sorgeerklärungen eine uneingeschränkte gemeinsame Sorge mit dem Vater herstellen (vgl. hierzu *DIJuF-Rechtsgutachten* JAmt 2001, 231 und 233). Wäre dies anders, ließe sich jeder noch so begründete Eingriff in die elterliche Sorge einfach dadurch aushebeln, dass der betroffene Elternteil gemeinsam mit dem anderen Elternteil Sorgeerklärungen abgibt.

Folgerichtig hat dies auch insoweit zu gelten, als **nicht etwa der andere Elternteil** nach Abgabe des Sorgeerklärungen **uneingeschränkt mitsorgeberechtigt** wird, während der ursprünglich alleinsorgeberechtigte Elternteil die gemeinsame Sorge nur mit den aus dem gegen ihn gerichteten gerichtlichen Eingriff folgenden Beschränkungen ausüben kann. Die gemeinsame Sorge entsteht vielmehr **nur unter Ausschluss des dem zunächst alleinsorgeberechtigten Elternteil entzogenen Bereichs** (Kammergericht JAmt 2003, 606; ebenso OLG Nürnberg DAVorm 2000, 334 zur Begründung gemeinsamer Sorge durch Heirat der Eltern).

Diese Frage ist freilich nicht unumstritten. Eine Gegenauffassung vertreten z.B. *Ollmann* JAmt 2001, 515 und *Schulz* JAmt 2001, 411.

459 Sorgeerklärungen sind **höchstpersönlich** abzugeben (§ 1626c Abs. 1 BGB). Sie können also weder durch einen Vertreter oder Boten übermittelt noch durch das Familiengericht nach § 1666 Abs. 3 BGB ersetzt werden.

460 Die Sorgeerklärung eines **minderjährigen** und damit **beschränkt geschäftsfähigen Elternteils** (vgl. hierzu DIJuF-RechtsgutA JAmt 2004, 188) bedarf der Zustimmung seines gesetzlichen Vertreters (§ 1626c Abs. 2 Satz 1 BGB). Diese ist ebenfalls höchstpersönlich, bedingungsfrei und unbefristet zu erklären und kann auch schon vor der Geburt des Kindes abgegeben werden (§ 1626c Abs. 2 Satz 2 BGB). Auf Antrag des beschränkt geschäftsfähigen Elternteils hat das Familiengericht die Zustimmung zu ersetzen, wenn die Sorgeerklärung dem Wohl dieses Elternteils nicht widerspricht (§ 1626c Abs. 2 Satz 3 BGB).

461 Nicht geregelt ist, ob auch ein **geschäftsunfähiger Elternteil** eine Sorgeerklärung abgeben kann. Unterstellt man, dass die Äußerung eines Geschäftsunfähigen im Hinblick auf § 105 BGB keine „Sorgeerklärung" sein kann, wäre ihm die Begründung der gemeinsamen Sorge verschlossen. Allerdings lässt sich dieses Ergebnis nur begründen, wenn entgegen dem Wortlaut des § 1626e BGB auf § 105 BGB zurückgegriffen wird (vgl. *Lipp/Wagenitz* § 1626a Rn. 6). Im Übrigen überzeugen die Folgen einer derartigen Auslegung nicht, insbesondere im Vergleich zur Rechtslage bei verheirateten Elternteilen: Dort führt Geschäftsunfähigkeit eines Elternteils nur zum Ruhen der elterlichen Sorge (§ 1673 Abs. 1, § 1675 BGB) mit der Folge, dass die Ausübung der elterlichen Sorge dem anderen Elternteil obliegt. Bei nicht miteinander verheirateten Eltern, von denen ein Teil geschäftsunfähig ist, bliebe aber der Vater in jedem Fall von der Sorge ausgeschlossen: Betrifft die Geschäftsunfähigkeit ihn selbst, bliebe ihm die Teilhabe mangels eigener Erklärungsfähigkeit versagt. Ist hingegen die Mutter geschäftsunfähig, könnte ihrerseits eine Sorgeerklärung nicht abgegeben werden.

462 Deshalb erscheint es richtiger, die **Geschäftsfähigkeit nicht zur Voraussetzung** einer Sorgeerklärung zu erheben (ebenso *Dickerhof-Borello* FuR 1998, 70 [72] und 159 f.; *Lipp/Wagenitz* § 1626a Rn. 7). Es geht hierbei nur um die Dokumentation der elterlichen Sorgebereitschaft, nicht um eine spezifische rechtsgeschäftliche Erklärung. Erst die Ausübung des Sorgerechts verlangt rechtsgeschäftliches Handeln, Willensbildung und Entscheidungsfähigkeit (vgl. § 1627 Satz 2, §§ 1628, 1629 BGB). Allerdings sollte mit *Lipp/Wagenitz* a.a.O. eine **„Sorgerechtsfähigkeit"** im Sinne einer natürlichen Einsichtsfähigkeit in die Bedeutung einer Sorgeerklärung verlangt werden (a.A. *Dickerhof-Borello* a.a.O.). Entsprechend § 1626c Abs. 2 BGB ist für eine solche Sorgeerklärung die Zustimmung des gesetzlichen Vertreters erforderlich.

Liegen in einem derartigen Fall Erklärungen von Vater und Mutter vor, so führt dies beim geschäftsunfähigen Elternteil zum Ruhen der Sorge (§ 1673 Abs. 1 BGB).

463 Sorgeerklärungen müssen **öffentlich beurkundet** werden (§ 1626d Abs. 1 BGB). Neben dem nach § 59 Abs. 1 Satz 1 Nr. 8 SGB VIII zuständigen Jugendamt kann auch der Notar gemäß § 20 Abs. 1 BNotO die Erklärung beurkunden. Der Zweck dieser Beurkundung ist vor allem die vorangehende Belehrung nach §§ 1, 17 BeurkG (BT-Drs. 13/4809 S. 95). Die Belehrung sollte neben den allgemeinen Folgen der Sorgeerklärung und ihrer nur gerichtlichen Abänderbarkeit (vgl. oben Rn. 455) insbesondere die Kindesmutter darauf hinweisen, dass es höchst zweckmäßig ist, vor Eintritt der gemeinsamen Sorge einen **Unterhaltstitel** gegen den Vater zu errichten. Nicht gesetzlich erforderlich, aber erwägenswert ist eine schriftliche, merkblattartige Belehrung, die den Eltern anschließend überlassen wird – gelegentlich sogar von diesen unterschrieben werden soll, vgl. *Fleischer/ Kalnbach* DAVorm 1998, 771.

Öffentlich zu beurkunden ist auch die im Einzelfall notwendige **Zustimmung zur Sorgeerklärung** (§ 1626d Abs. 1 BGB). Diese ist nach Ergänzung des § 59 Abs. 1 Nr. 8 SGB VIII durch das Kinderrechteverbesserungsgesetz auch vor der Urkundsperson des Jugendamtes möglich.

Bei der Beurkundung ist es **nicht erforderlich,** eine **Geburtsurkunde** des Kindes vorzulegen (vgl. *DIJuF-Rechtsgutachten* JAmt 2003, 472). Zwar kann eine Beurkundung unter Einbeziehung der Geburtsurkunde eine höhere Gewähr für die inhaltliche Richtigkeit der aufgenommenen Daten geben. Es liegt aber letztlich in der Verantwortung des *Erklärenden,* ob die abgegebene und von der Urkundsperson aufgenommene Erklärung inhaltlich richtig und damit für den angegebenen Zweck verwertbar ist. Dies hat ohnehin diejenige Stelle, der die Ausfertigung der Urkunde vorgelegt wird (z.B. Standesamt, Schule, Meldebehörden, Gerichte usw.) in eigener Verantwortung zu prüfen. Für vorgeburtliche Vaterschaftsanerkennungen bzw. Sorgeerklärungen liegt es überdies in der Natur der Sache, dass eine Geburtsurkunde noch nicht vorgelegt werden kann.

464

Im Regelfall werden sich auch keine gravierenden Folgewirkungen ergeben, wenn beurkundete Erklärung und Geburtsurkunde des Kindes nicht übereinstimmen. Denn ein Elternteil kann mit einer isolierten Sorgeerklärung nicht viel anfangen. Falls seine Mitsorgeberechtigung in Rede steht, bedarf es zumindest auch der Vorlage der Sorgeerklärung des anderen Elternteils. Soweit die Stelle, der diese Erklärungen vorgelegt werden, Anlass zu entsprechender Überprüfung sieht, kann sie für die konkrete Amtshandlung oder Entscheidung auch die Vorlage der Geburtsurkunde verlangen. Sollten sich hierbei Abweichungen ergeben, ist ggf. die unstimmige Urkunde zu berichtigen.

Auch die **deutschen Auslandsvertretungen** können wirksam Sorgeerklärungen beurkunden, wenn der gewöhnliche Aufenthalt des Kindes im Geltungsbereich des Haager Minderjährigenschutzabkommens **(MSA)** liegt und das Kind **ausschließlich die deutsche Staatsangehörigkeit** hat (Art. 3 Abs. 2 EGBGB i.V.m. Art. 3 MSA). Gesetzliche Gewaltverhältnisse im Sinne des Übereinkommens liegen auch dort vor, wo sie aufgrund rechtsgeschäftlicher Erklärungen entstehen, ohne dass es eines zusätzlichen staatlichen Hoheitsaktes bedarf (*Kropholler* in: Staudinger 13. Aufl. 1994, Vorb.. zu Art. 19 EGBGB Rn. 295). Dies trifft auch auf Sorgeerklärungen im Sinne des § 1626a Abs. 1 Nr. 1 BGB zu. Deshalb sind im Zusammenhang mit etwaigen behördlichen oder gerichtlichen Schutzmaßnahmen im Staat des gewöhnlichen Aufenthaltes des Kindes die nach dessen Heimatrecht abgegebenen Sorgeerklärungen und die dadurch geschaffene sorgerechtliche Lage zu beachten.

465

466 Hat das Kind hingegen neben der deutschen auch die Staatsangehörigkeit des Aufenthaltsstaates, dürfte diese regelmäßig als „effektive" vorrangig sein. Deshalb bleibt es dann bei der Anwendbarkeit des Rechts am gewöhnlichen Aufenthaltsort des Kindes – abgesehen von der Möglichkeit etwaiger Rück- oder Weiterverweisungen. Entsprechendes gilt, wenn sich das Kind gewöhnlich in einem Staat aufhält, der dem MSA nicht angehört.

467 Gleichwohl können die deutschen Auslandsvertretungen auch in diesen Fällen auf Wunsch Sorgeerklärungen – mit entsprechender Belehrung – beurkunden. Allerdings werden diese Sorgeerklärungen in aller Regel **zunächst unwirksam** sein, wenn das ausländische Sachrecht nicht ausnahmsweise ein entsprechendes Rechtsinstitut kennt. Jedoch erscheint die Auslegung zumindest vertretbar, dass die im Ausland abgegebenen Sorgeerklärungen Wirksamkeit erlangen, sobald das Kind seinen gewöhnlichen Aufenthalt im Inland – oder bei alleiniger deutscher Staatsangehörigkeit – in einem Vertragsstaat des MSA begründet.

468 Hatte das Kind zur Zeit der Abgabe der Sorgeerklärungen seinen **gewöhnlichen Aufenthalt** im Inland und wird dieser **nachträglich ins Ausland verlegt,** so gelten die vorstehenden Überlegungen spiegelbildlich. Sollten die Erklärungen im Ausland unwirksam werden, leben sie jedenfalls im Fall der Rückverlegung des gewöhnlichen Aufenthalts ins Inland wieder auf (die vorstehenden Darlegungen ab Rn. 465 stehen in Übereinstimmung mit der Auffassung des *Bundesministeriums der Justiz*, mitgeteilt in einem unveröffentlichten Schreiben vom 4. November 1999 – I A 5 – 3473 – 6 – 12 1367/1999).

469 Nicht selten wünscht ein zur **Anerkennung der Vaterschaft** erschienener Mann daneben auch die Aufnahme einer Sorgeeklärung. Es ist aus datenschutzrechtlichen Gründen **nicht unbedenklich, dies in einer einzigen Niederschrift zu verbinden.** Zum einen erfährt der Standesbeamte durch Erhalt der Ausfertigung stets von der Sorgeerklärung, auch wenn er diese Kenntnis nicht benötigt (etwa zur Namensbestimmung des Kindes durch die Eltern). Zum anderen wäre ein Scheitern des Versuchs zur Begründung der gemeinsamen Sorge – weil die nicht erschienene Mutter keine entsprechende Erklärung abgibt – dauerhaft in der auch zum Nachweis der Vaterschaftsanerkennung geschaffenen Urkunde dokumentiert (vgl. *DIJuF-Rechtsgutachten* vom 13. Januar 2003, CD-ROM, GutA Nr. 17). Daher sollte grundätzlich die Sorgeerklärung getrennt von der Anerkennung der Vaterschaft beurkundet werden.

470 Notar oder beurkundendes Jugendamt trifft eine **Mitteilungspflicht** nach § 1626d Abs. 2 BGB. Sie haben die Abgabe von Sorgeerklärungen und Zustimmungen unter Angabe von Geburtsort und Namen des Kindes zur Zeit der Beurkundung seiner Geburt dem nach § 87c Abs. 6 Satz 2 SGB VIII zuständigen Jugendamt mitzuteilen. Dies ist grundsätzlich das für den Geburtsort des Kindes zuständige Jugendamt. Liegt der Geburtsort im Ausland oder kann er nicht festgestellt werden, so ist das Land Berlin zuständig (§ 87c Abs. 6 Satz 2 Hs. 2 i.V.m. § 88 Abs. 1 Satz 2 SGB VIII). Dieses hat das

Landesjugendamt insoweit zur zuständigen Behörde erklärt. Die Anschrift lautet: Landesjugendamt, VI c 22, Beuthstraße 6–8, 10117 Berlin.

Es entspricht offenbar einer verbreiteten Übung in der Praxis der Jugendämter, die nach § 1626d Abs. 2 BGB vorgeschriebene Benachrichtigung durch **Übersendung einer Abschrift** der jeweils beurkundeten Sorgeerklärung vorzunehmen. Dabei sind aus der Urkunde im Regelfall Name, Anschrift, Geburtsdatum, Staatsangehörigkeit und Personalausweisnummer des betreffenden Elternteils ersichtlich. Die Kenntnis dieser Angaben ist für das registerführende Jugendamt jedenfalls von Nutzen, weil hierdurch Zweifel über die Zuordnung der jeweiligen Sorgeerklärungen zu einem bestimmten Kind ausgeräumt werden können. Zumindest in Großstädten ist es kein seltener Ausnahmefall, dass am selben Tag Kinder geboren werden, die jeweils denselben häufig vorkommenden Vor- und Nachnamen tragen.

471

Die Form der Mitteilung ist in § 1626d Abs. 2 BGB nicht vorgeschrieben. Es erscheint grundsätzlich nicht ausgeschlossen, eine solche Mitteilung auch durch Übersendung einer Abschrift der Urkunde mit dem oben bezeichneten Inhalt zu bewirken. Die gegenteilige Auffassung, die eine datenschutzrechtliche Befugnisnorm vermisst, weil § 1626d BGB abschließend die zu übermittelnden Daten regle, erscheint nicht zwingend. In § 1626d Abs. 2 BGB ist lediglich festgelegt, dass der Geburtsort des Kindes sowie der Name, den das Kind zur Zeit der Beurkundung seiner Geburt geführt hat, mitzuteilen ist. Dies kann auch so verstanden werden, dass dies Mindestanforderungen an die Mitteilung sind. Der Umkehrschluss, dass keine weiteren Daten im Rahmen der Beurkundung mitgeteilt werden dürften, kann so nicht gezogen werden, denn andernfalls dürfte nicht einmal das Geburtsdatum des Kindes genannt werden – eine derartig fern liegende Folgerung wird aber offensichtlich von niemandem gezogen.

Die Mitteilung bezweckt, dass die Mutter eines „nichtehelichen" Kindes ihre **Alleinsorge nachweisen** kann. Denn diese kann von dem nach § 58a SGB VIII zuständigen Jugendamt – regelmäßig demjenigen des Ortes, an dem sie ihren gewöhnlichen Aufenthalt hat, vgl. § 87c Abs. 6 Satz 1 i.V.m. Abs. 1 Satz 1 SGB VIII – eine schriftliche Auskunft darüber verlangen, dass Sorgeerklärungen nach § 1626a Abs. 1 Nr. 1 BGB nicht abgegeben wurden. Dieses Jugendamt kann wiederum das für den Geburtsort des Kindes zuständige Jugendamt um Mitteilung über das Vorliegen oder Nichtvorliegen von Sorgeerklärungen ersuchen (§ 87c Abs. 6 Satz 3 SGB VIII).

472

Hält man – wie oben unter Rn. 465 ff. ausgeführt – unter bestimmten Voraussetzungen auch im Ausland abgegebene Sorgeerklärungen für wirksam, entsteht ein Zuständigkeitsproblem, wenn die Kindesmutter von dort aus eine Auskunft nach § 58a SGB VIII begehrt. Denn nach dem Wortlaut des § 87c Abs. 6 SGB VIII kann sie sich u.U. mangels gewöhnlichen Aufenthaltes im Inland nicht an ein zuständiges Jugendamt wenden. Es erscheint erwägenswert, diese planwidrige Lücke des Gesetzes dadurch zu schließen, dass sie sich unmittelbar an das registerführende Jugendamt wenden kann.

Das **Sorgerechtsregister** genießt **keinen öffentlichen Glauben**. Es dient also nicht dazu, anderen Personen oder Stellen auf Anfrage mitzuteilen, ob

473

für ein Kind die gemeinsame Sorge begründet wurde. Dies muss gegebenenfalls durch Befragen der Eltern festgestellt werden. Das Sorgeregister soll vielmehr **der Mutter** eine leicht zugängliche Möglichkeit zum **Nachweis der *Nichtabgabe* von Sorgeerklärungen** eröffnen. Denn diese hat zwar im Regelfall nach § 1626a Abs. 2 BGB bei der Geburt die Alleinsorge, könnte aber zwischenzeitlich durch Abgabe von Sorgeerklärunge mit dem Vater die gemeinsame Sorge begründet haben. Die formal korrekte **Auskunft** würde lauten, dass für das betreffende Kind keine Sorgeklärungen registriert seien. Für den Rechtsverkehr verständlicher ist aber eine Bescheinigung dahin gehend, dass die Mutter die Alleinsorge für das betreffende Kind habe. Zwar ist nicht ausgeschlossen, dass ihr die Sorge ganz oder teilweise durch eine gerichtliche Entscheidung (nach § 1632 Abs. 4, §§ 1666, 1672 BGB) entzogen worden sein könnte. Dieses Risiko trägt der Rechtsverkehr aber stets, auch wenn die Auskunft nur auf Nichtabgabe von Sorgeerklärungen lauten würde oder im umgekehrten Fall Eltern ihre Sorgeerklärungen vorlegen, obwohl inzwischen ein gerichtlicher Eingriff ergangen ist. Eine absichernde Formulierung könnte dahingehend lauten, dass der Mutter bescheinigt wird, die **Alleinsorge für ihr Kind zu haben, da beim zuständigen Jugendamt keine Sorgerklärungen verzeichnet seien.**

474 Zwar sind **unwirksame Sorgeerklärungen** nicht in das Sorgerechtsregister einzutragen. Dies kann aber nur für eindeutige Fälle der Unwirksamkeit gelten. Bei zweifelhafter Rechtslage ist es nicht Aufgabe des registerführenden Jugendamtes, über die Wirksamkeit einer Sorgerklärung zu entscheiden (so auch *Bundesministerium der Justiz* a.a.O. – oben Rn. 466 –).

Heiraten die Eltern, die zuvor Sorgeerklärungen abgegeben haben, sind die Eintragungen im Sorgeregister zu löschen (vgl. *DIJuF- Rechtsgutachten* vom 9. Dezember 2003, CD-ROM, GutA Nr. 18).

475 Das Sorgerechtsregister sollte zweckmäßigerweise **von der Urkundsperson** des Jugendamtes geführt werden, aber **getrennt vom Beurkundungsregister** (hierzu *Fleischer/Kalnbach* DAVorm 1998, 771 [774]). Gegen eine elektronische Datenspreicherung bestehen keine datenschutzrechtlichen Bedenken (vgl. *DIV-Rechtsgutachten* ZfJ 1998, 118). Zur sachgerechten EDV-Integration des Sorgeregisters *Fleischer/Kalnbach* a.a.O.).

6. Beurkundung einer Erklärung des auf Unterhalt in Anspruch genommenen Elternteils nach § 648 ZPO (§ 59 Abs. 1 Satz 1 Nr. 9 SGB VIII)

476 Das zum 1. Juli 1998 in Kraft getretene Kindesunterhaltsgesetz hat mit §§ 645 ff. ZPO ein **vereinfachtes Verfahren für die Erstfestsetzung des Unterhalts** eingeführt. Auf Antrag wird der Unterhalt eines minderjährigen Kindes, das mit dem in Anspruch genommenen Elternteil nicht in einem Haushalt lebt, im vereinfachten Verfahren festgesetzt. Hierdurch kann ein monatlicher Unterhaltsbetrag begehrt werden, der ohne Anrechnung des Kindergeldes **das 1,5-fache des maßgebenden Regelbetrages** nach der RegelbetragVO **nicht übersteigt** (§ 645 Abs. 1 ZPO; vgl. die eingehenden Darstellungen zum Verfahren bei *Schulz* FuR 1998, 385; *Rühl* Kind-

Prax 1998, 99; *van Els* Rpfleger 1999, 297; *Sonnenfeld* DAVorm 1999, 169; *Guenther* Kind-Prax 1999, 35).

Beurkundungsrechtlich von Interesse ist, dass der Antragsgegner neben den in § 648 Abs. 1 ZPO bezeichneten Einwendungen hinsichtlich der Verfahrenskosten geltend machen kann, er habe keinen Anlass zur Stellung des Antrags gegeben; hierbei ist aber Voraussetzung, dass er sich sofort zur **Erfüllung des Unterhaltsanspruchs verpflichtet** (§ 648 Abs. 1 Satz 2 ZPO). **477**

Andere Einwendungen kann der Antragsgegner nur erheben, wenn er zugleich erklärt, inwieweit er zur Unterhaltsleistung bereit ist und dass er sich insoweit zur Erfüllung des Unterhaltsanspruchs verpflichtet (§ 648 Abs. 2 Satz 1 ZPO). Den Einwand eingeschränkter oder fehlender Leistungsfähigkeit kann er nur geltend machen, wenn er zugleich unter Verwendung des eingeführten Vordrucks Auskünfte über seine Einkünfte, sein Vermögen und seine persönlichen und wirtschaftlichen Verhältnisse im Übrigen erteilt und über seine Einkünfte Belege vorlegt (§ 648 Abs. 2 Satz 3 ZPO). Der Sinn dieser Regelung ist, dem Kind entweder zu einem durch den Rechtspfleger rasch nach § 649 Abs. 1 ZPO antragsgemäß festzusetzenden Titel zu verhelfen oder aber den **Schuldner zur Offenlegung seiner maßgebenden wirtschaftlichen Verhältnisse,** insbesondere seines Einkommens, **zu zwingen**. Das Kind muss dann nicht – wie im Normalfall der Verfolgung von Unterhaltsansprüchen – zunächst sein auf § 1605 Abs. 1 BGB gestütztes Auskunftsverlangen notfalls gerichtlich durchsetzen. Vielmehr ist der Schuldner gehalten, zur Vermeidung der Unzulässigkeit seiner Einwendungen über nicht ausreichende Leistungsfähigkeit diese Informationen von sich aus zu liefern und zu belegen.

Nach § 59 Abs. 1 Satz 1 Nr. 9 SGB VIII ist das Jugendamt auch dafür zuständig, „eine Erklärung des auf Unterhalt in Anspruch genommenen Elternteils nach § 648 ZPO aufzunehmen". Das kann somit entweder eine **Verpflichtungserklärung nach Abs. 1 Satz 2 oder nach Abs. 2 Satz 1** sein. Hervorzuheben ist, dass es sich in beiden Fällen nicht um Titel im Sinne von § 59 Abs. 1 Nr. 3 SGB VIII handelt. Der Schuldner wäre allerdings nicht gehindert, sich mit dem Ersuchen um Beurkundung einer vollstreckbaren Verpflichtung im Sinne der letztgenannten Vorschrift an das Jugendamt zu wenden. Wird dort ein entsprechender Titel aufgenommen, könnte jedenfalls im Fall von § 648 Abs. 1 Satz 2 ZPO das gerichtliche Verfahren für erledigt erklärt werden; das Gericht hätte dann nur noch über die Kosten zu entscheiden. Erklärt der Schuldner hingegen, nur hinsichtlich eines Teils des beanspruchten Unterhalts leistungsfähig zu sein, wird der weitere Verfahrensablauf von der Bewertung der vom Schuldner erteilten Auskünfte durch den Gläubiger abhängen. Die Titulierung im Jugendamt ersetzt jedenfalls den Beschluss des Rechtspflegers nach § 650 Satz 2 ZPO, so dass auch insoweit das Verfahren erledigt ist. Gibt sich der Gläubiger mit der Urkunde zufrieden, hat es damit sein Bewenden. Andernfalls kann er den von ihm begehrten Betrag wie üblich beim Familiengericht einklagen (vgl. Rn. 263 f.). **478**

479 Es dürfte in der Praxis wohl selten vorkommen, dass sich ein Schuldner wegen einer Beurkundung nach § 648 Abs. 1 Satz 2 ZPO an das Jugendamt wendet. Denn er kann die entsprechende Verpflichtungserklärung auch unmittelbar gegenüber dem Rechtspfleger auf dem eingeführten Vordruck abgeben.

Größere Bedeutung hat die Verpflichtungserklärung nach § 648 Abs. 2 Satz 1 ZPO. Hierbei ist hervorzuheben, dass auch diese **nicht zwingend beurkundet** werden muss und unmittelbar gegenüber dem Familiengericht erklärt werden kann. Der Sinn der erst vom Rechtsausschuss während der Beratungen zum Kindesunterhaltsgesetz eingefügten Regelung (vgl. hierzu BT-Drs. 13/9596 S. 39) liegt vielmehr wohl in der unausgesprochenen Erwartung, dass der Schuldner angesichts der für ihn nicht einfach zu durchschauenden Rechtslage – die im nachhinein durch die Unübersichtlichkeit und Kompliziertheit der verbindlich vorgeschriebenen Vordrucke noch verschärft wurde – **von der Urkundsperson des Jugendamts eine kostenfreie und besonders kompetente Belehrung erhalten** kann. Diese Belehrung darf freilich die Grenze zur Beratung nicht überschreiten. Sie wird aber die Möglichkeit einschließen, dem Schuldner die Höhe des nach der maßgeblichen Unterhaltstabelle und den anzurechnenden kindbezogenen Leistungen sich ergebenden Unterhaltsbetrages zu nennen (vgl. oben Rn. 165).

In jedem Fall sollte aber – wie bereits betont – ein zu einer Beurkundung nach § 648 ZPO erscheinender Unterhaltspflichtiger über die Möglichkeit belehrt werden, sogleich einen vollstreckbaren Titel nach § 59 Abs. 1 Satz 1 Nr. 3 SGB VIII zu errichten. Jedenfalls dann, wenn die Leistungsbereitschaft des Schuldners mit seiner tatsächlichen Leistungsfähigkeit übereinstimmt, führt dies zu einer wesentlichen Verfahrensverkürzung.

480 Wird hingegen eine lediglich für das vereinfachte Verfahren bestimmte **nicht vollstreckbare Verpflichtungserklärung** gemäß § 648 ZPO nach dem eingeführten Vordruck (vgl. § 657 Satz 2 ZPO) aufgenommen, ist die Urkundsperson in entsprechender Anwendung des § 129a ZPO verpflichtet, diese **unverzüglich an das zuständige Gericht zu übersenden** oder die Übersendung nach einer entsprechenden Belehrung des unterhaltsverpflichteten Elternteils diesem zu überlassen (§ 129a Abs. 2 ZPO).

Zweiter Titel: Beurkundungen anderer Stellen

1. Abschnitt: Notare, Konsuln

I. Der **Notar** hat nach dem Beurkundungsgesetz die **Zuständigkeit** für öffentliche Beurkundungen und öffentliche Beglaubigungen **schlechthin und uneingeschränkt**. Nicht anders gilt das für Kindschaftssachen, nur dass hier in einzelnen Teilbereichen neben dem Notar und konkurrierend mit ihm auch andere Stellen zur Beurkundung bzw. Beglaubigung befugt sind: am weitesten unter diesen die Urkundsperson des Jugendamts. Doch auch da, im Verhältnis zum Jugendamt, wirkt sich die **vorrangige Zuständigkeit des Notars** aus. Die Ausführungen des I. Titels haben bereits an verschiedenen Stellen die Grenzen gezeigt, die der Urkundstätigkeit im Jugendamt in Kindschaftsangelegenheiten gesetzt sind und nur der Notar überschreiten darf; sie werden unten in Rn. 488 nochmals zusammengefasst. Es gibt im Übrigen – mag in der Anerkennung der Vaterschaft nebst Unterhaltsverpflichtung die Urkundstätigkeit im Jugendamt die praktisch überwiegende sein und die Tätigkeit des Notars hier von bescheidenem Umfang bleiben – Bereiche, in denen schon aus rechtstechnischen Notwendigkeiten nun doch der Notar statt des an sich bereitstehenden Jugendamts herangezogen wird. So namentlich für die Aufnahme vollstreckbarer Unterhaltsverpflichtungen gegenüber „ehelichen" Kindern in der Konventionalscheidung (§ 630 Abs. 1 Nr. 3, Abs. 3 ZPO), insofern die Beurkundung neben dem Kindesunterhalt andere Gegenstände (Rechtsverhältnisse an Wohnung und Hausrat) zu regeln pflegt.

481

II. Im Einzelnen

A. Konkurrierende Zuständigkeit

Überall da, wo im Katalog des § 59 Abs. 1 Satz 1 SGB VIII die Urkundsperson im Jugendamt zur Urkundstätigkeit berufen ist, ist es auch der Notar. Beider Wirkungsweisen und Verantwortlichkeiten sind die gleichen. Für die formale und inhaltliche Gestaltung des Urkundsaktes, die Belehrung, die urkundentechnische Abwicklung kann daher auf die Erläuterungen im Besonderen Teil des I. Titels (Rn. 184–480) Bezug genommen werden; einer Unterrichtung über allgemeines Beurkundungsrecht (Allgemeiner Teil des I. Titels, insbes. Rn. 43–162) wird es bei einem Notar nicht bedürfen.

482

Ergänzend ist lediglich zu bemerken:

1. In den Fällen einer im Gesetz vorgesehenen **öffentlichen Beglaubigung – Einbenennungen und sonstige Namensbestimmungen** nach §§ 1617 ff., 1618 BGB – kann der Notar auch mit dem Entwurf der Erklärung, deren Unterzeichnung er daraufhin zu beglaubigen hat, beauftragt sein. Für solche **Entwurfstätigkeit** gibt § 19 Abs. 1 Satz 1 Hs. 1 DONot die Direktive, eine beglaubigte Abschrift des Entwurfs zur Urkundensammlung zu nehmen; auch ist in den hier in Betracht kommenden Fällen das

483

Geburtsstandesamt des Kindes – wenn dieses außerhalb des Bundesgebiets liegt: das Standesamt I in Berlin – in der Form des § 30 Abs. 2 PStG **zu benachrichtigen** unter Vermerk auf der zurückbehaltenen beglaubigten Abschrift des Entwurfs. In allen diesen Fällen sollte der Notar anlässlich der Fertigung des Entwurfs darauf aufmerksam machen, dass die Namensbestimmung wirksam wird mit dem Zugang der sie betreffenden Erklärung und der vorgeschriebenen Zustimmung(en) bei dem Standesamt, demgegenüber sie abgegeben werden. Insofern bleibt es bei der Maßgeblichkeit der Einreichung durch den oder die Beteiligten, denen zu diesem Zweck das Original auszuhändigen ist.

484 **Beschränkt** sich die Tätigkeit des Notars dagegen auf **die bloße Unterschriftsbeglaubigung,** weil der Text der Erklärung bereits vorgefertigt mitgebracht wird, so entfallen Prüfungs- und Belehrungspflichten (bis auf die Prüfung, ob der Text Veranlassung dazu gebe, die Urkundtätigkeit ablehnen zu müssen; § 4 BeurkG) und die Benachrichtigung des Standesamts. Die Bestimmung des § 30 Abs. 2 PStG läuft hier leer. Es bleibt bei dem durch § 19 Abs. 2 DNotO vorgeschriebenen **Vermerkblatt zur Urkundensammlung**. – Wird die namensrechtliche Erklärung nicht nur beglaubigt, sondern zum Gegenstand einer Beurkundung gemacht: darüber unten Rn. 491.

485 2. Erklärungen über die **Anerkennung der Vaterschaft** werden gelegentlich im Zusammenhang mit der Errichtung eines **notariellen Testaments,** oder, wenn ein gemeinsames voreheliches Kind beider Vertragsteile anerkannt werden soll, in einem **Ehevertrag** abgeben.

486 Unproblematisch ist allerdings nur die **Anerkennung im Rahmen eines Ehevertrages.** Denn der Notar ist, in welchem Zusammenhang auch immer die Anerkennung der Vaterschaft ausgesprochen und beurkundet wird, gehalten, den **Benachrichtigungspflichten aus § 1597 Abs. 2 BGB** zu genügen. Er muss also beglaubigte Abschriften desjenigen Teils seiner Verhandlung, der die Anerkennung der Vaterschaft zum Gegenstand hat, übersenden nicht nur der Mutter des Kindes – das mag sich im Falle des Ehevertrags erübrigen – und dessen gesetzlichem Vertreter, gegebenenfalls deshalb dem Jugendamt, sondern auch dem Geburtsstandesamt des Kindes. Denn dieses nimmt demnächst, wenn die Zustimmung der Mutter und gegebenenfalls des Kindes hinzukommt, die Beischreibung im Geburtenbuch vor. Bei der Beurkundung wäre darauf Bedacht zu nehmen, dass die **Anerkennung der Vaterschaft als streng einseitige** (Rn. 186), mithin nicht im Erklärungszusammenhang gegenüber den anwesenden Vertragspartnern, verlautbart wird. Sie ist denn auch unabhängig vom etwaigen Schicksal des Vertrages im Übrigen (arg. § 1597 Abs. 3 BGB), vielmehr mit Abschluss des Protokollierungsvorgangs aus sich heraus bestandskräftig (Rn. 187). Hierauf, und auf den weiteren, vorstehend beschriebenen, Gang der Benachrichtigungen hat sich die **Belehrung** durch den Notar zu erstrecken, unbeschadet derjenigen über die Wirkungen der Anerkennung (Rn. 231).

Bei der **Anerkennung der Vaterschaft in einem notariellen Testament** ist Folgendes zu beachten: Manchmal ist das Kind vom Testator gegenüber seiner Familie bisher **geheim gehalten;** er beabsichtigt, seine Vaterschaft zwar urkundlich zu machen, aber so, dass sie erst **nach seinem Tode ihre Wirksamkeit entfalten** soll. Solche letztwillige Anerkennung gibt es zwar in nicht wenigen ausländischen Rechten (Schweiz, Italien, Griechenland, Portugal, Spanien, Nachfolgestaaten Jugoslawiens); weshalb ein Angehöriger der genannten Staaten in einem unter den Anforderungen des Art. 26 EGBGB gültig errichteten und deshalb in Deutschland wirksamen Testament eine Vaterschaft anerkennen kann, die daraufhin nach Art. 19 Abs. 1 Satz 2 – und unter den weiteren Anforderungen des Art. 23 – EGBGB nach dem Tod des Anerkennenden erstmals ihre Wirkung entfaltet. Bei einer dem **deutschen Recht unterliegenden Anerkennung** im Rahmen eines notariell beurkundenden Testaments ist der Notar aber an die Benachrichtigungspflichten des § 1597 Abs. 2 BGB gebunden, nachdem die Wirksamkeit der Anerkennung nicht auf den Todesfall hinausgeschoben werden kann (vgl. § 1594 Abs. 3 BGB). Dass das Geburtsstandesamt – und auch das Jugendamt als gesetzlicher Vertreter des Kindes im Fall einer Beistandschaft oder Amtsvormundschaft – von dem Sachverhalt schon jetzt Kenntnis zu erhalten hätte und das Kind durch Erteilung der Zustimmung der Mutter und gegebenenfalls auch des Kindes die Beischreibung im Geburtenbuch erreichen wird, müsste der Testator also in Kauf nehmen.

487

Wenn der Testator dieses Ergebnis nicht wünscht, könnte der Notar ihm allenfalls raten, eine **Erklärung** abzugeben, durch die er – unter Verwahrung gegen eine Ausdeutung als status-begründende und status-verbindliche Erklärung – sich **zu dem Kinde „bekennt"** mit dem Wunsch, dass nach seinem Tode die **Vaterschaft posthum im Verfahren nach § 1600e BGB festgestellt** werde (an dieser Stelle kommt zum Tragen, dass die rechtsförmliche Anerkennung der Vaterschaft Willenserklärung, nicht bloße Wissenserklärung (oben Rn. 185) ist. Für ein solches Verfahren bleibt dann seine gegenwärtige Erklärung ein entscheidendes Indiz. Er kann die Versorgung für das Kind durch eine testamentarische Leibrente sichern (erbschaftssteuerliche Belehrung!), nachdem er der Mutter schon zu Lebzeiten einen laufenden Kindesunterhalt zukommen lässt, vielleicht mit interner Titulierung, wie oben unter Rn. 430 ausgeführt. Es sollte dann ausdrücklich klargestellt werden, dass das „Bekenntnis" nicht als status-begründende rechtsförmliche Anerkennung der Vaterschaft zu verstehen ist.

488

3. Für die sog. **Legitimanerkennung** eines Kindes durch einen Vater aus dem **islamischen Rechtskreis** – der eine Legitimierung durch nachfolgende Ehe der Eltern nicht kennt, auch eine Anerkennung der Vaterschaft zu einem „nichtehelichen" Kinde nicht zuläßt – empfehlen *Kersten/Bühling* Halbband I, S. 1281, Rn. 860, 861 folgende Formulierung:

489

> „Ich erkenne das Kind . . . nach dem in Ägypten für Muslime geltenden Recht [oder nach dem Recht des Stammes XY] als mein legitimes Kind an".

Zur Legitimanerkennung vgl. im Übrigen *DIV-Gutachten* ZfJ 1986, 404; *Voss* StAZ 1985, 62; *Reichard* StAZ 1986, 194; *Winkler von Mohrenfels* RabelsZ 48, 352

B. *Die verbleibende Alleinzuständigkeit des Notars*

1. Im Rahmen von § 59 Abs. 1 Satz 1 SGB VIII

490 Den Katalog des § 59 Abs. 1 Satz 1 SGB VIII schöpft erst der Notar voll aus mit bestimmten Urkundstätigkeiten, die der Urkundsperson im Jugendamt nicht gestattet sind: Er darf **in einer fremden Sprache urkunden** (ohne dazu allerdings verpflichtet zu sein, § 15 Abs. 1 Satz 2 BNotO), wenn er ihrer hinreichend mächtig ist, und braucht dann keinen Dolmetscher zuzuziehen (§ 5 Abs. 2 BeurkG). Zieht er einen **Dolmetscher** zu, kann er ihn **selbst vereidigen**; die Situation verlangt keinen Verzicht der Beteiligten auf Zuziehung eines allgemein vereidigten Dolmetschers (§ 16 Abs. 3 Satz 3 BeurkG). In den namensrechtlichen Erklärungen der §§ 1617–1618 BGB – hier allerdings wäre auch der Standesbeamte zur Beglaubigung zuständig – kann er **anstelle der Beglaubigung mit gleicher Wirkung (§ 129 Abs. 2 BGB) eine** *Beurkundung* vornehmen, wenn es gewünscht wird oder ein Zusammenhang mit anderen notariellen Akten es nahe legt; der Urkundsperson des Jugendamts wäre ein Gleiches nicht gestattet (Rn. 56). Muss der Nachweis geführt werden, dass eine Rechtsnachfolge in einen Titel über Kindesunterhalt auf einer Abtretung beruht, um die Rechtsnachfolgeklausel gemäß § 727 ZPO erwirken zu können, kann der Notar (und nur er) die **Abtretungserklärung öffentlich beglaubigen** (§ 129 Abs. 1 BGB). Wiederholt sei aus dem I. Titel: An den Notar wird das volljährige Kind für die Zustimmung zur Vaterschaftsanerkennung verwiesen (Rn. 248). Endlich können **nur vom Notar beurkundet** werden: die Um-Titulierung einer vollstreckbaren Unterhaltsverpflichtung auf einen niedrigeren Betrag, weil hierbei der Unterhaltsgläubiger mitwirken müsste (vgl. Rn 321); vollstreckbare Unterhaltsverpflichtungen, wenn von der Anerkennung einer Vaterschaft abgesehen werden soll (Rn. 430).

491 **Beurkundete Erklärungen namensrechtlichen Inhalts** (Rn. 521) sind übrigens in gleicher Weise wie mit Entwurfsfertigung beglaubigte nach § 30 Abs. 2 PStG, § 27 Abs. 1 PStG-DVO dem in Rn. 483 bezeichneten **Standesamt mitzuteilen**. Die Mitteilung geschieht in beglaubigter Abschrift. Allerdings können die Beteiligten den Notar beauftragen, stattdessen die Einreichung einer Ausfertigung in ihrem Namen zu veranlassen (§ 24 Abs. 1 Satz 2 BNotO), womit die namensrechtlichen Wirkungen mit Eingang der Ausfertigung beim Standesamt eingetreten sind.

2. Im Adoptionsrecht

492 Diese Fälle sind schon äußerlich dadurch gekennzeichnet, dass das **Gesetz** nicht nur von der *öffentlichen*, sondern mit bedachter Wortwahl von ***notarieller*** Beurkundung spricht. Es sind dies

- der Antrag auf Kindesannahme (§ 1752 Abs. 2 Satz 2 BGB) und die hierzu nach §§ 1746, 1747 und 1749 BGB erforderlichen Einwilligungen (§ 1750 Abs. 1 Satz 3 BGB),

- der Antrag auf Aufhebung des Kindesannahme-Verhältnisses (§ 1762 Abs. 3 BGB).

a) Adoptionsantrag

493 Die Beurkundung des Adoptionsantrags wird üblicherweise nicht vor Abschluss der erforderlichen Ermittlungen der Adoptionsvermittlungsstelle vorgenommen, wenn der Vorgang daraufhin in der Sache „adoptionsreif" ist. Es empfiehlt sich, der **Formulierung des Antrags** eine Darstellung der bestehenden Personenstandsverhältnisse voranzuschicken, nicht zuletzt im Hinblick auf die Eventualitäten aus § 1756 BGB, einer Stiefvateradoption oder einer „Hinzuadoption" des § 1742 BGB. Zum Antrag gehören die Angaben über Lebensalter des bzw. der Annehmenden (§ 1743 BGB), und die Darlegung der Gründe, warum ein verheirateter Antragsteller ausnahmsweise soll allein adoptieren dürfen (§ 1741 Abs. 2 Satz 4 BGB). Andererseits ist es zweckmäßig, kurz auf die sachliche Begründetheit des Adoptionswunsches einzugehen. Dabei kann wegen der Einzelheiten auf das Gutachten der Adoptionsvermittlungsstelle oder die gutachtliche Äußerung des Jugendamts nach § 56d FGG Bezug genommen werden. Etwaige **Wünsche auf eine vom gesetzlichen Regelfall abweichende Gestaltung des Familiennamens oder des Vornamens** des Kindes (§ 1757 Abs. 4 BGB) sollten im Antrag aufgeführt werden (wenngleich dieser Punkt bis zur Entscheidung über den Adoptionsantrag noch nachgeschoben werden kann). Denn auch dieser, auf die Gestaltung des Familien- und des Vornamens zielende Antrag bedarf der notariellen Form. Letzteres ist zwar im Gesetz nicht ausgesprochen – die Gesetzesmaterialien des Adoptionsgesetzes schweigen –, aber wohl mit dem BayObLG StAZ 1980, 65 anzunehmen (siehe dazu auch *Brüggemann* ZfJ 1988, 101 [102] f.).

494 Erforderlich ist schließlich (Belehrung!) eine **Bestimmung des Geburtsnamens des Kindes,** falls die Adoptierenden keinen Ehenamen führen (§ 1757 Abs. 2 Satz 1 BGB). Hat das **Kind** das 5. Lebensjahr vollendet, muss es sich dieser **Namensbestimmung *anschließen*,** um ihr zur Wirksamkeit zu verhelfen (§ 1757 Abs. 2 Satz 2 BGB); bis zum vollendeten 14. Lebensjahr durch den gesetzlichen Vertreter, d.h. regelmäßig den Amtsvormund des § 1751 Abs. 1 Satz 2 Hs. 1 BGB – mit Genehmigung des Vormundschaftsgerichts; ab dann bis zur Volljährigkeit in persönlicher Erklärung mit Zustimmung des gesetzlichen Vertreters. Die Bestimmung des Geburtsnamens könnte in den Antrag auf Adoption einbezogen werden. Anderenfalls wäre sie **bis zum Ausspruch der Adoption nachzubringen,** wofür dann eine öffentliche Beglaubigung (Notar, Standesbeamter) genügt. Der gleichen Form der öffentlichen Beglaubigung unterliegt auch die Anschließungserklärung des Kindes nebst Zustimmung des gesetzlichen Vertreters; sie ist gegenüber dem Vormundschaftsgericht zu erklären und bis zum Ausspruch der Adoption bei diesem einzureichen.

495 Die Notwendigkeit einer **Belehrung** über die **Wirkungen der ausgesprochenen Adoption** bedarf keiner Hervorhebung. Auch über die **Endgültigkeit** und die **Unabänderlichkeit** des Adoptionsbeschlusses (§ 56e Satz 3 FGG) sollte belehrt werden, in geeigneten Fällen auf die Möglichkeit der formfrei (BayObLG ZfJ 1981, 537 [539]; BayObLGZ 1982, 318 [320 ff.], – in der Literatur teilweise bestritten –) möglichen Rücknahme der gestellten Anträge bis zur Entscheidung des Vormundschaftsgerichts.

496 Der Notar kann beauftragt werden, den Antrag namens des bzw. der Antragsteller beim Vormundschaftsgericht einzureichen (§ 24 Abs. 1 Satz 2 BNotO). Wenn ein solcher Auftrag erteilt worden war, vermag der Tod des Adoptierenden den (dann rückwirkenden) Ausspruch der Adoption nicht mehr zu hindern (§ 1753 Abs. 2 BGB).

497 In der **Volljährigen-Adoption** muss der Antrag von dem Annehmenden und vom Anzunehmenden gestellt sein (§ 1768 Abs. 1 BGB). Gleichzeitigkeit wird vom Gesetz nicht gefordert. Auch kann jeder von beiden den Antrag selbstständig bis zur Entscheidung des Vormundschaftsgerichts zurücknehmen. Der Antrag ist in den Fällen des § 1772 Abs. 1 BGB gegebenenfalls dahin zu modifizieren, dass die beantragte Adoption als eine solche mit den Wirkungen einer Annahme Minderjähriger auszusprechen sei.

498 Da bei dem angenommenen Volljährigen das Rechtsband zu seinen leiblichen Verwandten, insbesondere seinen leiblichen Eltern, nicht erlischt (§ 1770 Abs. 2 BGB), können sich Häufungen von Unterhaltspflichten und gesetzlichen Erbberechtigungen ergeben. Solche Komplikationen sind von *Maurer* in: MünchKommBGB § 1770 Rn. 5 bis 8 erörtert. Auf sie wird der Notar hinzuweisen haben.

b) Einwilligung

499 Die **Beurkundung der Einwilligungen** – des minderjährigen Kindes bzw. seines gesetzlichen Vertreters (§ 1746 BGB), der leiblichen Eltern (§ 1747 BGB), des Ehegatten (§ 1749 BGB) – kann mit derjenigen des Adoptionsantrages verbunden werden. Bei der Formulierung ist darauf zu achten, dass die Einwilligung jeweils „gegenüber dem Vormundschaftsgericht" erklärt wird (§ 1750 Abs. 1 Satz 1 BGB). Mit dem **Eingang beim Vormundschaftsgericht** werden die Einwilligungen **wirksam** (§ 1750 Abs. 1 Satz 3 BGB), und zugleich **unwiderruflich** (§ 1750 Abs. 2 Satz 2 Hs. 1; Belehrung!). Sie müssen deshalb vom Notar **in Ausfertigung** dem Vormundschaftsgericht **eingereicht** werden. Hierauf aufmerksam zu machen besteht Veranlassung, weil im Fall des OLG Hamm DAVorm 1983, 26 = NJW 1982, 1002 die Einreichung in bloß beglaubigter Abschrift die Adoption durch alsbald eingetretenen Fristablauf aus § 1750 Abs. 4 Satz 2 BGB zum Scheitern gebracht hat. – Von der Unwiderruflichkeit besteht eine **Ausnahme** für die **namens** des **Kindes erteilte Einwilligung**: 14 Jahre alt geworden, kann es sie (bis zum Ausspruch der Adoption) noch gegenüber dem Vormundschaftsgericht **widerrufen**, und zwar ohne Zustimmung seines gesetzlichen Vertreters), § 1746 Abs. 2 BGB. Dieser Widerruf kann allerdings ausnahmsweise **auch im Jugendamt beurkundet** werden (oben Rn. 444 ff.).

500 Einer Einwilligung des minderjährigen Kindes bedarf es auch für die **abweichende Gestaltung seines Familien- oder des Vornamens.** Auch sie erfordert trotz Schweigens des Gesetzes die notarielle Form. Im Gegensatz zur Einwilligung der leiblichen Eltern und des Ehegatten ist aber diese Einwilligung – die des Kindes in die Namensgestaltung – bis zum Adoptionsausspruch widerruflich: nicht nur für das Kind nach Vollendung des 14. Lebensjahres (arg. § 1746 Abs. 2 BGB), sondern auch schon vorher durch den gesetzlichen Vertreter, weil der Gesichtspunkt des Vertrauensschutzes hier nicht das gleiche Gewicht hat wie der dem § 1750 Abs. 2 Satz 2 Hs. 1 BGB zugrunde liegende. Zu dieser Frage siehe *Brüggemann* ZfJ 1988, 101 [103].

501 Belehrungen des Amtsvormunds bei einem unter Amtsvormundschaft stehenden Kinde dürften sich erübrigen. Steht das Kind unter der uneingeschränkten elterlichen Sorge der Mutter (§ 1626a Abs. 2 BGB), so muss aus ihrer Zustimmungserklärung ersichtlich sein, dass sie diese sowohl aus eigenem Recht wie auch als gesetzliche Vertreterin des Kindes abgibt; durch § 181 BGB ist sie hieran nicht gehindert.

c) Auslandsberührung

502 Die nicht seltenen Fälle von **Adoptionen mit Auslandsberührung** bergen für den Notar eigene Fragestellungen.

Das **Adoptionsstatut** ist bei der Kindesannahme durch einen Ausländer dessen **Heimatrecht** (Art. 22 Satz 1 EGBGB); bei Annahme durch einen oder beide **Ehegatten** nach Art. 22 Satz 2 EGBGB das **Ehewirkungsstatut** mit der so genannten „Kegelschen Leiter" des Art. 14 Abs. 1 EGBGB. Der Notar ist zwar nicht verpflichtet, über den Inhalt eines danach in Frage kommenden Auslandsrechts zu belehren (§ 17 Abs. 3 Satz 2 BeurkG). Nimmt er die **Beurkundung unter einem** solchen, ihm nicht bekannten Recht vor, so hätte er gleichwohl zuvor die ihm hierfür zur Verfügung stehenden **Informationsquellen** nach bestem Vermögen auszuschöpfen. In Betracht kommen etwa: das Sammelwerk „Internationales Ehe- und Kindschaftsrecht" *von Bergmann/Ferid*, oder Einholung von Auskünften bei den in DNotZ 1974, 133 und 1979, 130 nachgewiesenen Stellen. In jedem Falle ist aber sowohl auf die Tatsache, dass (und welches) ausländisches Recht zur Anwendung kommt, wie auf verbleibende Zweifel **hinzuweisen,** dies auch in der Niederschrift zu vermerken (§ 17 Abs. 3 Satz 1 BeurkG).

Erfordert das Adoptionsstatut eine **Zustimmung des Kindes** nicht, wohl aber dessen **Heimatrecht**, ist nach Art. 23 Satz 1 EGBGB dem letzteren Genüge zu tun. Das kommt also namentlich zum Zuge bei **Adoption eines deutschen Kindes durch einen Ausländer**. Eine Zustimmung nach Heimatrecht des Kindes würde dann unter den Form- und Fristbestimmungen dieses Rechts stehen müssen (*Henrich* in: Staudinger Art. 23 EGBGB Rn. 9). Bei **unterschiedlicher Staatsangehörigkeit des Annehmenden und des Kindes** bedarf eine notwendige Kindeszustimmung der Genehmigung des Vormundschaftsgerichts (§ 1746 Abs. 1 Satz 4 Hs. 1 BGB), gegebenenfalls des deutschen Vormundschaftsgerichts in der internationalen Zuständigkeit der §§ 43, 35b FGG. Dies gilt allerdings seit der Neufassung der Bestimmung durch das KindRG nicht, wenn die Annahme deutschem Recht unterliegt (§ 1746 Abs. 1 Satz 4 Hs. 2 BGB), weil das Vormundschaftsgericht dann nach § 1741 Abs. 1 Satz 1 BGB bereits das Kindeswohl zu

503 Es gibt noch **fremde Rechte**, die für die Adoption nicht, wie das deutsche (seit 1976), das Dekretsystem, sondern das **Vertragssystem** befolgen; z.B. Österreich. Ist ein solches Recht das Adoptionsstatut, ergibt sich für den Notar die Notwendigkeit, den **Adoptionsvertrag nach Maßgabe des betreffenden Rechts zu beurkunden**. Eine wie immer geartete behördliche oder gerichtliche Sanktion solcher Adoptionen, wie sie durch das Adoptionsabkommen des Europarats gefordert wird – in Österreich: gerichtliche „Bewilligung" der vertraglich geschlossenen Adoption –, würde in Deutschland durch ein nach § 43b FGG zuständiges Vormundschaftsgericht ausgesprochen werden können, weil dieser Ausspruch als der Adoptionsentscheidung deutschen Rechts sachlich verwandt angesehen wird (*Hohloch* in: Erman Rn. 22; *Heldrich* in: Palandt Rn. 9, je zu Art. 22 EGBGB).

d) Antrag auf Aufhebung der Adoption

504 Schließlich unterliegt auch der Antrag auf Aufhebung des Adoptionsverhältnisses der notariellen Beurkundung (§ 1762 Abs. 3 BGB). Die Antragstellung ist fristgebunden (§ 1762 Abs. 2 BGB). Die Belehrung hat sich an den Bestimmungen der §§ 1764, 1765 BGB zu orientieren. Die Zuständigkeit des Vormundschaftsgerichts beurteilt sich nach den §§ 43, 36 FGG, primär also nach dem gegenwärtigen Wohnsitz des Kindes (§ 11 BGB). Der Aufhebungsbeschluss unterliegt der sofortigen Beschwerde nach § 56f Abs. 3, § 60 Abs. 1 Nr. 6 FGG.

505 Auslaufendes Recht: Namensrechtliche Erklärungen von Vertriebenen und Spätaussiedlern, deren Ehegatten und Abkömmlingen, die im Sinne des Art. 116 Abs. 1 GG Deutsche sind, nach § 94 des Bundesvertriebenengesetzes (BVFG) in der Fassung des Kriegsfolgenbereinigungsgesetzes (BGBl. 1992 I S. 1094) – sie gehen auf Angleichung ihres im Vertreibungs- oder Aussiedlungsgebiet geführten fremdsprachigen Namens an deutsche Namensformen – müssen öffentlich beglaubigt oder beurkundet werden (§ 94 Abs. 2 BVFG). Dies kann geschehen: im Verteilungsverfahren durch das Bundesverwaltungsamt (gebühren- und auslagenfrei), sonst nur durch den Notar.

III. Ergänzend

506 Wegen der Obliegenheit zur **Gebührennachsicht** gegenüber kostenzahlungsunfähigen und gemindert zahlungsfähigen Beteiligten vgl. § 17 Abs. 2 BNotO. Beurkundungen, die die Gegenstände des § 59 SGB VIII betreffen, sind auch beim Notar gebühren- (und, in gewissen Grenzen, auslagen-) frei, §§ 55a, 141, 143 KostO (vgl. OLG Düsseldorf ZNotP 1999, 454 zur Gebührenbefreiung bei der Beurkundung einer Unterhaltsverpflichtung gegenüber einem Kind im Rahmen einer Scheidungsfolgenvereinbarung; s. auch OLG Hamm DAVorm 1996, 216 = FamRZ 1996, 1562).

507 Gegen die Versagung der Urkundstätigkeit ist die Beschwerde an die Zivilkammer des Landgerichts gegeben, in dessen Bezirk der Notar seinen Sitz hat (§ 15 Abs. 1 BNotO), unbeschadet der Sondervorschrift in § 54 BeurkG.

IV. Konsuln

508 Im Ausland tritt an die Stelle des Notars der mit der Urkundsfunktion beauftragte Beamte der deutschen konsularischen Vertretung (§ 10 KonsG); grundlegend zum konsularischen Beurkundungswesen: *Bindseil* DNotZ 1993, 5.

Der Konsularbeamte unterliegt nach § 10 Abs. 1 KonsG **keiner Beurkundungspflicht**. Vielmehr hat er nach pflichtgemäßem Ermessen zu entscheiden, ob er im Rahmen seiner Möglichkeiten von seiner Beurkundungsbefugnis Gebrauch macht oder nicht (*Bindseil* S. 14). Ein wesentlicher Gesichtspunkt hierbei ist die Berührung des deutschen Interessenbereichs, also der Bezug zur Bundesrepublik Deutschland oder zu einem deutschen Staatsangehörigen (*Bindseil* S. 13)

Ebenso wie der Notar ist der Konsularbeamte nach § 4 BeurkG verpflichtet, seine Amtstätigkeit zu versagen, wenn die Urkundstätigkeit nicht mit seinen Amtspflichten in Einklang steht. Aber auch das Erfordernis, komplexe Rechtsfragen beantworten zu müssen, kann die **Versagung der Amtstätigkeit** rechtfertigen (*Hoffmann* § 10 Nr. 1.5; vergleiche auch *Bindseil* S. 14 f.). Zu bedenken ist hierbei auch, dass dem Konsularbeamten zwar eine umfassende Beurkundungsbefugnis eingeräumt ist, er allerdings für eine Vielzahl der in der notariellen Praxis vorkommenden Urkundsgeschäfte nicht über hinreichendes Spezialwissen verfügt, um den Beurkundungsanforderungen, insbesondere der Belehrungspflicht nach § 17 BeurkG gerecht werden zu können. Nimmt der Konsularbeamte gleichwohl wegen besonderer Dringlichkeit und örtlicher Gebundenheit der Beteiligten ein ihm besonders schwierig erscheinendes Urkundsgeschäft vor, sollte er seine eingeschränkten Möglichkeiten offen legen und die besonderen Umstände der Beurkundung in der Niederschrift darlegen (*von Schuckmann/Preuß* in: Huhn/ von Schuckmann § 4 BeurkG Rn. 38).

Der Konsularbeamte kann auf Verlangen Urkunden **auch in einer anderen als der deutschen Sprache** aufnehmen; Dolmetscher braucht er nicht zu vereidigen. **Vollstreckbare Ausfertigungen einer von ihm aufgenommenen Urkunde kann er nicht erteilen.** Dafür müsste das Original zuvor dem Amtsgericht Schöneberg in Berlin zur amtlichen Verwahrung übersandt worden sein, welches daraufhin die vollstreckbare Ausfertigung zu erteilen hätte; die Übersendung hat entweder der Konsulatsbeamte zu veranlassen, wenn einer der Beteiligten es verlangt hat, oder aber der Gläubiger, dem sie mangels anderweitiger Weisung zuvor bestimmungsgemäß ausgehändigt worden ist (§ 10 Abs. 3 Nr. 1, 2, 4, 5 KonsG).

2. Abschnitt: Gerichte (Amtsgericht, Prozessgericht der Vaterschaftsklage)

509 1. Die **Amtsgerichte** haben nach § 62 Abs. 1 BeurkG die Befugnis, konkurrierend mit dem Jugendamt zu beurkunden: Erklärungen über die Anerkennung der **Vaterschaft** (Nr. 1); die Verpflichtung zur Erfüllung von **Unterhaltsansprüchen eines Kindes** (Nr. 2); die Verpflichtung zur Erfüllung von **Unterhaltsansprüchen nach § 1615l BGB** (Nr. 3), schließlich – über § 29b Abs. 3 PStG – Erklärungen zur Anerkennung der **Mutterschaft**.

510 a) Der Umfang der Nr. 1 deckt sich mit demjenigen der Nr. 1 des Katalogs in § 59 Abs. 1 Satz 1 SGB VIII, da sie die dortige Legaldefinition übernimmt. Sie umfasst deshalb auch die Zustimmungserklärung der Mutter sowie die etwa erforderliche Zustimmungserklärung des Mannes, der im Zeitpunkt der Geburt mit der Mutter verheiratet ist (vgl. § 1599 Abs. 2 BGB), des Kindes, des Jugendlichen oder eines gesetzlichen Vertreters zu einer solchen Erklärung. Dies gilt auch dann, wenn eine dieser Erklärungen etwa aus dem Heimatrecht der Mutter oder des Kindes (Art. 23 EGBGB) zusätzlich erforderlich sein sollte. Im Übrigen aber ist die Aufzählung in § 62 BeurkG enger als der Katalog des SGB VIII. Sie umfasst nicht die im Jugendamt zulässige Beurkundung adoptionsrechtlicher Erklärungen nach § 1746 Abs 2 und 1747 Abs. 3 Nr. 3 BGB, die Sorgeerklärungen nach § 1626a Abs. 1 Nr. 1 BGB sowie die Erklärung des Unterhaltsschuldners im vereinfachten Verfahren nach § 648 ZPO.

511 b) **Örtlich zuständig** ist für die Beurkundung – auch ohne Ausspruch im Gesetz, aber aus in der Sache liegenden Gründen und entsprechend der Regelung im Jugendhilferecht – jedes beliebige Amtsgericht. Es wird **gebührenfrei** tätig, § 55a KostO i.d.F. des Art. 9 Abs. 4 SGB VIII.

512 c) Die **funktionale Zuständigkeit** im Amtsgericht liegt für die Beurkundungen beim **Rechtspfleger** (§ 3 Nr. 1 Buchst. f RPflG). Wo § 22 BeurkG die Zuziehung eines zweiten Notars vorsieht, ist hier ein zweiter Rechtspfleger gemeint. Eine Vorlage an den Richter nach § 5 Abs. 1 Nr. 2, 3 RPflG bei rechtlichen Zweifeln (mit Bindung an dessen Rechtsauffassung) oder in Fällen mit Auslandsberührung ist hier ausgeschlossen. Das gebietet die Analogie zu § 24 Abs. 3 RPflG. Der Grund: Hier wie dort sind die Beteiligten erschienen, um Erklärungen (die vielleicht eilbedürftig sind) aufnehmen zu lassen, so dass eine Einschaltung des (welchen?) Richters und Herbeiführung seiner Entscheidung auf eine mit den Umständen nicht zu vereinbarende Verzögerung hinausliefe. Die Gegenstimme von *Winkler* (Rpfleger 1971, 348) vermag ohne nähere Begründung nicht zu überzeugen: auch die Urkundsperson im Jugendamt kann sich ja nicht auf eine „Vorlage" zurückziehen. – Gegen eine **Ablehnung der Urkundstätigkeit** wäre, da „das Amtsgericht" als das Urkundsorgan bestimmt ist, die **innerdienstliche Aufsicht** anzurufen, die allerdings den Rechtspfleger nur anweisen könnte, tätig zu werden, ohne ihm hierfür sachliche Weisungen erteilen zu können (siehe oben Rn. 18); lehnt der Rechtspfleger daraufhin ein Tätigwerden durch förmlichen Beschluss ab, wäre hiergegen der Rechtsbehelf der Erinnerung nach § 11 RPflG eröffnet.

513 Dass der Rechtspfleger im Rahmen von Zahlungsverpflichtungen (§ 62 Nr. 2, 3 BeurkG) auch eine **Unterwerfung unter die sofortige Zwangsvollstreckung** beurkunden kann, ist im Gesetz nicht ausgesprochen. Von selbst verstünde es sich, angesichts des Katalogs des § 20 RpflG, nicht; § 62 Abs. 2 BeurkG setzt es offenbar voraus. Auch die Vollstreckungsklausel erteilt der Rechtspfleger – und nicht, wie sonst allgemein (§ 725 ZPO) der

Urkundsbeamte der Geschäftsstelle – jedenfalls für Verpflichtungen, die eine festgestellte Vaterschaft voraussetzen, weil deren Nachweis durch die öffentlich beurkundete Zustimmung der Mutter die Titulierung auf die Stufe des § 726 Abs. 1 ZPO hebt (oben Rn. 351, 356): § 20 Nr. 12 RPflG. Die gleiche Zuständigkeit besteht auch für die Erteilung der Rechtsnachfolgeklausel.

514 Die vorgenannte Zuständigkeit des Rechtspflegers schließt nach § 62 Abs. 2 BeurkG diejenige zur **Zustellung des Titels an den Schuldner** durch Aushändigung einer beglaubigten Abschrift an Amtsstelle ein, nach dem Vorbild des § 173 ZPO (wie schon § 60 Satz 2 SGB VIII). Wegen der Einzelheiten kann daher auf die Darstellung in Rn. 372–377 Bezug genommen werden. Darüber, dass auch hier der **Urkundsbeamte der Geschäftsstelle**, trotz § 209 ZPO, den Rechtspfleger nicht verdrängt, vgl. *Stöber* in: Zöller § 173 Rn. 4. Doch bleibt der Urkundsbeamte der Geschäftsstelle **zuständig für die einfache Ausfertigung** (§ 48 BeurkG: Fälle Rn. 168, 297), wie überhaupt für die **geschäftliche Abwicklung des Urkundsvorgangs** (Rn. 167; insbesondere also die vorgeschriebenen Benachrichtigungen), und für die vollstreckbare Ausfertigung dort, wo sie eine nachweisbedürftige Feststellung der Vaterschaft nicht voraussetzt (Rn. 292). In der innergerichtlichen Hierarchie spalten sich Funktionen zwischen mittlerem und gehobenem Dienst, die im Jugendamt die Urkundsperson in sich vereinigt.

515 Nicht erforderlich dagegen ist ein Verfahren, wie es die Urkundsperson des Jugendamts für die Erteilung einer **zweiten vollstreckbaren Ausfertigung** (§ 733 ZPO) nach § 60 Satz 3 Nr. 2 SGB VIII einzuhalten hat. Der Rechtspfleger des Amtsgerichts ist in § 20 Nr. 13 RPflG auch für die Erteilung von weiteren vollstreckbaren Ausfertigungen ausdrücklich für zuständig erklärt worden. Er braucht nicht einmal der nach der Geschäftsverteilung für Angelegenheiten des Vollstreckungsgerichts Zuständige zu sein, wie der Vergleich mit der für den Notar maßgebenden Vorschrift des § 797 Abs. 3 ZPO zeigt; das dort genannte „Amtsgericht" ist nicht das Vollstreckungsgericht (arg. § 724 Abs. 2 ZPO).

516 2. Das **Prozessgericht** – aller Instanzen – **in der Vaterschaftsklage** kann nach § 641c ZPO in der mündlichen Verhandlung zu Protokoll beurkunden: die Anerkennung der Vaterschaft und die Zustimmung der Mutter sowie gegebenenfalls des Kindes. Das Gleiche gilt für die etwa erforderliche Zustimmung des Mannes, der im Zeitpunkt der Geburt mit der Mutter des Kindes verheiratet ist (vgl. § 1599 Abs. 2 BGB). Schließlich kann auch der Widerruf der Anerkennung im Fall des § 1597 Abs. 3 BGB, wenn die Anerkennung ein Jahr nach ihrer Beurkundung noch nicht wirksam geworden ist, auf diese Weise beurkundet werden – ein wohl eher theoretischer Fall.

517 a) Vor ihm werden die Erklärungen **in der mündlichen Verhandlung** abgegeben. Für die einzuhaltende Form gelten zwar nicht die Vorschriften des Beurkundungsgesetzes (an deren Stelle treten die Anforderungen der Zivilprozessordnung an das **Sitzungsprotokoll**), wohl aber gelten sachlich die Grundsätze des materiellen Rechts, wie sie im Zweiten Abschnitt des

Ersten Titels unter Rn. 185–187, 190–192, 205–227, 237–247 dargestellt sind. **Belehrungspflichten** werden sich bei Mitwirkung von Anwälten meist erübrigen. Man beachte, dass die in der mündlichen Verhandlung abzugebenden Erklärungen, weil sie dem materiellen Recht angehören, nur **jeweils höchstpersönlich**, nicht aber von den Prozessbevollmächtigten vorgenommen werden können.

518 b) Eine im Zusammenhang mit der Anerkennung der Vaterschaft vor dem Prozessgericht gewünschte **Anerkennung der Unterhaltspflicht** ließe sich nur in Gestalt eines hiermit zu verbindenden gerichtlichen Vergleichs bewerkstelligen. Der Statusprozess hat sich als solcher erledigt (und wird als in der Hauptsache erledigt erklärt); er lässt sich nicht in einen gewöhnlichen Zahlungsprozess überleiten, auch nicht mit dem Ziel des Erlasses eines Anerkenntnisurteils. Anhängig bliebe allenfalls, soweit nicht die Unterhaltsfrage durch Vergleich erledigt wird, ein Verbundantrag auf Verurteilung zum Unterhalt in Höhe des Regelbetrages nach § 653 ZPO. Doch über diesen Punkt müsste streitig entschieden werden, da das Verfahren insoweit Statusprozess bleibt und ein Anerkenntnisurteil deshalb nicht möglich ist (BGH NJW 1974, 751; OLG Brandenburg FamRZ 2003, 617).

519 „Anerkennung der Vaterschaft" ist in § 641c ZPO (wie auch sonst) das **Bekenntnis des Vaters zum Kind**, nicht auch das Bekenntnis des Kindes zum Vater. Deshalb kann das Kind, welches nach Verweigerung der Zustimmung der Vaterschaftsanerkennung (durch die Mutter!) vom Vater auf Feststellung der Vaterschaft verklagt worden ist und nunmehr im Prozess nachgeben will, dort keine „Anerkennung" des bisher abgelehnten Vaters erklären. Nicht einmal eine (prozessuale) Anerkennung des Klagebegehrens nach § 307 ZPO wäre möglich. Der Prozess müsste streitig fortgeführt werden, wenn nicht nunmehr es zu einer nach § 641c ZPO beurkundeten Anerkennung der Vaterschaft mit Zustimmung der Mutter käme (und der Prozess daraufhin für erledigt erklärt wird).

520 Strittig ist, ob auch **Sorgeerklärungen** im Rahmen eines „Vergleichs" vor dem Familiengericht beurkundet werden können. Das ist mit dem *DIJuF-Rechtsgutachten* JAmt 2004, 315 zu verneinen; vgl. aber auch *DIJuF-Rechtsgutachten* JAmt 2004, 127.

3. Abschnitt: Standesämter

521 1. Konkurrierend mit Notar, Jugendamt und Gericht sind die Standesämter zu folgenden Beurkundungen im Kindschaftsrecht berufen:

- Nach § 29a Abs. 1 PStG zur Beurkundung der **Anerkennung der Vaterschaft** und der Zustimmung der Mutter, gegebenenfalls auch des Kindes (schlechthin, hier also auch des volljährigen, anders Rn. 238), zur Beurkundung der Zustimmung des gesetzlichen Vertreters zu einer dieser Erklärungen; dasselbe gilt auch für die Zustimmung des Ehemannes der Mutter zu einer solchen Erklärung im Fall des § 1599 Abs. 2 BGB; beurkundet werden kann schließlich auch der Widerruf der Anerkennung, falls diese ein Jahr nach ihrer Beurkundung noch nicht wirksam geworden ist (§ 1597 Abs. 3 BGB);

sowie nach § 31a PStG zur Beglaubigung oder (!) Beurkundung folgender **namensrechtlicher Erklärungen** – und jeweils auch der erforderlichen Zustimmungen –:

- die Bestimmung des Geburtsnamens durch die Eltern (Abs. 1 Satz 1 Nr. 1) sowie die Anschlusserklärung des Kindes hierzu (Abs. 1 Satz 1 Nr. 2)
- der Antrag eines Kindes auf Namenswechsel nach erfolgreicher Anfechtung der Vaterschaft (Abs. 1 Satz 1 Nr. 3) sowie der entsprechende Antrag des Mannes, wenn das Kind das fünfte Lebensjahr noch nicht vollendet hat (Abs. 1 Satz 1 Nr. 4)
- die Anschlusserklärung des Kindes nach Änderung des Familiennamens der Eltern oder eines Elternteils (Abs. 1 Satz 1 Nr. 5)
- die Erklärungen über die Einbenennung eines Kindes durch den allein- oder mitsorgeberechtigten Elternteil und seinen Ehegatten gemäß § 1618 BGB (Abs. 1 Satz 1 Nr. 6)
- die Erteilung des Namens des anderen Elternteils durch den alleinsorgeberechtigten Elternteil gemäß § 1617a Abs. 2 BGB.

Diese Erklärungen (nicht die Zustimmungen) sind als solche „gegenüber dem Standesbeamten" (des Geburtsortes des Kindes, § 29 Abs. 2 Satz 1, § 31a Abs. 2 Satz 1 PStG) abzugeben, der sie demnächst entgegenzunehmen hat (vgl. Rn. 524).

a) Im Bereich der namensrechtlichen Erklärungen, wo durchgehend vom materiellen Recht nur die **öffentliche Beglaubigung** verlangt wird, darf der Standesbeamte den gleichen Vorgang **auch beurkunden**. Praktische Bedeutung hat das u.a. dort, wo beispielsweise eine Einbenennung mit dem Eheschließungsakt verbunden wird.

522

b) Das PStG enthält keine ausdrückliche Bestimmung darüber, welcher Standesbeamte im konkreten Fall die Beurkundung oder Beglaubigung vorzunehmen habe oder vornehmen dürfe. Es spricht durchgehend nur von „dem" Standesbeamten, der zu beurkunden bzw. zu beglaubigen hat. Die Formulierung ist funktional zu verstehen: **Zuständig ist jeder (beliebige) Standesbeamte.** So für die Beurkundung der Erklärung über die Anerkennung der Vaterschaft: *Hepting/Gaaz* § 29 a PStG Rn. 6; es gilt aber darüber hinaus allgemein, wovon insbesondere die Dienstanweisung für die Standesbeamten (DA) in § 367 Abs. 5 ausgeht.

523

Wenn das Personenstandsgesetz in einigen Fällen den Standesbeamten des Geburtsorts des Kindes als **„zur Entgegennahme"** bestimmter, beurkundeter oder beglaubigter statusrechtlicher Erklärungen beruft – so für die Zustimmungserklärung in der Vaterschaftsanerkennung (§ 29a Abs. 2) und für die namensrechtlichen Erklärungen (§ 31a Abs. 2) –, hat dies eine andere Bedeutung. „Entgegennahme" ist nicht gleichbedeutend mit Vornahme des Urkundsaktes, der die entgegenzunehmende Erklärung ja überhaupt erst unter vorgeschriebener Mitwirkung des Urkundsorgans zustande bringen soll (bei der Beglaubigung wird ohnedies der Inhalt der Erklärung

524

von dem die Unterschrift beglaubigenden Urkundsorgan nicht „entgegengenommen"). Sie bezieht sich darauf, dass jene Erklärungen nach materiellem Recht – wie nach § 1617, § 1617a Abs. 2, §§ 1617b, 1617c, 1618 BGB – „gegenüber dem Standesbeamten" abzugeben sind. Die Entgegennahme **zielt auf ihn als Adressaten, nicht als Urkundsorgan.** Wer dieser Adressat-Standesbeamte sein soll, bestimmt für den Kindesnamensbereich § 31a Abs. 2 PStG (sowie für namensrechtliche Erklärung im Ehenamensbereich § 15c Abs. 2 PStG). Ihm sind deshalb die anderenorts aufgenommenen Erklärungen zu übersenden.

525 Die **globale Zuständigkeit eines jeden Standesbeamten** für die hier behandelten Beurkundungen und Beglaubigungen entspricht nach allem derjenigen eines jeden Jugendamts und eines jeden Amtsgerichts. Sie wird praktisch namentlich in den Fällen einer Anerkennung der Vaterschaft oder einer Einbenennung anlässlich des Eheschließungsaktes. Die Zuständigkeitsfrage in der vorgeburtlichen Anerkennung der Vaterschaft wäre in der Suche nach einem „zuständigen" Standesamt auch kaum anders zu praktizieren. Die verfahrenstechnische Abwicklung derartiger Anerkennungsfälle im Standesamt regelt DA § 372 Abs. 6 (Übersendung der beglaubigten Abschrift der Anerkennungsverhandlung an das Jugendamt des Wohnsitzes, hilfsweise des Aufenthalts der Schwangeren und daneben an die Schwangere selbst mit der Bitte, Zeit und Ort der Geburt demnächst mitzuteilen).

526 c) Die DA §§ 367, 372 ff. geben die Weisungen für die Urkundstätigkeit im Einzelnen; das Beurkundungsrecht erschöpfend darzustellen wäre nicht ihre Aufgabe. Ergänzend kann daher auf die Erläuterungen im Ersten Titel, namentlich auch die Belehrungspflichten, verwiesen werden.

527 Beurkundungen von Verpflichtungen auf Erfüllung von Zahlungsansprüchen, insbesondere Unterhaltsansprüchen, fallen nicht in die Zuständigkeit und das Arbeitsgebiet des Standesbeamten. Auch mit der Erteilung vollstreckbarer Ausfertigungen ist er deshalb nicht befasst.

528 d) Die **Gebühren** sind aufgrund einer Ermächtigung in § 70b PStG durch die Verordnung zur Ausführung des PStG-PStVO – geregelt. § 68 Abs. 1 Nr. 7 dieser Verordnung unterwirft einer Gebühr

„die Beurkundung oder Beglaubigung einer Erklärung, Einwilligung oder Zustimmung zur Namensführung aufgrund familienrechtlicher Vorschriften".

529 Soweit hiernach Gebühren erhoben werden können, ist es dem Ermessen des Standesbeamten überlassen, wegen Mittellosigkeit der Beteiligten oder sonst aus Billigkeitsgründen von der Gebührenerhebung ganz oder teilweise abzusehen (§ 67 Abs. 2 PStVO); die maßgebenden Verhältnisse haben die Beteiligten hierfür glaubhaft zu machen, soweit sie nicht dem Standesbeamten bekannt sind (§ 400 Abs. 3 DA).

Anhang I: Gesetzestexte

Sozialgesetzbuch Achtes Buch (SGB VIII)

Kinder- und Jugendhilfe

– Auszug –

§ 59 Beurkundung und Beglaubigung

(1) Die Urkundsperson beim Jugendamt ist befugt,

1. die Erklärung, durch die die Vaterschaft anerkannt wird oder die Anerkennung widerrufen wird, die Zustimmungserklärung der Mutter sowie die etwa erforderliche Zustimmung des Mannes, der im Zeitpunkt der Geburt mit der Mutter verheiratet ist, des Kindes, des Jugendlichen oder eines gesetzlichen Vertreters zu einer solchen Erklärung (Erklärungen über die Anerkennung der Vaterschaft) zu beurkunden,

2. die Erklärung, durch die die Mutterschaft anerkannt wird, sowie die etwa erforderliche Zustimmung des gesetzlichen Vertreters der Mutter zu beurkunden (§ 29b des Personenstandsgesetzes),

3. die Verpflichtung zur Erfüllung von Unterhaltsansprüchen eines Abkömmlings oder zur Leistung einer an Stelle des Unterhalts zu gewährenden Abfindung zu beurkunden, sofern die unterhaltsberechtigte Person zum Zeitpunkt der Beurkundung das 21. Lebensjahr noch nicht vollendet hat,

4. die Verpflichtung zur Erfüllung von Ansprüchen auf Unterhalt (§ 1615l des Bürgerlichen Gesetzbuchs) zu beurkunden,

5. (weggefallen)

6. den Widerruf der Einwilligung des Kindes in die Annahme als Kind (§ 1746 Abs. 2 des Bürgerlichen Gesetzbuchs) zu beurkunden,

7. die Erklärung, durch die der Vater auf die Übertragung der Sorge verzichtet (§ 1747 Abs. 3 Nr. 3 des Bürgerlichen Gesetzbuchs) zu beurkunden,

8. die Sorgeerklärung (§ 1626a Abs. 1 Nr. 1 des Bürgerlichen Gesetzbuchs) sowie die etwa erforderliche Zustimmung des gesetzlichen Vertreters eines beschränkt geschäftsfähigen Elternteils (§ 1626c Abs. 2 des Bürgerlichen Gesetzbuchs) zu beurkunden,

9. eine Erklärung des auf Unterhalt in Anspruch genommenen Elternteils nach § 648 der Zivilprozessordnung aufzunehmen; § 129a der Zivilprozessordnung gilt entsprechend.

Die Zuständigkeit der Notare, anderer Urkundspersonen oder sonstiger Stellen für öffentliche Beurkundungen und Beglaubigungen bleibt unberührt.

(2) Die Urkundsperson soll eine Beurkundung nicht vornehmen, wenn ihr in der betreffenden Angelegenheit die Vertretung eines Beteiligten obliegt.

(3) ¹Das Jugendamt hat geeignete Beamte und Angestellte zur Wahrnehmung der Aufgaben nach Absatz 1 zu ermächtigen. ²Die Länder können Näheres hinsichtlich der fachlichen Anforderungen an diese Personen regeln.

§ 60 Vollstreckbare Urkunden

Aus Urkunden, die eine Verpflichtung nach § 59 Abs. 1 Satz 1 Nr. 3 oder 4 zum Gegenstand haben und die von einem Beamten oder Angestellten des Jugendamts innerhalb der Grenzen seiner Amtsbefugnisse in der vorgeschriebenen Form aufgenommen worden sind, findet die Zwangsvollstreckung statt, wenn die Erklärung die Zahlung einer bestimmten Geldsumme betrifft und der Schuldner sich in der Urkunde der sofortigen Zwangsvollstreckung unterworfen hat. Die Zustellung kann auch dadurch vollzogen werden, dass der Beamte oder Angestellte dem Schuldner eine beglaubigte Abschrift der Urkunde aushändigt; § 212b Satz 2 der Zivilprozessordnung gilt entsprechend. Auf die Zwangsvollstreckung sind die Vorschriften, die für die Zwangsvollstreckung aus gerichtlichen Urkunden nach § 794 Abs. 1 Nr. 5 der Zivilprozessordnung gelten, mit folgenden Maßgaben entsprechend anzuwenden:

1. Die vollstreckbare Ausfertigung wird von den Beamten oder Angestellten des Jugendamts erteilt, denen die Beurkundung der Verpflichtungserklärung übertragen ist.
2. Über Einwendungen, die die Zulässigkeit der Vollstreckungsklausel betreffen, und über die Erteilung einer weiteren vollstreckbaren Ausfertigung entscheidet das für das Jugendamt zuständige Amtsgericht.

Beurkundungsgesetz (BeurkG)

vom 28. August 1969 (BGBl. I S. 1513), zuletzt geändert durch Gesetz vom 31. 8. 1998 (BGBl. I S. 2594).

Inhaltsübersicht

Erster Abschnitt: Allgemeine Vorschriften	**§§ 1–5**
Zweiter Abschnitt: Beurkundung von Willenserklärungen	**§§ 6–35**
1. Ausschließung des Notars	§§ 6–7
2. Niederschrift	§§ 8–16
3. Prüfungs- und Belehrungspflichten	§§ 17–21
4. Beteiligung behinderter Personen	§§ 22–26
5. Besonderheiten für Verfügungen von Todes wegen	§§ 27–35
Dritter Abschnitt: Sonstige Beurkundungen	**§§ 36–43**
1. Niederschriften	§§ 36–38
2. Vermerke	§§ 39–43
Vierter Abschnitt: Behandlung der Urkunden	**§§ 44–54**
Fünfter Abschnitt: Verwahrung	**§§ 54a–54e**
Sechster Abschnitt: Schlussvorschriften	**§§ 55–71**
1. Verhältnis zu anderen Gesetzen	§§ 55–69
a) Bundesrecht	§§ 55–59
b) Landesrecht	§§ 60–64
c) Amtliche Beglaubigungen	§ 65
d) Eidesstattliche Versicherungen in Verwaltungsverfahren	§ 66
e) Erklärungen juristischer Personen des öffentlichen Rechts	§ 67
f) Bereits errichtete Urkunden	§ 68
g) Verweisungen	§ 69
2. Geltung in Berlin	§ 70
3. In-Kraft-Treten	§ 71

Erster Abschnitt: Allgemeine Vorschriften

§ 1 Geltungsbereich

(1) Dieses Gesetz gilt für öffentliche Beurkundungen und Verwahrungen durch den Notar.

(2) Soweit für öffentliche Beurkundungen neben dem Notar auch andere Urkundspersonen oder sonstige Stellen zuständig sind, gelten die Vorschriften dieses Gesetzes, ausgenommen § 5 Abs. 2, entsprechend.

§ 2 Überschreiten des Amtsbezirks

Eine Beurkundung ist nicht deshalb unwirksam, weil der Notar sie außerhalb seines Amtsbezirks oder außerhalb des Landes vorgenommen hat, in dem er zum Notar bestellt ist.

§ 3 Verbot der Mitwirkung als Notar

(1) Ein Notar soll an einer Beurkundung nicht mitwirken, wenn es sich handelt um

1. eigene Angelegenheiten, auch wenn der Notar nur mitberechtigt oder mitverpflichtet ist,
2. Angelegenheiten seines Ehegatten, früheren Ehegatten oder seines Verlobten,
3. Angelegenheiten einer Person, die mit dem Notar in gerader Linie verwandt oder verschwägert oder in der Seitenlinie bis zum dritten Grade verwandt oder bis zum zweiten Grade verschwägert ist oder war.
4. Angelegenheiten einer Person, mit der sich der Notar zur gemeinsamen Berufsausübung verbunden oder mit der er gemeinsame Geschäftsräume hat,
5. Angelegenheiten einer Person, deren gesetzlicher Vertreter der Notar oder eine Person im Sinne von Nummer 4 ist,
6. Angelegenheiten einer Person, deren vertretungsberechtigtem Organ der Notar oder eine Person im Sinne der Nummer 4 angehört,
7. Angelegenheiten einer Person, für die der Notar außerhalb seiner Amtstätigkeit oder eine Person im Sinne der Nummer 4 außerhalb ihrer Amtstätigkeit in derselben Angelegenheit bereits tätig war oder ist, es sei denn, diese Tätigkeit wurde im Auftrag aller Personen ausgeübt, die an der Beurkundung beteiligt sein sollen,
8. Angelegenheiten einer Person, die den Notar in derselben Angelegenheit bevollmächtigt hat oder zu der der Notar oder eine Person im Sinne der Nummer 4 in einem ständigen Dienst- oder ähnlichen ständigen Geschäftsverhältnis steht, oder
9. Angelegenheiten einer Gesellschaft, an der der Notar mit mehr als fünf vom Hundert der Stimmrechte oder mit einem anteiligen Betrag des Haftkapitals von mehr als fünftausend Deutsche Mark beteiligt ist.

Der Notar hat vor der Beurkundung nach einer Vorbefassung im Sinne der Nummer 7 zu fragen und in der Urkunde die Antwort zu vermerken.

(2) Handelt es sich um eine Angelegenheit mehrerer Personen und ist der Notar früher in dieser Angelegenheit als gesetzlicher Vertreter oder Bevollmächtigter tätig gewesen, oder ist er für eine dieser Personen in anderer Sache als Bevollmächtigter tätig, so soll er vor der Beurkundung darauf hinweisen und fragen, ob er die Beurkundung gleichwohl vornehmen soll. In der Urkunde soll er vermerken, dass dies geschehen ist.

(3) Absatz 2 gilt entsprechend, wenn es sich handelt um

1. Angelegenheiten einer Person, deren nicht zur Vertretung berechtigtem Organ der Notar angehört,
2. Angelegenheiten einer Gemeinde oder eines Kreises, deren Organ der Notar angehört,
3. Angelegenheiten einer als Körperschaft des öffentlichen Rechts anerkannten Religions- oder Weltanschauungsgemeinschaft oder einer als Körperschaft des öffentlichen Rechts anerkannten Teilorganisation einer solchen Gemeinschaft, deren Organ der Notar angehört. In den Fällen der Nummern 2 und 3 ist Absatz 1 Nr. 6 nicht anwendbar.

§ 4 Ablehnung der Beurkundung

Der Notar soll die Beurkundung ablehnen, wenn sie mit seinen Amtspflichten nicht vereinbar wäre, insbesondere wenn seine Mitwirkung bei Handlungen verlangt wird, mit denen erkennbar unerlaubte oder unredliche Zwecke verfolgt werden.

§ 5 Urkundensprache

(1) Urkunden werden in deutscher Sprache errichtet.

(2) Der Notar kann auf Verlangen Urkunden auch in einer anderen Sprache errichten. Er soll dem Verlangen nur entsprechen, wenn er der fremden Sprache hinreichend kundig ist.

Zweiter Abschnitt: Beurkundung von Willenserklärungen

1. Ausschließung des Notars

§ 6 Ausschließungsgründe (bei formeller Beteiligung)

(1) Die Beurkundung von Willenserklärungen ist unwirksam, wenn

1. der Notar selbst,
2. sein Ehegatte,
3. eine Person, die mit ihm in gerader Linie verwandt ist oder war oder
4. ein Vertreter, der für eine der in den Nummern 1 bis 3 bezeichneten Personen handelt,

an der Beurkundung beteiligt ist.

(2) An der Beurkundung beteiligt sind die Erschienenen, deren im eigenen oder fremden Namen abgegebene Erklärungen beurkundet werden sollen.

§ 7 Beurkundungen zugunsten des Notars oder seiner Angehörigen

Die Beurkundung von Willenserklärungen ist insoweit unwirksam, als diese darauf gerichtet sind,

1. dem Notar,
2. seinem Ehegatten oder früheren Ehegatten

3. einer Person, die mit ihm in gerader Linie verwandt oder verschwägert oder in der Seitenlinie bis zum dritten Grade verwandt oder bis zum zweiten Grade verschwägert ist oder war

einen rechtlichen Vorteil zu verschaffen.

2. Niederschrift

§ 8 Grundsatz

Bei der Beurkundung von Willenserklärungen muss eine Niederschrift über die Verhandlung aufgenommen werden.

§ 9 Inhalt der Niederschrift

(1) Die Niederschrift muss enthalten

1. die Bezeichnung des Notars und der Beteiligten

    sowie

2. die Erklärungen der Beteiligten.

Erklärungen in einem Schriftstück, auf das in der Niederschrift verwiesen und das dieser beigefügt wird, gelten als in der Niederschrift selbst enthalten. Satz 2 gilt entsprechend, wenn die Beteiligten unter Verwendung von Karten, Zeichnungen oder Abbildungen Erklärungen abgeben.

(2) Die Niederschrift soll Ort und Tag der Verhandlung enthalten.

§ 10 Feststellung der Beteiligten

(1) In der Niederschrift soll die Person der Beteiligten so genau bezeichnet werden, dass Zweifel und Verwechslung ausgeschlossen sind.

(2) Aus der Niederschrift soll sich ergeben, ob der Notar die Beteiligten kennt oder wie er sich Gewißheit über ihre Person verschafft hat. Kann sich der Notar diese Gewißheit nicht verschaffen, wird aber gleichwohl die Aufnahme der Niederschrift verlangt, so soll der Notar dies in der Niederschrift unter Anführung des Sachverhalts angeben.

§ 11 Feststellungen über die Geschäftsfähigkeit

(1) Fehlt einem Beteiligten nach der Überzeugung des Notars die erforderliche Geschäftsfähigkeit, so soll die Beurkundung abgelehnt werden. Zweifel an der erforderlichen Geschäftsfähigkeit eines Beteiligten soll der Notar in der Niederschrift feststellen.

(2) Ist ein Beteiligter schwer krank, so soll dies in der Niederschrift vermerkt und angegeben werden, welche Feststellungen der Notar über die Geschäftsfähigkeit getroffen hat.

§ 12 Nachweise für die Vertretungsberechtigung

Vorgelegte Vollmachten und Ausweise über die Berechtigung eines gesetzlichen Vertreters sollen der Niederschrift in Urschrift oder in beglaubigter Abschrift beigefügt werden. Ergibt sich die Vertretungsberechtigung aus einer Eintragung im Handelsregister oder in einem ähnlichen Register, so genügt die Bescheinigung eines Notars nach § 21 der Bundesnotarordnung.

§ 13 Vorlesen, Genehmigen, Unterschreiben

(1) Die Niederschrift muss in Gegenwart des Notars den Beteiligten vorgelesen, von ihnen genehmigt und eigenhändig unterschrieben werden; soweit die Niederschrift auf Karten, Zeichnungen oder auf Abbildungen verweist, müssen diese den Beteiligten anstelle des Vorlesens zur Durchsicht vorgelegt werden. In der Niederschrift soll festgestellt werden, dass dies geschehen ist. Haben die Beteiligten die Niederschrift eigenhändig unterschrieben, so wird vermutet, dass sie in Gegenwart des Notars vorgelesen oder, soweit nach Satz 1 erforderlich, zur Durchsicht vorgelegt und von den Beteiligten genehmigt ist. Die Niederschrift soll den Beteiligten auf Verlangen vor der Genehmigung auch zur Durchsicht vorgelegt werden.

(2) Werden mehrere Niederschriften aufgenommen, die ganz oder teilweise übereinstimmen, so genügt es, wenn der übereinstimmende Inhalt den Beteiligten einmal nach Abs. 1 Satz 1 vorgelesen oder anstelle des Vorlesens zur Durchsicht vorgelegt wird. § 18 der Bundesnotarordnung bleibt unberührt.

(3) Die Niederschrift muss von dem Notar eigenhändig unterschrieben werden. Der Notar soll der Unterschrift seine Amtsbezeichnung beifügen.

§ 13a Eingeschränkte Beifügungs- und Vorlesungspflicht

(1) Wird in der Niederschrift auf eine andere notarielle Niederschrift verwiesen, die nach den Vorschriften über die Beurkundung von Willenserklärungen errichtet worden ist, so braucht diese nicht vorgelesen zu werden, wenn die Beteiligten erklären, dass ihnen der Inhalt der anderen Niederschrift bekannt ist, und sie auf das Vorlesen verzichten. Dies soll in der Niederschrift festgestellt werden. Der Notar soll nur beurkunden, wenn den Beteiligten die andere Niederschrift zumindest in beglaubigter Abschrift bei der Beurkundung vorliegt. Für die Vorlage zur Durchsicht anstelle des Vorlesens von Karten, Zeichnungen oder Abbildungen gelten die Sätze 1 bis 3 entsprechend.

(2) Die andere Niederschrift braucht der Niederschrift nicht beigefügt zu werden, wenn die Beteiligten darauf verzichten. In der Niederschrift soll festgestellt werden, dass die Beteiligten auf das Beifügen verzichtet haben.

(3) Kann die andere Niederschrift bei dem Notar oder einer anderen Stelle rechtzeitig vor der Beurkundung eingesehen werden, so soll der Notar dies den Beteiligten vor der Verhandlung mitteilen; befindet sich die andere Niederschrift bei dem Notar, so soll er diese dem Beteiligten auf Verlangen übermitteln. Unbeschadet des § 17 soll der Notar die Beteiligten auch über die Bedeutung des Verweisens auf die andere Niederschrift belehren.

(4) Wird in der Niederschrift auf Karten oder Zeichnungen verwiesen, die von einer öffentlichen Behörde innerhalb der Grenzen ihrer Amtsbefugnisse oder von einer mit öffentlichem Glauben versehenen Person innerhalb des ihr zugewiesenen Geschäftskreises mit Unterschrift und Siegel oder Stempel versehen worden sind, so gelten die Absätze 1 bis 3 entsprechend.

§ 14 Eingeschränkte Vorlesungspflicht

(1) Werden Bilanzen, Inventare, Nachlassverzeichnisse oder sonstige Bestandsverzeichnisse über Sachen, Rechte und Rechtsverhältnisse in ein Schriftstück aufgenommen, auf das in der Niederschrift verwiesen und das dieser beigefügt wird, so braucht es nicht vorgelesen zu werden, wenn die Beteiligten auf das Vorlesen verzichten. Das Gleiche gilt für

Erklärungen, die bei der Bestellung einer Hypothek, Grundschuld, Rentenschuld, Schiffshypothek oder eines Registerpfandrechts an Luftfahrzeugen aufgenommen werden und nicht im Grundbuch, Schiffsregister, Schiffsbauregister oder im Register für Pfandrechte an Luftfahrzeugen selbst angegeben zu werden brauchen. Eine Erklärung, sich der sofortigen Zwangsvollstreckung zu unterwerfen, muss in die Niederschrift selbst aufgenommen werden.

(2) Wird nach Absatz 1 das beigefügte Schriftstück nicht vorgelesen, so soll es den Beteiligten zur Kenntnisnahme vorgelegt und von ihnen unterschrieben werden; besteht das Schriftstück aus mehreren Seiten, soll jede Seite von ihnen unterzeichnet werden. § 17 bleibt unberührt.

(3) In der Niederschrift muss festgestellt werden, dass die Beteiligten auf das Vorlesen verzichtet haben; es soll festgestellt werden, dass ihnen das beigefügte Schriftstück zur Kenntnisnahme vorgelegt worden ist.

§ 15 Versteigerungen

Bei der Beurkundung von Versteigerungen gelten nur solche Bieter als beteiligt, die an ihr Gebot gebunden bleiben. Entfernt sich ein solcher Bieter vor dem Schluss der Verhandlung, so gilt § 13 Abs. 1 insoweit nicht; in der Niederschrift muss festgestellt werden, dass sich der Bieter vor dem Schluss der Verhandlung entfernt hat.

§ 16 Übersetzung der Niederschrift

(1) Ist ein Beteiligter nach seinen Angaben oder nach der Überzeugung des Notars der deutschen Sprache oder, wenn die Niederschrift in einer anderen als der deutschen Sprache aufgenommen wird, dieser Sprache nicht hinreichend kundig, so soll dies in der Niederschrift festgestellt werden.

(2) Eine Niederschrift, die eine derartige Feststellung enthält, muss dem Beteiligten anstelle des Vorlesens übersetzt werden. Wenn der Beteiligte es verlangt, soll die Übersetzung außerdem schriftlich angefertigt und ihm zur Durchsicht vorgelegt werden; die Übersetzung soll der Niederschrift beigefügt werden. Der Notar soll den Beteiligten darauf hinweisen, dass dieser eine schriftliche Übersetzung verlangen kann. Diese Tatsachen sollen in der Niederschrift festgestellt werden.

(3) Für die Übersetzung muß, falls der Notar nicht selbst übersetzt, ein Dolmetscher zugezogen werden. Für den Dolmetscher gelten die §§ 6, 7 entsprechend. Ist der Dolmetscher nicht allgemein vereidigt, so soll ihn der Notar vereidigen, es sei denn, dass alle Beteiligten darauf verzichten. Diese Tatsachen sollen in der Niederschrift festgestellt werden. Die Niederschrift soll auch von dem Dolmetscher unterschrieben werden.

3. Prüfungs- und Belehrungspflichten

§ 17 Grundsatz

(1) Der Notar soll den Willen der Beteiligten erforschen, den Sachverhalt klären, die Beteiligten über die rechtliche Tragweite des Geschäfts belehren und ihre Erklärungen klar und unzweideutig in der Niederschrift wiedergeben. Dabei soll er darauf achten, dass Irrtümer und Zweifel vermieden sowie unerfahrene und ungewandte Beteiligte nicht benachteiligt werden.

(2) Bestehen Zweifel, ob das Geschäft dem Gesetz oder dem wahren Willen der Beteiligten entspricht, so sollen die Bedenken mit den Beteiligten erörtert werden. Zweifelt der

Notar an der Wirksamkeit des Geschäfts und bestehen die Beteiligten auf der Beurkundung, so soll er die Belehrung und die dazu abgegebenen Erklärungen der Beteiligten in der Niederschrift vermerken.

(2a) Der Notar soll das Beurkundungsverfahren so gestalten, dass die Einhaltung der Pflichten nach den Absätzen 1 und 2 gewährleistet ist.

(3) Kommt ausländisches Recht zur Anwendung oder bestehen darüber Zweifel, so soll der Notar die Beteiligten darauf hinweisen und dies in der Niederschrift vermerken. Zur Belehrung über den Inhalt ausländischer Rechtsordnungen ist er nicht verpflichtet.

§ 18 Genehmigungserfordernisse

Auf die erforderlichen gerichtlichen oder behördlichen Genehmigungen oder Bestätigungen oder etwa darüber bestehende Zweifel soll der Notar die Beteiligten hinweisen und dies in der Niederschrift vermerken.

§ 19 Unbedenklichkeitsbescheinigung

Darf nach dem Grunderwerbsteuerrecht oder dem Kapitalverkehrsteuerrecht eine Eintragung im Grundbuch oder im Handelsregister erst vorgenommen werden, wenn die Unbedenklichkeitsbescheinigung des Finanzamts vorliegt, so soll der Notar die Beteiligten darauf hinweisen und dies in der Niederschrift vermerken.

§ 20 Gesetzliches Vorkaufsrecht

Beurkundet der Notar die Veräußerung eines Grundstücks, so soll er, wenn ein gesetzliches Vorkaufsrecht in Betracht kommen könnte, darauf hinweisen und dies in der Niederschrift vermerken.

§ 21 Grundbucheinsicht, Briefvorlage

(1) Bei Geschäften, die im Grundbuch eingetragene oder einzutragende Rechte zum Gegenstand haben, soll sich der Notar über den Grundbuchinhalt unterrichten. Sonst soll er nur beurkunden, wenn die Beteiligten trotz Belehrung über die damit verbundenen Gefahren auf einer sofortigen Beurkundung bestehen; dies soll er in der Niederschrift vermerken.

(2) Bei der Abtretung oder Belastung eines Briefpfandrechts soll der Notar in der Niederschrift vermerken, ob der Brief vorgelegen hat.

4. Beteiligung behinderter Personen

§ 22 Taube, Stumme, Blinde

(1) Vermag ein Beteiligter nach seinen Angaben oder nach der Überzeugung des Notars nicht hinreichend zu hören, zu sprechen oder zu sehen, so soll zu der Beurkundung ein Zeuge oder ein zweiter Notar zugezogen werden, es sei denn, dass alle Beteiligten darauf verzichten. Diese Tatsachen sollen in der Niederschrift festgestellt werden.

(2) Die Niederschrift soll auch von dem Zeugen oder dem zweiten Notar unterschrieben werden.

§ 23 Besonderheiten für Taube

Eine Niederschrift, in der nach § 22 Abs. 1 festgestellt ist, dass ein Beteiligter nicht hinreichend zu hören vermag, muss diesem Beteiligten anstelle des Vorlesens zur Durchsicht vorgelegt werden; in der Niederschrift soll festgestellt werden, dass dies geschehen ist.

Hat der Beteiligte die Niederschrift eigenhändig unterschrieben, so wird vermutet, dass sie ihm zur Durchsicht vorgelegt und von ihm genehmigt worden ist.

§ 24 Besonderheiten für Taube und Stumme, mit denen eine schriftliche Verständigung nicht möglich ist

(1) Vermag ein Beteiligter nach seinen Angaben oder nach der Überzeugung des Notars nicht hinreichend zu hören oder zu sprechen und sich auch nicht schriftlich zu verständigen, so soll der Notar dies in der Niederschrift feststellen. Wird in der Niederschrift eine solche Feststellung getroffen, so muss zu der Beurkundung eine Vertrauensperson zugezogen werden, die sich mit dem behinderten Beteiligten zu verständigen vermag; in der Niederschrift soll festgestellt werden, dass dies geschehen ist. Die Niederschrift soll auch von der Vertrauensperson unterschrieben werden.

(2) Die Beurkundung von Willenserklärungen ist insoweit unwirksam, als diese darauf gerichtet sind, der Vertrauensperson einen rechtlichen Vorteil zu verschaffen.

(3) Das Erfordernis, nach § 22 einen Zeugen oder zweiten Notar zuzuziehen, bleibt unberührt.

§ 25 Schreibunfähige

Vermag ein Beteiligter nach seinen Angaben oder nach der Überzeugung des Notars seinen Namen nicht zu schreiben, so muss bei dem Vorlesen und der Genehmigung ein Zeuge oder ein zweiter Notar zugezogen werden, wenn nicht bereits nach § 22 ein Zeuge oder ein zweiter Notar zugezogen worden ist. Diese Tatsachen sollen in der Niederschrift festgestellt werden. Die Niederschrift muss von dem Zeugen oder dem zweiten Notar unterschrieben werden.

§ 26 Verbot der Mitwirkung als Zeuge oder zweiter Notar

(1) Als Zeuge oder zweiter Notar soll bei der Beurkundung nicht zugezogen werden, wer

1. selbst beteiligt ist oder durch einen Beteiligten vertreten wird,
2. aus einer zu beurkundenden Willenserklärung einen rechtlichen Vorteil erlangt,
3. mit dem Notar verheiratet ist oder
4. mit ihm in gerader Linie verwandt ist oder war.

(2) Als Zeuge soll bei der Beurkundung ferner nicht zugezogen werden, wer

1. zu dem Notar in einem ständigen Dienstverhältnis steht,
2. minderjährig ist,
3. geisteskrank oder geistesschwach ist,
4. nicht hinreichend zu hören, zu sprechen oder zu sehen vermag,
5. nicht schreiben kann oder
6. der deutschen Sprache nicht hinreichend kundig ist; dies gilt nicht im Falle des § 5 Abs. 2, wenn der Zeuge der Sprache der Niederschrift hinreichend kundig ist.

5. Besonderheiten für Verfügungen von Todes wegen

§ 27 Begünstigte Personen

Die §§ 7, 16 Abs. 3 Satz 2, § 24 Abs. 2, § 26 Abs. 1 Nr. 2 gelten entsprechend für Personen, die in einer Verfügung von Todes wegen bedacht oder zum Testamentsvollstrecker ernannt werden.

§ 28 Feststellungen über die Geschäftsfähigkeit

Der Notar soll seine Wahrnehmungen über die erforderliche Geschäftsfähigkeit des Erblassers in der Niederschrift vermerken.

§ 29 Zeugen, zweiter Notar

Auf Verlangen der Beteiligten soll der Notar bei der Beurkundung bis zu zwei Zeugen oder einen zweiten Notar zuziehen und dies in der Niederschrift vermerken. Die Niederschrift soll auch von diesen Personen unterschrieben werden.

§ 30 Übergabe einer Schrift

Wird eine Verfügung von Todes wegen durch Übergabe einer Schrift errichtet, so muss die Niederschrift auch die Feststellung enthalten, dass die Schrift übergeben worden ist. Die Schrift soll derart gekennzeichnet werden, dass eine Verwechslung ausgeschlossen ist. In der Niederschrift soll vermerkt werden, ob die Schrift offen oder verschlossen übergeben worden ist. Von dem Inhalt einer offen übergebenen Schrift soll der Notar Kenntnis nehmen, sofern er der Sprache, in der die Schrift verfasst ist, hinreichend kundig ist; § 17 ist anzuwenden. Die Schrift soll der Niederschrift beigefügt werden; einer Verlesung der Schrift bedarf es nicht.

§ 31 Übergabe einer Schrift durch Stumme

Ein Erblasser, der nach seinen Angaben oder nach der Überzeugung des Notars nicht hinreichend zu sprechen vermag (§ 2233 Abs. 3 des Bürgerlichen Gesetzbuchs), muss die Erklärung, dass die übergebene Schrift seinen letzten Willen enthalte, bei der Verhandlung eigenhändig in die Niederschrift oder auf ein besonderes Blatt schreiben, das der Niederschrift beigefügt werden soll. Das eigenhändige Niederschreiben der Erklärung soll in der Niederschrift festgestellt werden. Die Niederschrift braucht von dem behinderten Beteiligten nicht besonders genehmigt zu werden.

§ 32 Sprachunkundige

Ist ein Erblasser, der dem Notar seinen letzten Willen mündlich erklärt, der Sprache, in der die Niederschrift aufgenommen wird, nicht hinreichend kundig und ist dies in der Niederschrift festgestellt, so muss eine schriftliche Übersetzung angefertigt werden, die der Niederschrift beigefügt werden soll. Der Erblasser kann hierauf verzichten; der Verzicht muss in der Niederschrift festgestellt werden.

§ 33 Besonderheiten beim Erbvertrag

Bei einem Erbvertrag gelten die §§ 30 bis 32 entsprechend auch für die Erklärung des anderen Vertragschließenden.

§ 34 Verschließung, Verwahrung

(1) Die Niederschrift über die Errichtung eines Testaments soll der Notar in einen Umschlag nehmen und diesen mit dem Prägesiegel verschließen. In den Umschlag sollen

auch die nach den §§ 30 bis 32 beigefügten Schriften genommen werden. Auf dem Umschlag soll der Notar den Erblasser seiner Person nach näher bezeichnen und angeben, wann das Testament errichtet worden ist; diese Aufschrift soll der Notar unterschreiben. Der Notar soll veranlassen, dass das Testament unverzüglich in besondere amtliche Verwahrung gebracht wird.

(2) Beim Abschluss eines Erbvertrages gilt Absatz 1 entsprechend, sofern nicht die Vertragschließenden die besondere amtliche Verwahrung ausschließen; dies ist im Zweifel anzunehmen, wenn der Erbvertrag mit einem anderen Vertrag in derselben Urkunde verbunden wird.

(3) Haben die Beteiligten bei einem Erbvertrag die besondere amtliche Verwahrung ausgeschlossen, so bleibt die Urkunde in der Verwahrung des Notars. Nach Eintritt des Erbfalls hat der Notar die Urkunde an das Nachlassgericht abzuliefern, in dessen Verwahrung sie verbleibt.

§ 35 Niederschrift ohne Unterschrift des Notars

Hat der Notar die Niederschrift über die Errichtung einer Verfügung von Todes wegen nicht unterschrieben, so ist die Beurkundung aus diesem Grunde nicht unwirksam, wenn er die Aufschrift auf dem verschlossenen Umschlag unterschrieben hat.

Dritter Abschnitt: Sonstige Beurkundungen

1. Niederschriften

§ 36 Grundsatz

Bei der Beurkundung anderer Erklärungen als Willenserklärungen sowie sonstiger Tatsachen oder Vorgänge muss eine Niederschrift aufgenommen werden, soweit in § 39 nichts anderes bestimmt ist.

§ 37 Inhalt der Niederschrift

(1) Die Niederschrift muss enthalten

1. die Bezeichnung des Notars sowie
2. den Bericht über seine Wahrnehmungen.

Der Bericht des Notars in einem Schriftstück, auf das in der Niederschrift verwiesen und das dieser beigefügt wird, gilt als in der Niederschrift selbst enthalten. Satz 2 gilt entsprechend, wenn der Notar unter Verwendung von Karten, Zeichnungen oder Abbildungen seinen Bericht erstellt.

(2) In der Niederschrift sollen Ort und Tag der Wahrnehmungen des Notars sowie Ort und Tag der Errichtung der Urkunde angegeben werden.

(3) § 13 Abs. 3 gilt entsprechend.

§ 38 Eide, eidesstattliche Versicherungen

(1) Bei der Abnahme von Eiden und bei der Aufnahme eidesstattlicher Versicherungen gelten die Vorschriften über die Beurkundung von Willenserklärungen entsprechend.

(2) Der Notar soll über die Bedeutung des Eides oder der eidesstattlichen Versicherung belehren und dies in der Niederschrift vermerken.

2. Vermerke

§ 39 Einfache Zeugnisse

Bei der Beglaubigung einer Unterschrift oder eines Handzeichens oder der Zeichnung einer Namensunterschrift, bei der Feststellung des Zeitpunktes, zu dem eine Privaturkunde vorgelegt worden ist, bei Bescheinigungen über Eintragungen in öffentlichen Registern, bei der Beglaubigung von Abschriften, Abdrucken, Ablichtungen und dergleichen (Abschriften) und bei sonstigen einfachen Zeugnissen genügt anstelle einer Niederschrift eine Urkunde, die das Zeugnis, die Unterschrift und das Präge- oder Farbdrucksiegel (Siegel) des Notars enthalten muss und Ort und Tag der Ausstellung angeben soll (Vermerk).

§ 40 Beglaubigung einer Unterschrift

(1) Eine Unterschrift soll nur beglaubigt werden, wenn sie in Gegenwart des Notars vollzogen oder anerkannt wird.

(2) Der Notar braucht die Urkunde nur darauf zu prüfen, ob Gründe bestehen, seine Amtstätigkeit zu untersagen.

(3) Der Beglaubigungsvermerk muss auch die Person bezeichnen, welche die Unterschrift vollzogen oder anerkannt hat. In dem Vermerk soll angegeben werden, ob die Unterschrift vor dem Notar vollzogen oder anerkannt worden ist.

(4) § 10 Abs. 1, Abs. 2 Satz 1 gilt entsprechend.

(5) Unterschriften ohne zugehörigen Text soll der Notar nur beglaubigen, wenn dargelegt wird, dass die Beglaubigung vor der Festlegung des Urkundeninhalts benötigt wird. In dem Beglaubigungsvermerk soll angegeben werden, dass bei der Beglaubigung ein durch die Unterschrift gedeckter Text nicht vorhanden war.

(6) Die Absätze 1 bis 5 gelten für die Beglaubigung von Handzeichen entsprechend.

§ 41 Beglaubigung der Zeichnung einer Firma oder Namensunterschrift

Bei der Beglaubigung der Zeichnung einer Namensunterschrift, die zur Aufbewahrung beim Gericht bestimmt ist, muss die Zeichnung in Gegenwart des Notars vollzogen werden; dies soll in dem Beglaubigungsvermerk festgestellt werden. Der Beglaubigungsvermerk muss auch die Person angeben, welche gezeichnet hat. § 10 Abs. 1, Abs. 2 Satz 1 gilt entsprechend.

§ 42 Beglaubigung einer Abschrift

(1) Bei der Beglaubigung der Abschrift einer Urkunde soll festgestellt werden, ob die Urkunde eine Urschrift, eine Ausfertigung, eine beglaubigte oder einfache Abschrift ist.

(2) Finden sich in einer dem Notar vorgelegten Urkunde Lücken, Durchstreichungen, Einschaltungen, Änderungen oder unleserliche Worte, zeigen sich Spuren der Beseitigung von Schriftzeichen, insbesondere Radierungen, ist der Zusammenhang einer aus mehreren Blättern bestehenden Urkunde aufgehoben oder sprechen andere Umstände dafür, dass der ursprüngliche Inhalt der Urkunde geändert worden ist, so soll dies in dem Beglaubigungsvermerk festgestellt werden, sofern es sich nicht schon aus der Abschrift ergibt.

(3) Enthält die Abschrift nur den Auszug aus einer Urkunde, so soll in dem Beglaubigungsvermerk der Gegenstand des Auszugs angegeben und bezeugt werden, dass die Urkunde über diesen Gegenstand keine weiteren Bestimmungen enthält.

§ 43 Feststellung des Zeitpunktes der Vorlegung einer privaten Urkunde

Bei der Feststellung des Zeitpunktes, zu dem eine private Urkunde vorgelegt worden ist, gilt § 42 Abs. 2 entsprechend.

Vierter Abschnitt: Behandlung der Urkunden

§ 44 Verbindung mit Schnur und Prägesiegel

Besteht eine Urkunde aus mehreren Blättern, so sollen diese mit Schnur und Prägesiegel verbunden werden. Das gleiche gilt für Schriftstücke sowie für Karten, Zeichnungen oder Abbildungen, die nach § 9 Abs. 1 Satz 2, 3, §§ 14, 37 Abs. 1 Satz 2, 3 der Niederschrift beigefügt worden sind.

§ 44a Änderungen in den Urkunden

(1) Zusätze und sonstige, nicht nur geringfügige Änderungen sollen am Schluss vor den Unterschriften oder am Rande vermerkt und im letzeren Falle von dem Notar besonders unterzeichnet werden. Ist der Niederschrift ein Schriftstück nach § 9 Abs. 1 Satz 2, den §§ 14, 37 Abs. 1 Satz 2 beigefügt, so brauchen Änderungen in dem beigefügten Schriftstück nicht unterzeichnet zu werden, wenn aus der Niederschrift hervorgeht, dass sie genehmigt worden sind.

(2) Offensichtliche Unrichtigkeiten kann der Notar auch nach Abschluss der Niederschrift durch einen von ihm zu unterschreibenden Nachtragsvermerk richtigstellen. Der Nachtragsvermerk ist am Schluss nach den Unterschriften oder auf einem besonderen, mit der Urkunde zu verbindenden Blatt niederzulegen und mit dem Datum der Richtigstellung zu versehen. Ergibt sich im Übrigen nach Abschluss der Niederschrift die Notwendigkeit einer Änderung oder Berichtigung, so hat der Notar hierüber eine besondere Niederschrift aufzunehmen.

§ 45 Aushändigung der Urschrift

(1) Die Urschrift der notariellen Urkunde bleibt, wenn sie nicht auszuhändigen ist, in der Verwahrung des Notars.

(2) Die Urschrift einer Niederschrift soll nur ausgehändigt werden, wenn dargelegt wird, dass sie im Ausland verwendet werden soll, und sämtliche Personen zustimmen, die eine Ausfertigung verlangen können. In diesem Fall soll die Urschrift mit dem Siegel versehen werden; ferner soll eine Ausfertigung zurückbehalten und auf ihr vermerkt werden, an wen und weshalb die Urschrift ausgehändigt worden ist. Die Ausfertigung tritt an die Stelle der Urschrift.

(3) Die Urschrift einer Urkunde, die in der Form eines Vermerks verfasst ist, ist auszuhändigen, wenn nicht die Verwahrung verlangt wird.

§ 46 Ersetzung der Urschrift

(1) Ist die Urschrift einer Niederschrift ganz oder teilweise zerstört worden oder abhanden gekommen und besteht Anlass, sie zu ersetzen, so kann auf einer noch vorhandenen Ausfertigung oder beglaubigten Abschrift oder einer davon gefertigten beglaubigten Abschrift vermerkt werden, dass sie an die Stelle der Urschrift tritt. Der Vermerk kann mit

dem Beglaubigungsvermerk verbunden werden. Er soll Ort und Zeit der Ausstellung angeben und muss unterschrieben werden.

(2) Die Urschrift wird von der Stelle ersetzt, die für die Erteilung einer Ausfertigung zuständig ist.

(3) Vor der Ersetzung der Urschrift soll der Schuldner gehört werden, wenn er sich in der Urkunde der sofortigen Zwangsvollstreckung unterworfen hat. Von der Ersetzung der Urschrift sollen die Personen, die eine Ausfertigung verlangen können, verständigt werden, soweit sie sich ohne erhebliche Schwierigkeiten ermitteln lassen.

§ 47 Ausfertigung

Die Ausfertigung der Niederschrift vertritt die Urschrift im Rechtsverkehr.

§ 48 Zuständigkeit für die Erteilung der Ausfertigung

Die Ausfertigung erteilt, soweit bundes- oder landesrechtlich nichts anderes bestimmt ist, die Stelle, welche die Urschrift verwahrt. Wird die Urschrift bei einem Gericht verwahrt, so erteilt der Urkundsbeamte der Geschäftsstelle die Ausfertigung.

§ 49 Form der Ausfertigung

(1) Die Ausfertigung besteht in einer Abschrift der Urschrift, die mit dem Ausfertigungsvermerk versehen ist. Sie soll in der Überschrift als Ausfertigung bezeichnet sein.

(2) Der Ausfertigungsvermerk soll den Tag und den Ort der Erteilung angeben, die Person bezeichnen, der die Ausfertigung erteilt wird, und die Übereinstimmung der Ausfertigung mit der Urschrift bestätigen. Er muss unterschrieben und mit dem Siegel der erteilenden Stelle versehen sein.

(3) Werden Abschriften von Urkunden mit der Ausfertigung durch Schnur und Prägesiegel verbunden oder befinden sie sich mit dieser auf demselben Blatt, so genügt für die Beglaubigung dieser Abschriften der Ausfertigungsvermerk; dabei soll entsprechend § 42 Abs. 3 und, wenn die Urkunden, von denen die Abschriften hergestellt sind, nicht zusammen mit der Urschrift der ausgefertigten Urkunde verwahrt werden, auch entsprechend § 42 Abs. 1, 2 verfahren werden.

(4) Auf der Urschrift soll vermerkt werden, wem und an welchem Tage eine Ausfertigung erteilt worden ist.

(5) Die Ausfertigung kann auf Antrag auch auszugsweise erteilt werden. § 42 Abs. 3 ist entsprechend anzuwenden.

§ 50 Übersetzungen

(1) Ein Notar kann die deutsche Übersetzung einer Urkunde mit der Bescheinigung der Richtigkeit und Vollständigkeit versehen, wenn er die Urkunde selbst in fremder Sprache errichtet hat oder für die Erteilung einer Ausfertigung der Niederschrift zuständig ist. Für die Bescheinigung gilt § 39 entsprechend. Der Notar soll die Bescheinigung nur erteilen, wenn er der fremden Sprache hinreichend kundig ist.

(2) Eine Übersetzung, die mit einer Bescheinigung nach Absatz 1 versehen ist, gilt als richtig und vollständig. Der Gegenbeweis ist zulässig.

(3) Von einer derartigen Übersetzung können Ausfertigungen und Abschriften erteilt werden. Die Übersetzung soll in diesem Fall zusammen mit der Urschrift verwahrt werden.

§ 51 Recht auf Ausfertigungen, Abschriften und Einsicht

(1) Ausfertigungen können verlangen

1. bei Niederschriften über Willenserklärungen jeder, der eine Erklärung im eigenen Namen abgegeben hat oder in dessen Namen eine Erklärung abgegeben worden ist,
2. bei anderen Niederschriften jeder, der die Aufnahme der Urkunde beantragt hat, sowie die Rechtsnachfolger dieser Personen.

(2) Die in Absatz 1 genannten Personen können gemeinsam in der Niederschrift oder durch besondere Erklärung gegenüber der zuständigen Stelle etwas anderes bestimmen.

(3) Wer Ausfertigungen verlangen kann, ist auch berechtigt, einfache oder beglaubigte Abschriften zu verlangen und die Urschrift einzusehen.

(4) Mitteilungspflichten, die auf Grund von Rechtsvorschriften gegenüber Gerichten oder Behörden bestehen, bleiben unberührt.

§ 52 Vollstreckbare Ausfertigungen

Vollstreckbare Ausfertigungen werden nach den dafür bestehenden Vorschriften erteilt.

§ 53 Einreichung beim Grundbuchamt oder Registergericht

Sind Willenserklärungen beurkundet worden, die beim Grundbuchamt oder Registergericht einzureichen sind, so soll der Notar dies veranlassen, sobald die Urkunde eingereicht werden kann, es sei denn, dass alle Beteiligten gemeinsam etwas anderes verlangen; auf die mit einer Verzögerung verbundenen Gefahren soll der Notar hinweisen.

§ 54 Rechtsmittel

(1) Gegen die Ablehnung der Erteilung der Vollstreckungsklausel oder einer Amtshandlung nach den §§ 45, 46, 51 sowie gegen die Ersetzung einer Urschrift ist die Beschwerde gegeben.

(2) Für das Beschwerdeverfahren gelten die Vorschriften des Gesetzes über die Angelegenheiten der freiwilligen Gerichtsbarkeit. Über die Beschwerde entscheidet eine Zivilkammer des Landgerichts, in dessen Bezirk die Stelle, gegen die sich die Beschwerde richtet, ihren Sitz hat.

Fünfter Abschnitt: Verwahrung

§ 54a Antrag auf Verwahrung

(1) Der Notar darf Bargeld zur Aufbewahrung oder zur Ablieferung an Dritte nicht entgegennehmen.

(2) Der Notar darf Geld zur Verwahrung nur entgegennehmen, wenn

1. hierfür ein berechtigtes Sicherungsinteresse der am Verwahrungsgeschäft beteiligten Personen besteht,
2. ihm ein Antrag auf Verwahrung verbunden mit einer Verwahrungsanweisung vorliegt, in der hinsichtlich der Masse und ihrer Erträge der Anweisende, der Empfangsberechtigte sowie die zeitlichen und sachlichen Bedingungen der Verwahrung und die Auszahlungsvoraussetzungen bestimmt sind,
3. er den Verwahrungsantrag und die Verwahrungsanweisung angenommen hat.

(3) Der Notar darf den Verwahrungsantrag nur annehmen, wenn die Verwahrungsanweisung den Bedürfnissen einer ordnungsgemäßen Geschäftsabwicklung und eines ordnungsgemäßen Vollzugs der Verwahrung sowie dem Sicherungsinteresse aller am Verwahrungsgeschäft beteiligten Personen genügt.

(4) Die Verwahrungsanweisung sowie deren Änderung, Ergänzung oder Widerruf bedürfen der Schriftform.

(5) Auf der Verwahrungsanweisung hat der Notar die Annahme mit Datum und Unterschrift zu vermerken, sofern die Verwahrungsanweisung nicht Gegenstand einer Niederschrift (§§ 8, 36) ist, die er selbst oder sein amtlich bestellter Vertreter aufgenommen hat.

(6) Die Absätze 3 bis 5 gelten entsprechend für Treuhandaufträge, die dem Notar im Zusammenhang mit dem Vollzug des der Verwahrung zugrunde liegenden Geschäfts von Personen erteilt werden, die an diesem nicht beteiligt sind.

§ 54b Durchführung der Verwahrung

(1) Der Notar hat anvertraute Gelder unverzüglich einem Sonderkonto für fremde Gelder (Notaranderkonto) zuzuführen. Der Notar ist zu einer bestimmten Art der Anlage nur bei einer entsprechenden Anweisung der Beteiligten verpflichtet. Fremdgelder sowie deren Erträge dürfen auch nicht vorübergehend auf einem sonstigen Konto des Notars oder eines Dritten geführt werden.

(2) Das Notaranderkonto muss bei einem im Inland zum Geschäftsbetrieb befugten Kreditinstitut oder der Deutschen Bundesbank eingerichtet sein. Die Anderkonten sollen bei Kreditinstituten in dem Amtsbereich des Notars oder den unmittelbar angrenzenden Amtsgerichtsbezirken desselben Oberlandesgerichtsbezirks eingerichtet werden, sofern in der Anweisung nicht ausdrücklich etwas anderes vorgesehen wird oder eine andere Handhabung sachlich geboten ist. Für jede Verwahrungsmasse muss ein gesondertes Anderkonto geführt werden, Sammelanderkonten sind nicht zulässig.

(3) Über das Notaranderkonto darf nur ein Notar persönlich, dessen amtlich bestellter Vertreter oder der Notariatsverwalter verfügen. Satz 1 gilt für den mit der Aktenverwahrung gemäß § 51 Abs. 1 Satz 2 betrauten Notar entsprechend, soweit ihm die Verfügungsbefugnis über Anderkonten übertragen worden ist. Die Landesregierungen oder die von ihnen bestimmten Stellen werden ermächtigt, durch Rechtsverordnung zu bestimmen, dass Verfügungen auch durch einen entsprechend bevollmächtigten anderen Notar erfolgen dürfen. Verfügungen sollen nur erfolgen, um Beträge unverzüglich dem Empfangsberechtigten oder einem von diesem schriftlich benannten Dritten zuzuführen. Sie sind grundsätzlich im bargeldlosen Zahlungsverkehr durchzuführen, sofern nicht besondere berechtigte Interessen der Beteiligten die Auszahlung in bar oder mittels Bar- oder Verrechnungsscheck gebieten. Die Gründe für eine Bar- oder Scheckauszahlung sind von dem Notar zu vermerken. Die Bar- oder Scheckauszahlung ist durch den berechtigten Empfänger oder einen von ihm schriftlich Beauftragten nach Feststellung der Person zu quittieren. Verfügungen zugunsten von Privat- oder Geschäftskonten des Notars sind lediglich zur Bezahlung von Kostenforderungen aus dem zugrunde liegenden Amtsgeschäft unter Angabe des Verwendungszwecks und nur dann zulässig, wenn hierfür eine notarielle Kostenrechnung erteilt und dem Kostenschuldner zugegangen ist und Auszahlungsreife des verwahrten Betrages zugunsten des Kostenschuldners gegeben ist.

(4) Eine Verwahrung soll nur dann über mehrere Anderkonten durchgeführt werden, wenn dies sachlich geboten ist und in der Anweisung ausdrücklich bestimmt ist.

(5) Schecks sollen unverzüglich eingelöst oder verrechnet werden, soweit sich aus den Anweisungen nichts anderes ergibt. Der Gegenwert ist nach den Absätzen 2 und 3 zu behandeln.

§ 54c Widerruf

(1) Den schriftlichen Widerruf einer Anweisung hat der Notar zu beachten, soweit er dadurch Dritten gegenüber bestehende Amtspflichten nicht verletzt.

(2) Ist die Verwahrungsanweisung von mehreren Anweisenden erteilt, so ist der Widerruf darüber hinaus nur zu beachten, wenn er durch alle Anweisenden erfolgt.

(3) Erfolgt der Widerruf nach Absatz 2 nicht durch alle Anweisenden und wird er darauf gegründet, dass das mit der Verwahrung durchzuführende Rechtsverhältnis aufgehoben, unwirksam oder rückabzuwickeln sei, soll sich der Notar jeder Verfügung über das Verwahrungsgut enthalten. Der Notar soll alle an dem Verwahrungsgeschäft beteiligten Personen im Sinne des § 54a hiervon unterrichten. Der Widerruf wird jedoch unbeachtlich, wenn

1. eine spätere übereinstimmende Anweisung vorliegt oder
2. der Widerrufende nicht innerhalb einer von dem Notar festzusetzenden angemessenen Frist dem Notar nachweist, dass ein gerichtliches Verfahren zur Herbeiführung einer übereinstimmenden Anweisung rechtshängig ist oder
3. dem Notar nachgewiesen wird, dass die Rechtshängigkeit der nach Nummer 2 eingeleiteten Verfahren entfallen ist.

(4) Die Verwahrungsanweisung kann von den Absätzen 2 und 3 abweichende oder ergänzende Regelungen enthalten.

(5) § 15 Abs. 2 der Bundesnotarordnung bleibt unberührt.

§ 54d Absehen von Auszahlung

Der Notar hat von der Auszahlung abzusehen und alle an dem Verwahrungsgeschäft beteiligten Personen im Sinne des § 54a hiervon zu unterrichten, wenn

1. hinreichende Anhaltspunkte dafür vorliegen, dass er bei Befolgung der unwiderruflichen Weisung an der Erreichung unerlaubter oder unredlicher Zwecke mitwirken würde oder
2. einen Auftraggeber im Sinne des § 54a durch die Auszahlung des verwahrten Geldes ein unwiederbringlicher Schaden erkennbar droht.

§ 54e Verwahrung von Wertpapieren und Kostbarkeiten

(1) Die §§ 54a, 54c und 54d gelten entsprechend für die Verwahrung von Wertpapieren und Kostbarkeiten.

(2) Der Notar ist berechtigt, Wertpapiere und Kostbarkeiten auch einer Bank im Sinne des § 54b Abs. 2 in Verwahrung zu geben, und ist nicht verpflichtet, von ihm verwahrte Wertpapiere zu verwalten, soweit in der Verwahrungsanweisung nichts anderes bestimmt ist.

Sechster Abschnitt: Schlussvorschriften

1. Verhältnis zu anderen Gesetzen a) Bundesrecht

§ 55 Außer-Kraft-Treten von Bundesrecht

§§ 55–60: – vom Abdruck wurde abgesehen –

§ 61 Unberührt bleibendes Landesrecht

(1) Unbeschadet der Zuständigkeit des Notars bleiben folgende landesrechtliche Vorschriften unberührt:

1. Vorschriften über die Beurkundung von freiwilligen Versteigerungen; dies gilt nicht für die freiwillige Versteigerung von Grundstücken und grundstücksgleichen Rechten;
2. Vorschriften über die Zuständigkeit zur Aufnahme von Inventaren, Bestandsverzeichnissen, Nachlassverzeichnissen und anderen Vermögensverzeichnissen sowie zur Mitwirkung bei der Aufnahme solcher Vermögensverzeichnisse;
3. Vorschriften, nach denen die Gerichtsvollzieher zuständig sind, Wechsel- und Scheckproteste aufzunehmen sowie das tatsächliche Angebot einer Leistung zu beurkunden;
4. Vorschriften, nach denen die Amtsgerichte zuständig sind, außerhalb eines anhängigen Verfahrens die Aussagen von Zeugen und die Gutachten von Sachverständigen, die Vereidigung sowie eidesstattliche Versicherungen dieser Personen zu beurkunden.
5. Vorschriften, nach denen Beurkundungen in Fideikommisssachen, für die ein Kollegialgericht zuständig ist, durch einen beauftragten oder ersuchten Richter folgen können;
6. Vorschriften, nach denen die Vorstände der Vermessungsbehörden, die das amtliche Verzeichnis im Sinne des § 2 Abs. 2 der Grundbuchordnung führen, und die von den Vorständen beauftragter Beamten dieser Behörden zuständig sind, Anträge der Eigentümer auf Vereinigung oder Teilung von Grundstücken zu beurkunden oder zu beglaubigen;
7. Vorschriften über die Beurkundung der Errichtung fester Grenzzeichen (Abmarkung);
8. Vorschriften über die Beurkundung von Tatbeständen, die am Grund und Boden durch vermessungstechnische Ermittlungen festgestellt werden, durch Behörden, öffentlich bestellte Vermessungsingenieure und Markscheider;
9. Vorschriften über Beurkundungen in Gemeinheitsteilungs- und agrarrechtlichen Ablösungsverfahren einschließlich der Rentenübernahme- und Rentengutsverfahren;
10. Vorschriften über Beurkundungen im Rückerstattungsverfahren;
11. Vorschriften über die Beglaubigung amtlicher Unterschriften zum Zwecke der Legalisation;
12. Vorschriften über Beurkundungen in Kirchenaustrittssachen.

(2) Aufgrund dieser Vorbehalte können den Gerichten Beurkundungszuständigkeiten nicht neu übertragen werden.

(3) Aufgrund anderer bundesrechtlicher Vorbehalte kann

1. die Zuständigkeit der Notare für öffentliche Beurkundungen (§ 20 der Bundesnotarordnung) nicht eingeschränkt werden.
2. nicht bestimmt werden, dass für öffentliche Beurkundungen neben dem Notar andere Urkundspersonen oder sonstige Stellen zuständig sind, und
3. keine Regelung getroffen werden, die den Vorschriften des Ersten bis Vierten Abschnitts dieses Gesetzes entgegensteht.

(4) Die Vorschriften über die Beurkundungszuständigkeiten der Ratschreiber und sonstigen Hilfsbeamten der Grundbuchämter in Baden-Württemberg, insbesondere § 6 des badischen Grundbuchausführungsgesetzes in der Fassung der Bekanntmachung vom 13. Oktober 1925 (Badisches Gesetz- und Verordnungsblatt S. 296) sowie Artikel 32 Abs. 1, Artikel 33, 34 des württembergischen Ausführungsgesetzes zum Bürgerlichen Gesetzbuch und zu anderen Reichsjustizgesetzen vom 29. Dezember 1931 (Württembergisches Regierungsblatt S. 545), bleiben unberührt; diese Vorschriften können von den dafür zuständigen Stellen aufgehoben, geändert oder durch Vorschriften entsprechenden Inhalts ersetzt werden, die für das Land Baden-Württemberg einheitlich gelten; dabei dürfen jedoch die Beurkundungszuständigkeiten nicht über den Umfang hinaus erweitert werden, in dem sie wenigstens in einem der Rechtsgebiete des Landes bereits bestehen; § 36 des Rechtspflegergesetzes gilt entsprechend. Unberührt bleiben ferner die Vorschriften, nach denen gegen Entscheidungen der Bezirksnotare, Ratschreiber und sonstigen Hilfsbeamten der Grundbuchämter in den Fällen des § 54 das Amtsgericht angerufen werden kann.

§ 62 Zuständigkeit der Amtsgerichte, Zustellung

(1) Unbeschadet der Zuständigkeit sonstiger Stellen sind die Amtsgerichte zuständig für die Beurkundung von

1. Erklärungen über die Anerkennung der Vaterschaft,
2. Verpflichtungen zur Erfüllung von Unterhaltsansprüchen eines nichtehelichen Kindes oder zur Leistung einer anstelle des Unterhalts zu gewährenden Abfindung,
3. Verpflichtungen zur Erfüllung von Ansprüchen einer Frau nach den §§ 1615k und 1615l des Bürgerlichen Gesetzbuchs (Entbindungskosten und Unterhalt).

(2) Die Zustellung von Urkunden, die eine Verpflichtung nach Absatz 1 Nr. 2 oder 3 zum Gegenstand haben, kann auch dadurch vollzogen werden, dass der Schuldner eine beglaubigte Abschrift der Urkunde ausgehändigt erhält; § 212b Satz 2 der Zivilprozessordnung gilt entsprechend.

§ 63 [Zuständigkeitsermächtigung der Länder]

Die Länder sind befugt, durch Gesetz die Zuständigkeit für die öffentliche Beglaubigung von Abschriften oder Unterschriften anderen Personen oder Stellen zu übertragen.

§ 64 Notare in Baden-Württemberg

Notar im Sinne dieses Gesetzes ist auch der nach dem badischen Landesgesetz über die freiwillige Gerichtsbarkeit bestellte Notar und der Bezirksnotar. Für einen solchen Notar gilt § 3 Abs. 1 Nr. 5 in Angelegenheiten des Landes Baden-Württemberg nicht allein deswegen, weil der Notar in einem Dienstverhältnis zu diesem Lande steht.

*c)		Amtliche Beglaubigungen*

§ 65

Dieses Gesetz gilt nicht für amtliche Beglaubigungen, mit denen eine Verwaltungsbehörde zum Zwecke der Verwendung in Verwaltungsverfahren oder für sonstige Zwecke, für die eine öffentliche Beglaubigung nicht vorgeschrieben ist, die Echtheit einer Unterschrift oder eines Handzeichens oder die Richtigkeit der Abschrift einer Urkunde bezeugt, die nicht von einer Verwaltungsbehörde ausgestellt ist. Die Beweiskraft dieser amtlichen Beglaubigungen beschränkt sich auf den in dem Beglaubigungsvermerk genannten Verwendungszweck. Die Befugnis der Verwaltungsbehörden, Abschriften ihrer eigenen Urkunden oder von Urkunden anderer Verwaltungsbehörden in der dafür vorgeschriebenen Form mit uneingeschränkter Beweiskraft zu beglaubigen, bleibt unberührt.

*d)		Eidesstattliche Versicherungen in Verwaltungsverfahren*

§ 66

Dieses Gesetz gilt nicht für die Aufnahme eidesstattlicher Versicherungen in Verwaltungsverfahren.

*e)		Erklärungen juristischer Personen des öffentlichen Rechts*

§ 67

Die bundes- oder landesrechtlich vorgeschriebene Beidrückung des Dienstsiegels bei Erklärungen juristischer Personen des öffentlichen Rechts wird durch die öffentliche Beurkundung ersetzt.

*f)		Bereits errichtete Urkunden*

§ 68

(1) §§ 45 bis 49, 51, 52, 54 dieses Gesetzes gelten auch für Urkunden, die vor dem In-Kraft-Treten dieses Gesetzes errichtet worden sind. Dies gilt auch, wenn die Beurkundungszuständigkeit weggefallen ist.

(2) Eine vor dem In-Kraft-Treten dieses Gesetzes erteilte Ausfertigung einer Niederschrift ist auch dann als von Anfang an wirksam anzusehen, wenn sie den Vorschriften dieses Gesetzes genügt.

(3) § 2256 Abs. 1, 2 des Bürgerlichen Gesetzbuchs gilt auch für Testamente, die vor dem In-Kraft-Treten dieses Gesetzes vor einem Richter errichtet worden sind.

*g)		Verweisungen*

§ 69

Soweit in Gesetzen und Verordnungen auf die durch dieses Gesetz aufgehobenen oder abgeänderten Vorschriften verwiesen ist, treten die entsprechenden Vorschriften dieses Gesetzes an ihre Stelle.

2. Geltung in Berlin

§ 70

gegenstandlos

3. In-Kraft-Treten

§ 71

Dieses Gesetz tritt am 1. Januar 1970 in Kraft.

Konsulargesetz

– Auszug –

§ 10 Beurkundungen im Allgemeinen

(1) Die Konsularbeamten sind befugt, über Tatsachen und Vorgänge, die sie in Ausübung ihres Amtes wahrgenommen haben, Niederschriften oder Vermerke aufzunehmen, insbesondere

1. vor ihnen abgegebene Willenserklärungen und eidesstattliche Versicherungen zu beurkunden,
2. Unterschriften, Handzeichen sowie Abschriften zu beglaubigen oder sonstige einfache Zeugnisse (z.B. Lebensbescheinigungen) auszustellen.

(2) Die von einem Konsularbeamten aufgenommenen Urkunden stehen den von einem inländischen Notar aufgenommenen gleich.

(3) Für das Verfahren bei der Beurkundung gelten die Vorschriften des Beurkundungsgesetzes vom 28. August 1969 (Bundesgesetzbl. I S. 1513) mit folgenden Abweichungen:

1. Urkunden können auf Verlangen auch in einer anderen als der deutschen Sprache errichtet werden.
2. Dolmetscher brauchen nicht vereidigt zu werden.
3. Die Abschrift einer nicht beglaubigten Abschrift soll nicht beglaubigt werden.
4. Die Urschrift einer Niederschrift soll den Beteiligten ausgehändigt werden, wenn nicht einer von ihnen amtliche Verwahrung verlangt. In diesem Fall soll die Urschrift dem Amtsgericht Schöneberg in Berlin zur amtlichen Verwahrung übersandt werden. Hat sich einer der Beteiligten der Zwangsvollstreckung unterworfen, so soll die Urschrift der Niederschrift dem Gläubiger ausgehändigt werden, wenn die Beteiligten keine anderweitige Bestimmung getroffen haben und auch keiner von ihnen amtliche Verwahrung verlangt hat.
5. Solange die Urschrift nicht ausgehändigt oder an das Amtsgericht abgesandt ist, sind die Konsularbeamten befugt, Ausfertigungen zu erteilen. Vollstreckbare Ausfertigungen können nur von dem Amtsgericht erteilt werden, das die Urschrift verwahrt.

Personenstandsgesetz

– Auszug –

vom 3. November 1937 (RGBl. I S. 1146) in der Fassung der Bekanntmachung vom 8. August 1957 (BGBl. I S. 1125),

geändert durch das Gesetz zur Neuregelung des internationalen Privatrechts vom 25. Juli 1986 (BGBl. I S. 1142),

zuletzt geändert durch das Kindschaftsrechtsreformgesetz vom 19. Dezember 1997 (BGBl. I S. 2942, 2950)

Inhaltsübersicht

Allgemeine Bestimmungen	§§ 1, 2
Aufgebot, Heiratsbuch und Familienbuch	
a) Aufgebot	§§ 3– 8
b) Heiratsbuch	§§ 9, 11
c) Familienbuch	§§ 12–15d
Geburtenbuch und Sterbebuch	
a) Geburtenbuch	§§ 16–31a
b) Sterbebuch	§§ 32–40
Beurkundung des Personenstandes in besonderen Fällen und Entscheidung bei Zweifeln über die örtliche Zuständigkeit	§§ 41–43
Zweitbuch und Erneuerung von Personenstandsbüchern	§§ 44–44b
Gerichtliches Verfahren	§§ 45–50
Standesamtsbezirk und Standesbeamter	§§ 51–59
Beweiskraft der Personenstandsbücher und -urkunden	§§ 60–66
Schlußbestimmungen	§§ 67–71

Erster Abschnitt: Allgemeine Bestimmungen

§ 1 (Aufgaben des Standesbeamten – Personenstandsbücher)

(1) Die Beurkundung des Personenstandes liegt dem Standesbeamten ob.

(2) Der Standesbeamte führt ein Heiratsbuch, ein Familienbuch, ein Geburtenbuch und ein Sterbebuch (Personenstandsbücher).

§ 2

(1) Das Heiratsbuch dient zur Beurkundung der Eheschließungen. Das Familienbuch ist dazu bestimmt, den jeweiligen Personenstand der Familienangehörigen ersichtlich zu machen.

(2) Das Geburtenbuch dient zur Beurkundung der Geburten, das Sterbebuch zur Beurkundung der Sterbefälle.

§§ 3–28: nicht abgedruckt

§ 29 (Anerkennung der Vaterschaft)

(1) Wird die Vaterschaft nach der Beurkundung der Geburt des Kindes anerkannt oder gerichtlich festgestellt, so ist dies am Rande des Geburtseintrags zu vermerken.

(2) Dem Standesbeamten, der die Geburt des Kindes beurkundet hat, ist eine beglaubigte Abschrift der Anerkennungserklärung oder der Entscheidung zu übersenden. Ist die Geburt des Kindes nicht im Geltungsbereich dieses Gesetzes beurkundet, so ist die beglaubigte Abschrift dem Standesbeamten des Standesamts I in Berlin (West) zu übersenden.

§ 29a (Beurkundung der Anerkenntniserklärung und der Zustimmungserklärung)

(1) Die Erklärung, durch welche die Vaterschaft anerkannt wird, sowie die Zustimmungserklärung der Mutter können auch von den Standesbeamten beurkundet werden. Gleiches gilt für die etwa erforderliche Zustimmung des Kindes, des gesetzlichen Vertreters oder des Ehemannes der Mutter zu einer solchen Erklärung sowie für den Widerruf der Anerkennung.

(2) Dem Standesbeamten, der die Geburt des Kindes beurkundet hat, sind beglaubigte Abschriften der Erklärungen nach Absatz 1 zu übersenden. § 29 Abs. 2 Satz 2 gilt entsprechend.

§ 29b (Anerkennung der Mutterschaft)

(1) Die Anerkennung der Mutterschaft zu einem Kinde wird auf Antrag der Mutter oder des Kindes am Rande des Geburtseintrags vermerkt, wenn geltend gemacht wird, dass die Mutter oder der Mann, dessen Vaterschaft anerkannt oder rechtskräftig festgestellt ist oder von dem das Kind nach Angabe der Mutter stammt, eine fremde Staatsangehörigkeit besitzt, und wenn das Heimatrecht dieses Elternteils eine Anerkennung der Mutterschaft vorsieht.

(2) Dem Standesbeamten, der die Geburt des Kindes beurkundet hat, ist eine beglaubigte Abschrift der Anerkennungserklärung zu übersenden. § 29 Abs. 2 Satz 2 gilt entsprechend.

(3) Die Anerkennungserklärung und die etwa erforderliche Zustimmungserklärung des gesetzlichen Vertreters der Mutter können im Geltungsbereich dieses Gesetzes von den-

selben Stellen beurkundet werden, die eine Anerkennung der Vaterschaft beurkunden können.

§ 30

(1) Ein Randvermerk ist ferner einzutragen, wenn außer in den Fällen der §§ 29, 29b die Abstammung oder der Name eines Kindes mit allgemein bindender Wirkung festgestellt oder wenn der Personenstand, die Angabe des Geschlechts oder der Name des Kindes geändert wird. Außerdem ist ein Randvermerk einzutragen, wenn der Ehename der Eltern oder der Familienname eines Elternteils geändert worden ist und sich diese Änderung auf den Familiennamen des Kindes erstreckt.

(2) Dem Standesbeamten, der die Geburt des Kindes beurkundet hat, ist eine beglaubigte Abschrift der Urkunde zu übersenden, aus der sich der Vorgang ergibt.

§ 31 – aufgehoben –

§ 31a (Erteilung des Namens)

Die Erklärung, durch die

1. Eltern den Geburtsnamen eines Kindes bestimmen,
2. ein Kind sich der Bestimmung seines Geburtsnamens durch die Eltern anschließt,
3. ein Kind die Erteilung des von seiner Mutter zur Zeit seiner Geburt geführten Namens anstelle des Namens eines Mannes beantragt, von dem rechtskräftig festgestellt wird, dass er nicht Vater des Kindes ist,
4. ein Mann den Antrag nach Nummer 3 stellt, wenn das Kind das fünfte Lebensjahr noch nicht vollendet hat,
5. ein Kind sich der Änderung des Familiennamens der Eltern oder eines Elternteils anschließt,
6. der Elternteil, dem die elterliche Sorge allein zusteht, und sein Ehegatte, der nicht Elternteil des Kindes ist, dem Kind ihren Ehenamen erteilen oder diesen Namen dem von dem Kind zur Zeit der Erklärung geführten Namen voranstellen oder anfügen,
7. der Elternteil, dem die elterliche Sorge allein zusteht, dem Kind den Namen des anderen Elternteils erteilt,

sowie die zu den Nummern 6 und 7 erforderlichen Einwilligungen eines Elternteils oder des Kindes können auch von den Standesbeamten beglaubigt oder beurkundet werden. Gleiches gilt für die etwa erforderliche Zustimmung des gesetzlichen Vertreters zu einer in Satz 1 genannten Erklärung.

(2) Zur Entgegennahme der Erklärungen ist der Standesbeamte zuständig, der die Geburt des Kindes beurkundet hat. Er trägt auf Grund der Erklärungen einen Randvermerk in das Geburtenbuch ein; ein Randvermerk ist nicht einzutragen, wenn in den Fällen des Absatzes 1 Nr. 1 die Erklärung vor der Beurkundung der Geburt des Kindes abgegeben worden ist.

§ 60 (Beweiskraft)

(1) Die Personenstandsbücher beweisen bei ordnungsgemäßer Führung Eheschließung, Geburt und Tod und die darüber gemachten näheren Angaben. Vermerke über die

Staatsangehörigkeit oder eine Änderung der Staatsangehörigkeit haben diese Beweiskraft nicht.

(2) Der Nachweis der Unrichtigkeit der beurkundeten Tatsachen ist zulässig. Der Nachweis der Unrichtigkeit eines Eintrags im Familienbuch kann auch durch Vorlage einer beglaubigten Abschrift aus dem Heirats-, Geburten- oder Sterbebuch geführt werden.

Anhang II: Protokollierungshilfen für Sonderfälle

1. Auslandsberührung

Gegenwärtig: ...   Nürnberg, den 1. September 2004

Es erscheint die Auszubildende Teresa Pecci, italienische Staatsangehörige, geb. 15. November 1986 in Pescara, wohnhaft Nürnberg, ..., ausgewiesen durch Kinderausweis der Munizipalverwaltung Pescara Nr. ... vom 3. Dezember 1983, ledig und gibt an, die Mutterschaft zu dem Kinde Alessandra Pecci, geb. 20. Juli 2004 in Nürnberg, Geburtenbuch des Standesamts Nürnberg Nr. ..., bei ihr, der Erschienenen, wohnhaft, zur Niederschrift des Jugendamts anerkennen zu wollen.

Zur Begründung führt sie aus: Ich bin im Alter von 14 Jahren mit meinen Eltern in die Bundesrepublik Deutschland eingereist und habe hier das vorbezeichnete Kind geboren. Meine Eltern sind kürzlich bei einem Verkehrsunfall ums Leben gekommen. Ich habe seither Aufnahme bei hiesigen Verwandten gefunden. Von vormundschaftsgerichtlichen Maßnahmen ist im Hinblick darauf, dass ich in wenigen Wochen das 18. Lebensjahr vollendet haben werde, im Benehmen mit dem zuständigen italienischen Generalkonsulat Abstand genommen worden. Die hiermit vorgelegte Geburtsurkunde des Kindes weist mich zwar als seine Mutter aus. Ich bin aber genötigt, nach italienischem Recht die Mutterschaft auch noch förmlich anzuerkennen, um die Eintragung des Kindes in meinem beim Generalkonsulat zu beantragenden Paß zu erreichen, da ich so schnell wie möglich in mein Heimatland zurückkehren will. Soviel ich gehört habe, kann die Mutterschaft auch schon vor Volljährigkeit anerkannt werden.

Die Urkundsperson wies darauf hin, dass ihr die diesbezüglichen Bestimmungen des italienischen Rechts – auch hinsichtlich der Notwendigkeit einer Zustimmung des gesetzlichen Vertreters – nicht bekannt seien und sie deshalb die gewünschte Beurkundung nur mit dem Vorbehalt der Wirksamkeit der abzugebenden Erklärungen vornehmen könne.

Die Erschienene wiederholte ihren Beurkundungswunsch. Daraufhin erklärte sie:

   Ich erkenne an, die Mutter des eingangs bezeichneten Kindes zu sein.
   Über den Vater mache ich keine Angaben.
   Ich bitte, mir eine Ausfertigung dieser Verhandlung zu erteilen.
   Vorstehende Niederschrift wurde der Erschienenen vorgelesen ...[1]

2. Fehlende Unterlagen

Gegenwärtig: ...

Es erscheint ...

Der Erschienene erklärt, als Betreuer des ledigen, wegen einer psychischen Erkrankung unter Betreuung stehenden ... handeln und dessen Vaterschaft zu dem von der Frau ..., wohnhaft ..., am ... lt. Geburtsbuch des Standesamts in ... (Nr. ...) am ..., geborenen Kinde ... anerkennen zu wollen. Er legte seine Bestellung vor. Ferner legte er den Beschluss des Amtsgerichts – Vormundschaftsgericht – in ... vom ... Aktenzeichen

---

[1] Anmerkung zur Rechtslage: Die Anerkennung der Mutterschaft ist im italienischen Recht vorgesehen (Art. 250 cc.it.). Die Mutter kann nach Vollendung des 16. Lebensjahres anerkennen. Zustimmung des gesetzlichen Vertreters ist nicht vorgeschrieben. Die Urkunde über die Anerkennung darf keine Angaben über den anderen Elternteil enthalten (Art 258 cc.it.).

. . (alternativ: das im Betreuungsverfahren erstattete Gutachten des Sachverständigen Dr. A.) vor, aus dessen Gründen (bzw. Ausführungen) sich die Geschäftsunfähigkeit des . . . ergibt. Die Bestellung und der Beschluss (bzw. das Gutachten) wurden dem Erschienenen nach Fertigung einer Abschrift zurückgegeben.

Die Urkundsperson belehrte den Erschienenen dahin, dass die Wirksamkeit der zu erklärenden Anerkennung der Vaterschaft von der Genehmigung durch das zuständige Vormundschaftsgericht abhänge.

Der Erschienene erklärte, er habe die Genehmigung am . . . erwirkt; sie sei ihm durch den Rechtspfleger des Vormundschaftsgerichts mündlich eröffnet worden; die Ausfertigung des Beschlusses habe sich bisher verzögert, so dass er eine solche nicht vorlegen könne. Er habe gleichwohl Gründe, mit der Anerkennung der Vaterschaft nicht zu warten.

– Es bestehe die Gefahr eines plötzlichen Ablebens des Kindesvaters nach mehreren Selbsttötungsversuchen. Der Kindesvater habe in lichten Augenblicken wiederholt und flehentlich zum Ausdruck gebracht, sein Vermögen solle nach seinem Tode seinem Kinde, und nicht seinen entfernten Seitenverwandten, zufallen.

Der Erschienene sagte zu, den Genehmigungsbeschluss des Vormundschaftsgerichts unverzüglich nach Erhalt nachzureichen, auch darauf hinzuwirken, dass die Ausfertigung einen Hinweis auf die am . . . mündlich erfolgte Vorweg-Eröffnung enthalte.

Daraufhin wurde, nach Belehrung über die Bedeutung der Anerkennung der Vaterschaft, insbesondere in erb- und unterhaltsrechtlicher Hinsicht, und auch darüber, dass die Wirksamkeit der Vaterschaftsanerkennung noch von der Zustimmung der Mutter abhänge, von dem Erschienenen folgende Erklärung zu Protokoll gegeben:

Ich erkenne namens des von mir vertretenen Betreuten, . . . (folgen die näheren Angaben zu dessen Person) an, dass dieser der Vater des vorbezeichneten Kindes ist.

Ich verpflichte mich namens des von mir vertretenen Betreuten, . . . (folgt die Unterhaltsverpflichtung).

3. Zuziehung eines Dolmetschers

Gegenwärtig: . . .

Es erschienen . . .   Wiesbaden, den 14. Februar 2005

1. der Fliesenleger Andrea Filuppi, italienischer Staatsangehörigkeit, geb. 16. Mai 1980 in Bologna, wohnhaft Wiesbaden, Mainzer Landstraße 102, ausgewiesen durch Reisepaß des italienischen Generalkonsulats München, Nr. C 32 168,

2. Frau Julia Gerber, deutscher Staatsangehörigkeit, geb. am 17. November 1987, minderjährig, ausgewiesen durch PA Nr. 8543 6887, ausgestellt von der LHS Wiesbaden, wohnhaft Wiesbaden, Tulpenweg 34b, Mutter des Kindes Maria Gerber,

3. der Kreisamtmann Max Prosch vom hiesigen Jugendamt, persönlich bekannt, als Amtsvormund des Kindes Maria Gerber, geb. 2. Dezember 2004.

Wie der Erschienene zu 3) verlauten ließ, will der Erschienene zu 1) die Vaterschaft zu dem vorgenannten Kinde anerkennen.

Eine mit dem Erschienenen zu 1) geführte Unterredung ergab, dass er der deutschen Sprache nicht hinreichend kundig ist. Es wurde deshalb der vereidigte Dolmetscher der italienischen Sprache, Herr Dipl.-Handelslehrer Heinrich Kluge aus Wiesbaden, Adolfstr. 62, zugezogen. – [alternativ: Da ein vereidigter Dolmetscher nicht zur Verfügung stand, wurde der der italienischen Sprache in Wort und Schrift mächtige, dem Urkundsbeamten als solcher bekannte Chemigraph Wilhelm Brauer aus Wiesbaden, Kaiser-Friedrich-Ring 18, als Dolmetscher zugezogen. Die Erschienenen waren mit seiner Zuziehung einverstanden].

Unter laufender Verständigung mit Hilfe des Dolmetschers, und nach Belehrung

    über die mit einer Anerkennung der Vaterschaft verbundenen Rechtsfolgen in personenrechtlicher, unterhaltsrechtlicher und erbrechtlicher Hinsicht, soweit sie deutschem Recht unterstehen,

    auch darüber, dass für die verbindliche Feststellung der Vaterschaft noch die Genehmigung des gesetzlichen Vertreters der minderjährigen Erschienenen zu 2) beizubringen sei,

    schließlich über die Bedeutung einer Unterwerfung unter die sofortige Zwangsvollstreckung

erklärte der Erschienene zu 1)

(folgt der Inhalt der deutschen formularmäßigen Vaterschaftsanerkennung mit Unterhaltsverpflichtung, bis auf den Verlesungs- und Genehmigungsvermerk)

Sodann erklärte die Erschienene zu 2): Ich stimme der heutigen Anerkennung der Vaterschaft durch den Erschienenen zu 1) zu.

Sodann erklärte der Erschienene zu 3): Namens des von mir vertretenen Kindes gebe ich hiermit meine Zustimmung zu der heutigen Anerkennung der Vaterschaft des Erschienenen zu 1).

Dies wurde dem Erschienenen zu 1) durch den Dolmetscher übersetzt.

Nunmehr wurde die Niederschrift in Gegenwart der Urkundsperson

a)   vorgelesen und von den Erschienenen zu 2) und 3) genehmigt;

b)   dem Erschienenen zu 1) durch den Dolmetscher mündlich übersetzt. Der Urkundsbeamte fragte den Erschienenen zu 1), ob er eine Übersetzung auch in schriftlicher Form verlange. Die Frage wurde bejaht. Nunmehr erstellte der Dolmetscher die schriftliche Übersetzung der Niederschrift; die Übersetzung wurde dem Erschienenen zu 1) zur Durchsicht vorgelegt und dieser Niederschrift beigefügt. – [alternativ: Der Erschienene zu 1) verzichtete auf die schriftliche Übersetzung –]

Der Erschienene zu 1) ließ durch den Dolmetscher bestätigen, dass die Niederschrift in allen Teilen zutreffe.

Darauf wurde die Niederschrift von den Erschienenen und dem Dolmetscher eigenhändig unterschrieben wie folgt:

4. Erklärungen protokollbehinderter Personen

Gegenwärtig: . . .

Es erscheint . . .

Der Erschienene wünscht eine Anerkennung der Vaterschaft mit Unterhaltsverpflichtung zu Protokoll zu geben. Er vermag – nach seinen Angaben – nach Überzeugung der Urkundsperson – zur Zeit – nicht zu hören – nicht zu sprechen – nicht zu sehen – seinen Namen nicht zu schreiben –.

Zu der nachfolgenden Beurkundung

– (bei Schreibunfähigkeit:) Zu der abschließenden Verlesung und Genehmigung –

wurde deshalb

– als Zeuge Herr – Frau –, wohnhaft . . .

– als zweite Urkundsperson Herr Stadtoberinspektor . . . vom hiesigen Jugendamt, der durch Verfügung der Leitung des Jugendamts . . . vom . . . (Az. . . .) zu Beurkundungen nach §§ 59, 60 SGB VIII ermächtigt ist –

zugezogen.

Der Erschienene erklärte sodann

– (im Falle von Taubheit oder Stummheit:) unter Verständigung auf schriftlichem Wege –

(folgt der Inhalt der formularmäßigen Vaterschaftsanerkennung mit Unterhaltsverpflichtung bis auf den Verlesungs- und Genehmigungsvermerk)

Die vorstehende Niederschrift wurde in Gegenwart der amtierenden Urkundsperson vorgelesen,

– (im Falle von Taubheit:) und dem Erschienenen zur Durchsicht vorgelegt –

darauf vom Erschienenen genehmigt und

von ihm und – dem Zeugen/der Zeugin – der zugezogenen zweiten Urkundsperson –

– (im Falle von Blindheit oder Schreibbehinderung:)

von dem Zeugen/der Zeugin – der zugezogenen zweiten Urkundsperson –

eigenhändig unterschrieben wie folgt: . . .

Sachregister

Die Nummern beziehen sich auf die jeweilige Seite

A

Abänderungsbeurkundung 132
    herabstufende 132, 133
Abänderungsklage 141
Abfindung nach §1615e BGB a.F. 138
Abkommen, zwischenstaatliche 71, 72
Ablehnung der Urkundstätigkeit 27, 62, 66, 69, 91
    Rechtsmittel gegen ~ 77
Abschrift, beglaubigte 50
Abtretungserklärung 167, 196
Adoptionsverfahren
    Beurkundungen im Jugendamt 180
    durch den Notar 196
Adoptiveltern 109
Adressat
    Standesbeamter für namensrechtliche Erklärungen 204, 205
    Urk.-Person nicht ~ der protokollierten Erklärung 62, 66, 83
Aktenvermerk
    über Belehrungen bei der Unterschriftsbeglaubigung 73
    über Zuziehung eines Dolmetschers bei der Unterschriftsbeglaubigung 56
Amtsbeistand/Amtsvormund 42
Amtsgeheimnis 31, 146
Amtsgericht
    Urkundszuständigkeit 17, 77, 201
    Zuständigkeit nach § 733 ZPO § 60 Satz 3 Nr. 2 SGB VIII 149
Amtshilfe 33, 58
Amtskundigkeit 67, 155, 161
Amtsverschwiegenheit 31
Amtsvormund/Amtsbeistand 19, 25, 26, 40, 42, 51, 55, 72, 93, 109, 167
Anerkennung der Mutterschaft 21, 179, 202
Anerkennung der Unterschrift in der öff. Beglaubigung 40, 41
Anerkennung der Vaterschaft
    adressatlos 83
    Auslandsberührung 95
    bedingungsfeindlich 87
    bei anhängiger Anfechtung 87
    bei möglichen Mehrlingsgeburten 84
    Belehrungen 102
    des „scheinehelichen" Kindes (in der Vaterschaftsanfechtung) 87
    des adoptierten Kindes 92
    des volljährigen Kindes 86
    durch beschränkt Geschäftsfähige 94
    durch Betreuer 95
    durch den Nichtvater 93

durch Geschäftsunfähige 94
   durch Vormund 94
   geschäftliche Behandlung des Urkundenvorgangs 103
   höchstpersönlich 94, 95
   im Testament 195
   in „geheimer Urkunde" 91
   isolierte, ohne Unterhaltsverpflichtung 104
   mehrfache, durch mehrere Männer 91
   Mehrlingsgeburten 85
   mit „Standesfolge" 86
   mit Einwilligung des ~s 81, 94
   Mitteilungen nach § 1597 Abs. 2 BGB 50, 91, 104, 195
   qualifizierte nach § 1599 Abs. 2 BGB 88
   Rechtsnatur 81
   unwiderruflich 83
Anfechtung der Erklärung
   ~ der Anerkennung der Vaterschaft 83
   der Sorgeerklärung 183
   wegen Irrtums nach allgemeinem Recht 45
Anhörung des Schuldners vor Ersetzung der Urkunde 49
Anschlussbeurkundung an vorausgegangene Beurkundungen 78
Ansprüche der Kindesmutter 177, 201
      Unterwerfung unter die sof. Zwangsvollstreckung 146, 177
      vollstreckbare Ausfertigung 177
Asylanten 59
Asylberechtigter 72
Aufbewahrungsfristen für Urkunden und Nebenakten 75
Aufenthaltsgestattung zur Identitätsfestellung 59
Ausfertigung
      Recht auf Erteilung 44
      schlichte, außerhalb eines Vollstreckungszwecks 43
      und beglaubigte Abschrift (Abgrenzung) 50
      vollstreckbare 50
      Wesen, Zweck 43, 51
      Zusätze, berichtigende und ergänzende 46
      Zuständigkeit auf Erteilung 44
Ausländer
      Beurkundung von Erklärungen eines ~s 54, 103
Ausländisches Recht 69
      Belehrung über ~ 103, 199
      Kenntnisstand der Urkundsperson 68, 70
      Kenntnisstand des Notars 70, 199
Ausschließung von der Urkundstätigkeit 25, 31
Ausweise
      Anforderung an vorzulegende 58

B

Beglaubigte Abschrift 50
Beglaubigung, öffentliche 40, 193, 205
    Abgrenzung zur amtlichen Unterschriftsbeglaubigung 42
    Abgrenzung zur öffentlichen Beurkundung 40
    bei Ausländern 55
    ersetzbar durch öff. Beurkundung 42, 115, 194, 205
    Freistellung des Amtsvormunds/Amtsbeistands vom Zwang zur ~ 42
    gesetzliche Fälle 40
    Handzeichen 41
    Prüfung der Erklärungstexte, Formulierungshilfen 42, 194
    Prüfung des Erklärungstextes, Formulierungshilfen 72
    Verbleib der Urkunde 42
    Vollzug 41
Beischreibung im Geburtenbuch
    Beweiskraft 145
Belehrung
    allgemeine Grundsätze 26, 72
Belehrung Einzelfälle
    § 794 Abs. 1 Nr. 5 ZPO 141
    Notar 197, 198
    Unterhalt für Vergangenheit 114
    Unterhaltshöhe 134
    Unterhaltsverpflichtung Geschäftsbeschränkter 63
    Vaterschaftsanerkennung vor US.-am. notary public 79
    Zustimmung der Mutter 107
    Zustimmung des Kindesvertreters 111
    Zweifel über Wirksamkeit 68
Belehrungen Einzelfälle
    Anerkennung der Vaterschaft 102
Beratung
    durch das Jugendamt 73, 74
    durch den Notar 74
Berichtigung
    eines bei der Vaterschaftsanerkennung angegebenen Namens 99
    von Fehlern 44
Berichtigungsverhandlung 48
Berliner Tabelle 119
Betreuungsgesetz
    Rechtslage nach dem ~ 63, 64, 67, 94, 95
Beurkundung, öffentliche
    Form (Verhandlung, Niederschrift) 36
    gestufte (unter c) 36
    Verbleib der Niederschrift 43, 149
    Unzulässigkeit nachträglicher Korrekturen 48
    Wirksamkeitserfordernis 36
Beurkundungsgesetz vom 28. August 1969 19

Bevollmächtigte 139
    Abgabe einer Unterhaltsverpflichtung 65
Bildschirm
    Beurkundungen am 37
Blinde 56
Bürgerservicebüro 25

D
Datenschutz 31
Deutsche Sprache 54
Diakritische Zeichen 39
Dienstausweis 59
Dienstsiegel, Dienststempel 26, 52
Dolmetscher 54, 56, 58, 196, 201
Drohung 69
Düsseldorfer Tabelle 119
Dynamisierung des Unterhalts 118, 119

E
Eigenhändigkeit der Unterschrift 36, 41, 56
Einbenennung 20, 193, 204
Einigungsvertrag 72
Einseitige Erklärungen 83, 111, 138, 194
Erben als Verpflichtete 65, 66, 116, 174, 178
Erkennungszeuge
    zur Identitätsfestellung 60
Ermächtigung zur Beurkundung
    Bezugnahme im Protokoll (unter a) 36
    Erteilung 22, 26
    Geltungsbereich, Grenzen 34
    geschichtliche Entwicklung 19
    Verstöße gegen die Schranken der ~ Rechtsfolgen 34
Erschleichung der Beurkundung 69
Ersetzung von Urkunden
    bei Zerstörung oder Abhandenkommen 48

F
Fälligkeitsdatum bei Unterhaltsbeurkundung 127
Fälschungssicherheit 54
Fehlangaben im Protokoll 46
Fehlgeburt 177
Flüchtling mit Wohnsitz im Inland nach der Genfer Flüchtlingskonvention 72
Formulare 39, 55, 84, 115, 150
Fremdsprache 54, 196, 201
Führerschein zur Identitätsfestellung 59

G

Gebühren
    des Notars 200
    des Standesamts 206
Gemeinsame Sorge 67, 147
Gemeinsame Urkundsperson für mehrere Jugendämter 23
Genehmigung
    des gesetzlichen Vertreters in Statussachen 42, 63, 110
    des gesetzlichen Vertreters zur Unterwerfung unter die sof. Zwangsvollstreckung 141
    des Protokolls 38
    des Vormundschaftsgerichts 68, 94, 199
Geschäftsfähigkeit 61
    beschränkte 62, 63, 102, 129
    fehlende (Geschäftsunfähigkeit) 64, 106
Gesetzliche Vertretungsmacht
    keine Ablehnung der Beurkundung bei Nachweismangel 67
Gesetzlicher Verteter
    Eltern als gesetzliche Vertreter als einzelner Elternteil 67
    Mitwirkung bei Unterhaltsverpflichtungen 129
    Mitwirkung bei Unterhaltsverpflichtungen bei Unterwerfung unter die sof. Zwangsvollstreckung 141
Gesetzlicher Vertreter 67
    Eltern als gesetzliche Vertreter in Gesamtvertretung 67, 107
Gütergemeinschaft 174

H

Handzeichen 56, 57
Heftfaden
    in den Stadt- bzw. Landkreisfarben 53

I

Identität der Beteiligten in der Beurkundung 36, 59
Index der Lebenshaltungskosten 126
Individualunterhalt 118
Insemination
    heterologe 82
    homologe 82
Internationales Privatrecht 68, 70
Inzest 30, 32

J

Jugendwohlfahrtsgesetz 1961 20

K

Kindergeld
    bei Auslandsbezug 136
    Dynamisierung 122
    hälftige Anrechnung 121
    in Mangelfällen 122

Kinderrechteverbesserungsgesetz 22
Kindesmutter
    Unterhaltsansprüche 177
Kindschaftsrechtsreformgesetz 22, 105
Konsularbeamte, urkundsbefugt 201
Kostenfreiheit der Urkundstätigkeit
    des Rechtspflegers 77
    im Jugendamt 57, 58
Kugelschreiber
    Anforderungen an für Beurkundungen zugelassene 54

L
Landesjugendamt 20, 23
Landesrecht 20, 23
Legitimanerkennung nach islamischem Recht 195

M
Mehrlingsgeburten
    getrennte Ausfertigungen 43
        Verbundbeurkundungen (Vaterschaftsanerkennung, Unterhalt) 85
        vorgeburtliche Anerkennung möglicher ~ 84
Minderjährige 62, 64
Mitteilungspflichten
    ausländerrechtliche 32
Mitwirkungsverbot 32
Mussvorschriften in der Beurkundung 36
Mutterschaft
    Anerkennung 179
    Zustimmung 179

N
Nachtragsvermerk 45, 47
Namensänderungen 196, 204
Neubeurkundung 46
Neutralität
    Pflicht der Urkundsperson zur ~ 26, 73, 103, 134
Nichtehelichen-Gesetz vom 19. August 1969 20, 42
Notar 17, 67, 70, 74, 77, 127, 129, 132, 133, 163, 175, 193

O
Öffentliche Urkunde
    Begriff 35
    Beweiskraft 26, 35
Ortsbezeichnungen 39, 45

P
Papier
    bei Beurkundungen zu verwendendes 54

Papiertechnische Stiftung 53
Pass, Passersatzpapier 59
PC-Drucker 54
Personalausweis 59
Prägesiegel 41, 52
Prozessgericht
    in der Vaterschaftsklage, Urkundszuständigkeit 78, 203
Pseudonym (unter a) 36

Q
Qualifikation
    der Urkundsperson 23
Qualifizierte Vaterschaftsanerkennung 88

R
Rechenfehler 45
Rechtliches Gehör 46
Rechtsmittel
    gegen die Ablehnung der Urkundstätigkeit 77, 145, 202
Rechtsnachfolge
    auf der Gläubigerseite 152
    auf der Schuldnerseite 174
Rechtspfleger
    Urkundszuständigkeit 78, 202
Rechtswahrungsanzeige
    Nachweis des Zugangs vor Titelumschreibung 164
Regelbetrag 118, 120
Reichsjugendwohlfahrtsgesetz vom 9. Juli 1922 19

S
Scheinerklärung bei Sorgeerklärung 30
Schreibbehinderung 56
Schreibfehler 44
Schreibgeräte in der Beurkundung, zugelassene 54
Schweigen des Schuldners bei Anhörung
    als Geständnis von Tatsachen 161
Schwerbehindertenausweis
    zur Identitätsfestellung 59
Schwerkranke 64
Siegel 26, 35, 52
Sollvorschriften in der Beurkundung 31, 38, 52
Sonderbedarf 115, 127
Sorgeerklärung 182
    Abgabe im Ausland 187
    Abgabe zum Schein 29
    Anfechtung 183
    Beurkundung 186
    Geschäftsbeschränkter 186

Geschäftsunfähiger 186
Mitteilungspflicht 188
vorgeburtlich 184
Widerruf 183
Wirksamwerden 183
Sorgerechtsregister 189, 190
Sozialhilferechtliche Vergleichsberechnung 164
Sprachunkundige (der deutschen Sprache) 54
Staatenlose 72
Staatsangehörigkeit 54
    ausländische 96, 179, 180, 181, 188
    deutsche (Erwerb durch das anerkannte Kind) 107
    Vermerk im Protokoll 55
Standesbeamter
    als Adressat namensrechtlicher Erklärungen 205
    Urkundsbefugnisse 77, 204
Strafanzeige
    Verpflichtung zu 32
Stummheit eines Beteiligten 56

T

Tabellenunterhalt 73, 119, 134
Taubheit eines Beteiligten 56
Technische Hilfsmittel der Urkundspraxis 54
Tilgung von Unterhaltsrückständen 124, 127
Totgeburt 177
Transliteration 40
Treuhänderische Rückübertragung 117

U

Übergang von Unterhaltsansprüchen 117
Überleitungsbestimmungen 19, 24
Übersetzungen fremdsprachlicher Texte 20, 58, 79
Unerlaubte, unredliche Zwecke in der Beurkundung 27
Unrichtigkeiten, offensichtliche 44, 45
Unterhaltsverpflichtung 111
    abändernde 132
    Auslandsberührung 135
    des nicht voll Geschäftsfähigen 129
    Festbetrag 118
    Formulierungsvorschlag 124
    „freitragende" ohne Anerkennung der Vaterschaft 173
    Grenzen, zeitliche 115
    isolierte, nach Anerkennung der Vaterschaft 144
    Minderjährigenunterhalt 115
    mütterliche, großelterliche, elterliche (des 116
    Regelbetrag oder Prozentsatz hiervon 118, 119
    Rückstand 115

rückwirkend bis Geburt 114
„Teil"verpflichtung 132
unzureichende 134
Vergangenheit 115
vertragliche Regelung 111
Volljährigenunterhalt 116
vormundschaftsgerichtliche Genehmigung nicht erforderlich 130

Unterschrift
Anerkennung der ~ 40, 41
Anforderungen an die Gültigkeit (unter a) 38
in Schriftzeichen anderer Kulturkreise 40, 56
Nachholung (unter d) 38

Unterwerfung
unter die sofortige Zwangsvollstreckung 138

Unterwerfung unter die sofortige Zwangsvollstreckung
anwendbare Bestimmungen der ZPO 141
durch den nicht voll Geschäftsfähigen 78, 140, 141
Voraussetzungen 139
vormundschaftsgerichtliche Genehmigung nicht erforderlich 141

Urkundsakte
ausländischer Stellen 79

Urkundsbefugnis
Inhaber 25

Urkundsfälle mit Auslandsberührung
Adoption 199
Anerkennung der Vaterschaft 95, 108
Ansprüche der Kindesmutter 178
Unterhalt 135

Urkundsfunktion
Verhältnis zur Amtvormundschaft/Amtsbeistandschaft 26

Urkundsperson
Ablehnung der Urkundstätigkeit 27, 62, 66, 91, 117
als Person öffentlichen Glaubens 26
amtliche Bezeichnung (unter f) 38
ausländische 79
Ausschließung vom Amt 26, 31
Bestellung 23, 26
dienstrechtliche Stellung 26
Dienstsiegel 26, 35
Entscheidungsbefugnisse 152
gemeinsame – für mehrere Jugendämter 22
Neutralität 26, 103, 134
Qualifikation 23
Verantwortung 27
Weisungsfreiheit 26

Urkundsperson Zuständigkeit
funktionelle 34
örtliche 33

sachliche 33
  Überschreitung 34, 35
Urkundstätigkeit
  außerhalb des Dienstes 34
  soziale Komponente 44, 72
Urkundszuständigkeiten
  konkurrierende 77, 78, 193

V

Vaterschaftanerkennung
  Willens- oder Wissenserklärung 81
Vaterschaftsanerkennung
  Adressatlosigkeit 83
  Anfechtung 90
  Bezeichnung des Kindes bei Erteilung des Vaternamens 86
  Günstigkeitsprinzip bei mehreren möglichen Rechtsordnungen 95
  heterologe und homologe Insemination 84
  Mehrlingsgeburten 85
  Qualifizierte V. nach § 1599 Abs. 2 BGB 88
  schwebende Unwirksamkeit bei anderweitiger Vaterschaft 88
  unter falschem Namen 100
  Unwiderruflichkeit 84
  volljähriges Kind 85
  vor einer Zeugung 84
  vorgeburtlich 85
  wahrheitswidrige 27, 93
  Widerruf 90
  Wiederholung im Inland 99
  Wirksamwerden 83
Verbindung von Urkundenblättern 52
Vereinfachtes Verfahren (§§ 645 ff. ZPO) 190
Verfälschung von Urkunden
    Sicherung vor 53
Verjährung 143
Verlautbarungsmangel
    Berichtigung 45
Verlesung der Niederschrift (unter c) 37
Vermerkurkunde nach § 39 BeurkG 45
Verpflichtungserklärung nach § 648 ZPO 191
Verpflichtungsurkunden der DDR-Jugendhilfe 176
Vertrauensperson
    bei stummen oder tauben Beteiligten 57
Vertretungsmacht, fehlende 66
Verwirkung von Unterhaltsansprüchen 76
Verzicht des „nichtehelichen" Vaters im Adoptionsverfahren 180
Verzugszinsen 128
Volljährige 63, 97, 126, 196

Vollmacht 65
   Beglaubigte Abschrift der 66
   Beurkundung bei Behauptung einer 66
   Nachreichung einer 66
   zur Unterwerfung unter die sofortige Zwangsvollstreckung 65
Vollstreckbare Ausfertigung (Vollstreckungsklausel)
   ~ für und gegen den den Rechtsnachfolger (Umschreibung) 151
   Antrag 146
   Berechtigung auf Erteilung 146
   Klage auf Erteilung 140, 142, 158, 161, 171 f.
   Rechtsmittel gegen Versagung 77, 145
   Sperrung der Erteilung (Weisung des Schuldners) 132
   Teilumschreibung 169
   Vermerk der Erteilung auf der Urschrift 169
   Wortlaut 142
   Wortlaut in Rechtsnachfolgefällen 169
   Zuständigkeit 143
   Zustellung 150
   Zweck 142
Vollstreckbare Ausfertigung (Zwangsvollstreckung)
   Klage auf Erteilung 174
Vollstreckungsgegenklage 133, 143
Vorbehalt der Abänderung von Unterhaltstiteln
   Verlangen des Schuldners nach einem 127
Vorbehalte
   (Beurkundung mit ~n) wegen Zweifelhaftigkeit der Sach- oder Rechtslage 58, 62, 64, 66, 67, 68, 99, 175, 178
Vormundschaftsgericht
   als Adressat kindschaftsrechtlicher Erklärungen 180, 181
Vormundschaftsgerichtliche Zustimmung
   als Einwilligung 94
   als Genehmigung 199
   Vorherige Erteilung 64

W
Wahrheitswidrige Tatsachenerklärungen 27, 93
Wartefrist (§ 798 ZPO) 140, 151
Weisungsfreiheit
   der Urkundsperson 25
Widerruf
   der Ermächtigung zur Erteilung einer vollstreckbaren Ausfertigung 147
Widerruf nach § 1746 Abs. 2 BGB 180
Widerruflichkeit, Unwiderruflichkeit
   statusrechtlicher Erklärungen 83, 107, 110
Wiedergabe in Ausfertigung 38

Z

Zahlvaterschaft (ausländischen Rechts) 175
Zeuge
    zugezogener beim Beurkundungsakt 57
Zusammenfassung mehrerer Gläubiger in einem Titel 85, 159
Zusatzklage
    nach Beurkundung eines vom Gläubiger nicht akzeptierten Betrages 135
Zuständigkeit
    Rechtsfolgen der Überschreitung 35
    der Urkundsperson 33
Zustimmung zur Vaterschaftsanerkennung
    Adressatlosigkeit 107, 110
    Belehrungen 107
    durch das Kind 108
    durch den Scheinvater 90
    durch die Mutter 105
    durch gesetzlichen Vertreter 94
    öffentliche Beurkundung 95
Zwischenstaatliche Abkommen
    Notwendige Kenntnis der Urkundsperson 71